文法と意味 I

尾上圭介

くろしお出版

序文

本書は、既発表の活字論文と、公開の講演会などで配布した発表資料（要旨）とを集めたものである。

われわれが先人の研究論文を読むとき、ただその論文の論旨を表面的に理解しただけではその論文を読んだことにはならない。その事実をなぜそのような視点で論ずるのか、事実を整序する際、あるいはある事実の背後にある論理をたぐり出していく際、それぞれのポイントで別の方向の展開もありえたのになぜこの論文はその方向へ持っていったのか、著者の気持ちに寄りそってそのようなことを読みとった上で、その問題を扱う別の視点、別の議論との間で相対化する。そのような読み方ができたとき、はじめて読めたという気がするものである。

言うまでもなく、一つの主張、見解はその論が対象としている事実を見ているだけで生まれるものではない。言わば、研究史と事実とが出会うところに研究論文は生まれる。そう言ってよいであろう。ここで研究史というのは、一つにはその問題の研究史、あるいはその論文が生まれた時代に学界に支配的であったある視点というようなものである。そういう研究史の影響を全く受けないで裸でこの文法事実と向きあったなら、自分はどう考えるだろうか、どのような議論があり得るだろうかというようなことを時々自分の机の前で思ってみることがある。しかしそれはちょうど、制度や習慣というものが何もないところに生まれてきたら自分はどのように行動するだろうかと考えるのと同じく、現実にはありえない夢想であることに気がつく。研究史から完全に自由に、裸で、素手で対象を論ずるということは、あるいは研究者にとっての一つのあこがれであるとしても、それはことばを使わないでものを考えるのと同じように所詮は無理というものであろう。それならばいっそ、というよりそうであるからこそ、自分の議論が学史から受けている影響あるいは学史の中での位置というものをできる限り正確に自覚して、その上で今後あり得る進展の方向を考えてみたい。それが、本書をまとめようと思い至った一つの動機である。

研究史と事実とが出会うところに研究論文が生まれると言ったその研究史とは、もう一つにはその著者自身の研究史である。その著者があそこであの問題をあのように論じたからこそ次のこの問題が問題として意識されたのであり、あの論文であぁ言っていることとこの論文でこう語っていることとはこういう意味でこのように深くつながっている。そのような発見的な読み方ができたときにその論文が本当に読めたという気持ちになるものであり、われわれは先人の論文をそのように読んできた。そのように読もうと努めてきた。けれども、そのようなことを読み手に期待することはできないような時代の雰囲気を私は感じてしまう。それは、著者の数や読むべき論文の数の桁違いの増加ということ以上に、そのような読み方を必要とはしないような論文が様々な意味で主流を占めるようになったことの結果かもしれない。私たちが先人のだれかれの論文を集めては読んできたような読み方を自分の書いたものについても期待するのであれば、論文と論文の関係を、問題関心の関連と展開を、自分自身でわかりやすく説明して見てもらう、そういう姿勢が必要なのではないかと思うに至った。自分の大学の授業では時に丁寧に説明することもあり、また長期間私の授業を聞いている学生にはおのずから伝わりもするようなそれらのことを、よその人に対しても活字で説明する責任が自分の側にあるのではないか、自分の論文を自分で解説するというような下品なことはしない、などとは言っていられないのではないかと思えてきたのである。それは、あるいはそれぞれの論文における自分の筆力のなさを補うことかも知れない。あるいは後になって自分自身でその論文に新たな意味を発見して位置づけをしなおすという面もあるかも知れない。それをやってみようとするのが、この論文集をまとめたもう一つの動機である。内容ごとに関連する論文を集めた各章の冒頭に、そのような学史との関係や自分自身の歩みの中でのそれぞれの論文の位置に関する解説を書いておいた。目次に示したとおり本書はⅠ巻とⅡ巻で計五章に分かれるが、それぞれの章の中では完全に発表年次順に排列してある。また、一つの論文が内容上ある章に属すると同時に別の章の内容の進展の中でも重要な位置を占めるという場合がある。その場合は二度目に挙げるべき章の中では論文の標題のみを一ページとって重複掲載し、それを目次にも載せるようにした。論文間の関係が一目で見られるようにという便宜のためである。

本書は活字論文のほかに、公開講演、学会発表などの発表資料をⅠ巻Ⅱ巻合わせて計九節分収録している。そのほとんどは自分で企画した長時間の講演であり、「公開集中講義」という名称のもとに私自身は三〇〇分の学会発表というつもりで毎回未発表の内容を積極的に講じたものである。その発表資料（要旨）は、読むだけでわかり、記録にもなるようにという配慮のもとに作成していたものであり、それぞれの分量も通常の雑誌論文一本より長いものである。（読むだけでは意味がわかりにくいという部分については、今回本書収録に際して補筆を施した。）そのようなものはきちんと活字論文の形にして公表してから収録するべきではないかとも考えたが、その多くはその口頭発表の後の私自身の活字論文に大きな影響を与えており、それ抜きには私自身の歩みがたどりにくいこと、今書くとなれば述語論なり主語論なりの大きな書物の中に飲みこみたいもので、単発の論文としては公表しにくいこと、そしてなによりも発表時に真剣に考えて一歩を進めたその痕跡が発表資料に刻みこまれていて、それを今書きかえることは内容的にも当時の思いとはやや違ったものになる恐れがあることなどを考えて、あえて発表資料（要旨）の形のままで収録することにした。

このようなことは、講演の発表資料に限ったことではない。活字論文についても、同じ用語の意味が前のものと後のものとではやや異なるなど、考えの進展に応じて細部の不統一はある。しかし、一つ一つの論文にはその命がある。その直前までの自分の歩みに一歩を付け加えたその仕方は、仮にそれが後になって更に変更を加えられるものであっても、その時の一歩としては掛け替えのない意味を持つ。また後に捨てられた当時の見解の中に重要な意義があるかも知れない。それはそのままで残しておきたい。それゆえ活字論文についてもできるだけ発表当時の原文のままで収録することにした。誤記、誤植を改め、最小限の用例差し替えをした以外は、原文のままである。

文の種類に関しても、陳述論への評価に関しても、動詞形態の叙法論的把握にしても、助詞「は」と「も」に関しても、また主語やラレル文に関しても、私の考えが今後大きく変わることはないように思われる。必要なことの大部分は何らかに言い終え、もうそれを大きく否定することはないという確信が持てる今の時期が論文集にまとめる恰好の時期であろう。近い将来その内容ごとに組織的記述を持つ一書にまとめることがあるとしても、そこに至る過程の一つ一つはそれ自身の意味を持つ。ことにⅠ巻第一章、第二章所収のものは体系的記述にはなじみにくいであろう。それらを含めて、論文集には論文集の意義があると考えている。各論文に節番号を付けたが、それは体系的記述を標榜してのことではない。単に指示の便宜のためだけのものである。

文法と意味 I

目次

（第Ⅱ巻　目次）

第一章　文の意味の成立、喚体と述体

第一章解説

「文核と結文の枠――「ハ」と「ガ」の用法をめぐって――」（第一節）は、東京大学文学部に提出した卒業論文（一九七二年一月）の内容の一半を基にしたものだが、この論文は、当時学界を支配していた陳述論的な枠組みの中に助詞「は」の問題をどのように組みこむかということを課題としている。渡辺実氏の『国語構文論』が出版された直後の陳述論礼讃の熱気の中にあって、また、文末要素だけでなく文中要素も文成立モデルの中に飲みこもうとする南不二男氏の議論が陳述論の新たな発展として一つの結実（『現代日本語の構造』一九七四）をむかえようとしている時期にあたり、時枝式入子型の中に収まりにくい「は」の働きをなんとか陳述論の枠組みに組みこみたいと思うのは、当時陳述論を自分の問題として受けとめている研究者にとっての共通の願いであっただろう。（青木伶子氏の著書への書評―『文法と意味Ⅱ』第一章第十節―参照。）

この論文では結局、陳述要素（〈結文の枠〉）の中に、対内容の話者の態度表明「判定」、対聞き手の態度表明「うち出し」のほか、一文をどのように分け結んで表現するかという「結合指示」というものを新たに立てて、「は」をそこに位置づけたのだが、と同時にその三者のいずれをも含まない「花が咲く」のような形（〈文核〉）はそのままでは一人前の独立的な文ではないという見解を提出した。これは、助動詞も終助詞も係助詞も、総じて陳述的な語類を一切含まない文がいかにして文として成立するのかということを問題としたもので、「言い終ることが陳述である」とでも言うような渡辺氏の独立形（終止形）陳述の説明の特異さ、根源的には時枝氏の「零記号の文末辞」のあやうさを陳述論の枠組みの中で克服しようとしてのことであった。

卒業論文の残りの一半で論じた「は」助詞そのものの文法的性質についてはⅡ巻第四章所収の諸論文でその後詳しく検討していくことになるが、「は」の題目提示という機能だけはとりあえずここで陳述論の中に押えこんだことになる。それは南モデルの私なりの発展のさせ方だと当時思っていたが、また同時に、言語学会機関誌への投稿を意識して書いた文章は、いわゆる陳述論へのなじみが薄い人たちに国語学の陳述論的観点の有効性をこのように言えば分かってもらえようかという期待をこめたものでもあった。

「呼びかけ的実現――言表の対他的意志の分類――」（第二節）は、東京大学に提出した修士論文「文核および助詞『は』『も』の研究――文の意味は表現の中で成立する――」一九七四年一二月）の第一章第二節を基にしている。これは、直接には、文以前のものと言うべき単語一語や〈文核〉がそのまま裸で文として存在する場合（一語文、文核文）の文としての成立様相を説明するという動機から、「他者に対する話者の働きかけ」と文成立との関係を論ずるために、他者に対する働きかけの全貌を整理してみようと試みたものである。それまでの陳述論において、終助詞が陳述要素の代表としてイメージされるあまり、文表現の他者に対する行為性こそが文成立の決め手であると思われがちであったのに対して、平叙文でも終助詞的な層を伴った場合は「他者に対する働きかけ」を帯びて存在する（山田孝雄氏が指摘している）こと、従って「他者に対する働きかけ」の存否と文の成立とは別次元であることを言おうとしての、その準備のための論文であった。また、命令文・疑問文（質問文）グループ対感嘆文・平叙文グループの差は相手に対する働きかけの有無であると言われることもあるが、他者への働きかけの有無と文の種類とは別次元のことであるという見解をここに含むものであり、それは「日本語の構文」（第一章第九節）での文の種類の捉え方の基盤となっている。

「語列の意味と文の意味」（第三節）は、（状況による意味でなく）通常は文自身の意味として了解されているものの中に、実は文の外形（単語列）自身の固有の側面のほかにその語列が文として存在することに伴って生ずる側面がある、ということを論じたものである。これは言うまでもなく第一節論文の延長上にあるもので、一語や〈文核〉が単独で文として存在するときの文成立の様相を問題にしているが、第一節論文に比べると、ある形がある意味を担うということのメカニズムそのものへの関心が高くなっている。そこでは当然、文法形式（一つの助詞や一つの文型）の多義性の構造を問うことになるが、同じく助詞と言っても、例えば係助詞の「は」と格助詞の「が」の場合では多義性の構造を語る別の視点が必要になること、それぞれの形式の文法的性格に応じた多義性構造分析が必要になることを主張する。

一つの文法形式あるいは文型を言わば所与の道具として、その道具の性格を生かしながら多様な表現目的に使う。文法形式の多義性の構造をそういう目で見ることは、（有限の語形式と構文規則から無限の文形式を生産するというところにではなく、）文法形式や文型の固有の対象認識の仕方を維持しつつその形式を多様な意味の表現のために「発見的に適用する」ところにこそ、言語の創造性を見ていくことになる。後に認知言語学との共通性を強く意識することになるこの〝創造性〟への関心は、この論文のときから自覚したものである。

この論文は、一語文と〈文核文〉の成立様相を論じた修士論文の第一章第三節の精神を方法的主張に重点を置いて語ったものだが、卒業論文から修士論文への間に、私の言う〈文核〉の単独文としての存在の仕方（文核文）のある場合は山田孝雄氏の「喚体」とも言うべきものであること、語順は述体と同様であっても形が意味を担うその仕方において喚体的であると了解すべき文があることに思い至った。「花が咲く」「雪が白い」の文成立の特殊性を、あるいは単独文として存在するときの意味の特殊性を、喚体―述体の問題として考えるという私自身の思索がこのときから始まったのだが、そのような視野を持つに至ったことについては、川端善明氏の「喚体と述体」に関する論文からの示唆が大きい。

「『そこにすわる！』――表現の構造と意味」（第四節）は、その文を構成している語形式（語列）自身の意味以上のものが文の意味として生ずる場合があること、そういう場合にはそれが可能になるだけの条件がその語形式自身の意味の姿の中にあることを論じた。語形式自身に固有のものとそれを使って為される表現行為との間の距離に注目するというのは、上述の意味での言語の創造性への注目にほかならない。なお、終止形という活用形の叙法的消極性、それゆえに生ずる極度の多義性を問題にすることの動機は、陳述論的に言えば「終止形陳述」の特異性、すなわち終助詞や助動詞がついていないという消極性とそれにもかかわらずそこで文が成立することとをどう両立させて理解するかという点にあり、それは大きく言えば時枝氏の「零記号の文末辞」の内実をどう考えるかという問題である。

終止形は動詞概念の素材的表示形に過ぎないという、本章第一、第三、第四節のこの見解は、日本語のいわゆるモダリティやテンス・アスペクトを叙法（ムード、すなわち述べ方の種類とそれに対応する述定形式）の問題として考える本書第三章第一、第二、第三節の見解の出発点となっているものである。

「文の基本構成・史的展開」（第五節）の基本になっている問題関心は、本章第一節論文以来の、格関係と（題目—解説関係に代表される）断続関係との異次元性、その両者の交渉への注目であるが、この視点で文法史を通観することは森重敏氏の文法史把握から教わった。また、その視点から文法史を見ていく際の最大の着目点は連体形終止文の表現的特性とその一般化であるが、それに関しては阪倉篤義氏の「開いた表現から閉じた表現へ」から示唆を得た面が大きい。上代、中古の連体形終止文の用法の小規模な調査、分析を通して、大略三つの用法、（a）述体的語順ながら感動喚体的であるもの（山田孝雄氏の「擬喚述法」）、喚体とは言えないまでも通常の述体とはやや異質で、「コトガラの投げ出し」風の文成立様相をもつもの、すなわち、（b）そのコトガラと文脈とが特殊な関係にあるもの、（c）解説的表現、の三者を区別したが、これを本章第三節以来の「喚体—述体」の問題関心に引きつけて言えば、喚体か述体かいずれか一方に決めてしまいにくい（a）（b）（c）などをも含めて、語形式（語列）自身の性格と表現・伝達行為とのありうる関係の多様性の中に、その極として典型的な喚体や述体を位置付けるという見方を、ここで得たことになる。

この論文の中心テーマに即して言うならば、日本語が伝達の言語から（対象的内容に閉じこもった）対象描写の言語へと変化してきたという把握であるが、そのような観点で喚体句、連体形終止文、あるタイプの係り結び現象を一連のものとして捉える面白さは、阪倉篤義氏の諸論考から示唆を得て気がついたことであった。後に阪倉先生が『日本語表現の流れ』の中で私のこの論文を引き、また直話においても『鉄が重い』はたしかに喚体ですなあ」と私の感覚を肯定して下さった。阪倉氏の論考に導かれての思索の結果だから当然とは言え、先生と問題関心を共有できたことは幸せであった。その共通性を言語使用の際の「体内感覚を問う文法論」などと言えば、はしゃぎ過ぎであろうか。

「不定語の語性と用法」（第六節）は、「なに」「だれ」「いつ」「どこ」「どう」などの語が場合によって大きく異なる二方向の意味を表すこと、それぞれの方向の内部にきわめて多様な用法を持っていることについて、これらの語は内容が空欄の人物、もの、時……を表すもの（不定語）であるとの視点から説明を与えたものである。この用法分類は森重敏氏の「不定系の係副詞」の二つの場合を大きく承け継いでおり、「不定語」であるという視点そのものは阪倉篤義氏の「文法史について」から大きな示唆を得た。ただ阪倉氏の疑問詞了解とは大きく違うところがあり、その相違を正面から論ずる論文を書こうと思いながら、果たせないでいる。語形式自身の意味と、それが文の中で使われて結果として表現する意味とは別であるという観点は、本章第一節、第三節以来共通のものである。またこの論文は、古代語で不定語が疑問用法に使われた場合は述語に連体形終止を要求すると認める立場に立っているが、それは疑問文が（事態承認を抑止するという意味で）典型的述体から離れている（喚体に近い面がある）ものであろうという認識に基づいている。この第六節論文は、喚体への関心という点でも、第三、第五節論文の線上にある。

『ボチャーンねこ池落ちよってん』――表現の断続と文音調――」（第七節）は、大阪弁らしい語順とつなぎ方を分析して、二つの部分（「ボチャーン」と「ねこ池落ちよってん」）が助詞なしで衝突することによって究極の断続関係を構成している例だと把握する。現在の共通語をはじめいわゆる近代日本語において失われつつある断続関係の優位性が、大阪語においてはまだ生き生きと残っているということの指摘であり、文内容の対象面に閉じこもらず断続関係の前面化によってこそ話者の目の動きは表現されるという意味で、失われつつある本来の話しことばの息づかいが大阪語には濃厚に残っているという主張である。直接には、本章第五節論文で述べた日本語の表現の歴史的変化の方向の中で、それにもかかわらず、係り結びが優勢であった時代の本来の日本語のあり方と通いあうものが現在の大阪語の中に見出されるという論であるが、それを別の角度から言えば、標題の文は「ボチャーン」という感嘆詞的な描写部分と「ねこ池落ちよってん」というノダ文（テンはタのネン形であり、ネンはノヤの縮約形。従って～テンは連体形終止文に近似する）との間に一種の呼応関係、あえて言えば係り結びを見てとることにもなる。断続関係が優位に立つ表現はこのような種類の係り結びという形を採りやすく、それは連体形の結びを要求する古代語「ゾ・カ」の係り結びと同質のものであろう。この論文は、実は、あるタイプの係り結び成立の原理的根拠をそこに予感しての話しことば分析なのである。

「感嘆文と希求・命令文――喚体・述体概念の有効性――」（第八節）は、副題のとおり、第三節、第五節論文以来の喚体・述体の問題について、自分なりの考えの総まとめをしたものである。学史的に言えば、山田孝雄氏の「喚体」をめぐって（山田自身の規定から一旦離れて）その精神どう見るべきかという論であるが、本質的に言うなら、表現の中である形が文として意味を担うことの担い方の中に種々の異質性を認めて、それをこそ「文の種類」と呼ぼうという主張である。「白い雪！」という驚嘆表現と「雪が白いなあ！」という詠嘆表現とでは、そしてまた、同じく眼前の描写の表現とは言え、「鳥が飛ぶ。」と指さすように言う場合と「鳥が飛んでいる。」と客観的に語る場合とでは、ほぼ同じような意味を結果的に表すことになるとしても、その形でそれを表現するときの手応えのようなものが異なるという感覚をなんとか論理化しようと試みているものであって、第三節論文以来この時までに約十年が経過し、私が「喚体」と呼ぶ範囲についても論文ごとに多少変化しているが、この問題関心そのものは変化していない。それは、第一、第三、第四、第五、第八節論文と後述の第九、第十節論文に通有のものであって、文型という道具を使用して意味を表現する際のある種の手応え、表現する人の体内感覚とでも言うようなものを文法論として掬い上げる可能性を、山田文法の「喚体・述体」概念の中に見出してのことである。

「日本語の構文」（第九節）は、講座の中の一章として日本語の文構造の要点を述べたものだが、一つには文の種類について、二つ目には確言的承認の場合の述語の時間的意味の発生の論理について、私自身の考えを積極的に述べている。文の種類に関しては、この論文は第八節論文の精神を平易に説明したもので、喚体の側に感嘆文と希求文、述体の側に平叙文と疑問文を数えるが、希求文が聞き手に対する働きかけの意志を帯びた場合が命令文であり、同じく疑問文がそれを帯びた場合が質問文だとしている。つまり、通常、文の種類を分けるポイントとして「相手に対する要求」の有無が立てられるが、それは対相手の終助詞がついてもつかなくても平叙文であることに変わりない（山田孝雄氏が既に指摘済み）ことに見てとれるとおり、文の種類を分けるものさしではあり得ず、命令文、質問文が帯びる〝要求〟はすべての文が帯び得る対相手の働きかけの意志の一つに過ぎないと見たのである。それは第二節論文の「他者に対する意志」枚挙の基本にある考え方であった。文の種類、ある形式の文としての成立様相と、文が話し手―聞き手的な場の中でどのような伝達的機能を帯びるかということとは別のこととして考えねばならないという、いわば陳述論との訣別をここで宣言したことになる。

ただし、(特にウ・ヨウの)推量文はその現場的行為性をいかにしても捨象することができず、その限りで通常の平叙文との決定的な相違を無視することができず、この論文では述体と喚体の中間にあるものと位置づけた。この点の思索不足は当時から気づいていたが、後に第三章第三、第四、第五節論文で論ずることになる。すなわち、通常の平叙文の述定形式が「事態承認」の形式であるのに対して古代語ム、現代語ウ・ヨウは「事態仮構」の形式であることから、そのような現場密着性を脱することができないものであると見ることになるのだが、文の現場密着性そのことに関しては次の本章第十節論文が正面から論じている。

上述の二つ目の論点については、第三章冒頭の解説にゆずる。

「一語文の用法――〝イマ・ココ〟を離れない文の検討のために――」(第十節)は、「ある形式が意味を担うことの担い方の異質性」を問うという第一、第三、第八節以来の関心に沿って、一語文の成立原理を考えたものである。これは、修士論文第一章第三節で一語文の用法を六群二十種に整理して以来、この問題を授業でとりあげる度に少しずつ修正してきたものの決定版であって、もう動かないと確信が持てたこの時期にやっと活字にすることができた。山田孝雄氏の規定によれば、述語で述べることによって成立する句(文)が述体句であるのに対し、述べないで句(文)として成立するものが喚体句であった、一語文そのものは山田氏は完備句に数えず、それゆえ喚体句とは呼ばないが、形として述べないでも文的な意味を表現するものとして、一語文は山田氏の喚体句の原理的な成立根拠を与えるものだと言える。

述語の積極的な述定形式によって述べて文になるものと、語的概念あるいは事態概念の直接的表示形を言語場に投げ出すことで述べないで文になるものとの違いという観点からすれば、動詞終止形や未然形＋ム（現代語ではウ・ヨウ）で終わる文はむしろ後者に属する。これらの文の意味の担い方は一語文のそれに相当するであろう。第一節論文以来の観点に沿ってそのように見たとき、ムの（従って現代語のウ・ヨウの）平叙文終止法が推量と意志（を含む希求系）とに限られること、非終止法では推量、意志の意味は出ないことも、現場一語文の基本的なあり方が「存在承認」と「希求」であることに対応するものとして説明できる。金田一春彦氏の「不変化助動詞の本質」が指摘した、ウ・ヨウの終止法の場合と非終止法の場合の意味の決定的な違い、終止法の場合の意味の特別な主観性はこのようにして理解すべきものであった。（この見解は、第三章第三、第四、第五節論文の出発点となっている。）このように考えてこそ、ムを山田氏が「設想」の複語尾と呼んだことの深い意味や、ム（ウ・ヨウ）と他の複語尾（普通の助動詞）との一面の異質性を理解することもできるのであって、一語文のあり方をつきつめて考えることがそれとは全く逆の、事態を積極的に承認する（通常の）助動詞付きの述定の性格を浮かび上がらせることになる。

渡辺実氏の陳述論がこのウ・ヨウの類（第3類助動詞）と終助詞との連続性をテコにして助動詞一般と終助詞との連続を説き、それにならって現今のいわゆる〝モダリティ論〟は助動詞も終助詞も一括してモダリティ要素だとしているが、それはこの「設想」の助動詞の終止法の特殊性を見落としているのであって、この助動詞の終止法が「非現実事態表象の投げ出し」というあり方によって一語文的な現場密着性を帯びること、その結果、終助詞付きの文のような現場的行為性から離れられないことを、語類としての助動詞全体と終助詞との一般的共通性に見まちがえたと言うべきであろう。ム（ウ・ヨウ）と他の複語尾（助動詞）とは共に動詞の叙法形式（述べ方の種類に応じた述定の形式）として当然等質的な世界にあるが、ム（ウ・ヨウ）の類だけが「設想（＝非現実事態仮構）」の形式としてその用法の一角に（推量・意志という）現場的行為を表す場合があり、それが一面で終助詞と共通であるに過ぎない。そのことをもって助動詞一般と終助詞の連続性を言うのは、ちょうど、馬にものを運搬する機能があるからと言って「ねことトラックとは馬を介して連続する」と主張し、哺乳動物一般と車輌一般との連続性、大きな共通性を主張するようなものであろう。語形式の表現論的機能と文法的性格とは分けて考えなければならない。

時枝氏に始まる戦後陳述論の文法論としての特異性は、陳述しない文、一語文のあり方の検討を通して、私にはっきりと見えてきた。私が陳述論に惹かれ、今も感じている魅力とは、言語形式に注目しつつ表現成立の一般構造を語ることのおもしろさであって、陳述論は文の文法構造を考えていくためのものではないようである。

「文の形と意味」（第十一節）は、本章全体の趣旨を文の意味とそれを構成する語自身の意味という角度からながめ直したもので、文の意味はそれを構成する語の意味の総和ではない、文の意味には構成要素である語の意味に分割できない面があると主張している。文で意味を表現するということが、与えられた道具としての語形式（文型を含め）自身のスキーマを発見的に適用して様々な意味を創出することである以上、そのような適用のしかた、語形式の用法がいかに慣習化していようとも、文によって表現される意味をすべて構成要素の語の意味に帰することができないのは当然である。

第一章第一節

文核と結文の枠
――「ハ」と「ガ」の用法をめぐって――

（原論文は、『言語研究』63号　1973年3月　所収
原文は横書き）

はじめに

日本語の助詞「ハ」の文法的性格については、日本語文法の根幹にもかかわる問題として従来熱心に論じられて来た。とりわけ、現代語においては、「ガ」と「ハ」の用法の差異という視点からこれを追求しようとする試みが既に様々になされている（注1）。

この成果の上に立って、本稿（注2）は、現代語における「ハ」と「ガ」の用法の差異を統一的、包括的に説明しようとするものである。用法の差異を単に列記するだけでなく、原理的に把握することをも目指す結果、文成立における二つの層――〈文核〉と〈結文の枠〉――の存在を主張することになるが、一つにはこの論の広がりのゆえに、また一つには「ハ」の用法に集約的に現われる諸要素の複雑な絡み合いのゆえに、論ずる問題はおのずから多岐にわたる。

なお、「ハ」そのものについては、今回は文成立論上の位置を論ずるのみで、その文法的性格全体の究明は別の機会にゆずらねばならない。

§1　単文基本形における「ハ」と「ガ」の用法

§1―1

「ハ」と「ガ」の用法の違い方は、単文の場合とそうでない場合、連体修飾句の中にある場合とそうでない場合、前にいわゆる陳述副詞（注3）、誘導語句（注4）、状況語句（注5）がある場合とない場合、文末に終助詞や助動詞がある場合とない場合など、様々な条件によって異なる（注6）。ここでは、先ず、陳述副詞、誘導語句、状況語句などを含まない単文で、文末に「だ」以外の助動詞（注7）や終助詞を含まない形について（これを単文基本形と呼ぶ）、その主格の語につく「ハ」と「ガ」の用法を検討することから始めたい。この検討で得られる視点を軸にして、他の場合の「ハ」と「ガ」の用法も§4において順次説明されるはずである。

単文基本形における「ハ」と「ガ」について、第一に着目すべき事実は、圧倒的に「ハ」が多く用いられるという事実である。

(1) あの人は大学院の学生だ。　　(名詞文)

(2) 桜の花は美しい。　　(形容詞文)

(3) 桜の花は春に咲く。　　(動詞文)

など、名詞文、形容詞文、動詞文の別を超えて、以下述べるような特殊な表情を加える表現でない限り、普通には必ず「ハ」が用いられると言える。

単文基本形で「ガ」が用いられるのは次の三つの特殊な場合に限られる。

第一は、

(4) 雪がまぶしい。　　(形容詞文)

(5) 犬が走って来る。　　(動詞文)

のような場合の文にみられ、眼前に見る事実を何がしかの感嘆をこめてそのまま言語に表現するような文型である。これを〈眼前描写〉の型と呼ぶ（注8）。

単文基本形で「ガ」の用いられる第二の場合は、

(6) 私が社長だ。　　(名詞文)

(7) こっちの池が↑大きい。　　　　(形容詞文)

(8) 大山さんが↑行く。　　　　(動詞文)

などの表現に現われる場合である。これは、「誰かが社長である」「どちらかが大きい」「誰かが行く」という共通の了解、前提のもとに、その確定している述語のもとで主語が選択決定される場合である。このような文型を〈選択指定〉の型と呼ぶ。

単文基本形で「ガ」が用いられる第三の場合は、やや特殊だが、会話に現われる。

(9) 「この感想文みたいなものは何だい？」

「それは卒業論文ですよ。」

「これが↑卒業論文だ↗？」　　　　(名詞文)

(10) 「見ろよ。こんな大きいねずみを取ったぞ。」

「大きくはないよ。小さいよ。」

「このねずみが↑小さい↗？」　　　　(形容詞文)

(11) 「くやしいじゃねえか。その猫、屋根の上であぐらァかいて、おいでおいでしてやがるんだ。」

「猫が↑あぐらをかく↗？」　　　　(動詞文)

相手の発言内容の中核的部分を一旦自分の言葉に直して受けとめ、文末の↗のイントネーションとともに相手に投げ返して、驚き、不信などを表わすものである。この文型を〈問い返し〉と呼ぶ。これとは別に、相手の言葉をそっくりそのままおうむ返しにして文末の↗のイントネーションとともに、驚き、不信を表わすことがあるのはいうまでもない。

(9′)「それは卒業論文ですよ↗?」

しかし、ここでは、(9)の場合のように一旦自分の言葉に直して反問する方法があることに特に注目したい。この場合には、もともと相手の発言にあった終助詞はなくなり、「ハ」も「ガ」に変わる。単文基本形に「ガ」が用いられる文型の第三はこのような〈問い返し〉である。

§1―2

名詞文、形容詞文において「ガ」の用いられる文が上記の〈眼前描写〉〈選択指定〉〈問い返し〉の三つの文型のどれかに必ず当てはまることは比較的納得され易いと思われるが、動詞文においては、あるいは、そういう特殊な表現でない言わば中立的な表現に「ガ」を用いることがあるように感じられるかも知れない。

(12) 花が咲く。

というような、文法の教科書にでもありそうな文例がそれである。このような文例が中立的な表現として立派に存在するかに見えるのも、一方では理由のあることで、それは名詞・形容詞文と動詞文とで主語の性格が異なるということに由来する。つまり、名詞文、形容詞文では主語述語の結びつきこそが文の内容であるのに対し、動詞文の主語は、動作の主体であり、基本的には動作の客体（ヲ格）や相手（ニ格）などと相並ぶ一要素項に過ぎないということなのである。名詞文、形容詞文では「ガ」よりも「ハ」を用いた方が必ず中立的な表現であるのに対し、動詞文ではそうは言えないという事実もこのことに由来する。

しかし、そういう事情を認めた上でも、やはり、「花が咲く」のような文例を、中立的な、しかもそれ自身で完全に安定した文であるとすることには、疑問が残る。このような文型は、中立的な表現としては、実際には

(13) 花が咲く、それは私にとってこの上もない喜びです。

というような事態の提示的表現か、あるいは本来あるべき終助詞（例えば「ヨ」）を落としてしまった舌足らずの小児語的表現、さもなければ心覚えに単語風に書きつけるメモ的表記としてのみ存在するものと言うべきであろう。具体的な言語表現としては何か舌足らずで、有形無形の枠に頼って存立しているという感がつきまとうのである。〈眼前描写〉〈選択指定〉〈問い返し〉でない中立的な表現としてのこのような文例は、非文法的とまでは言わないにせよ、実際に用いられる頻度は極めて小さく、かつ、それだけ安定の悪い表現であるということに、積極的に留意しておきたい。そしてまた、ここでは、それだけ指摘しておけば足りる。

また、〈眼前描写〉〈選択指定〉〈問い返し〉なる語は、単文基本形に「ガ」が用いられた文型の三つの場合に対してそれぞれ与えた名前である。用いられる状況と一体となった文型の名前であって、言表状況そのものや、表現意図の種類に対してつけた名前ではない。それ故、§1—1の記述は、無論、一般的に眼前を描写する表現や選択的に指定する表現や反問する表現で「〜ガ〜」という文型以外のものがあり得ることを否定するものではない。しかじかの状況では「ガ」が、しかじかでない状況では「ハ」が用いられるという体の記述は本稿のとるところではない。そのような同一平面に並べての対立的な記述では成功しないという所に「ハ」と「ガ」の問題の複雑さがあるのである。

以上の注釈的説明を加えるならば、単文基本形における「ハ」と「ガ」の用法のあり方について、§1—1の記述が承認されるであろう。

§2 「ハ」の文成立論的位置

§2—1

§1で整理された事実は如何に解釈されるべきであろうか。それには、何よりもまず、〈眼前描写〉〈選択指定〉〈問い返し〉の特殊性の内容を検討しなくてはならない。

これには、いわゆる一語文の性格を考えることが有効である(注9)。

⑭　海。

という体言一語の一語文は如何なる状況で存在し得るか。大きく類型化すれば三つの場合があって、しかもそれだけに限られる。

第一は〈詠嘆〉である。視界が急に開け眼前に海を見たときの発見の驚きや、海が恋しくてたまらないときふと口をついて出るつぶやきである。詠嘆は聞手を予定しない表現であるから、終助詞、待遇表現など、対聞手の要素は一切ない。のみならず、「海」という素材内容に対する話手の態度表明――推定とか確認とか否定とか――も一切加えられていない。素材概念がまさに裸のままの素材として投げ出される形である。「海よ。」と言ってしまえば、「よ」という語形態によって話手の対象への指向が積極的に示されることになり、既に「海。」という一語文の詠嘆とは異質のものになってしまう。一語文の詠嘆は、そのような、素材内容なり対象・聞手なりと話手との関係を語形態としてとり込まない表現形式としての〈詠嘆〉である(注10)。

この一語文の〈詠嘆〉と対応するのが述体文の〈眼前描写〉である。⑷を例にとれば、「雪がまぶしい」というただそれだけの事態素材を、対内容、対聞手の話手の態度表明の全く加わらない形で、裸のままで投げ出した表現である。主述に分節化して述べられた事態概念も、事態概念の単なる素材的表示にとどまるという意味で、「海」という一語の体言的素材性に等しいと言える。

「海。」という一語文の存在し得る第二の場合は、問に対する〈答〉である。

⒂「どこへ行きたい？」――「海。」

⒃「海と川とどちらが泳ぎやすい？」――「海。」

⒄「あそこに見えるのは何だい？」――「海。」

における〈答〉の「海。」は問の意味に応じて「海へ行きたい。」であり「海の方が泳ぎやすい。」であり、「あれは海だ。」であって、話手が答として表現しようとした内容はまさにこれなのだが、実際の発言としては「海」という体言一語で十分なのである。問によって一定の場が設定されたところに一つの体言が〈答〉として投げ出されれば、その場によって、その体言は文相当の意味をもつ。しかし、それはあくまで〈答〉としての位置のゆえに場から意味を与えられるのであって、「海。」という一語文がそれ自身の中に文相当の意味を具備しているのではない。

述体文でこれに対応するのが〈選択指定〉である。〈選択指定〉は⑻「大山さんが行く。」を例にとれば、「誰かが行く」という前提、共通了解と「行くのは誰か」という共通の問題設定のもとに、一定の（あるいは暗黙の）選択肢の中から「大山さん」を選んで指定する表現であった。これは近似的に「誰が行くのか？」という問に対する〈答〉としての表現であると言える。「大山さんが行く」ということただそれだけの素材的表示、体言一個の素材性にも等しいものが単独で存在すれば、まさに単独で存在しているというその姿によって、必然的に〈詠嘆〉なり〈答〉なりとしてのあり方を背負ってしまうのであり、後の場合は問が存在するに等しい場の働きによって「行くのは大山さんだ」という選択指定の意味を付与されるのである。

「海。」という一語文が存在し得る第三の場合は〈問い返し〉である。

⒅「あそこに雲のように見えるのは海ですよ。」――「海↗？」（注11）

これが述体文の方で§1―1の第三に挙げた〈問い返し〉に対応することは、もはや言うまでもない。〈問い返し〉は相手の発言の骨組みだけを専ら素材的な形で言い直し、「お前はこう言ったんだよ。本当か?」と投げ返すものである。上例では相手の発言の中核的部分は「海」という体言一語で言い直されているが、文的事態概念で言い直す場合は

(18')「あれが海だ↗?」

となる。(18')は、素材的表示にとどまる形であるということによって〈問い返し〉に用いられたものである。

以上、単文基本形に「ハ」でなく「ガ」を用いた形（これを〈ガ-単文基本形〉と呼ぶ）が存在し得る三つの場合――〈眼前描写〉〈選択指定〉〈問い返し〉――は、体言一語の一語文が存在し得る三つの場合――〈詠嘆〉〈答〉〈問い返し〉に、それぞれ対応するものであることを見た。用法上のこの過不足のない対応にみられるとおり、〈ガ-単文基本形〉の意味的な性格は、文的事態概念を表わしはするものの全体として事態概念の素材的表示にとどまるもの、言い換えれば体言一語の素材性にも等しいものと言わなければならない。

§2―2

「ハ」の文成立論的職能は、終助詞の文成立論的職能との対応において考えてみるのが有効である。

(19) 桜の花が美しい。
(20) 兄さんが怒る。
(21) 桜の花が美しいよ|。
(22) 兄さんが怒るよ|。

(19)(20)の〈ガ-単文基本形〉は、§1―1で見たとおり〈眼前描写〉〈選択指定〉〈問い返し〉としてのみ存在し得

るのであるが、終助詞「ヨ」のついた(21)(22)は、単なる事実を告げる中立的な表現となる。勿論、(21)や(22)も、その中立的な表現の一つの場合として、状況により、眼前を描写する場合や選択的に指定する場合、相手の発言をおうむ返しにして投げ返す場合の言表であり得ることは妨げないが、そのような場合にのみ存在し得る特殊な文型ではなくなるのである。

(23) 桜の花は美しい。

(24) 兄さんは怒る。

「ガ」のかわりに「ハ」を用いた(23)(24)も、(21)(22)とは表現価値が異なるが、やはり、例の三つの場合にのみ存在し得るという特殊な文型ではなくなる。

上の事実は、〈ガ-単文基本形〉を対象として働き、この用法の上述の特殊性を取り除くという点で、「ハ」の文成立論的職能と「ヨ」のそれとのある面の類似を思わせる。(21)(22)(23)(24)において上述三つの場合にのみ用いられるという用法の特殊性がなくなっているということは、それがもはや単なる素材的表示の域を脱するものになっているということである。「ハ」や「ヨ」は、〈ガ-単文基本形〉の上に加わって、それを単なる素材的表示以上のものにするという、文成立論的職能をもつのである。

(21)において、「ヨ」は、表面上の位置は文末の一点にあるものの、意味的には「桜の花が美しい」全体をおおい、これをめぐって話手のある種の態度表明をつけ加えるものである。意味的な面で文中のどれか一語だけでなく全体に関わるが故に、文成立論的にも「桜の花が美しい」全体を対象として働くのである。これと同じく「ハ」も、表面的な位置は文中の一点にありながら、意味的、文成立論的には、「ハ」の係りと文末の受けとが一体となって「桜の花(が)美しい」という全体を対象としているものと考えなければならない。所詮、比喩的な簡単

枠もち文 (21)(22)(23)(24)	結文の枠	〈ハ－係り受け線〉〈終助詞〉	
	文　核	〈ガ－単文基本型〉 (19)(20)	事態概念の素材的表示

化に過ぎないが、この係りと受けとで担われる職能の所在を実体的なものに模して〈ハ－係り受け線〉と呼ぶならば、この〈ハ－係り受け線〉が、「ヨ」と同じく、「桜の花（が）美しい」という全体をおおうのである。

§2―3

ここにおいて、文成立に関する一つの図式を得る。事態概念の素材的表示の内にある〈ガ－単文基本形〉(19)(20)に対して、その素材性を超えたもの(21)(22)(23)(24)を仮に〈枠もち文〉と呼ぶならば、――そして、この〈枠もち文〉こそ十全な意味で文と呼ばれるべきものと考えるが――〈ガ－単文基本形〉は〈(枠もち)文〉の核的素材であるという意味で〈文核〉とでも呼ぶべきものである。これに対し〈ハ－係り受け線〉や終助詞は、線条的に長さをもつ〈文核〉の全体を対象として、いわばそれに重なって包む形で〈枠もち文〉を結成するという観点から、〈結文の枠〉(注12)とでも称すべき位置に立つ。この様相を図示すると上図のようになる。

(19)(20)の〈ガ－単文基本形〉を〈ハ－係り受け線〉がおおう場合「ガハ」とならず「ガ」が消えてしまう(23)、(24)ことについては、当面はその理由を問わなくてよい。〈ガ－単文基本形〉と〈ハ－単文基本形〉とは、同一レベルで相並ぶものではなく、前者が〈文核〉に過ぎないものであるのに対し、後者は〈結文の枠〉まで含む〈枠もち文〉だということが重要な点である。〈ガ－単文基本形〉は素材的表示に過ぎず、〈ハ－単文基本形〉はそれを超えるものである。それ故、(9)(18)などの〈問い返し〉の文では、相手の発言の骨組みをあえて専ら素材的な形でくり返すという要請のために、相手の当の発言の中にあった「ハ」を「ガ」に変えて、〈ガ－単文基本形〉にもどして言うのである。〈問い返し〉で終助詞や待遇表現が消えるということも、これと同じく、素材的表示への還元（注13）ということにほかならない。

§3 〈文核〉と〈結文の枠〉

§3—1

文に類似したある形が〈文核〉に過ぎないか、〈枠もち文〉であるかの現象的な判定基準は、その形の用法が〈眼前描写〉〈選択指定〉〈問い返し〉の三つに限られるか否かという点に求められる。よって、あるものが〈結文の枠〉であるか否かは、〈文核〉に付加してその用法上の特殊性を消すかどうかで判定できる。この観点から〈結文の枠〉に相当するものを拾い挙げるならば、次のものが数えられる。

1. 係助詞 - 係り受け線………「ハ」「モ」零記号係助詞（†）、の係りと受け
2. 終助詞………ネ（エ）、ナ（ア）、カ、サ、ヨ、ヤ、イ、ゾ、ゼ、ワ、トモ
3. 命令形………述語が、「書ケ」、「走レ」など、活用形の一つとして命令形の形態をとること
4. 助動詞………ソウダ（様態）、ナイ、タ、ラシイ、ウ、ノダ、テイル（なお、タブン～ウ、オソラク～ウ、マサカ～マイ、ヨモヤ～マイなどは、それぞれ、副詞の係りと助動詞の受けと合体して一語の助動詞相当と考える。）
5. 誘導語句……アイニク、ヤハリ、モチロン、思ッタトオリ、幸イナコトニ、珍シクモ、ケッシテ（～否定の語）など

6. 接続助詞－係り受け線………前件末の接続助詞と後件末（文末）の部分との係り受け線。（モシ…バ、タトエ…テモ、などは、それぞれ合体して一つの接続助詞相当のものと考える。）

7. 感動詞・応答詞………ワア、マア、アラ、ハイ、イエ、イヤなど

(†)「あいつ、スパイだ。」など格助詞のない形には、「ハ」と同種の機能をもつ零記号の係助詞を想定する。

〈文核〉に働いて用法の例の特殊性をなくすという意味で〈結文の枠〉たり得る力には、実はこれらのものの間にも微妙な差があり、若干の問題もあるのだが、その記述は本稿では、上記のものが〈結文の枠〉として働く例証とともに、省略に従わねばならない。また、それぞれが〈結文の枠〉たり得る事情についても詳しく述べる余裕はない。ここではただ、〈結文の枠〉一般の意味的な位置を検討しておきたい。事態の素材的表示に過ぎない〈文核〉を〈枠もち文〉に変えるとはどのようなことであるか。〈枠もち文〉と〈文核〉とはどこが異なるのか。それには、文というものの一般的な存在条件、乃至存在制約との関連で考えることが必要である。

存在制約の第一は、文は必ず具体的な話手、聞手の間で存在するということである。このことにより、素材内容をめぐる話手、聞手のあり方が一文の中にとり込まれる。〈枠もち文〉とは、この種の関係が文の中に言語的にとり込まれたものにほかならない。そして、一旦、言表の場面的なあり方を言語的にとり込んだ文は、もはや、事態概念の単なる素材的表示ではあり得ないのである。〈結文の枠〉は、言表の場面的なあり方を言語的に定着することによって、抽象的な素材表示を、具体的な、ぬきさしならない文にまで高めるものである。国語学の文法論で「陳述」として論じられて来たことは、この〈結文の枠〉の、具体的な言語行為に関わる面とものとしての文の成立に関する面との重なり、そのあり方の問題にほかならない。日本語においてはことに場面的要素を一

文の中に言語的にとり込むことがはなはだしい。具体的な文としては、〈結文の枠〉をもたないものはきわめて稀であり、〈文核〉に過ぎないものと〈枠もち文〉との間には、上来の記述のとおり、歴然とした差がある。このような日本語において陳述論が文法論の根幹となるのも故の無いことではない。

素材内容、話手、聞手、三者間の関係と言っても、文をつくるのが話手である以上、一文の中にとり込まれるものは、話手の素材内容に対する一種の態度表明と、素材内容をめぐる話手の対聞手の態度表明の二つしかあり得ない。仮に前者を〈判定〉、後者を〈うち出し〉と呼ぶ(注14)ならば、先に列挙した七つのものは、どの面を担うものであろうか。

終助詞は本来〈うち出し〉を担う。ただし対聞手の態度表明といえども、素材内容を伝えるのに伴ってのものであるから、ここに、一面では対内容の〈判定〉に関わり得る機縁が存する。かくして「カ」「サ」だけは結果的に〈判定〉に関わる側面をも有する(注15)。

命令形は専ら〈うち出し〉に関わる。素材的内容を実現要求が包むことによって、〈枠もち文〉が成立するのである。

助動詞はどうか。

(25) 犬がほえる。

(26) 犬がほえた。

(25)は、幾度も述べるように〈眼前描写〉〈選択指定〉〈問い返し〉のほかではあり得ないが、(26)はそのような特殊な表情をもつ文であることを必要としない。過去の事実の中立的な表現となる(注16)。「た」が〈結文の枠〉として働いているのである。「た」は素材的内容の一部としての〝時〟を担うものではなく、〝確認〟という対内容の態度表明〈判定〉を担うゆえに〈結文の枠〉たり得るのである。ここに、「――スル」と「――シタ」の対立は、現在時と過去時との平面的な対立としてでなく、素材的表示に過ぎない〈文核〉と〈枠もち文〉との、次元の相異を含んだ対立として把握される。従来、終止形に文成立のきめ手としての「陳述」の働きを認めることが一般的であったが、本稿の立場からは、終止形自身にはその働きを認めることはできない(注17)。終止形は本来、内容をただ素材的に表示するだけの形態であり、体言の素材性にも等しいものであるという指摘も既になされている(注18)。終止形はそれだけでは〈結文の枠〉を形成することがないというのが本稿の論点である。

他の助動詞も、同様に、意味的に〈判定〉を担って文成立論的には〈結文の枠〉である。なお、「ノダ」「テイル」も、〈文核〉の用法の例の特殊性を消すという観点から、〈結文の枠〉に含めて考えてよい。大まかには助動詞と同列に扱い得るものと言えよう。

誘導語句は話手の注釈、批評、解説を与えるものであり、その批評の場の中に〈文核〉が存在することによって、単なる素材的表示を超えるものになり得ている。ちょうど、〈文核〉とは別の文にあって〈文核〉を〈答〉たらしめた問が一文の中にとり込まれたのにも相当する事情である。助動詞までのものが〈結文の枠〉たり得た事情とはやや異なるが、やはり大ざっぱには、「あいにく」などの誘導語句も対内容〈判定〉を担って〈結文の枠〉の役割を果たしていると言ってよい。

「アラマア」「イエ」「イヤ」など、感動・応答の語は、それ自身の〈うち出し〉的な意味により、二次的に、後続部分に対して「おどろきあきれることだ」とか「あなた(聞手)の意向に反することだ」とかの対内容態度表明〈判定〉を与えることになる。誘導語句と同様の意味で〈結文の枠〉と言える。

接続助詞は、助動詞にも似てそれ自身前件句(条件句)を対象とする〈判定〉の〈結文の枠〉類似の職能をもつが、同時に後続主文に対しては、条件句全体が一種の状況語句として、誘導語句などと同じ意味で〈判定〉の〈結文の枠〉として働くわけである（注19）。

以上、〈結文の枠〉として働くものについて網羅的に見渡したが、そこから逆に、〈文核〉なる概念の輪郭が明瞭になって来る。文から〈結文の枠〉に当たる上記のものを除いた残りが一応、広義〈文核〉と考えられるが、この中から更に、文成立論的にやや特異な位置にあるもの――状況語句と副助詞――を除いたものが、典型的な〈文核〉を構成すると言える。すなわち、①体言に格助詞のついた対述補語（無論、主格も含む）、②用言述語の情態を規定する情態語（注20）、③用言終止形または体言＋「だ」の述語、の三者が意味的類縁によって結びついているもの、これが〈文核〉であると規定できよう。なお、この中の体言は、自身の内部的膨張として、連体修飾句を伴っていても当然よいわけである。

§３―２

実は、§３―１では、〈ハ - 係り受け線〉が〈結文の枠〉であり得る事情について意識的に保留しておいた。これは文というものの存在制約の第二のものに由来すると考えられる。

それは、言語表現の分節的継時性、乃至時間的線条性である。言語表現では一つの内容が分節的な構成要素の集まりとして再構成される。そして、その分節化された各要素は、一方向をもつ時間軸に沿って相並ぶ。すなわち分節的継時性である。あるいは分節的ということを当然の前提として、このことを時間的線条性と言い換えてもよい。いかなる文も必ずある語順をもってのみ実現されるということは、この時間的線条性からの要請にほかならない。この、語順を決定するということ、あるいは決定されたしかじかの語順で並んでいるということは、〈文核〉の素材的内容のあり方とは別次元のことと言わねばならない。

(27) そのことを先生に知らせましょう。

(28) 先生にそのことを知らせましょう。

(27)と(28)の間には、無論素材的内容に差はないが、この文でどの部分の情報を新たにおし出そうとするのかといった言わば表出的な意味に関しては有意の差を認めなければならない場合がある。その際の差は、述語を最後におくという条件のもとに、話手がどの部分を先に、あるいはどの部分とどの部分とに分けて言うことを選んだかという、すぐれて話手の言表意図の表明にかかわる差である。

語順決定とは、分節化された要素を再び結合する際に、表出のしかたというレベルで話手がその結合のあり方を指定することである。結合のあり方はより深くは意味内容のあり方によって決定されているものの、具体的発話の際に時間の流れの中でどう分け、結んで表出するかはある範囲で話手の選択内にあり、この選択によって、その文の意味的結合のどの面を前面におし出すか――主格と述部の結合か、あるいは客語格と述部の結合かなど――という種類の言表意図が伝達されることになる。主格をはじめとする格成分、情態の語句、副詞、誘導語句、状況語句など広義連用成分の語順が基本的には自由であることと、それにも拘らず語順にある傾向が存することとの二つは、語順決定の意味をこのように考えてこそ統一的に理解されるのである。

現代語の助詞「ハ」は、時間軸による言語の線条的なあり方に積極的に依拠して、語順決定と同一次元でしかも一層明示的に話手の言表意図の伝達を担うものであると考えられる。詳述は避けねばならないが、「ハ」は一文を大きく二部分の結合とみてその結合点にはいる(注21)。その文の成り立ちをXの部分とYの部分の結合として、すなわち文の意味の眼目をXとYの関係の成立として表出しようという場合に「XハY」という形をとるわけである。「ハ」によって担われるこの種の態度表明を〈結合指示〉と呼ぶ。

(29) 私は社長だ。
(30) ひとの物には手を出さない。
(31) 結局は損をしたのだ。
(32) そんなことをしては、ひとの迷惑になる。

「ハ」の左の〰〰線部がXで右の――線部がYであるが、時間の流れの中では、〈結合指示〉は題目提示として現われると言える。「ハ」は、上例すべてを通じて、以下に何かを結びつけられるべきものとしてXをもち出し、Yは先行Xに結びつけられる当のものとして現われる。これを最広義には題目と解説と呼んでも大過ない。その限りで「ハ」の役目を提題と言ってもよいが、「ハ」の介入がなくても、(27)(28)で見たように、語順決定ということ自体不可避的に何らかの提題性をもたらすということを考えれば、「ハ」の表出的な働きは強提題というのが妥当であろう。〈文核〉は述語を決定しているだけでそのものとしては語順は決定していないと考えられるが、この〈文核〉の上に、語順決定にともなう「ハ」の強提題が働いて、〈枠もち文〉が成立するのである。題目と解説とに分けられ、言表意図を背負わされた形は、無論、事態概念の素材表示ではあり得ない。

「ハ」はこの意味で〈結文の枠〉なのであるが、実は、国語学の文法論において、「ハ」が陳述に関わるということは従来一貫して主張されていた。陳述論を最も精緻に展開して体系化した渡辺実氏の構文論においても、係り先に主として言い切りを要求することなど、言わば状況証拠により、一種の論理的要請として「ハ」が陳述に関わることが指摘されている(注22)。しかし、従来、陳述というものが話手、聞手、素材内容の三者の関係の面からのみ追求されて来たために、とりわけ現代語の「ハ」が何ゆえ陳述にかかわるのか、直接的には究明され得なかった。本稿が文の存在制約の第一としたものの面からの追求のみあって、第二の分節的継時性と陳述との関係が十分に意識化され得なかったのである。この点、聞手を含む場面の中での話手の文つくりの主体的行為の面で陳述を考えた時枝誠記氏に係助詞の認識が稀薄で、ものとしての文の成立という観点で陳述を考えた山田孝雄氏の方に係助詞についての深い洞察があったことは注目に値する。

§3―3

〈文核〉の上に〈結文の枠〉が重なって〈枠もち文〉が成立する、そして文とは基本的にこの〈枠もち文〉であって、枠をもたない文すなわち裸の〈文核〉は体言一個の一語文にも等しいものである、というのが本稿の文成立に関する図式であった。〈文核〉の意味的な内容は事態概念の素材的表示であり、〈結文の枠〉の意味的な内実は、話手の対内容の態度表明〈判定〉、対聞手の態度表明〈うち出し〉、および、一文の要素の結合のあり方をめぐって伝達の仕方にかかわる話手の態度表明〈結合指示〉であって、〈文核〉と諸種の〈結文の枠〉のそれぞれ担う異次元の意味が相重なって最終的に一文の意味が成立するのである。〈結文の枠〉の意味的な内実が一種類でないことに対応して、具体的な文成立においても、〈結文の枠〉は何重にも層を成して重なり得る。

(33) 雨が降り｜そうだっ｜た｜か｜い?

文核　結文の枠（判定）　結文の枠（うち出し）

の例に見るとおり、〈文核〉を〈判定〉の〈結文の枠〉が包み、その全体を更に〈うち出し〉の〈結文の枠〉が

包む。この順序は、〈判定〉〈うち出し〉というものの意味からして当然であり、くずれることはない。また、〈判定〉、〈うち出し〉の〈結文の枠〉の各々に属する要素の間にも包む包まれるの順位があり、それが、「降りそう|で|なかっ|たろう|」とか「あそこへ行け|よ|な|」など、相互承接順位として現れる。従来、陳述論でくり返し説かれたとおりである(注23)。

これとはまた異なった次元で、〈結合指示〉の〈結文の枠〉が働く。「ハ」の〈結文の枠〉は、

(34) 空は青い。

(35) 空は青かったよ。

のように、〈文核〉だけをも、また〈文核〉に他種の〈結文の枠〉の加わったものをも対象とする。また〈結合指示〉の〈結文の枠〉の加わった結果の全体が、再び文の一部として、より大きな〈結合指示〉の〈結文の枠〉で包まれることもある。「ハ」がいくつも重なる場合である。

(36) きのうは|、私は| 学校へは|行かなかった。

〈判定〉〈うち出し〉は、話手、聞手、素材内容をめぐるものゆえ、同一次元で階層関係にあるが、〈結合指示〉は別次元のものであるから、これらとの間に階層関係を認めることはできない。〈結合指示〉が〈判定〉〈うち出し〉の加わった全体を対象とし得るとは言っても、それは〈うち出し〉が〈判定〉の加わったものを包んで重なるのとは事情が異なる。これを考慮に入れて、文成立の様相を仮に図示すれば、次頁の図のようになる。

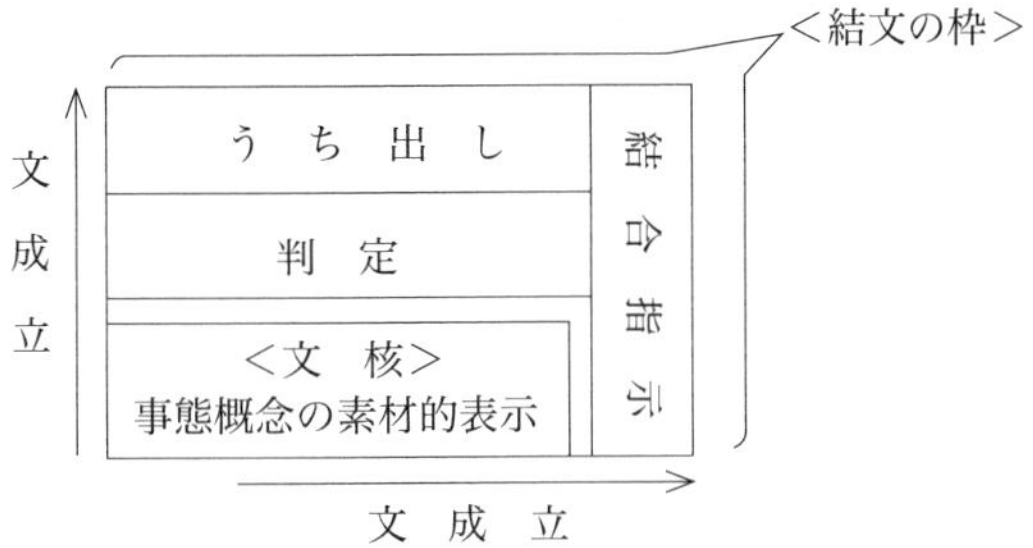

実は、〈文核〉の方も等質的なものではない。詳述はできないが、体言、用言、情態語の結合を最基底部としてその上に時間空間などの状況語や副助詞の限定が加わるというような層を成しているものと考えられる。そして、誘導語句などを通して連続的に〈結文の枠〉につながっていると考え得るかも知れない。

文が成立するには、本来、多次元諸レベルにわたる語関係成立乃至統一が必要である。一文の中にこめられたそれら多次元諸レベルのものが、時間の流れの中では一次元的に互いに他のものの間に割り込んで隣り合って顔を出す。これを本来の層的且つ多次元的な様相にもどして構造を考えることが、文法論としては必ず要請されるのである。本稿もそのような試みの一つである。

§4　再び「ハ」と「ガ」の用法について

§4—1

「ハ」と「ガ」の用法の差異については、§3で得たところをもとに、更に補足的な説明を与えねばならない。まず、単文基本形においてである。

(37)　雨が|降る。

(38)　雨は|降る。

(37)が〈眼前描写〉〈選択指定〉〈問い返し〉としてのみ用いられ得る理由は既に説明済みだが、それとは別に、(38)が(37)とは全く異なった場面でのみ用いられる理由も示しておかなくてはならない。無論、〈眼前描写〉〈選択指定〉〈問い返し〉の三つは〈文核〉のあり方の名前なのだから、定義からして、〈枠もち文〉がこれらの文型であることはない。しかし、〈枠もち文〉がこれらと似たような状況で用いられることはあってもよいはずである。〈文核〉が裸のまま存在するために〈眼前描写〉などでしかあり得なかったという事情とは無論異なるものだが、現に、

(39)　雨が降るよ|。

という〈枠もち文〉は、事態の中立的な表現、単なる告知として用いられるその一般的な用法の一部として、眼前に降雨を見た場合の驚きを伴う表現でもあり得る。また、一般的なその用法の一部として、前後の文脈により、多くは特殊な音調の助けを借りて、「雪ではなく雨が」という意味をともなう表現でもあり得る。無論、これは§2の論旨と矛盾するものでもない。しかし、一方、(38)は、そのような場面、意味合いでは決して用いられることがない。その理由は別に求められてしかるべきである。

この理由は、「ハ」の強提題性に求められる。「雨」を題目として立ててそれについて述べる表現であるために、眼前に見た事実を驚きを伴って描写する表現や、確定した述語のもとで「雨」を選んで来る表現ではあり得ないのである（注24）。もちろん、相手の発言を受けてその骨子を素材的表示の形で言い直す表現でもあり得ない。よく言われる「ハ」の観念性とは、題目を立てての表現方法が事物の観念的な説明のスタイルであるということに

ほかならないのである。

§4―2

単文基本形以外の場合の「ハ」と「ガ」の用法についてはすべて保留されていた。順次整理して説明を与える。助動詞、終助詞の〈結文の枠〉をもつ文では、「ハ」も「ガ」もともに用いられる。〈枠もち文〉であるゆえ、「ガ」が用いられても〈文核〉のあり方としての〈眼前描写〉〈選択指定〉〈問い返し〉ではない。事態の一般的な表現である。

(40)　空が青かった。

(41)　空が青いよ。

(42)　空は青かった。

(43)　空は青いよ。

(42)(43)と(40)(41)との意味の差は、題目を立てての表現か否かということである。

命令文における主語と述語は、行動要求の相手と要求の内容とに分化するのが普通である。

(44)　君はあっちへ行け。

「君」を相手として立てて「あっちへ行く」ことを要求するのである。命令文における主語と述語のこの特殊なあり方からして、助詞は強提題の「ハ」が用いられる。しかし、稀には、主語と述語の間に相手と要求内容とへの分化のない命令文、すなわち主語述語を含んだ全体が要求内容になっている命令文もある。

(45)　君が駅へ行け。

「ガ」が用いられると、当然、主語は要求内容の中にはいってしまうが、要求内容というものは、本来、要求行為の主体を含むような文的事態ではなく、動作、行為の素材的内容そのものなのだから、その中にはいった主格は、〈文核〉が裸のままで単独にあるときのその中の主格と類似した立場に立つことになり、その結果、この種の命令文は、要求行為の主体を選択肢の中から指定する表現になる。

文的事態概念がより大きな一文の中に埋め込まれるときは、普通は「ガ」が用いられる。

(46)（あなたが|噛んだ）小指

(47)（月が|とっても青い）から遠まわりして帰ろう。

(48)ひまなおれには（金が|ない）。

単独で裸で存在しなくてよい場合、つまり単なる素材的表示部分として存在する場合は、「ガ」の本来の文成立論的位置からして、これを用いた主格表示の方が中立的だからである。なお、〈枠もち文〉といえども、その含む〈結文の枠〉の種類によっては、当然、連体修飾句となり得る。既に〈判定〉の〈結文の枠〉を含むものが再び他の種類の〈結文の枠〉の対象となり得たことと同列である。

これに対し、このような場所に「ハ」が用いられると、中立的な主格表示ではなく、対比的な特殊な色合いが生ずる。

(49)（金は|ある）男

(50)（あっちの水は|にがい）から、みんなこっちへおいで。

(51)猫は（耳は|鋭い）。

本来文全体を対象として働く〈結合指示〉が文の一部分を対象として働いているために、特に括弧内の結合の成立のみを強調することになるのである。この「ハ」の意味的な働きは、強提題性ということと別のことではない。

§4―3

不定語をめぐる「ハ」「ガ」の用法についても、同じく§3までの視点から説明を与えねばならない。［XハY］の形では、すべてを通じて、Xに不定語がはいることはなく、Yには制限がない。

(52) *何の花は咲いていましたか？

(53) *誰は代表者だと、君は思いますか？

(54) *どんなことをしては恥をかくのですか？

(55) あれは誰ですか？

(56) この仕事は誰が責任者なのか？

(57) こればっかりはどうにもならない。

「ハ」に先行するXは、最広義には述定の題目であり、題目の中に不定の要素はあり得ないからである。また、Yは、その題目に結びつけられるものという以外に制限はない。不定語も自由にはいり得る。

一方、［XガY］という形は、単独である場合と、大きな文の一部として埋め込まれている場合とで、事情が異なる。

埋め込まれている場合は、Xにも、Yにも不定語がはいり得る。また、XとYとの両方に不定語がはいることもあり得る。

(58) (誰が代表者か)（注25）全然わからない。

(59) (何がおこる)と思う？

(60) (何が始まって)も驚かない。

(61) （あの人が どんな人だ） か知っていますか？
(62) （代表者が 誰 だ） と君は言うのか？
(63) （お前が どう なって） もおれは知らない。
(64) （何が 何 だ） かわからない。
(65) （何が どう し） たと言うのだ？
(66) （誰 が どう なろ） うとかまうものか。

上例括弧内は〈文核〉だが、〈文核〉の形は本来素材的表示であるために自由に文の一部として埋め込まれ得るのである。その際、〈文核〉の内容は、不定語を含んでいようといまいと、また、どこの部分に不定語をいくつ含んでいようと、かまわない。制限を与える事情が何らないからである。

［XガY］の形が大きな文の一部として埋め込まれるのでなく単独である（注26）場合は、事情が複雑である。［XガY］が単独で、しかもどこかに不定語を含むという場合は、通常の文であるためには終助詞「カ」を持たねばならない。

(67) 大山さん が どう なる か？
(68) 誰 が ラーメンを五杯食べた か？
(69) 何 が どう なる か？

この形は質問文としては不可能である。その理由は「カ」という助詞の意味的な性格に求められる。質問に「カ」が用いられる場合は、この助詞の意義内容からして、ある判断内容についてその成否の判定を聞手にあずける（注27）という構造をもつ。相手への依存の前提として、一つの判断内容の存在が必要なのであり、このような判断の主格表示は強提題の「ハ」でなければならない。題目化されるべき主語を題目化し得ず、「Xガ」の形で既に内部に含んでしまっている形に「カ」をつけても、事態概念をめぐる不確実を表明するのみで、質問文は成立しないのである。

ただし、(68)(69)など、不定語を主語とするものは、反語的表現としては可能かも知れない。あり得るとすれば、後述の、不定語を含む〈問い返し〉的質問文と似たような事情で可能なのである。

不定語を含む［XガY］の形が「カ」を伴わない場合は、〈問い返し〉に近い質問文として存在し得る。

(70)「市村さんはオーストルルアへ行きますよ」――「市村さん が どこ へ行く？」

(71)「ヤアモトさんは先日メキシコへ行きましたよ」――「誰 が メキシコへ行った？」

(72)「あの人の奥さんの甥の娘さんは今度ブラリルへ行くそうよ」――「え？ 誰 が どこ へ行く？」

相手の発言をうけ、不明の部分は不定語という括弧にしたままで、その骨組み、というよりはむしろ輪郭だけを相手に投げ返し、括弧を実質的な語でうめて再述するように要求するものである。輪郭だけを投げ返す〈問い返し〉類似の質問で「ガ」が用いられることは当然である。なお、この形は、相手の発言がなく単独である場合でも、不定語を含む形が裸で存在するというその特殊性によって、ちょうど〈文核〉が〈選択指定〉としてあり得たのと同じように文脈的前提（例えば「誰かがメキシコへ行った」）を予想させ、そのことによって、不定部分に解を要求するところの質問文であり得る。もっとも、(70)のように主語部分に不定語を含まないものは、「ハ」を用いる通常の有題質問文が可能であるゆえ、この形は質問文としては通常使われない。

また、同じく〈問い返し〉類似の質問文として、［XガYノ（デス）カ］という形がある。

(73) 市村さん が オーストラリアへ行くの（です）か？

(74)　誰　が　メキシコへ行ったの（です）か？

「XガY」という骨組み、輪郭を示して「ということなのですか？」と相手の答を求めるという、この種の質問の様相を一層明瞭に形に表わしたものと言えよう。輪郭描きゆえ、(70)(71)(72)と同じく、XやYに不定語を含んでもよいことは言うまでもない。

なお、(68)(69)も、事態の輪郭を描いて、その不定部分に当る語があるなら言ってみろと投げ与える形であり得るゆえに、反語的表現として存在する可能性をもつ。〈問い返し〉的質問文とある面で共通すると言えよう。ただし、(67)のように主語に不定語がないものは、反語というものの特殊性により、推量の助動詞「ウ」でも伴わない限り反語的表現ではあり得ない。

また、一般に、「XガYカ」の形は質問表現としては存在しにくいはずだが、

(75)　誰　が　メキシコへ　行き　まし　た　か？

(76)　誰　が　メキシコへ　行った　か？

の形は、「マス」があるために、とはちがって、質問文として存在し易く、この点、むしろ(71)に近い。待遇表現によって場面への依存を強くうち出すゆえに、(71)の〈問い返し〉的質問文が単独の質問文でもあり得たのと同種の事情で可能なのであろう。対聞手〈うち出し〉の〈結文の枠〉を全く欠いた(71)と、対聞手の待遇表現を特に含む(75)とは、負と正の対称的位置においてともに強く場面に依存する表現であり、その共通性のゆえに、用法上、(76)とは全く異なる一グループを形成するものと言える。

以上、不定語というものと主語というものの特殊性、更に質問表現の特異なあり方のゆえに話がこみ入ったが、

基本的には§3までの視点から不定語をめぐる「ハ」と「ガ」の用法も説明できるということを見た。「Xハ」と「Xガ」とを平面的に対立させて見ているだけでは、この複雑さを解析することはできないのである。§4―1から§4―3までの検討を§1、§2と合わせて、ここに、「ハ」と「ガ」の用法の差異のあり方についてすべて説明を与えることができたはずである。

［付　記］

本稿は国語学のいわゆる陳述論から多くのものを受け継いでいる。分けても、渡辺実氏の陳述論とはある面で非常に近いものと言える。少なくとも日本語の文法論ではこの種の視点の有効性は否定できるものではない。また、一般に文を proposition と modality とに分けること、三上章氏がコトとムウドとに分けることや、南不二男氏が文成立にＡＢＣＤ四段階を考えること、生成変換文法のある立場で深層構造の意味と表層構造固有の意味との別を立てることとも、巨視的には重なるであろう。このことを確認した上で、それにも拘らず先行学説の用語を用いないでわざわざこと新しい用語を用いたことについては、一言釈明しなければならない。

従来の諸家の「陳述」はそれぞれの体系の基礎として動かし難い意味をもつ。無論、共通の問題関心によるものである以上、内容の増減や着目点の相異など補足注釈を加え適当な媒介項を立てれば、所詮、甲氏の「陳述」と乙氏の「陳述」とはほとんど重なってしまうのではあるが、それぞれの「陳述」の規定によってこそ直接的に明解に説明できる範囲、方面があり、それをもとにしての体系がある。それはそれとして尊重しなければならない。先人が「陳述」の名で呼んだものはその体系の中でも実はこれこれの概念としてこそ捉えられるべきだとの積極的な修正の主張を含むのでない限り、たとえ巨視的には重なるものであっても、直接的な視点の相異を含む新たな概念を「陳述」なり「陳述要素」なりの名前で呼ぶことはもはや避けるべきであろう。呼べば無用の混乱を招くことにもなる。

本稿の〈文核〉〈結文の枠〉は、職能の名前ではなく、文成立論的職能をもつモノの名前である。また、文が場面との関係で背負う勧誘、命令、断定などの意味に対応して立てた概念ではなく、文中の具体的な語形態の存在に対応して立てた概念である。時間的線条性に伴う語の表面的な現われ方、並び方を一旦は捨象して、抽象的に立てた概念である。このような概念の立て方をしたのは、無論、「ハ」の問題を言うに便利だという当面の必要からだけではなく、従来の「陳述」よりもこの方が文法論全般にわたって広い射程をもちそうだと予感してのことではあるが、これを基礎にすえて文法論の各方面に展開することは私自身の遠い課題である。

なお、「ハ」そのものの文法的な機能、〈結合指示〉のあり様と意味的な働きについては、別稿で論ずる予定である。

本稿は卒業論文の一部を基にしている。卒業論文の全体にわたって、南不二男先生、渡辺実先生から貴重な批評と批判をいただいた。また、岡山の国語学会大会で発表した後、藤村靖先生、黒田成幸氏、上野田鶴子氏、原田信一氏と議論する機会を得、本稿の主要な論点について変換文法の立場から詳しい吟味と批判をいただくことができた。深く感謝の意を表したい。本稿が、頂戴した批判を十分に吸収し得ていれば幸いである。

［注］

1　この観点からの事実指摘と論考は、以下の諸論文に特に詳しい。佐久間鼎『現代日本語法の研究』厚生閣 1940 pp.202-232　松村明「主格表現における『が』と『は』の問題」『現代日本語の研究』国語学振興会編、白水社 1942

pp.365-408　三上章『現代語法序説』刀江書院 1953 をはじめ同氏の一連の論考　国立国語研究所報告 23『話しことばの文型⑵』秀英出版 1963 pp.210-233　Kuroda, S. Y. "Generative Grammatical Studies in the Japanese Language" Ph. D. Dissertation, MIT, 1965 Chapter 3 "Wa"　小山敦子「『の』『が』『は』の使い分けについて」国語学 66, 1966　Kuno, S. "Notes on Japanese Grammar" §§ 1-3『言語の科学』2号、東京言語研究所 1970.

2　本稿は、1972年10月、岡山の国語学会秋季大会で「結文の枠——助詞『は』の文成立論的位置——」と題して発表した論点の一半を詳しく展開したものである。

3　「タブン」「マサカ」などを指す。これと誘導語句との境界は、当面問題としない。

4　「アイニク」「モチロン」「思ッタトオリ」「〜ニ関シテ」「〜トチガッテ」など、主文の内容に対する話手の解説、批評、注釈の語句を指す。「誘導」なる語は、渡辺実氏（『国語構文論』塙書房 1971, pp.301-340 など）から得ている。

5　「昨日」「学校の庭に」「電車が遅れたために」など、時間、空間、原因、理由、事情、目的…を表わす語句を指す。

6　この条件の一部は、国立国語研究所『話しことばの文型（2）』1963, pp.210-220 などに指摘がある。

7　ここで言う助動詞には、「のだ」「ている」を便宜上含める。

8　腹をおさえて思わず「腹が痛い」とうなる場合などは、眼前の光景を描写しているのではないが、文型としての〈眼前描写〉に含めて考えてよい。

9　拙稿「省略表現の理解」『言語』2巻2号、（1973年2月）pp.16-17 を参照されたい。

10　詠嘆表現に関しては、宮地裕「いわゆる『文の性質上の種類』の原理とその発展」国語国文 23-11, 1954　同「文と表現文」国語国文 27-5, 1958 に注目すべき論考がある。これを参考にしつつ、本稿は、詠嘆文（宮地氏の「詠嘆表現文」）が対内容、対聞手の語形態を持たないという面に積極的に留意する。

11　単なる上昇調の「海↗？」は「海ですか？」という質問であり、↗は、文的な判断、主張を含む自分の発言の当否について相手の判断を求めるという機能を担う。しかし、〈問い返し〉の↗は相手の発言の単なる投げ返しに過ぎない。素材そのままの投げ返しと、相手へのもちかけの前に一旦あるレベルの判断を含んでいる質問文とは、↗と↗の差として区別しなければならない。「海↗?」の方は、その意味で、素材概念の裸体的表示を特色とする狭義一語文からは区別されるべきである。

12 〈結文の枠〉という名前は、係助詞、接続助詞、陳述副詞など〈結文の枠〉一般の性格として、係りでひきおこされた力動的な要求を満足せしめて「結び」、その結果一文を「結成する」という両者の含みにおいて与えた名前である。

13 「ハ」を消して格助詞にもどすことを三上章氏は「無題化」と呼び、「コト」の形にすると呼ぶ（『象は鼻が長い』1960, pp.107～108など）。本稿の「素材的表示への還元」という視点は、この「無題化」「コト化」と大きく一致する。しかし、「ハ」を含むすべての文が無題化できるわけではない。

14 視点としては芳賀綏氏の「述定」「伝達」の両別（「〝陳述〟とは何もの？」国語国文23-4, 1954）と一致する。ただし、本稿の〈結文の枠〉はあくまで語形態の存在に即して立てた概念であり、〈判定〉〈うち出し〉はその意味的な位置づけである。語形態の具体的な存否に拘らず、場面との関係で文に付着している意味（「乾杯！」の勧誘とか命令とか）までを含めて分類し、その意味に文成立の機能を見ようとする芳賀氏の概念の立て方とはこの点で異なる。

15 渡辺実「終助詞の文法論的位置」国語学72, 1968に、この趣旨の指摘がある。

16 〝過去形〟になると「ガ」でも中立的な表現になるという事実指摘は、Kuroda, S. Y. “Generative Grammatical Studies in the Japanese Language” Ph. D. Dissertation, MIT, 1965 chapter 3 “Wa” にある。

17 「日常の口語ではルで言い切る形が非常に少ない」ということが国広哲弥氏によって指摘されている。（「日英両語テンスについての一考察」『構造的意味論』1967, p.69）本稿の論旨にとって傍証と言える。ただし、ル形の意義素に関して、「不定人称者の主観的判定を表わす」という国広氏の説そのものには従えない。

18 渡辺実『国語構文論』1971, pp.364-373。ただし、渡辺氏は終止形に陳述の職能を認めている。

19 一応このように考えるが、接続助詞に関しては、後述の「ハ」と同じく、〈結合指示〉の次元で考えるべきかもしれない。再考を要する。

20 情態副詞と「(アンナニ) 美シク」などの情態修飾語とを指す。

21 このことについては別稿で論ずる予定である。

22 渡辺実『国語構文論』1971, p.176など。

23 渡辺実「叙述と陳述」国語学13・14, 1953 芳賀綏「〝陳述〟とは何もの?」国語国文23-4, 1954 佐治圭三「終助詞の機能」国語国文26-7, 1957 宮地裕「助詞・助動詞」日本文法講座5 明治書院1958 渡辺実「終助詞の文法論的位置」国語学72, 1968

24 「ハ」を用いても「これは驚いた」「これは話が大きい」など、眼前にある事態を見たときの特殊な表現はあり得る。描写すべき状況を指示語で一旦直接的に受けて解説を与えるという、特殊な表現形式である。一般の文は、この解説部分だけに相当するものであり、本稿の、ここの議論は、その言わば解説部分に「ハ」が用いられない理由の説明に当たる。

25 「か」「さ」「らしい」は〈結文の枠〉であると同時に、用法によって、「だ」と同様の体言述語構成要素の機能をもつことがある(58)。このような場合は括弧の中と外にまたがるというのが正確なところである。専ら〈結文の枠〉として働く用法(61、64)と区別しなければならない。

26 無論、〈結文の枠〉を含んでいてもよい。「埋め込まれる」ことと、〈結文の枠〉に包まれることとは別である。

27 渡辺実「終助詞の文法論的位置」国語学72, 1968, p.130に従う。但し、以下の記述は同氏の主張からは逸脱しているかも知れない。

第一章第二節

呼びかけ的実現

――言表の対他的意志の分類――

（原論文は、『国語と国文学』52巻12号　1975年12月　所収）

文は外形的には語の列であるが、そこにはその語列に固有の意味の側面があり、また現場的、文脈的状況の中にある具体的な文として、諸種のレベルで状況に依存して決まる意味の側面がある。文のあり方を問う場合、いずれ意味を抜きにしては語れまいが、どのような文においても文の意味は必ずその文の状況の中でのあり方と深くかかわっている。

述体と呼ばれるような、内容的にも独立性が高く、外形的にも十分に展開、分節化している文の場合は、それでも、文と状況との関連という実質を背後におしやって、本来そこから生じるはずの意味をさえある程度まで前面の外形に仮託して論ずることもできようが、いわゆる一語文などになると、状況の中においてとらえるのでなければ文法的にもおよそ文としての理解が不可能になる。文としてのあり方を本来の表現の中で問うという方向は、扱う文の種類によらず留意されねばならないが、一語文を対象とするときにこそ、その方法の自覚的な精密化が要求されることになろう。

多様な一語文の姿を詳しく検討する前提[注1]として、本稿は、一語文のあり方の「文型の用法」としての理解と「呼びかけ的実現」の様としての理解との峻別を説き、合わせて、「呼びかけ的実現」の仕方——言表の対他的意志の種類——の枚挙を試みるものである。

一　「文型の用法」と「呼びかけ的実現」

例えば、「とらだ」という同じ形の一語文でも、その、状況内、文脈中でのあり方には様々のものがある。

〔状況A〕《山道をひとり歩いていると、突然、大きな虎がのっそり目の前に現われた》

(1)　「とらだ！」

〔状況B〕《山道を太郎と歩いていると、むこうに何やら動くものがある。誰か人でもいるのだろうとなおも進んで行くと、黄と黒の縞文様の頭が見えた》

(2)　「太郎、とらだ！」

〔状況C〕《絵本を指さして太郎がたずねる》

「ねこ？」

(3)　「太郎、とらだ。」

試みに三種の一語文を挙げたが、一語文としてのこの三つのあり方は互いにどのような関係に立つか。(1)は「ああ！」という嘆声にも比せられるべき発見・驚嘆の声であって、けっして聞手をめあてとするものではないが、(2)(3)の「とらだ。」は、それが虎であることについての注意を喚起しよう、あるいは教えようという、聞手めあての言表である。この点で(1)と(2)(3)とを一応区別することができる。事実、(2)(3)の「とらだ。」は、聞手めあてという言表態度を終助詞に表わして「とらだぞ。」の形をとることができるが、(1)はできない。(1)と(3)との間に、たしかにそれだけの差はある。

しかし一方、(1)と(2)との共通の面を見逃すこともできない。(1)(2)は、眼前に虎を発見したときの、あるいは虎であることを発見したときの驚きの声として、ともに、現場的、空間的な状況に極度に密着している一語文である。あるいは、少なくともそう言える側面をもつ。文が、「とらだ。」というただ一語の切りつめた形をとり得る根拠は、現場的状況へのその極度の依存に求められる。これに対し(3)は、太郎の「ねこ？」という問い、ないし同意要求に対して「そうではない、とらだ。」と答える言表である。あるいはもっと遠く、その絵の動物が何であるかを問題にしている文脈そのものの述語、答として「とらだ。」と教えているのだと言ってもよい。いずれにせよ、相手の発言、あるいは何らかの問題設定、課題設定が先行していることがこの言表の成立の要件なのであり、この意味で、文脈的、時間的状況に依存して伝達を担い得ている一語文だと言わなければならない。この観点からは、(1)(2)のグループと(3)とが大きく対立する。

右の第一の観点は、その言表が現場において対聞手的に果たす伝達上の機能を問題にしているのであり、第二の観点は、その言表がどうしてそのような切りつめた形であり得るのか、その形の語列がいかにしてそのような意味の表現を担い得ているのか——すなわち文型の用法——を問題にしているのである。

さて、一般に、ある語列が文であるとはどういうことか。常識的な意味で素直に答えれば、単語のばらばらな集合でなくその語列に統一したまとまった意味が成立しているということであろう。そこにまとまった意味が成立するとは、その語列によってあるまとまった意味が伝達されるということにほかならない。(注2)言表の種類によっては、外面的、具体的な聞手を予定しないものや嘆声的な単なる言語表出もあり得るから、伝達という語を狭く「聞手に届くこと」と限定せず、狭義伝達および表示、表出、総じて表現一般と広く理解すれば、文の成立は意味の統一にあり、意味の統一は伝達の成立にかかっていると言わなければならない。

とすれば、一語文のあり方を問う先の第二の視点は、まさに一語文の文としての成立根拠を問うものにほかなるまい。一語文が文として成立するとは、語的概念の素材的表示形でしかない単語一語や、せいぜいそれに「だ」

がついて述語の位置に立つことを示すだけのものが、言表状況の中であるまとまった意味を伝達するものとなる、ということである。概念の抽象的な表示形に過ぎないものが具体的な言語場の中に伝達を担って現実的に存在するようになることだと言い換えてもよい。「とらだ。」という形態が現場的、空間的状況、あるいは文脈的、時間的状況に支えられて一つのまとまった意味の伝達、表現を担い得ているそのあり方を指摘するこの第二の視点は、直接には一語文という文型の用法を問うているのであるが、それは実はほかでもなく文の成立根拠を問う視点である。

(1)(2)(3)の「とらだ。」はこうして伝達的に一つの意味を担っている、すなわち文として成立しているのであるが、その意味内容が、(1)ではただ嘆声的な表出としてあるのに対し、(2)(3)では「太郎」にむかって教え、あるいは注意を喚起しようとする意志をもったものとしてある。つまり図式的に言えば、文型の用法――文としての成立根拠――という一面とは一応独立に、ある具体的な聞手に対する積極的な意志を帯びたり帯びなかったりという一面があるということになる。先の第一の観点はこの第二の側面、言表の対他的意志を問うものとして位置づけられる。

具体的な相手に対する話手の積極的な意志の発動をもっぱら表現する形式は「呼びかけ」である。とすれば、「とらだ。」という言表が対他的な積極的意志を帯びている場合を、一語文「とらだ。」が呼びかけ的に存在すると比喩的に言うことが許されるであろう。(1)と(2)の「とらだ。」の差は、〈発見・驚嘆〉の言表たることによってその形が文たり得ているという同種の文成立根拠をもつものが呼びかけ的に実現されているか否かの差である。また、(2)と(3)は、呼びかけ的な実現の仕方としては、ともに〈注意喚起・教え〉という対他的意志を帯びて一つであるが、両者の間には一語文の文としての出自の別――文型の用法としての別――があるのである。

〔文型の用法〕		〔呼びかけ的実現〕
〈発見・驚嘆〉	(1) (2)	
〈答〉	(3)	〈注意喚起・教え〉
⇨ 〔文としての成立根拠を問う視点〕		⇨ 〔言表の対他的な意志の姿を問う視点〕

無論、「文型の用法」と「呼びかけ的実現」の二面は事実としては一つの言表の中に結びついてあるのであり、両者は、具体的な言表の一つのあり方を二面からとらえたものとも言うべき関係にあるのだが、一語文の多様性とその多種にわたる一語文の相互関係を深く理解するには、このように二層を原理的に峻別することが必要である。

この趣旨に沿って具体的な個々の一語文表現を実際に二層に解析して行くためには、呼びかけ的実現の仕方をあらかじめ分類、枚挙しておくことが必要となろう。また、実用上必要であるばかりでなく、呼びかけ的実現の仕方の種類を数え上げることができてこそ、はじめて二層に原理的に分けた意義も認められると言わなければなるまい。

なお、言表が呼びかけ的にも存在するというのは、一語文の場合に限ったことではない。いわゆる命令文や質問文が話手の対他的な意志の発動を担っていることは言うまでもないが、

　一年は十二箇月だ。

というような高度に独立的な平叙表現でさえも、

太郎、一年は十二箇月だ。

という形で典型的に示されるように、話手—聞手的な現場で聞手に対する積極的な意志をもって発話される場合は、やはり呼びかけ的に存在していると言わなければならない。結局、呼びかけ的実現の仕方の分類とは、言語表現一般の問題として、言表に担われ得る対他的意志そのものの分類にほかならず、それは表現意図の分類、網羅という作業の一部として位置づけられるべき性質のものである。

二　言表の対他的意志分類の方法

連続的でありつつも多種多様である対他的意志の種類をすべて数え上げるということは、実際にはどのようにして可能であろうか。

無論、あらゆる言表を一つ一つ取り上げてその意志を記述、分類して行けばよいことであるが、言表の含む対他的意志だけを選別、記述することは、実際にはかなりむずかしい。ともすると、注意喚起、教え、宣告、宣言、誓い、質問など対他的な意志の記述と、断定、確言、意志、不確実など文自体の意味の様相の記述とが混じりやすい。事実この両面は内面的に連関をもっているのだから、それもある意味ではやむを得ぬなり行きであるが、本稿の意図にとっては後者を厳密に排除しなければならない。

また、言表が対他的意志を担っているか否かの判定を文型に頼ることにもなりやすい。対他的な意志の姿と文型との間には、たしかにその種類によってはある程度の対応関係があるが、同じ一語文という形が呼びかけ的に様々に実現される仕方を問うとの要請から出発する本稿としては、文型との対応を離れて対他的意志の存在を認定するのでなければならない。

そこで本稿は、ほかならぬ「呼びかけ」に注目する。

「太郎（よ）！」という呼びかけは、状況から抽象して言えば、言表相手（＝太郎）に対する積極的な意志の発動を表現するものの、その意志の内容については全く無色である。しかし、「太郎（よ）！来い。」という具体的な連文においては「太郎（よ）！」自体も命令の意志を分有すると言わねばならない。

後文「来い。」によって連文全体の命令というあり方、色が決定されると、そのことによって前文の対他的意志までが命令という色に特定されるのであり、完全に一つの意志が連文を支配したとき、二文の関係は「太郎（よ）、来い。」のように一文の二部分と言えるまでに緊密化するが、そこではもはや、「太郎（よ）！」と「来い。」とは、「太郎が来ること」を太郎に命ずるという言表のあり方、一つの事態内容を内にもつ対他的意志を、形態の差こそあれそれぞれが全的に表現していると言ってよいであろう。「来い。」という動詞の命令法が、外形的な主語の不在に拘らず、深く言表相手（＝太郎）を主語とするところの『太郎が来る』という事態を内にもつことと対応して、実は「太郎（よ）、」の方も「太郎が来る」という事態を未分化ながら内に含む命令表現なのであり、このことに注目すればこの連文における「太郎（よ）、」を名詞の命令法ということさえできる。[注3] 具体的状況においては後文の現象的存否に拘らずすべての呼びかけが何らかの意志内容を帯びているということを考えれば、呼びかけがそれ自身のうちに連文の対他的意志を分有していることは明らかであろう。線状的に言い換えるなら、そのような呼びかけによって未分化、直接的に表現された命令などの意志を、後続部分が分析的表現によって敷衍していると言うこともできる。

さて呼びかけは、言うまでもないが、命令の連文の中にある場合ばかりではない。命令、禁止、勧誘、依頼など様々な連文の中でその意志を分有する。呼びかけ自身は無色であるにも拘らず、というより無色であるからこそ、状況に応じていかなる種類の対他的意志をも担うことができる。とすれば、言表の対他的意志の種類を数え上げることは、呼びかけに担われ得る意志の種類を数え上げることによって得られるはずである。

ところで、その呼びかけに担われる意志とは、現象的に言えば、連文中の後続部分（あるいは「行け、太郎よ。」のような語順における先行部分）によって決定されるのであった。かくして、言表の対他的意志の種類をすべて数え上げることは、呼びかけと共存する部分の意志を分類、網羅することによって、具体的に可能となる。

三　言表の対他的意志の分類

呼びかけに担われる対他的意志の種類を文例に従って分類する(注4)と、およそ十二種類になる。以下、この十二種類について、その相互関係に留意しながら順次述べる。

まず、相手に行動を要求する一群がある。

(1)　命令

○おーい中村君　ちょいとまちたまえ

○雨よ降れ降れ　悩みをながすまで(注5)

○眠れよい子よ

○いのち短し恋せよ乙女

(1)〈命令〉は行動に関する肯定的な要求であるが、これに対し、否定的な要求として(2)〈禁止〉がある。

(2) 禁止

○啼くな小鳩よ　心の妻よ　なまじなかれりゃ未練がからむ
○暗い浮世のこの裏町をのぞく冷たいこぼれ陽よ　なまじかけるな薄情け
○泣くな妹よ　妹よ泣くな
○悲しむなかれ我が友よ　旅の衣をととのえよ
○笑っているのに涙がにじむ　並木の夜星よ見るじゃない
○愛しの妻よ泣くじゃない
○泣いてくれるなほろほろ鳥よ
○とめてくれるなおっかさん　背中の銀杏が泣いている

最後の二例は「くれるな」と低姿勢ではあるが、あくまで「な」という禁止の終助詞を用いてある点に留意して、(4)〈依頼〉に含まれる「——ないでくれ（ください）」とは区別し、(2)〈禁止〉に含める。

(1)〈命令〉と〈禁止〉とは、肯否の差こそあれともに相手の行動を直接的に要求するものであるが、これに対し、同じ行動要求でも、三人称的事態の実現を相手に要請するという構造をもつものがある。

(3) 要求

○おうい、みよ子、お茶。
○大山君、そこにすわる！
○友よ、がまんだ！
○小山君、キョロキョロしない！

第一例は、「お茶」というものがそこに存在することを「みよ子」に要請して、結局「みよ子」に行動を求めているのである。第二例以下は、結局は相手の行動を指定していてその点(1)〈命令〉と共通であるかに見えるが、命令形ならぬ終止形をとっていることに表われるとおり、「そこにすわる」という事態が実現するよう相手に要請するという構造をもっている。この点、呼びかけ自体にこめられる意志のあり方として、(1)〈命令〉との間に差を認める必要がある。(注6)

(1)〈命令〉(2)〈禁止〉(3)〈要求〉はいずれも行動に関する強腰の要求であるが、これに対し、弱腰の行動要求がある。

(4) **依頼**

○おつた、おれと別れてくれ。

○夜明けのうたよ　私の心のきのうの悲しみ流しておくれ

○大山さん、行かないでください。

(1)～(4)は、一括して、相手に行動を求めるものであるが、これに対して、相手に返答を要求するものがある。

(5) **問いかけ**

○並木の雨のトレモロをテラスの椅子できさながら　銀座むすめよなに想う

○嵐も吹けば雨も降る　女の道よなぜ険し

○大山さん、あしたも行く?

○小山さん、あしたは日曜日ですか?

(1)～(5)はいずれも相手に何かを要求するという意志である。その関係をまとめて記せば次のようになる。

- 要求あり
  - 行動要求
    - 強腰
      - 直接的行動要求
        - 肯定的……(1)〈命令〉
        - 否定的……(2)〈禁止〉
      - 事態実現要請……(3)〈要求〉
    - 弱腰……(4)〈依頼〉
  - 返答要求……(5)〈問いかけ〉

何らかの要求を担う(1)~(5)に対して、要求をもたないグループがある。

その第一は、相手の行為なり状況に対して話手の方からある評価、判断を投げかけるものである。

(6)　相手状況評価

○今日も暮れゆく異国の丘に　友よ辛かろ切なかろ

○おーい中村君　そりゃつれなかろ

○父よあなたは強かった

これには、評価の内容によって、賞讃、激励の気持を担うものから叱責的なもの、その極としての抗議までの幅がある。

○みよ子、みごとだぞ。
○みよ子、よくやった。 }（賞讃）

○みよ子、もう少しだ。（激励）

○みよ子、何というばかな奴だ！
○与太郎、猫のひげを切ったらねずみを取らなくなっちまうじゃないか。 （叱責）

○裁判長、保釈を認めないなんてそんなばかな話はありませんよ！
○社長、それは横暴だ。 （抗議）

(6)〈相手状況評価〉は、相手の状況に評価を加えることによって話手の方から相手との間にある種の関係を構成しようとするものである。話手の方から呼びかけ相手に対して評価・判断内容を背負ったことばを投げ与えるという、言わば向こうむきの矢印である。一方、これと逆に、こちら向きの矢印の認知関係を構成しようとする呼びかけがある。自己の状況に相手の注意をひきつけよう、求めようという呼びかけである。

(7) **訴え**

○おかあさん、おなかが痛いよォ。
○先生、聞こえませーん。
○由良之助、待ちかねたぞ。
○ヤイ乳母、さっきにから空腹になったわやい。

相手の注意を自分にひきつけるということは、当然、自己の状況についてのあたたかい理解、同情と、場合によってはそれにひき続く好意的な行為（おなかをさすってもらうとか、飯を食わせてもらうとか）とを期待する(注7)もので、〈訴え〉は常に〝甘え〟の要素を含む(注8)。

○ヤイ政岡、おれはちっとも空腹にはないぞよ。

というセリフが結局は右の第四例と同じ意味になり得るのも、この言表が内容伝達というより自己の状況に注意をひきつけるという〈訴え〉の第一義に縁って、当然、理解と好意的な処置を期待するものだからである。

○おかあさァん……。（母親が近くにいる場合）

○あなたァン……。

のような、訴えるべき自己の状況内容が詞的分析的に表現され得ない用法は、内容以前の、あるいは内容を捨象した、自己への注目と理解の要求そのものとして〈訴え〉の極限であり、まさに〝甘え〟である。（注9）

(6)〈相手状況評価〉と(7)〈訴え〉とは、片や理解・評価を他に与えるもの、片や理解・評価を他に期待するものとして方向は逆でありながら、共に、相手との間に何らかの人格的な関係を構成するものであったと言ってよいであろう。別々の世界にある二者にとって互いに相手の行為や状況は〝かかわりのない〟ものであるが、(6)(7)の言表が相手に確かに受けとめられたとき、両者の間には、甲の行為や状況が乙にとっても意味をもつという一つの関係が成立する。他者を自己の行為の道具や対象として見るのでなく、自己と同じき主体として共感的に理解・評価するような関係とは、人格的な関係にほかならない。(6)(7)の呼びかけは、この人格的な関係の構成をめあてとするものであったと言える。

これに対し、他者との間の人格関係の構成をめあてとするのではなく、一方的告知を担う呼びかけのグループ(8)(9)がある。

(8) 注意喚起・教え

○太郎ちゃん、水たまりよ！

○次郎ちゃん、あぶない！（注10）

○大山さん、こっちこっち。

○小山さん、はい、お茶。
○社長、お電話です。
○あなた、ネクタイが曲がってるわ。

この呼びかけは、後続内容についての相手の注意を喚起するもので、後続内容を中心にして言えば、呼びかけ部はそれを相手に教えようという積極的な意志を担う。呼びかけ部自身に即して言えば、相手の注意をひくためだけのものであり、典型的にはすべて「おい！」で置きえられる。

これに対し、同じ一方的告知でありながら、呼びかけ部が単なる注意喚起でなく相手の指定、特定の役割を担う告知がある。

(9) 誓い・宣言・宣告

○先生、きっとやります。
○尊い犠牲者のみなさん、あやまちは二度とくり返しません。
○国民の皆さん、日本は今後永久に平和に徹します。
○大山君、君はクビだ。わかったか。

相手を指定して一方的に行う告知は、誓い、宣言、宣告などである。それ自身をとり上げて言えば「言表相手の指定」である呼びかけ部も、文全体の中では無論、誓い・宣言・宣告という対他的な意志を分有する。(8)の呼びかけ部が「おい！」で代表されたことに対応して言えば、(9)の呼びかけ部は「○○さん、いいですか、よく聞いてください（いいか、よく聞け）」とでも言うべき色あいを帯びる。

(8)〈注意喚起・教え〉と(9)〈誓い・宣言・宣告〉とは、話手の方の文だけをとり出して見たときには一見区別がつきにくいが、具体的な相手を前にしての現場的な告知のあり方としては大いにちがう。相手の目の動きを理想的に実現すれば、⑻〈注意喚起・教え〉では、「大山君、」の呼びかけによって、ハッと顔を上げ、話手の目を見るのであるが、⑼〈誓い・宣言・宣告〉では、あらかじめ話手の目を見ていた相手が「大山君、」の呼びかけに応じてコックリと一度うなずくのである。⑻と⑼の告知のあり方にはこれだけの差がある。

⑻⑼は「一方的告知」のグループとして「人格関係構成めあて」の⑹⑺に対立し、この四つは、⑴⑵⑶⑷⑸の「要求あり」グループに対立して、大きく「要求なし」グループとして一括される。

- 要求なし
  - 人格関係構成めあて
    - 理解・評価与え……⑹〈相手状況評価〉
    - 理解・評価期待……⑺〈訴え〉
  - 一方的告知
    - 注意喚起……⑻〈注意喚起・教え〉
    - 相手指定告知……⑼〈誓い・宣言・宣告〉

⑴〜⑼が、中に相手の意志を働きかけの対象とするものはあっても、話手の言表そのものとしては相手の同意をめあてとしない形式のものであった――言い換えて、相手の意向の如何を問わず、それを超えて相手に投げ与えられる強い呼びかけであった――のに対し、直接に相手の同意をめあてとする呼びかけのグループ⑽⑾がある。

この⑽⑾は、典型的には言表の最後に「どうです？」「ええ？」という付加疑問が付き得るような、相手の同意を求めるという意志の発動であるが、これには、その内容に関して同意・共感を求めるもの⑽と、行動を共にしようと誘って同意を求めるもの⑾との別がある。

(10) 同意確認

○大山君、寒いね。

○おじいさん、お互いに年をとりましたねえ。

○たまにゃつきあえ　いいじゃないか中村君(注11)

(11) 勧誘

○愚痴はよそうぜお富さん

○大山さん、一緒に飲みませんか？

○うさぎさん、かけくらべをしようよ。

(10)〈同意確認〉(11)〈勧誘〉と、他の(1)～(9)の関係をまとめると次のようになる。

- 相手の意向不問
  - 要求あり……………………(1)(2)(3)(4)(5)
  - 要求なし……………………(6)(7)(8)(9)
- 相手の同意めあて
  - 内容に関する同意・共感要求……(10)〈同意確認〉
  - 行動に関する同意要求…………(11)〈勧誘〉

ただ、(11)〈勧誘〉は、結果的に相手に行動を求めるという点で、(1)〈命令〉に近い一面をもつ。また、(10)〈同意確認〉は(5)〈問いかけ〉と近い場合がある。にも拘らず、(10)(11)はやはり「同意めあて」グループとして「要求あり」グループから大きく離されるべき性格をもつことに留意しなければなるまい。

⑽〈同意確認〉は、何かに関して同意を要求するというより、基本的にはむしろ、たぶん相手もそう思うだろうことをこちらからことばに出す、あらかじめ相手の気持を汲んでことばにする、というものである。それはある意味では「お暑うございます」というような〝あいさつ〟に近い。というより、一般に〝あいさつ〟ということがそもそも共有する状況の、あるいはそういう状況に自分がいることをちゃんと承知しているということの言語化であることを考えれば、次項〈あいさつ〉をこの⑽〈同意確認〉の一変種として位置づけることさえできよう。⑽〈同意確認〉は、このように「要求あり」グループから遠く、〈あいさつ〉につながる一面をもつ。

「――しよう」という形を典型とする⑾〈勧誘〉も、新たに相手に行為を勧めるというより、第一義的には未分化な主体「われわれ」の意志を表現する形式である。相手への要求となるのはその結果に過ぎない。「――しないか」という形にしたところで、打ち消し＋「カ」というもちかけの形式の奥には「君も――するだろう」という予想、前提がさも当然のこととしてすべり込んでいる。

⑽〈同意確認〉と⑾〈勧誘〉とは、結果的には一面「要求」であっても、発想形式としては、われわれの文化に深く根差して、同じ気持をもつはずの朋輩にそれを確認するものであり、対他的意志の分類という観点からはこの基本的な性格を重視することが必要であろう。

⑴〜⑾において呼びかけに担われる対他的な意志、つまり後続（あるいは先行）部分によって決定され全文を覆う意志の姿は、「かくかくせよ！」とか「しかじかなのだぞ！」とか、分析的、詞的に敷衍して表現され得る性質のものであった。これに対し、呼びかけにこめられる対他的な意志が、どうにも分析的、詞的に表現され得ないという性質のものがある。「あいさつ」である。

⑿　あいさつ

○古い上衣よさようなら　さみしい夢よさようなら
○さらば小鳩よ心の妻よ
○武器よさらば
○こんにちは赤ちゃん
○兵隊さんよありがとう
○大山君、おめでとう。
○まご……甘えてばかりでごめんね
○先生、すみません。
○玉の海、しっかり!

典型的な「あいさつ」はもとより、感謝、祝福、謝罪、応援などの意志も、直接的・辞的なものとして⑿〈あいさつ〉に含めてよいであろう。

⑿〈あいさつ〉は、実は、呼びかけ対象を求め、対象とのつながりを目指すという、呼びかけ一般の最も根源的なあり方を示していると言うことができる。(注12)上来、「詞的」「辞的」ということばで述べて来た別は、求める「つながり」が何らかの内容を帯びた「つながり」方なのか、「つながる」ことそのものなのかの違いにほかならない。⑴〜⑾はその「つながり」の帯びる内容を分類したものとも言える。

以上、呼びかけに担われる対他的意志のあり方を十二種に分類した。これを一覧的に表示すれば、〔表1〕のようになる。

〔表1　言表の対他的意志の分類〕

- 分析的・詞的
  - 相手の意向不問
    - 要求あり
      - 行動要求
        - 強腰
          - 直接的行動要求
            - 肯定的……(1)命　令
            - 否定的……(2)禁　止
          - 事態実現要請……(3)要　求
        - 弱腰……(4)依　頼
      - 返答要求……(5)問いかけ
    - 要求なし
      - 人格関係構成めあて
        - 理解・評価与え……(6)相手状況評価
        - 理解・評価期待……(7)訴　え
      - 一方的告知
        - 注意喚起……(8)注意喚起・教え
        - 相手指定告知……(9)誓い・宣言・宣告
  - 相手の同意めあて
    - 内容に関する同意・共感要求……(10)同意確認
    - 行動に関する同意要求……(11)勧　誘
- 直接的・辞的……(12)あいさつ

〔表1〕の分類樹の枝ぶり――分類観点の組織――は、上来の記述のまとめとして、(1)〜(12)の相互関係の一つの理解のしかたを表わしているのであるが、(1)〜(12)の相互関係そのものについては、上位下位を入れかえるなど、別の枝ぶりの分類樹も考え得るであろう。本稿にとって必要なのは言表における対他的な意志のあり方を残りなく数え上げることと、その結果の各項目であって、分類観点の組織そのものは一とおりに定まらなくてよい。元来、言表における対他的な意志の幅とは連続的なものであり、分類項目数についても分類樹についても様々な整理の仕方が可能であろう。

にもかかわらず本稿が〔表1〕のような分類観点の組織に特に留意して来たのは、呼びかけの用法の列挙において遺漏のないことを期するためである。それなりに一つの分類観点の組織を立てることによってこそ、はじめて分類対象の広がりの全貌を見渡すことができ、列挙においてすべてを尽くすことができるからである。

［注］

注1　別稿「一語文と文核文」以下で論ずる予定である。

注2　森重敏『日本文法通論』（七六ページ）に従う。

注3　呼びかけについての以上のような理解は、川端善明「喚体と述体」（五四―五五ページ）に負っている。

注4　呼びかけの用例は歌謡曲の歌詞にとりわけ種類が豊富である。本稿は、『日本流行歌史』（古茂田信男ほか三名編、社会思想社、一九七〇）の歌詞集に拠って呼びかけの用例を集め、これに他の実例、作例を交えて分類作業をすすめた。

注5　「おーい中村君、ちょいとまちたまえ」のように相手が言表の現場にいる種類の呼びかけ（現実的呼びかけ）と、「聞け、万国の労働者！」や「雨よ降れ降れ、悩みをながすまで」のように、呼びかけ相手が言表の現場にいなかったり、あるいは呼びかけ相手が本来そのような対他的意志の対象たり得ない無情のものであったりする種類の呼びかけ（仮想的呼びかけ）との間には、一面の差がある。

「おとうさん」「中村君」「みよ子」「小僧」のような名詞は両方の呼びかけに用いることができる（「おとうさん、こっちへ来て！」「おとうさん、天国で私を見ていて！」）が、「父よ」「友よ」「妹よ」「青少年よ」というような種類の名詞は仮想的呼びかけの場合にのみ用いることができる（「父よ、あなたは強かった」「友よ辛かろ切なかろ」「泣くな妹よ、妹よ泣くな」「青少年よ、夢をもて」）、というような事実は、名詞の意味の文体的性格の相異が二種の呼びかけの差に応じて現われたものと言える。

しかし、この二種の呼びかけの差は、あくまで言表における話手と呼びかけ相手との位置関係（物理的にも心理的にも）の差、すなわち相手がその言表を直接聞いて心を動かす位置にいるか否かの差であって、言表の対他的意志のあり方の分類においてはこの差は当面考慮しなくてよい。「雨よ降れ降れ」が〝命令〟でなく〝願望〟に近い意味を帯びるのも、呼びかけ相手の位置——話手の命令に対する相手の立場——に由来して力関係的にそうなるだけのことであって、こちらの意志が相手に届くことを期待してよい場合であろうがなかろうが、言表の意志としては〝命令〟であることに変わりない。

注6　〈禁止〉第五例「見るじゃない」と、〈要求〉第四例「キョロキョロしない」とは一見差が無いようにも見えよう。しかし、「——するじゃない」「——するんじゃない」などの表現は、「——するな」と同様に「きっと」「かならず」など命令、禁止の意志と呼応する副詞をとることができるが、「キョロキョロしない」「あわてない」などの方はこれができない。後者は、〈禁止〉という直接的な行動要求でなく、あくまで事態実現の要請なのである。表現全体の意味として行動に関する否定的な要求になるのは、実現を要請する事態の内容が否定的なものであるからに過ぎない。

注7　〈訴え〉が相手の好意的な行為を期待する場合があるといっても、⑴〈命令〉⑶〈要求〉⑷〈依頼〉などがそのものとして行動の要求であったのとは質的に異なる。〈訴え〉は大きく「要求なし」グループに入れてよい。

注8　〝甘え〟のこういう理解は、土居健郎『「甘え」の構造』（弘文堂、一九七一）による。

注9　(イ)おかあさァん……。
(ロ)あなたァン……。
(ハ)市太郎や〰〰い。

(ニ)杉野ォ、《杉野はいずこ。》

のように、その対他的意志を分析的に敷衍する後続文（または先行文）を持ち得ない呼びかけは、一般的に言って〝希求〟である。しかし、考えてみれば、呼びかけはすべて〝希求〟と言える。〝希求〟とはそもそも対他的意志の原初的、根源的な形態であり、本稿の上来の分類は、〈命令〉をその極として〝希求〟の分化した実現形態の分類にほかならない。

(イ)(ロ)のように、相手が身近にいる場合の無色の希求は、〝甘え〟として〈訴え〉の極に位置づけることができたが、(ハ)(ニ)のように相手の所在が不明の場合の無色の〝希求〟はまさに「希求」としか言いようがなく、(1)〜(12)のどれかに含めてしまうことはできない。しかし、本稿の目的は呼びかけの意志の分類そのことではなく、一語文をはじめとする詞的な文が対他的意志をも担っているその意志の分類である。よって、(ハ)(ニ)のように、原理的に後続文（先行文）をもち得ない種類の呼びかけは、当面の分類上無視してさしつかえない。

注10　この例などは、言表状況によってその担う対他的意志の種類が異なるであろう。頭上から鉄柱が落ちて来ているのを咄嗟に次郎に知らせようとするのであれば(8)〈注意喚起・教え〉だが、車道に走り出そうとする次郎を制止することばとしてなら(2)〈禁止〉であり、また、そこにある鎌をおもちゃにしようとして許可を求めて母親の顔を見た次郎に対することばであるなら、あるいは(9)〈誓い・宣言・宣告〉に含められるかも知れない。

言うまでもなく、一つの形でも担う対他的意志の種類は場合によって異なることがあるのであり、しかも本稿で挙げた十二の種類は内容的に連続しもする。また、「太郎、うるさい、だまれ」のような連文の呼びかけは、(2)〈禁止〉でもあり同時に(1)〈命令〉でもある。これらのことから、具体的な連文における一つ一つの呼びかけの意志がどれと決めにくい場合も当然出てくる。しかし、一つ一つの呼びかけの意志を同定するのはあくまで手段であって、目的は呼びかけが担い得る対他的意志の可能性を網羅することなのであるから、本稿が挙げた十二種のものの中間態や複合態である限りは、具体的な一つの例が一つに定まらなくてもかまわない。

注11　この例は、「――じゃないか」と、相手の同意を求めているものである。言表全体の意味として結果的には行動の勧誘なのであるが、「中村君」という呼びかけに担われる意志のあり方としては、あくまで〈同意確認〉に含められるべきである。

注12　宮地裕氏は「よびかけ表現」と応ずる表現意図を「コミュニケーションの成立そのものに関する表現意図」として、他の文表現一般に応ずる「コミュニケーションの内容に関する表現意図」から区別しておられる（『話しことばの文型(2)』二ページなど）。呼びかけそのものの根源的な性格を反映する見解として注目したい。対象の希求、対象とのつながりを目指すという呼びかけの一般的なあり方は、命令、禁止……などの意志の分有という側面を捨象すれば、確かにコミュニケーションの成立そのものに関わって他の文表現とは異なる次元にある。

本稿の後半は、昭和五十年六月の国語学会春季大会（大谷女子大）で「呼びかけの分類」と題して口頭発表したところを詳しく展開したものである。この発表の後、古田東朔先生をはじめ多くの先生方から貴重なお教えと有益な質問をいただいた。深く感謝の意を表したい。

なお、本稿は次の文献に負うところが特に大きい。

川端善明「喚体と述体」（女子大文学一五、一九六三）

〃　「喚体と述体の交渉」（国語学六三、一九六五）

宮地　裕「いわゆる『文の性質上の種類』の原理とその発展」（国語国文二三巻一一、一九五四）

〃　「文と表現文」（国語国文二七巻五、一九五八）

〃　『話しことばの文型(1)』表現意図の章（国立国語研究所、一九六〇）

〃　『話しことばの文型(2)』表現意図の章（国立国語研究所、一九六三）
〃　「文の分類と文型」（口語文法講座二、一九六五）
森重　敏「応答詞とその分化」（国語国文二一巻二、一九五二）
〃　「間投助詞から終止としての係助詞へ」（国語国文二一巻五、一九五二）
〃　『日本文法通論』（風間書房、一九五九）

第一章第三節

語列の意味と文の意味

（原論文は、『松村明教授還暦記念・国語学と国語史』　明治書院　１９７７年11月　所収）

てにはゝ詞に随て様〻になるへき事也　一首の体一句の勢によりて意味分別あるへきをあらかしめ品目を立ていはん事古人の教とはみえす　――『てには網引綱』

一つの文が表現する意味の様々な側面のうち、助詞が担う意味とはどのようなものであろうか。助詞を含む文全体の様々なあり方によって、助詞のあたりに読みとれる意味もある幅をもって動くとすれば、そこで助詞自身の機能とは一体何であろうか。個々の文が意味するところを離れて、ある一つの助詞そのものの機能を問うということが仮に可能であるとして、そのような機能とはどのようなレベルのものであり、どのようにして記述できるのであろうか。

この問題を考えることは、人が一つの文において理解する意味というものの諸種の内容とその由来を問うことであると同時に、使用者の外に既に存在するという〝ことば〟の制度としての側面と〝ことば〟が具体的な表現の中でもつ個別性との関係を問うことにもなるはずである。

一

特別な文脈による指定が無い場合の

○雪が白い。

という文表現は、佐久間鼎博士や中島文雄博士が説くとおり、眼前に展開される事実をそのまま表現するもので、この場合の「雪」は「雪」一般ではなく、目の前の特定の雪である。[注1]「雪」ばかりでなく「白い」の方も、「白い」というあり方一般ではなく、現に目の前に積っているその存在自体の個別性を帯びた「白い」だと言えよう。

現場に密着して眼前の事態を個的に措定するこの形の文表現は、三尾砂氏が「現象文」と呼び[注2]、佐治圭三氏が「存現文」と呼び[注3]、また本稿の筆者がかつて〈眼前描写〉の型と呼んで[注4]、いわゆる判断文の系統のものから区別したものであるが、この種の文表現には、文末に「!」が無いような場合をも含めて、「雪が白い」という事実に遭遇したときの驚嘆か喜びか、その内容はどのようなものにもせよ、なにがしかの積極的な情意を見てとることもできるであろう。

「雪は白い。」という文表現との比較においてよく指摘される「雪が白い。」のこのような意味の姿は、しかしながら、「が」という助詞の性質によるものであろうか。というより、そもそも《雪ガ白イ》という単語の列自身の中に、一体〃眼前の事態の個的な措定〃というような意味のあり方が含まれているのであろうか。

○雪が白い!。

○(あっ)鹿が通る。

と言えば、発見・驚嘆の叫びとして、眼前の事態の個的な措定であるが、

○雪が白いことぐらい子供でも知っている。

○鹿が通るのに馬が通れぬはずはない。

となると、無論、驚嘆的な情意は消えて、「雪」「鹿」一般の性質、能力を問題とするものになってしまう。同じく、

○白い夜霧の灯りに濡れて別れ切ないプラットホーム。ベルが鳴る。ベルが鳴る。

では、眼前の事実の直接的な描写であるが、

○この窓を無理にこじあけるとベルが鳴るらしい。

となると、現場的な個性は消えて、「ベルが鳴る」という一つの一般的な事態を表示するものとなる。

いわば当然のことながら、「雪が白い！」という文表現の特殊な意味の姿を《雪ガ白イ》という単語列自身の中に求めることはできない。ましてや、その単語列の一構成要素に過ぎない助詞「が」の機能に負わせることはできないであろう。

同様のことは

○私がルパンだ。

という種類の文表現の特殊性についても言える。これは、「この中の誰かがルパンである」という前提のもとに、いわば「誰がルパンであるか」との問いに対する答として「私」という主語を選んで来る表現[注5]で、筆者が前稿で〈選択指定〉の型と呼んだもの[注6]であり、「が」の上接項の方に表現の力点があるなどと言われたりもするが[注7]、この型の表現の意味の特殊性も《私ガるぱんダ》という語列自身の中に求めることはできないであろう。

○おもて通りを一時間ばかり歩いて来たが、巧みに変装していたので、私がルパンだということは誰も気がつかなかったようだ。

においては、右のような特徴は指摘できない。

このように、〈眼前描写〉の場合も〈選択指定〉の場合も、その文表現の特殊な意味のあり方を《――ガ――》という語列自身に負わせることができないとすれば、「が」という助詞自身の機能やそれを含む語列の性格と、右の文表現の意味の姿との関係をどのように考えればよいであろうか。

○（あっ）雪が白い！

○雪が白いことぐらい子供でも知っている。

○《雪と綿とどっちが白い？》雪が白い。

一つの立場として、これらの例のお互いの関係を問わないという立場があり得る。あの例とこの例とはそれぞれ表現する内容が異なり、従って「雪が白い」という部分が背負う意味も異なるのだから、それぞれの文例を離れて《雪ガ白イ》という抽象的な語列の意味を問うことはしない、ということになる。この立場では「が」という助詞固有の一つの意味や機能を問うことはなく、幾つかに類型化した場合のそれぞれについて、「が」を用いたこういう文型はこういう意味である、あるいは、こういう場合に「が」を用いると文にこういう意味的効果が出る、という事実を列挙することになろう。

しかし、われわれはあの文型の中での「雪が白い」とこの文型における「雪が白い」とを全く別のものと感じてはいないであろう。「が」という格助詞を表現の道具として所有する際、用法の幅はあっても、やはり一つの助詞として所有しているのではあるまいか。と言う以上に、あの用法の「が」とこの用法の「が」との関係を問わず、別々に記述するだけなら、両者が同じ一つの「が」という助詞であることの根拠は何に求められるのであろうか。同一の助詞であるか否かの判定はせず、たまたま同形態である助詞の用法群を整理するまでだとするなら、たまたま同形態であることの根拠の有無を求めてみることは何にもまして魅力的な課題となるであろうし、また逆に、同一の助詞であることは言うまでもない自明のことだとするなら、その一つの助詞が様々な意味的効果を持ち得る所以を問い、それぞれの場合の条件と意味的効果との論理的脈絡を述べ上げることが必ず要請されるであろう。

二

さて、前記諸文例の中での「が」が一つの助詞であることを要請する立場からは、個々の文例を離れて《雪ガ白イ》という語列自身に固有の意味ないし意味機能を求めることになるが、その意味の姿とはどのようなものであろうか。

《雪ガ白イ》という語列は、終助詞も係助詞も陳述副詞も、総じていわゆる陳述的な要素項を一切もたない。このことから当然、この語列は「雪が白い」という事態をただその事態として、表現者の評価や対聞き手的な態度表明を全くかぶせない裸のままに表示するだけのものだということが考えられる。

○雪が白いことぐらい子供でも知っている。

○雪が白いから空の色が一層青く見えるのだろう。

のようにこの語列が大きな文の中に埋め込まれたとき、言い換えて、この語列が現場的・文脈的言表環境から直接の支配を受けなくなったとき、〈眼前描写〉や〈選択指定〉の特殊な色は消えてただそういう事態を素材的に示すだけになる、ということからうかがわれるとおり、また何よりも

○雪が白い、それは雪国の子供にとって当り前のことですが……

○《うさぎの生態を観察に行って》ああ、これじゃとてもだめだ。百メートル以内に近づけない、雪が白い、うさぎが白い……見つかるわけないよ。

独立素として提示や列記にこの語列の形が用いられることに直接的に現われているとおり、この語列自身はたしかに事態の素材的表示形と言うにふさわしいであろう。

○《書物の中の「エベレストの雪は白かった。」という文に目をとめ、ひとりごと》

「雪が白い……そりゃそうだろう……」

○《雪は氷と同じく透明だと思い込んでいる子供に》

「雪は白いよ。」

「雪が白い？　そんなはずないよ。氷は白くないもん。」

おうむ返しでなく相手の発言を一旦自分のことばに直してする〈受理〉（前例）や〈問い返し〉（後例）の表現では、相手の発言の「は」が「が」に変わり、終助詞や待遇表現の要素が消えて、《雪ガ白イ》型の語列が用いられる。また

○雪は透明だと思い込んでいる子供に雪が白いと教えてやると……

のように、間接引用の場合には引用原文の「は」が「が」に変わって《雪ガ白イ》型の語列が用いられることがある。[注8] 相手の発言の中核的な部分をあえて専ら素材的な形でくり返したり、引用内容を、言い方を問題にせず内容専一に紹介したりするもので、「は」と「が」の交替や対聞き手要素の脱落は素材的表示への還元[注9]ということにほかならない。

《雪ガ白イ》という語列自身は、一つの事態を表わしはするものの、判断以前の素材的レベルにおいて表示するのみで、その意味的なあり方は言わば体言の素材性にも比せられるであろう。中島文雄氏の言い方に従えば、それは真の判断ではなく判断内容の表象に過ぎない。[注10] 終止形というものが断定その他の表現意図を含まない素材表示的なものであることは、橋本四郎氏[注11]、渡辺実氏[注12]らによって指摘されているが、川端善明氏は、「花美しも」という喚体における「花美し」のような、主述二項から成る句についても

「終止形に終るかかる句は、終止形が推量系の助動詞（『らし・べし・らむ』のごとき――）を下接し得る性質をもつことを以て、否、端的に文内容を完結することそれ自体を以て、もっとも純粋な句的体言（ということは終止形それ自らでは、体言として独立し得ないということをも含む）である、と見ることができる。[注13]」（括弧

書き、傍点、原文）

と述べ、さらに、この「花美し」型が句的体言と言えることと、喚体であると考えられることとの関係について「かく言えば、現象文とか描写文とかの名で呼ばれているものの、文末にも文中にも係助詞をもたぬ平叙文を、やはり喚体の文としてこの類《「花美しも」のタイプ……引用者注》に一括することも妥当であろう。《中略》喚体を、呼格の体言を中心骨子とせるものとされる山田博士の規定は、結局ここにおいても肯定されるのである。ただ、その『体言』が現象上の体言に限られる必要は理論的に認められない。用言をその体言性において喚体の分野に位置させるならば、《以下略》」[注14]と把握している。上来の例にもどして言えば、〈眼前描写〉の「雪が白い。」は喚体であり、喚体一般の構造に従って《雪ガ白イ》という句的体言を中心骨子としているのだ、ということである。《雪ガ白イ》という語列は、喚体の骨子となり得るだけの体言性、すなわち完結した一つの句的事態の単なる表示形としての詞的素材性をもつものであった。

ではなぜそのような素材的表示形が〈眼前描写〉に用いられるのか、山田孝雄氏のタームで言えば喚体はなぜ体言を中心骨子とするのか、が次に問われなくてはならない。

喚体と述体とは事態内容として等しくただ発表形式上の差に過ぎない、ということは山田氏自身によって述べられている。[注15]両者の差は、述体が主と述の二項対立的に事態を実現するのに対し、喚体は連体修飾の位置に立つ逆述語＋主語体言という形を典型として事態を全体的一項として実現するところにある。[注16]喚体が体言を骨子とするということの内実は、この、事態を全体的一項として把握し表現するということであるが、《雪ガ白イ》という語列が〈眼前描写〉に用いられることの根拠もやはりここに求められねばならない。

中島文雄氏によれば、「雪が白い。」「鳥が啼く。」の「雪が」「鳥が」は〝論理的主格〟（判断の主辞のとる格）ではなくて〝心理的主格〟（性質動作関係などの主体のとる格）であって、これらの文の判断は「雪の白きあり。」「鳥の啼くあり。」という単純判断と equivalent であるとも言うべく雪の白くおいた有様や鳥の啼いている状態をそのまま承認したものであるが、[注17]《雪ガ白イ》という語列は実に《雪ノ白キ》という語列にさえ近く、そこに存在する事態を直接的に言語化しただけの形なのである。眼前に雪の白くおいた光景を見たとき、その光景を評価、反省する余裕もなく、とりあえずその事態をその事態としてことばにする。それは、山路来てすみれの花に出遭ったとき息をのんで思わずひとこと「すみれ！」と叫ぶのに等しい。対象のあり方についての評価でなく、対象を存在自体として言語化するときに用いられることばは、対象の名札以外にはない。それがどのようなすみれであるかは問題ではなく、とりあえずそれが菫であるなら《スミレ》という名札を与えることで眼前の存在を個的に措定する。[注18]措定されるべき対象事態が一語で表示され得ないような場合、名札は《雪ガ白イ》のように句的な形をとることになるが、それでもやはり名札は名札として主述二項ながらも一体的であることに変わりはない。《雪ガ白イ》という語列自身が事態の素材的な表示形、直接的な言語化の形、いわば事態の名札として、事態自身が本来もつ全態的一体性に対応するだけの一体性をなお保持しているからこそ、眼前の事態の個的な措定にも用いられるわけである。

さて、《雪ガ白イ》《雪ガ降ル》などという形の語列が単独で文となるときのもう一つの代表的な場合〈選択指定〉の用法と、この語列が素材的な表示形であることとの関係はどうか。

事態をただ事態として言語化しただけの、いわば文以前の素材的表示形が裸のままで世の中に存在するためには、メモ帳の中の覚え書きか映画の題の看板か、総じて独立的な用法に立つ以外は、極度に言表現場に密着するか文脈に依存するかの二つしかない。現場密着型の代表例が先の〈眼前描写〉であるのに対し、文脈依存型の代表は問いに対する〈答〉である。「あなたの好きな花は?」という問いによって帯電している場の中に《スミレ》という語が飛び込むと、それは《スミレ》という一語自身の性能を越えて「私の好きな花はすみれです。」という意味を背負ってしまう。同様に《雪ガ降ル》という語列が問いをもつ文脈の中にはいると、この単語列自身の意味を越えた意味を背負うことになる。「海のむこうから北風が吹いて来るとこのあたりはどうなる?」という問いに対して「雪が降る。」という〈答〉は「海のむこうから北風が吹いて来るとこのあたりは雪が降る。」という複文相当の意味であり、「雪が降る。」についで言えばその全体が新情報である。「冬は何が降る?」に対する〈答〉としての「雪が降る。」は「冬は雪が降る。」の意味で、問いの中に含まれている「何かが降る」という前提のもとに「雪」の部分だけが新情報である。〈選択指定〉とは、素材的表示形が文脈に依存して裸で存在する〈答〉の用法の、この第二の場合にほかならない。

もっとも、〈選択指定〉の用法の場合、問いが必ずしも表に現われているとは限らない。

○あの人が委員長です。

○大阪が私の生まれ故郷です。

のような名詞述語文の場合は、問いが文として表面になくてもこの文だけで〈選択指定〉として理解される[注19]が、しかしこれは問いが存在しないということではない。「誰か委員長がいる」「『私の生まれ故郷』というものがある=私に生まれ故郷がある」という前提を聞き手と共有している場面で(前提の内容によってはそのような共有が恒常的に成り立っていることもあるが)、且つ「それは誰か」「それはどこか」という問題設定のもとにはじめてこれらの文は存在できるのであり、これは原理的に「委員長は誰か=誰が委員長か」などの問いが存在することに等しい。

なお、これと並んで「委員長はあの人です。」という形の文も同じく「委員長は誰か」という問いをもつのだと言うことはできるが、これは、「委員長は」という題目語を立てることによって問いを当該文自身の中に含んでしまっているのであり、「あの人が委員長です。」という文が当該文の外に前提と問題設定をもってはじめて意味をなすのとは大きく異なる。この点「あの人が委員長です。」は、原理的には三尾砂氏の分類の〝分節文〟に当る[注20]と言える。

このように〈選択指定〉の文は、すべての場合を通じて、原理的に問いが先行しているという文脈のあり方に依存して文になり得ているのだと言わねばならず、述語固定のもとでの主語の選択強調という特殊な意味の姿は、実はそのような文脈的環境によって与えられるのであった。[注21]

《雪ガ白イ》《雪ガ降ル》《アノ人ガ委員長デス》などの型の語列自身は事態の単なる素材的表示形であって、〈眼前描写〉や〈選択指定〉はこの種の語列が単独で文表現になるときの代表的なものであった。事態の素材的表示形に過ぎぬものが単独で文表現として存在するには、独立的な用法に立つ以外、この〈眼前描写〉を代表とする現場密着型の文になるか[注22]、〈選択指定〉を含む〈答〉を代表とする文脈依存型の文になるか、のいずれかしかない。そしてそれらすべての場合を通じて[注23]、その文表現から理解される意味は、《雪ガ白イ》などの語列自身のもつ素材的な意味と、言表状況によって指定される意味のあり方とが重ねあわさったものだと考えられる。

「雪が白い。」という一つの形の文のあり方にそれだけの制限があること、あるいは逆にそれだけの幅があること、そしてその各〻において理解される意味の一面の由来はこの文が存在する言表状況の特殊なあり方に求めねばならないこと、それらの事実を統一的に理解するためには、「雪が白い。」という文表現と、その材料である

《雪ガ白イ》という語列とを分けて考えなければならないのである。

三

一方、《雪ハ白イ》型の語列も、具体的な表現の中でその担う意味は一つではない。

かけつけに一杯やったときの

○この酒はうまい。

という表現では、「この酒は」は単なる題目提示であるが、三つのコップにそれぞれ注がれた三種類の試作品の評価で一つを指して

○この酒はうまい。

と言ったのなら、「他の酒はそれほどうまくない」こととの対比の意味を理解しなければならない。同じ文型でも場面的条件によって意味するところが異なるのである。

これは文脈的条件についても同様である。

○金は出す。

という文は、ヲ格に「は」がついていることによって既に対比の色を帯びているが、どういう種類の対比なのかは、文脈的条件によって異なる。

「こういう事業をやりたい。」「また長続きしないだろう。」「でも、やってみなければ……」「いつものことだ。結果は目に見えている。やめとけ。」「お前には貸しがあるはずだ。これぐらいの資金は出してくれてもいいじゃないか。」

というやりとりの後の
○よし。金は出す。
という文では、「事業が失敗することは目に見えている」こと、「その事業におれはあくまで反対である」こととの対立において、それでも「金を出すことは出す」と言っているのであり、「は」は、当の「金を出す」という意向と、これと内容的に対立する他の事態との間の対比を示しているのであるが、

「今度の選挙では運動員と資金と両方の援助を頼む。」

という依頼に対する答としての
○金は出す。
という文では、「金を出す」ことは「運動員を出さない」こととの対立において述べられているのであり、両文の述語が「出す」「出さない」と同一範疇にあることに支えられて、「は」が示している両文事態の対比は「金」と「運動員」との二項間の対比であるかのごとき観を呈する。

このように、「は」を含む文が対比の意味をもつ場合でも、その対比が他の事態との内容的、含蓄的対立であるのか、「あれは」「これは」という二項間の対比にも見える表面的、形式的対比であるのかは、文脈的状況のあり方によって異なる。このほかに、「は」を含む文が文脈的条件によって対比の色をもったりもたなかったりする場合があることは言うまでもない。

このような言表状況的条件が一文の中にとりこまれると、いわば文型的条件となって、文の意味に影響を与える。
○(誰それの) 色は黒い。

という文には普通は対比の意味は感じられず、あるとしてもその人の身体の他のあり様（例えば「鼻は高い」こと）との対比であるが、

○色は黒いが南洋じゃ美人。

では、「南洋では美人である」こととの対比において「色が黒い」ことを認めているのであり、

○色は黒いが、歯はまっ白だ。

となると、「色は」「歯は」という二項の対比のようにさえ見えてくる。

結局、《――ハ――》という語列は、それが文として用いられる場面的、文脈的、文型的状況のあり方によって、対比の色を帯びるか否か、対比にしても何をめぐってのどういう種類の対比であるのかが定まるのであって、具体的な表現の中で用いられた結果の意味と、その材料たる《――ハ――》という語列身の意味とは、あくまで区別しなければならないのである。

四

《雪ガ白イ》と《雪ハ白イ》との間には、語列自体としての意味の差がある。《雪ガ白イ》は、ただ「雪が白い」ということを素材的に表示しただけの即自的なものに過ぎない。一方、《雪ハ白イ》という語列は、「は」という助詞の拒斥という意味の個性と、文末ならぬ文中係助詞として一句の最大の切れ目にはいるというこの助詞の形態位置的機能とによって、「雪が白い」ことを拒斥的に確認した形、あるいは拒斥ということがカオス一般からの特立に過ぎない場合には当該事態専一に「雪が白い」ことを確認した形であって、いわば対自的な意味の姿をもつ。

「が」と「は」という助詞の差によって《雪ガ白イ》と《雪ハ白イ》とはこのような差をもつが、語列自体の意味のこの差は、これらの語列が更に大きな語列に埋めこまれるときの埋めこまれやすさの差としても現われる一方、何よりも、単独で文となるときの語列と状況との関係の仕方の差となって現われる。《雪ハ白イ》という語列は反省を経て確認された高度に独立的な意味の姿をもつから、表現の現場や文脈にあえてもたれかからなくても単独で「雪は白い。」という一つの文になることができるが、《雪ガ白イ》の方は事態の直接的な言語化の形に過ぎないから、〈眼前描写〉や〈選択指定〉を典型として何らかの意味で言表状況に強く支えられるのでなければ「雪が白い。」という単独文としては存在できない。無論「雪は白い。」も「雪が白い。」も言表状況との関係によってその意味する所が最終的に決まるのではあるが、語列が単独で文となるときのなり方、状況へのもたれかかり方には、これだけの差がある。「雪が白い。」という文は、他人への伝達を目指す言表としては〃ヤブから棒〃には使えない。「雪は白い。」の方は、そんな一般的な判断をここで言い出す意図は何かという疑問さえ棚に上げれば、〃ヤブから棒〃に言われても意味が通ずる。文の意味はいずれにせよ状況次第だと平面的に相対化する前に、われわれはこの差に留意しなければならない。

とは言っても、「雪が白い。」と「雪は白い。」とは、でき上がった文として並べたとき、それぞれに然るべき状況で用いられ一定の意味を伝達するという点で一面の同次元性をもつことも認めなければならないであろう。ただそれは、ある状況で「雪が白い。」という文を通じて表現、伝達される意味の全体と、別のある状況で「雪は白い。」を通じて表現、伝達される意味の全体との差を、あたかも二つの文字列間の引き算の結果として残る「が」と「は」の差に背負わせてしまうような理解であってはならない。そのような理解は、文型と状況との関係に目をつぶり、状況との関係で一文に現出するという意味の一面のあり方を無視して意味をすべて語列の外形に託し、その上で話し手の伝えたい意味内容というものをあくまでも所与として立てて、それに対応するのはどの言語手段かという道具選びの観点に立つものである。そこでそのような助詞、そのような文型を用いるとなぜそのような意味が現われるのかという内実は一切問わず、ただ「その形はこれを言いたいときに使えます」「それを言いたいときはこの形を使えばよろしい」という、結果的、現象的な使用説明書を求めようとする態度である。そのような百パーセント消費者の立場に立つ文法を書くよりも、もっと「が」や「は」という助詞自身の身になって考えることによってこそ、われわれは意味と文法の世界の深みに近づくことができるのであろう。

「雪は白い。」「雪が白い。」という両文の一面の同次元性と、文としての成立事情の異質性とは、次のような比喩によってかなりよく理解できると思われる。隣町に火事があって知り合いの家へ火事見舞にかけつけるとき、ももひき、わらじで足ごしらえをし、刺子のはんてんに身をかため、手に弓張提灯をかざし、冷や酒とたくわんか何かを用意してかけつける場合もあれば、寝巻のままとるものもとりあえず飛んで行く場合もある。前者は、この場面における自身の役割をよく自覚し、その行為の目的のもとに用意万端ととのえた姿であって、これは火事の現場で見なくても一見して火事見舞とわかる姿である。一方、後者は、状況内での自己の位置づけを自身では全く考えていない、あるいは考える余裕もない、いわば前状況的な文字どおり寝たままの姿であって、それ自身は起きて立ち働くだけの具体性をもった姿ではない。一つの意味を自身で積極的に担うべき完成度と自立性をもった姿ではない。刺子のはんてん姿が《雪ハ白イ》に対応し、寝巻姿が《雪ガ白イ》に対応する。

二つの姿はそれ自身ではこのように全く異質のものであるが、ひとたび表に飛び出して火事の現場にかけつけた姿としては、同じ「火事見舞」として同一次元に並ぶことになる。「何とかお役に立ちましょう」というのか「とるものもとりあえずかけつけました」というのか、その姿勢に差はあっても、共に「火事見舞」の一つの姿であることに変わりはない。この場にふさわしくない寝巻姿さえ、かえってそこでは「とるものもとりあえず」という一つの火事見舞の姿勢の表現となる。《雪ガ白イ》という語列が表に飛び出してある具体的な状況の中で「雪が白い。」という文として用いられたとき、この語列自身としての意味の前状況的素材性にもかかわらず、いなそれゆえにこそ、そのような姿が許される状況とのかかわりにおいて一種の情意性——〈眼前描写〉とか〈選択指定〉の色——が現われて来るというのは、このことにほかならない。

以上のことを消費者文法的に言うなら、「火事見舞のとき刺子ばんてんを着れば『お手伝いしましょう』の意味になり、寝巻で行けば『大急ぎで来ました』の意味になる」と平面的に並べることになる。それはそれで間違いではないし、服装と意思表示の対応関係が社会習慣的に固定されて来ればなおさらであろう。そのような立場で「が」と「は」の使用説明書を書くこともある程度は可能である。しかし、そのような社会習慣の根拠を問い、言語による意味伝達のあり方そのものを問題にするわれわれは、語列《雪ガ白イ》と《雪ハ白イ》の異質性と、文「雪が白い。」「雪は白い。」の一面の同次元性との関係を、このように状況と語列のかかわり合いの内実に立ちもどって立体的に理解するのでなければならない。

五

一つの同じ形の文がその言表状況に応じて様々な意味をもつことと、文型によってその幅、意味の可能性に一定の制限があることとの両者を理解するためには、語列自体の意味とそれが具体的な状況の中で文となったときにそこに備わる意味とを峻別しなければならない。ましてや、語列の構成要素としての助詞自身の機能と、状況との関連で文に付着する意味とは厳に区別しなければならない。《キレイナ花》という連体修飾句もち体言と

「(まあ)きれいな花!」という文とが全く異なる次元に属するという理解は、《雪ガ白イ》と「雪が白い!」のような述体の形のものにおいても維持されねばならないはずである。

このような本稿の視点は、最終的な陳述要素が加わる前のいわば文以前の形と決定的に文になってしまった形とを区別するという陳述論の視点、とりわけ渡辺実博士の成果を承け継いでいるのであるが、陳述論そのものとしては、文として成立するための要件を何でも当の語列自身に負わせてしまうという論の立て方を否定することになる。時枝博士が零記号の辞を要請しなければならなかったこと、渡辺博士が用言の独立形(終止形)というものの体言的素材性に注目しながらもその独立形自身に陳述の職能を認めねばならなかったことは、共に語列が状況との関係においてはじめて文になるという文成立の実質を語列の外形に仮託してしまったための弱点として、克服されねばならない。所詮、文法論は表現の成立事情の様々な異質性をある程度捨象し、ある一つの型の文を典型としてそれに足を揃えたところに成り立つのではあるが、言語による意味の成立、伝達の複雑なあり方を究明するためにも、文法論の分子論的基礎として体系的な表現論が要請されるのである。

個々の発話者に先行して既に存在する語列を、人が個々の場面で文表現に用いるということは、表現という主体的、個別的な行為において、社会的に使用を許された道具のどれかを選んで用いるということである。表現、伝達したい内容はいかに個的、一回的なことであっても、社会的に認められていない語列を用いることはできない。語列の種類は、山田博士の句という基本的単位をもち出すまでもなく、主述的な結合の回数を限れば、高々有限である。一方、表現したい内容は無限である。時枝博士は、ただの木の枝でも杖として用いればそれは「杖」である、意味とはそういうものだと指摘された。[注24] ただの木の枝は言うにおよばず、木を材料に杖として加工されたものでさえ、純粋に杖の機能そのものの形象化ではあり得ない。所詮杖ならざるものを杖として用いる、外在する制度としてのことばを使って人が意味を表現するとはこのような営みであろう。言語の創造性・生産性ということも、道具として様々の語列をつくることが可能だという点に矮小化するのでなく、本来のこの意味で言われるのでなければならない。どのように手を加えた木の棒であっても「杖」そのものではあり得ない、そのような不自由さと、であればこそただの棒をも杖に用いることができるという裏面の自由さと、その両者のただ中で、やむにやまれぬ必要と意志とによって実践のために道具を道具たらしめて行く。言語による表現行為とはそういうものであろう。「は」と「が」の問題は、言語における制度の側面と主体的行為の側面のこのあり方をわれわれに語ってやまない。

〔注〕

1　佐久間鼎『現代日本語法の研究』（一九四〇。改訂版一九五二）二〇八ページ以下。

2　中島文雄「格助詞『が』と『は』について」（『市河博士還暦祝賀論文集・第二輯』一九四七）一二七ページ。

3　三尾砂『国語法文章論』（一九四八）八二ページ以下。

4　佐治圭三「題述文と存現文」（大阪外国語大学・二九号、一九七三）

5　尾上圭介「文核と結文の枠」（言語研究・六三号、一九七三）二ページ以下。

6　中島文雄「格助詞『が』と『は』について」（一二六ページ）以来、多く指摘されているところである。

7　尾上圭介「文核と結文の枠」三ページ以下。

三宅鴻氏の〈主体特定用法〉という指摘（「『主語』につく助詞『は』と『が』について」――『英語学と言語学〈後編〉』所収――一一八三ページ）など。

8　引用についてのこの指摘は、三宅鴻「『主語』につく助詞『は』と『が』について」（一二一八ページ）にある。

9　「は」を消して格助詞にもどすことを三上章博士は「無題化」と呼び、「『コト』の形にする」と呼ぶ（『象は鼻が長い』一九六〇年、一〇七―一〇八ページなど）。

10　中島文雄「格助詞『が』と『は』について」一三一ページ。

11　橋本四郎「動詞の終止形――辞書・注釈書を中心とする考察――」（国語国文・二三巻一二号、一九五三）

12　渡辺実『国語構文論』（一九七一）二六〇―、三六四、三六七―、三七〇、三七二―三七三ページ。

13　川端善明「喚体と述体」（女子大文学・一五号、一九六三）四一ページ。

14　川端善明「喚体と述体」四四―四五ページ。

15　山田孝雄『日本文法学概論』（一九三六）九九一―九九四ページ。

16　川端善明「喚体と述体」三七ページによる。

17　中島文雄「格助詞『が』と『は』について」一二八、一三一ページ。

18　井上忠「『このもの』とは何か」（『講座哲学(1)哲学の基本概念』――山本信編、東京大学出版会――）一二八―一二九ページ参照。

19　このような名詞述語の語列には〈眼前描写〉の文となる用法はない。

20　〝分節文〟については、三尾砂『国語法文章論』（七三―七五、一〇五―一〇八ページ）参照。ただし、三尾氏自身は「あの人が委員長です。」の文型を「転位の〝判断文〟」だとする（同書九八―一〇一ページ）。

21　主語の選択強調という色合いが文脈的環境によって与えられるものである以上、文脈的環境のあり方、ないし、それを一文中にとり込んだ文型的条件のあり方、読みの際の文脈の想定の仕方によっては、〝単なる主語表示〟と

〝主語の選択強調〟の中間的な文例や、両様に読める文例があり得る。

いつも群飛ぶかもめさえ／とうに忘れた恋なのに／今夜も汽笛が汽笛が／独りぼっちで泣いている／忘れられない私がばかね／連絡船の着く港（関沢新一作詞「涙の連絡船」）

この例では、述語が「ばか」という形容動詞的な語であること、主語が連体修飾句をもち、主語部分全体で体裁は体言相当ながら「私が忘れられないコト」という句的事態を背後にもっていること、そして何よりも「ね」という終助詞によって「……トイウコトナノネ」とでも言うべき枠が存在すること、などによって、傍線部は「私が忘れられないのがばか、ということなのね」という意味であり、「……のに忘れられないなんて、私はばかね」という独り言にさえ近い。このようにこの例は本来は〝単なる主語表示〟であると言うのが妥当であろうが、読み方、傍線部の背後にある文脈のとり方如何によっては、「黙って行ってしまったあの人が悪いんじゃないわ。いつまでも忘れられないでいる私の方がばかなんだわ。」という〝主語の選択強調〟としても理解できる。事態の全一態的な素材的表示形の二部分のうち、文脈の力によってその一方だけに重みがかかって〝選択強調〟の色が生じて行くという経緯が、〈選択指定〉の原理的な発生過程としてここに見てとれる。

22 〈眼前描写〉は、さらに広く〈発見・驚嘆〉という一グループに含められようが、この〈発見・驚嘆〉が現場密着型の代表になる。

23 このような語列の単独文としての用法を、筆者は二十種に分けてみた。別稿で論じたい。

24 時枝誠記『国語学原論』（一九四一）四〇八ページ以下。

第一章第四節

「そこにすわる！」——表現の構造と文法

（原論文は、『言語』８巻５号　１９７９年５月　所収）

【設問】「そこにすわれ。」という命令表現と「そこにすわる。」という命令表現とはどう違うか。

一

外国テレビ映画の日本語への吹き替えという作業はさぞむずかしいことだろうと想像されるが、時々その巧みさに気づいて舌を巻くことがある。鬼警部アイアンサイドが、何かに反抗してつっ立っている女性に向かい、とにかく座らせようとする場面があった。

「おすわり」「……」「すわれ」「……」「すわるんだ！」

無言の反抗に、だんだん言葉が荒くなるのだが、アイアンサイドの口の形はたぶん三回とも“Sit down.”であった。

相手にある行動を要求する場合、もちろん様々な言い方がある。「立っていては話もできないじゃないか。」とか「いい椅子でしょう。」というような婉曲な表現は別にして、直接的に座ることを要求する表現に限っても、「そこにすわれ。」「そこにすわる（んだ）。」「そこにおすわり（なさい）。」「そこにすわって（ください）（よ・ね）。」「そこにすわらないか。」などがあり、これらの間には要求の仕方や相手への姿勢という面で微妙な差があって、われわれはよろしく使い分けているのであるが、注目すべきは、「そこにすわれ。」の類と「そこにすわる。」の類との二つがあるという点である。「おすわり。」「すわって。」などは、省略部分が慣用的に想起されるということによってそれ自身の形で行動要求表現であることを積極的に示しており、その点で、強いて言えば「そこにすわれ。」の類と一括することもできるであろう。

「そこにすわれ。」と「そこにすわる。」との間には単なる待遇的なニュアンスの差を超えるものがある。相手への姿勢という面でなら、大阪弁の言い分けはもっと微妙、豊富で、「すわれ。」「すわれや。」「すわり。」「すわりいな。」「すわりで。」「すわりや。」「すわらんか。」「すわらんかい。」「すわらんかいな。」「すわらんかいや。」「すわりんか。」「すわりんかい。」「すわりんかいな。」などから、果ては「すわったれや。」というような言い方まであるが、[1]「そこにすわれ。」と「そこにすわる。」との差はこのような次元のものではあるまい。人にことばで何かを要求するときのことばというものの位置、「しかじかなり」という事態内容の単なる伝達を超えた、要求ないし希求という行為のレベルでの言語の、それ自身の形と行為としての意味との関係のあり方というような面で、二つの言い方は重要な差をもっているであろう。

われわれがまず確認しなければならない立脚点は、ほぼ同じことを伝達するのに、あるいは行為としてほぼ同じことを意味するのに、二つ以上の形があり得るということである。その上で、ではなぜそれらの形が同じ意味をもつことになるのかが、当然次に問われなくてはならない。

二

「そこにすわれ。」という形が命令表現として成立するという事情は比較的見やすい。「スワレ」という活用形自体が「すわる」ことを相手に求める形であって、[2] この文はそれ自身の形において「そこにすわる」という行動を相手に要求するという意味をもつ。

時枝誠記博士以後の陳述論と呼ばれる視座においては、文の成立を具体的な言語場における表現の成立と重ねて考えるという立場が維持されており、しかも、その表現の成立の証を主として文末のある種の活用形や終助詞類の存在に求めるという手法がとられて来ているが、この命令形で終る文などは、その恰好な例証とされる。時枝博士の図式は、客体的なものを表現する〈詞〉に言語主体の直接的な働きを表現する〈辞〉がついて、〈辞〉が〈詞〉を包み、統一するという形で文表現は成立する、ということであるが、この図式によれば、命令形による命令文は次のように図示される[3]。

そこにすわれ
e

気をつけ
よ

「そこにすわる」「気をつけ（る）」という客体的な事態を表現する〈詞〉の部分を「e」「よ」という〈辞〉（あるいは〈辞〉相当の音韻転換）が包み、相手にそう命令するという主体的な働きが全体を統一して文表現が成立する、というのである。一段活用型動詞と五段活用型動詞とで、命令の働きを担う〈辞〉を形態的に分離できるか否かの差があり、ここが難点だとも言えるが、これはこれで一応首肯できる。

この視点を承けて、渡辺実博士は時枝の〈辞〉の統一作用の内容を二つに分け、「思想や事柄の内容を描き上げようとする話手のいとなみ」たる〈叙述〉と、「聞手や話手自身を相手どったはたらきかけ」「終助詞によって代表される、言語者をめあての主体的なはたらきかけ」である〈陳述〉とに精密化してとらえなおした上で、両者の関係と文の成立様相を「文は叙述全体が陳述に被支配的にうけつがれることによって成立する」「言語者をめあてとした言葉を発することが、同時に文を言い収めることになるのだ」と理解する[4]。「そこにすわれ。」の「スワレ」は用言たるものが述語の位置に立っているそのことによって「そこにすわる」という一つの事態を描き上げるという〈叙述〉のいとなみを完了しており、同時に「スワレ」と命令形をとっているそのことによって聞き手めあてに行動を要求するという〈陳述〉の職能をもち、このことが文を言い収めて、文を文として成立させているのだ、というのである。

渡辺の〈陳述〉が担う文完結のいとなみの内実をなすものについて、芳賀綏氏は〈述定（的陳述）〉と〈伝達（的陳述）〉との二つを立てる。〈述定（的陳述）〉とは「客体的に表現された事柄の内容についての、話手の態度〔断定・推量・疑い・決意・感動・詠歎……など〕の言い定め」であり、〈伝達〉とは「事柄の内容や、話手の態度を、聞手（時には話手自身）に向ってもちかけ、伝達する言語表示」であって、[5] 渡辺の言う〈陳述〉の内容そのものは芳賀の〈伝達（的陳述）〉が該当する。「そこにすわれ。」という文は、命令という〈伝達（的陳述）〉がいとなまれることによって統括され、文の資格を得ているものである。

三

このように「そこにすわれ。」の方は、「スワレ」という語形をとっていることと、命令という意味をもっていることと、それによって一つの文表現として成立していることとの関係が一応はすっきりと了解できるのであるが、「そこにすわる。」という命令文の方は、このように簡単ではない。

時枝では次のように図示されることになる。[6]

文末の斜線部は「零記号の辞」と言われるもので、主体の活動である〝命令〟が〈詞〉を包み、統一して文になっているのだが、それが語形態には現われないというのである。時枝においては、「零記号の辞」というものは命令文の場合だけでなく、用言の終止形で終る通常の肯定判断文の場合にも現われるのであって、その限りでは、単純な肯定判断文「そこにすわる。」（というものが仮にあるとして）と命令文「そこにすわる！」との構

造的な差はない。ただ「零記号の辞」の内実たる主体的活動の内容が、〝肯定判断〟であるのか、〝命令〟であるのかという差があるのみである。そしてその差は何に拠るかというと、実際にその文がそういう意味で用いられているから、と全面的に場面に背負わせてしまうことになる。それはそうに違いあるまいが、こういう理解では、なにゆえこの命令文に終止形が使われているのか、なぜ同じ「ソコニスワル」という形がある時は命令文となり、ある時は肯定判断文になるのか、といった問題には全く歯が立たない。

この弱点は、〈叙述〉と〈陳述〉に分けた段階での渡辺や、芳賀の陳述論にも共通である。具体的な語形態のあり方を離れてその文が場面的に背負っている意味そのものに文成立の職能を認めるのなら、〝陳述〟の議論は語形態とその意味と文成立への参加の仕方との三者の関係を問うというそもそもの立場を放棄して、単なる表現意図の分類の議論へと成り下がってしまうであろう。

「そこにすわる。」という形の命令文をめぐる右の問題を問うためには、どうしても「スワル」という活用形自身の意味的な姿を問わなければならない。この終止形と言われる活用形については、この形自身が〝断定〟あるいは〝意志〟という意味の姿をもっており、それゆえにこそいわゆる陳述を担って通常の肯定判断文の終止に用いられることができるのだと、よく言われる。本当にそうであろうか。

橋本四郎氏は古辞書や注釈書における動詞終止形の用法を検討した結果、終止形は「述語として上からの語のつながりを受けとめる統一力をもつと同時に、下へのつながりを断ち切る閉鎖的性格をもつ」もので、動詞的概念をそれとして表示するだけの形であると結論する。(7) 渡辺実博士も、その後の精緻な陳述論の体系の中で、終止形については、「らしい」「だろう」など体言承接の助動詞と結合して述語をつくること、「生活費があがる、それが問題だ。」のような独立素をつくることなどに注目して「用言の活用形の中で、素材表示的とでも呼ぶべき用法を持つのはこの独立形（＝終止形、引用者注）だけ」「その意味で（中略）体言の素材性に等しい性質を有するもの」[8]と把握している。〝断定〟〝意志〟その他の意味を自身の内に帯びているからではなく、このように、他への連続、顧慮を絶した叙述内容の独立性をその意義とするゆえに、終止形は肯定判断文の終止にも用いられるのである。

すでに橋本氏が指摘するように、[7]終止形に終る命令文が可能であるという事実の根拠も、終止形のこのような素材表示的な意味の姿に求めなければならない。「ソコニスワル」という形は「そこにすわる」という一つの事態をあくまでただその事態として表示するだけのものである。何かを相手に求め得るような、あるいは求めざるを得ないようなあり方の言語場において、実現を求めるその事態内容をただそのまま「そこにすわる」とことばにするとき、聞き手の状況認識能力によって、それは聞き手自身に向けられた要求の内容、あるいは聞き手がそこで為すべき行為の指定内容となる。これは、自動車教習所の教官が助手席でぶっきらぼうに「ブレーキ」「アクセル」と指示するのと等しく、また、遊び疲れて帰って来た子供が「お茶！」と叫ぶのにも連続するであろう。「ソコニスワル」という事態の素材的な表示形が、言語場のあり方に支えられて、そのアモーダルな姿のゆえに、命令の内容として機能するのである。

四

「そこにすわれ。」と人に命令することと、「そこにすわる！」ということばで結局は人にその行動を要求することとの間には、このような差があった。（これと対応する禁止の二表現「そこにすわるな。」と「そこにすわらない！」の差も、事情は同様である。）この違いは、例えば、命令表現に呼応する類の副詞「きっと」「かならず」

などが「そこにすわれ。」系のものとは共存できるが「そこにすわる！」系のものとは共存できないというような語法上の差となっても現われるであろうが、「文法」は、少なくともこの表現の成立事情そのものの違いにまで立ち入るものでなくてはなるまい。「述語を命令形（あるいは活用形6番）にすれば命令の意味になる。終止形（活用形3番）にしても命令の意味になることがある」というたぐいの、文の形と結果的な意味とを直結して平面的な対応表を書くような記述は、それはそれでうそでないにしても、ことばについてほとんど何の知見も与えてはくれないであろう。

一方また、「そこにすわれ。」と「そこにすわる。」とでは命令の姿勢としていずれが強いか、というような、一見、行為としての表現を重視したかに見える議論も、あまり意味をもたないであろう。正面から直接的にある行動を要求されるのと、異を唱える余地もなくさも当然のこととして為すべき行動を指定されるのと、いずれが当人にとって強く応えるかは、命令者と受け手との関係次第だからである。表現の成立事情の異質性に目を覆ったままで、命令の強弱、姿勢の高低というような量の問題に置き換えてしまうことは慎まねばならない。

ここに来て、究明すべき問題の姿がようやく明らかになったと言えよう。標題の問題は次のように立てるべきであった。

(1) 同じ命令表現に、なぜ「そこにすわれ。」「そこにすわる。」という二つの形が可能なのか。
(2) 「そこにすわる。」という一つの形が、なぜ、単なる事態の描写のほかに、命令表現をも担うことができるのか。
(3) そもそもことばによって人に行動を要求するときの当のことばと要求という行為そのものの関係には、どのようなケースが可能なのか。

比喩的に言えば、「ソコニスワレ」という単語列は、命令という言表意図に沿って十分に加工を施した道具である。「ソコニスワル」という単語列は、ほとんど材料そのままの板きれのような道具であるが、素材そのものに近い形であるからこそ、かえって様々の用途に使えるのであろう。言語表現における創造性とは、道具として様々の形のものを有限種の工程から作ることができるというような点にあるのではなく、同じ一つの道具を事態の描写にも告知にも宣言にも命令にもというように、道具自身の姿と必要とをにらみ合わせて実に様々に使うことができるという点にこそ認めなければならない。

［注］

(1) 前田勇『大阪弁入門』（一九六一）による。
(2) この活用形がなぜそのような意味をもつのかは当面問わなくてよいが、suware という形は suwari という連用形に係助詞「ヨ」「ヤ」に通う間投的な要素 ö が働いた結果であって、係助詞が述語動詞に内面化して希求の意味が現出する（川端善明「詠」―『国語国文』四六巻五号、一九七七）というような深い理解が、本来は要請される。
(3) 時枝誠記『国語学原論』（一九四一）三五〇ページ以下による。
(4) 渡辺実「叙述と陳述―述語文節の構造―」（『国語学』一三・一四集、一九五三）
(5) 芳賀綏「〝陳述〟とは何もの?」（『国語国文』二三巻四号、一九五四）
(6) 『国語学原論』三五〇ページによる。
(7) 橋本四郎「動詞の終止形―辞書・注釈書を中心とする考察―」（『国語国文』二二巻一二号、一九五三）
(8) 渡辺実『国語構文論』（一九七一）三七二ページ以下。

第一章第五節

文の基本構成・史的展開

（原論文は、『講座日本語学』２巻　１９８２年４月　所収）

一　論理的格関係と係り結び的断続関係

すべて文の構成には二つの側面がある。

○あの人、校長先生です。

という文は、普通は、向こうを歩く人を指さしての説明であることが多いであろうが、その限りでは「あの人」は題目であり、「校長先生です」は解説部分と言える。一方、ホテルのボーイが預かったメッセージを指名された相手に渡すべく、ロビーで「この中に尾上様とおっしゃる方はいらっしゃいませんか？」と問いかけたのに対する答えとしての

○私、尾上です。

という文では、「私」は題目ではない。場面的に既存、前提となっている「尾上」という名前に向けて結びつけられるべき焦点として、「私」がある。通常「は」と「が」の相異として助詞に帰せられるこの違いが、助詞なしの全く同じ文型においても生じ得るのである。

この差は、無論、言表状況によってもたらされるのであるが、発話された文に即して言えば、切り方継ぎ方の差と言えるであろう。「あの人」の後で表現の流れを一旦決定的に切ってしまい、「あの人」を一種特別な位置に押し上げて注目を集めた上で後続部分をもち出すのが前者であり、「私」を「尾上」に向けて積極的に結びつけて行くのが後者である。二例の差は、表現の断続をめぐってのものと言うことができる。一方、両者に共通の側面があることは言うまでもない。「あの人」と「校長先生」はイコールの関係にあり、同様に「私」と「尾上」もイコールである。両文は、論理的には一致認定の文として全く差がない。論理的関係としては同一の構成をも

つものが、言表状況の差に応じて表現の断続関係に差を生じたにほかならない。論理的関係と断続関係とは、すべての文において指摘できる二面である。

○雪はどんなものよりも冷たい。

においては、主語—述語という論理関係面での構成といわば題目—解説という断続関係面での構成とが重なって一致しているが、

○かわいい三毛猫を、きのう私は拾って来ました。

においては、事態の座標としての時間と、事態内容を構成する動作主、動作対象との結合、論理的関係における結合を土台としつつ、あるいは言わばそれが破られて、断続関係的には、「三毛猫」とそれをどうしたのかという部分との結合として表現されている。断続関係は表現、伝達に際しての、あるいはそのレベルでの事態把握の形式として、論理的関係とは次元を異にするが、断続関係は論理的関係を内にもってしか存在し得ず、また論理的関係は、それがことばとして存在する以上、断続関係の形を通してしか表現され得ないという関係に両者はある。

文の構成要素間の互いの論理的な位置関係を格と呼ぶならば、上来の論理的関係とはとりもなおさず格関係のことであり、また断続関係は、特に古代語においては、典型的、積極的に係助詞の文中介入すなわち係り結びによって表現された。文の基本構成を史的に考察するとは、この論理的格関係の現れ方と係り結び的断続関係の現れ方との相互の関係を問うことでなければならない。きわめて概括的に言えば、係り結び的断続関係が前面に出ていた時代から論理的格関係が表現上の優位に立つ時代へと国語は展開して来た。[注1] それは大きく言えば、一、二人称的な伝達の場での表現の微妙な気息を重んずる言語生活から、話し手を離れたコトの論理そのものを重視す

る言語生活へという時代の流れに沿うことでもあろう。[注2]本稿はこの展望に立脚した上で、係り結びの後退と連体形終止法一般化との関係、さらに係り結びが裏面化した現代語における断続関係の現れ方について考えてみたい。

二　連体形終止法の一般化

二―一　係り結びの形態的消滅と連体形終止法の一般化

係り結びとは、文の基本的な二項の間に係りの係助詞が介入し、それに応じた結び、すなわち結びの係助詞あるいは活用語の特定の活用形と呼応して、文全体をある情意で包むことである。文にとって基本的な二項とは、主語と述語である。現象上形容詞、名詞述語文であるか動詞述語文であるかを問わず、文を原理的に形容詞文的[注3]な姿で把握したときの主語と述語の分節に即して、換言すれば論理的格関係の基本的な構成の上に乗ってそれに即する形で情意が覆う。であればこそ、その情意は文全体を包むものであり得るのである。係り結びの分節が本来の主述の分節のみならず他の連用成分と述語の分節に働くならば、論理的格関係を基礎にもつ文本来の流れをあえて断ち切りつつ情意を加えて行くことになる。それは断続の面で言えば、論理的構成とは別の次元でその事がらをどう分け結んで伝えようとするのかという話し手の意識を表現することであり、情意の面で言えば、話し手の感情を表現の時間的な流れの随所に割りこませ、忍びこませて、言わば聞き手の目を見て確かめつつ力を抜き差しして語るような細やかな気持ちの動きを表現することである。このようにして微妙な断続の意識と現場的な伝達性とを一身に備えたのが、平安時代に隆盛を極めた仮名散文であり、それを象徴するのが係り結びの形態的呼応の格式の正しさであった。

然るに後の時代の日本語、例えば江戸時代以後の日本語には、そのような形態的呼応もなければ係助詞の表現的活躍もない。何故であろうか。言語表現にそのような種類の細やかさを求めなくなった、もっと別種のもの、例えば論理性が求められた結果係り結びの衰退を招いたのだ、と言ってしまえばそれまでであるが、要請としてはそのとおりであっても、その要請が歴史的事実としてどのような手順で、仕方で実現したかを問うことは当然為されてよい。

係り結びの形態的呼応の消滅と言っても、それはすべての係助詞について一斉に起きたことではない。現に「は」「も」の形態的呼応は（係り結びということの表現的内実における時代的変化は当然認めなければならないが）現代においても平安時代とそれほど質的に異なるわけではない。中古においても終止形を要求するばかりでないことは明らかであり、活用語について言えばせいぜい言い切りを要求する傾向が（特に「は」に）強いという程度で、もともと形態上の厳密な呼応は存しないこと、現代語と同様である。「こそ」の已然形との形態的呼応が消滅したのは室町末期であり、「ぞ、なむ、や、か」に比してかなり遅い。それは已然形という活用形の用法の変化（確定条件を表さなくなる）がこの時代に決定的になったという事情を考慮してもなお、「ぞ、なむ、や、か」グループの呼応の消滅の後を追ったという面を見逃せないであろう。それらの呼応消滅の後では、「こそ」という助詞だけが文末にある活用形を指定するということは何ら根拠のない特殊な習慣と意識されやすかったであろう。してみれば、係り結びの形態的呼応の衰退にはずみをつけ、この動向を決定的にしたのは、「ぞ、なむ、や、か」の呼応の消滅である。

これは、いわゆる連体形終止法の一般化ということと深く関連している。平安時代の格式に従うなら終止形で文を終止すべきところを、文中に係助詞がなくても

○かき消すやうに失せにける。

○一寸法師に仰せつけらるる。

のように連体形で終止させることが特に院政期以後徐々に一般化するのであるが、このことと連体形要求の係り結びの消滅とは実は裏表の関係にある。係助詞、例えば「ぞ」と結びの連体形「ける」のペアで言い表していた特有の感覚が「ける」だけでも伝わるようになって——もっと一般化して言えば、係り結びの結びとして特別の色を帯びていた語り口を、係り結びの働かない普通の文表現の文末連体形が単独で帯びるようになって——そこに係り結びの呼応が表現的に特別の意味をもたなくなった、と係り結びの側から言っても、あるいは逆に、ある表現効果を求めて普通の文の文末が連体形で閉じられるようになり、それが一般化した結果、係り結びの連体形がそこに埋没してしまって通常の終止と区別がつかなくなった、と連体形終止法の側から言っても、結局は一つのことであろう。ここにわれわれは、係り結びの形態的消滅の由来を問うために、あるいはそれを実質的に言い直して、連体形終止法が係り結び文と類似の表現効果をもち得た事情を問うために、連体形終止法そのものの成立根拠を考えてみなくてはならない。それは、「ぞ、なむ、や、か」の係り結び文の結びの句が何故連体形であったのかを問うことと実は重なるであろうが。

二—二　詠嘆性と擬喚述法

連体形終止の文は、実は古く奈良時代からある。また、その用いられる言表状況的環境もいろいろあり、その表現効果も一つではない。その中では詠嘆の表現効果を与える用法が比較的注目されやすい。山田孝雄博士が「擬喚述法」と名付けた次のような例である。注4

○みよしのの山の白雪ふみわけて入りにし人の音信もせぬ（古今三二七）

○ひとりして物を思へば秋の田のいなばのそよといふ人のなき（古今五八四）
○逢ふことや涙の玉の緒なるらむしばし絶ゆれば落ちて乱るる（詞花二五一）
○逢坂の関をや春もこえつらむ音羽の山のけさはかすめる（後拾遺四）

山田博士によれば、これらは「述語を以て体言的に結体すべき勢をとりて、喚体句の如く見えしむる」ものであって、その詠嘆性から「述体ながらも喚体の性質を帯びたる」ものとされる。言うまでもなく、山田博士の（感動）喚体句とは

○きたなきみ方の振舞かな。
○神ならぬ身のかなしさよ。
○み方の振舞きたなし。
○神ならぬ身かなし。

のように全体を一つの呼格体言の形にまとめあげて感動を表すもので、これに対応する述体との差は、述体が事態を主述の二項対立的に表現するのに対し喚体は一体的に表現するところに求められる。右の擬喚述法は述体ながらも文末連体形によって全体が一つの体言性を帯び、その体言的一体性によって喚体に似た表現効果を持つのである。

では何故、事態を体言的に一体のものとして表現するとそこに感動の色、詠嘆性が生ずるのであろうか。この感動の色は、山路ですみれの花にふと出会ったとき思わず「スミレ！」と叫ぶ、そのときの「スミレ」ということばが表現してしまう感動性と等しいと、本稿の筆者は考える。[注5] このとき、すみれがどうだ、こうだと理性的に述べ上げるのでなく、遭遇した対象をただその名前で自己の心に受けとる、あるいはすみれの存在そのことをス

ミレというその名前で受けとめる、この感動表現のあり方は遭遇対象がモノ（の存在）でなく事態である場合でも、変わるものではない。「小サイスミレ！」と思わず口をついて出ることばは、「すみれが小さい。」と理性的に述べ上げること（もっともこちらにしたところで、「が」という助詞と連体形由来の文末によって、実は擬喚述法の名残りである一面を認めねばならないが）とはちがって「すみれが小さい」コトを一つのコトの表象として自分の心に受けとめるだけの表現である。感動喚体の形が体言的に一体であるということの意味は、対象事態を論理の次元で述べ上げるのではなく事態表象として情意の平面にただ受けとるだけの形だということであろう。

「みよしの の……」以下の擬喚述法も基本的にはこれと同じく、情意の世界に浮かぶ事態表象を何の解説、主観的表白もなくただそれとして言葉にした形であり、それゆえの詠嘆性であると理解される。擬喚述法の句がその中に主語をもつ場合、それが外見的には独立文であるにもかかわらず、本来準体句内におさまるべき「の」という格助詞によって表示されることが多いということも、この種の句が自身の構造として準体言にとどまっていることを示すものと言えよう。

また、山田博士は感動のみならず疑問の意味の文も「擬喚述法」に数える。

○八重ながら色もかはらぬ山吹のなど九重にさかずなりにし（新古今一四七八）

○幾世しもあらじ我が身をなぞもかく海人のかる藻に思ひ乱るる（古今九三四）

疑問の要素を含みながら事の輪郭を準体句でつくり上げて、そのまま相手に投げ出す表現であろう。描き上げた準体言そのままの形で文表現にしてしまう点、また（内面の）相手にむかって投げ出すという現場性から見て、確かに喚体に近い表現であり、疑問の「や」「か」の結びが連体形をとることもこの線上に了解されるのではあるまいか。

二―三　文脈的条件による安定

山田博士自身が挙げた擬喚述法の例はただ一例（万一〇五）を除いて平安時代以降のものであるが、連体形で終止してある種の情意を感じさせる例そのものは上代にもかなりある。但し、それらはほぼ左のような文型的、文脈的条件のもとにあるようである。[注6]

(A)、連体形終止文が、係助詞を含む文（係用法の場合と終止用法の場合の両方がある）に後置される場合

(A)①疑問文に後置される場合

(A)②反語文に後置される場合

(A)③強調文（……ゾ）に後置される場合

(B)、連体形終止句が逆接条件句に対する帰結になる場合、あるいは文中に何らかの逆接的表現がある場合

(A)①の例

○玉梓の妹は花かもあしひきのこの山陰に撒けば失せぬる（万一四一六）

○我妹子に恋ふれにかあらむ沖に住む鴨の浮き寝の安けくもなき（万二八〇六）

(A)②の例

○君に恋ひ寝ねぬ朝明に誰が乗れる馬の足音ぞ我に聞かする（万二六五四）

○見むと言はば否と言わめや梅の花散り過ぐるまで君が来まさぬ（万四四九七）

(A)③の例

○水を多み上田に種蒔き稗を多み選らえし業ぞ我がひとり寝る（万二九九九）

(B)の例

○夏草の露別け衣着けなくに我が衣手の乾る時もなき（万一九九四）

○はだすすき穂には咲き出ぬ恋を我がする玉かぎるただ一目のみ見し人故に（万二三一一）

(A)に属する諸例は、山田博士の挙げた先ほどの擬喚述法の例の中の「逢ふことや……」「逢坂の……」の歌と同じ構造をもつことからみて、山田博士自身はあるいは明確に区別しておられないかも知れないが、(A)類の連体形終止の句の詠嘆性は「みよしのの……」や「ひとりして……」などに比べて格段に弱いという点も見逃してはならないであろう。直前に置かれる係助詞を含む文の疑問、反語、強調など濃厚な情意に対して、むしろ「……とは」「……のは」とも訳せるとおりその情意が向けられるべき現実を描写する文である。あるいは、「(……なものか)実はこうなのだ」とひるがえって現実を述べる文である。それだけに前文と比べるときその詠嘆性、こめられる情意は希薄であると言ってよい。[注7] 連体形終止文がそのような文脈的位置に用いられ得る理由は、これまたその準体言性に求められるであろう。事実、現代語でも「いやだなあ。あいつがいる。」「喜んでなんかいるものか。怒ってる。」などのそれぞれの後文は、係助詞も終助詞も、総じていわゆる陳述的な要素を一切もたない形が自然に要求される。(A)タイプの連体形終止文は、句自身にこめられる情意が希薄なだけ喚体からは遠く、アモーダルな事態描写性のゆえにこのような文脈的位置に立ち得るものとして、いわば前文の詠嘆性の補足のために要請されているのである。

(B)に属する諸例は典型的には「……なのに……だ」という形式であり、後句の事態が、それが意外だとされる環境の中に置かれる分だけ(A)類に比べると驚嘆の情意が濃いとも言えるが、それはあくまでアモーダルな事態描写が環境との関係で身に帯びる情意に過ぎないのであって、典型的な擬喚述法（山田博士の擬喚述法のうち、

「みよしの……」「ひとりして……」などのタイプ）が、環境への顧慮なしに、というよりむしろ環境の中に自身を位置づける余裕もないままに心に浮かぶ事態を言語化することで結果的に得た強い詠嘆性とは質的に異なるものと見なければならない。ちょうどそれは現代語において、ただ「雪が白い」というだけの、場面を離れてそれを聞けば「それがどうした」と反問したくなるほどのアモーダルな句的体言が、何かを経験したときの反射的な叫びとして「雪が白い！」という驚嘆の発言となる事情（擬喚述法）と、アモーダルなゆえに文脈と立体的な関係を結んで「空気が汚れているはずなのに雪が白い。」(B)類）になる事情とが異なっているのに対応する。

上代の連体形終止のほとんどの例は、その表面的に見てとれる一種の詠嘆性という共通項にもかかわらず、上述の擬喚述法とは異なって、句的体言としてのアモーダルな事態描写が文脈的条件によって安定を得ているものであった。

二―四　解説的表現――対面性と核心部言語化――

平安時代の連体形終止の文は、和歌の擬喚述法以外には、物語の会話文において相手に説明、解説をする表現に見られる。[注8]その第一のタイプは

○「その返りごとは、いかやうにして、出だしつるぞ」「それは見給へず。異方より出だし侍りにける」（源氏・浮舟）

○「いつまでおはする人ぞ」など有様問ひて、いとゆかしげにのみ思ひたれど、こまやかなることはいかでかは言ひ聞かせむ。只「知り聞え給ふべき人の年頃は、うと〳〵しきやうにて過ぐし給ひしを、初瀬にまであひて尋ね聞へ給へる。」とぞいふ。（源氏・手習）

のように返事を求められて、「こうなのです」と説明的に答えるものであり、第二のタイプは

○『下衆になりにたりとて、おぼしおとすなめりと見れば、おどろかし聞えぬ』とこそは……」（源氏・蜻蛉）

○「仏を紛れたく念じ侍らむとて、深くこもり侍るを、かかる仰言にて、まかり出で侍りし。」（源氏・手習）

のように理由、根拠部分が先行して、「……なので、……のです」と解説をする表現形式である。

説明、解説の場面とは、話し手と聞き手が目を見合い、ことの核心部分だけを裸体的にことばにすれば十分な伝達が達成されるような場面である。このような場面で連体形終止文が現れるのは、そのような対面性のもとでは「しかじかであること」という句的体言によって伝達内容の核心部を言語化すれば足りるからである。

院政期の今昔物語では地の文にも連体形終止法が現れるが、その場所は冒頭部で人物紹介をする部分と結語部で語り手がその話の由来、伝わった事情を説明する部分に多い。

○今昔、天智天皇ノ御代ニ、御子在マシケリ。心ニ智リ有テ、才賢カリケリ。文ノ道ヲバ、極テ好ミ給ケル。（巻十一）

○凡ソ、此ノ和室ハ如此ク行テ貴キ僧ノ有様ヲ見給ケルトナム語リ伝ヘタルトヤ。（巻四）

これらもやはり、聞き手を意識してこれに解説する表現である。会話文ならぬ地の文ではあるが、この解説的表現に連体形終止法が使われる所以は、先の場合と同様、語り手聞き手の対面性のもとでの核心部のコトとしての言語化という点に求められるであろう。

二—五　句的体言から通常の述体へ

以上見て来たように、通常の終止法でないものとしての連体形終止法が許され、あるいは要請された事情は子細に見ればいろいろであった。述語末を連体形にすることによって自らの姿としては句的体言に過ぎないものが、その形のままで表現、伝達の現場で文として生きて働く方法としては、第一に、話し手聞き手的な現場の対面性に依拠することによって、前状況的な自身の姿以上のものを伝達するか、第二に、他の事態なり判断なりとの関係の文脈に組み込まれることによって現実的な存在としての安定を得るか、でなければいっそ第三に、聞き手も文脈も顧慮しない、遭遇対象そのものの直接的な言語化として感嘆の表現となるか、この三者のいずれかしかあり得ないであろう。あえて言えば、第一が物語会話文、今昔物語などの解説的表現としての用法であり、第二が上代和歌で見た(A)(B)類型であり、第三が擬喚述法である。

さてそのようなあり方でのみ存在を許されていた連体形終止の文が、室町時代以後は、地の文として普通に用いられるようになって行く。これは右の第一の、解説的表現の延長上に成立したことだと考えられる。くり返すが、連体形終止文による解説的表現というのは、通常の終止法をもって事態を述べ上げることをしないで、話し手聞き手の対面性のただ中に句的体言をほうり出すことによって、「こうなのですよ」という特別の口吻を伴うものであった。その意味では曲調表現である。ところが、対面性という現場に支えられてはじめてある種の伝達を担い得たはずの句的体言が自ら句的体言であることを忘れ、依存していた枠を離れて独り歩きをはじめると、それはもはや曲調ではなくなる。すでに句的体言ではなく述体句そのものとして了解されることになる。連体形終止法はこのようにして一般的な終止法として意識されるようになるのである。

三　対象描写の言語、消極的係り結び

係り結びが優勢であった時代には、文は、断続関係的にも基本的には主語と述語の結合として、いわば理念として形容詞文[注3]的に把握される限りでのその論理的構成に即する形で、分節されていた。表現上の要請から伝達に際しての断続関係が論理的格関係上の分節とくいちがう場合にしても、両次元でのそれぞれの分節性は鋭く意識

されていたと言ってよいであろう。

しかし連体形終止法が一般化してしまった時代においては、もともとそれが一体的な句的体言としての出自をもつものであるとおり、文は一つのコトとして意識されやすい。形容詞文的に認識の構造に即して主語・述語という分節をもつものとしてよりも、述語を中心に諸要素が集まって関係を結んで一つの対象的なコトを結成したものとして、いわば動詞文的に、一体的な姿で感覚されるであろう。係り結びの側から言っても、その形態的な呼応がくずれて行く中では、係り結びはもはや文の断続関係を積極的に表現するものではあり得なくなる。文中係助詞が間投助詞化、副助詞化して行くにつれて、文は断続関係の面では何ら積極的な分節を受けないものとなって行くのである。

表現、伝達に際しても断続関係は積極的には示されず、論理的格関係そのものとしても認識の作用的なあり方に即してよりは事態の対象的なあり方に対応するものとして意識されるという文のこのあり方は、伝達の言語から対象描写の言語へという変貌をとげたものだと言うことが許されるであろう。しかしながら、積極的な係り結びがいかに衰退したといっても、実際の伝達においては文は何らかの断続関係を帯びざるを得ない。時間的な線条性の中で発話、了解されるものである以上、文が一切の断続関係を身に帯びないであるということは不可能である。ここに、結果として帯びてしまう断続関係という意味での「係り結び」、消極的係り結びは復活せざるを得ないのである。
○鉄が重い。
という現代語の文は、文末が「重き」という連体形由来の形であること、主語表示に「が」というもともと準体句中で働く助詞を用いていることに見えるように、発生的には句的体言そのものであるが、現在では紛れもない述体として了解され、（単独の文表現としてこのような発話があり得る状況を想像するならば）この発話の意味はおそらく左の二つのうちのいずれかであろう。

（α）銅と鉄と比べて、あるいは考えられる幾つかの重そうなものの中で、「鉄の方が（鉄が最も）重い」という意味の発話

（β）今背負っている箱か何かがやたらに重く、それは箱の中身のうちの鉄のせいであることに気づいて、「鉄が重い」ことを人に訴えるという発話

（α）の意味での「鉄が重い。」は本稿冒頭の「私、尾上です。」と同様、「重い」に結びつくものとして「鉄」を選んでくる表現、あるいは「重い」に向けて「鉄」を結びつける表現である。この意味で、この文はある断続関係を帯びていると言わなければならないし、そのことをまた別の言い方で、「何を前提とし何を表現の焦点とするかという面で、文の各部分にかかる比重は一様ではない」と言うこともできるが、そのような断続関係、表現の疎密を「鉄が重い」という形自身がもっているわけではない。自身は係り結びも何もかからぬ句的体言として、あくまで平面的な一体性、均質性を保持しているはずの形である。自身が対象描写、対象事態の直接的反射の言語としていかに一体的なコトの形式をとっていようとも、その対象描写の言語が具体的な伝達に働くときには必ず結果的に断続関係を帯びてしまうのである。「は」との比較で「が」のこのような働き、主語の選択的指示ということが往往言われるが、これは、「が」という助詞の特性としてより、断続関係の積極的な表現を一切拒否する（句的体言の）形が伝達の中で結果として帯びてしまう断続関係、消極的な意味での係り結びの働きとして理解すべきことである。

（β）の意味での「鉄が重い。」は、発言の現場において話し手が理解した事実の言語化であるが、それにも、

（β）①「鉄が重い。何とかしてくれ。」という悲鳴に以た叫びの場合

（β）②一人で持てるかと心配そうにのぞき込む連れの人に向かって、自己の状況を「やっぱり、ちょっと鉄が重いんだ」と説明する場合

の二つが考えられよう。（β）①は現場的な感嘆の声として句的体言が「擬喚述法」に立っていた場合と全く同様に考えられるし、（β）②は、対面性の現場で事情、状況を説明するのにその中核のコトだけを言語化すればよりるという先の「解説的表現」と全く同様に考えられる。

係助詞や終助詞など総じて陳述的要素を含まない現代語の文は、通常の述体として、もはや連体形終止の文とは呼ばないけれども、それが表現の現場で背負い込む様々な意味の由来、すなわちその文の用法の広がりの根拠を問おうとするなら、連体形終止文というその出自に還して、古典語連体形終止法の曲調としての理解のために行ったことと同種の解釈を加える必要がある。注5 それは史的に言えば、現代語の文法的なあり方を日本語文法史のなれの果ての姿として理解することでもあるが、より一般的に言うなら、伝達の言語よりは対象描写の言語として表現成立の現場性を背後に忘却している傾きのある現代日本語のあり方を、ことにその文法を、本来その根底にある表現的基礎にまで時に引きもどして理解しようとすることにほかならない。連体形終止法の一般化ということも積極的な係り結びの衰退ということも、言語が表現成立の状況との関係を自明のこととして切り落としつつ自身の閉じた世界をつくりあげて行く、ないしは、表現される対象面に自ら閉じこもって行く、そういう歴史的展開を象徴する文法史上の事実であった。

なお、古代語において文の断続関係と情意の表現にあずかってあれほど隆盛をきわめた係助詞の現代語における姿を一瞥しておくならば、「ぞ」「か」は終助詞と一部副助詞（「どこか|に春が……」「誰ぞ|知っている人は……」）

に定まり、「なむ」「や」は「や」が「やら」という副助詞の中に化石的に残る以外は消滅し、「こそ」は副助詞に転化したが、「は」「も」は副助詞的な色を強めつつも係り結ぶ範囲全体をめぐって意味効果を与える（「月は晴れても心は闇だ。」「心配で夜も眠れない。」）という意味で係助詞として健在であると言える。ことに「は」はその提題性によって、連体形終止法一般化以後、断続関係表示という面での係り結びを顕在的に一手にひきうけている感がある。「AはB。」というときの「A」だけでなく「A―B」の結合全体を意味的に対象としている点と、断続関係表示に働いている点とを合わせ考えれば、少なくとも「は」だけは現代語においても紛れもなく係助詞であり続けていると言わねばならないが、それは、この助詞が「ぞ」「なむ」などとは違って直接に聞き手を目指すのではない、どちらかと言えば論理性の係助詞であったことによるものであろう。

もっとも、現代語においては、文中係助詞として前後二項の関係を構成することをめぐっての排他性というこの助詞の情意のあり方は、ややもすれば「あれは」「これは」という上接項のみをめぐる対比として副助詞的に理解される傾向がある。係助詞としての関係構成に働く排他性を副助詞的な「対比」という了解の方向へ吸いとられた残りの一面がただ断続関係の面で「提題性」という形で（提題性を根底で支える事態単位の排他性に気づかぬままに）意識されるのであり[注9]、この「提題性」が現代日本語文法の中でこの助詞に対する特別な注目を集めてもいるが、そのように意識された限りの提題性は、本来係助詞が文中の随所で濃くも薄くもなし得る多様な断続の表現のうちの一つのものとしてではなく[注10]、つまり断続関係表現そのものとしてさえもはや平安時代的な意味での積極的なものではなく、語順などが結果的に指示してしまうのと似通ったレベルでの、ただそれよりはやや顕在的な断続関係表現として、「消極的係り結び」の一形態とさえ言うべきものであろう。

本稿は、注に挙げた文献のほか、左の文献から示唆を得たところが大きい。記して謝意を表する。

川端善明「喚体と述体」(『女子大文学』一五号、昭三八)

注

1 このような観点からの文法史として左のものがある。本稿の「論理的格関係」「係り結び的断続関係」なる語は、森重氏から借りて、やや拡張して使ったが、同氏の用語法と基本的に異なるものではない。
森重　敏「文法史の時代区分」(『国語学』二二集、昭三〇)
森重　敏「日本文法の歴史」(『日本語と日本語教育——文法編——』文化庁、昭四八)
2 阪倉篤義『開いた表現』から『閉じた表現』へ」(『国語と国文学』四七巻一〇号、昭四五。後に『文章と表現』角川書店、昭五〇に収録)
3 左の文献で主張された意味での、すべての述体を理解する一つの方向としての「形容詞文」である。
阪倉篤義「国語史の時代区分」(『講座国語史』1、大修館書店、昭五二)
川端善明「用言」(『岩波講座　日本語』6、昭五一)
4 山田孝雄『日本文法論』(宝文館、明四一)一二八七—一二八九ページ。
5 尾上圭介「語列の意味と文の意味」(『松村明教授還暦記念　国語学と国語史』明治書院、昭五二)
6 この整理は、神戸大学大学院学生、上松知子君が演習リポートで行ったところである。本稿はこれを支持して援用する。
なお、このうち(A)の類型は、
山内洋一郎「奈良時代の連体形終止」(『国文学攷』三〇、昭三八)

の整理による「和歌が二文により構成される場合」に相当する。また、(A)(B)いずれにも属さない例が少数ながらあると考えられるが、今は言及しない。

7　このことは注6で掲げた山内氏の論文に指摘されている。

8　以下の連体形終止文が解説的表現であるという理解は、その類型整理、挙例とともに左の文献に従う。
小池清治「連体形終止法の表現効果――今昔物語集・源氏物語を中心に――」(『言語と文芸』五四号、昭四二)

9　尾上圭介「助詞『は』の係助詞性と表現的機能」(『国語と国文学』五八巻五号、昭五六)

10　「は」の提題性が現代人にとってそのような感覚でうけとめられやすいことは、「猫は耳は鋭い。」の最初の「は」と二番目の「は」を「提題のハ」「対比のハ」と呼び分けて二つの「は」の連続を見ないような一部の文法記述のあり方によく現れている。状況、文脈や係り結ぶスコープの様々なあり方によって、「は」の表現する両面の情意の濃淡が様様に出ているという感覚の中に位置づけられた「提題性」では、すでにない。

第一章第六節

不定語の語性と用法

（原論文は、渡辺実編『副用語の研究』明治書院 1983年10月 所収）

第一節　本稿の課題と展望

「なに」「だれ」「いつ」「どこ」「いくつ」「どう」「どんな」などの語を不定語と呼ぶことにすれば、不定語を含む文の文型には制限がある。また、不定語を用いて結局なにを表現しようとするのかという用法の観点から見れば、不定語の用法には様々のものがあるが、それでも通常の名詞や副詞に比べて強い制限があることは言うまでもない。不定語を含む文の文型上の制限は不定語の用法上の制限の反映にほかならない。本稿は、不定語の用法が様々に分かれることの事情と、しかしそれだけに限られることの事情を問い、その背後の問題として、様々な用法の別を超えて不定語自身に一貫する性質、不定語の語性とは何かを問う。

　結論を先取りして言えば、本稿は不定語の語性を「(その物なら物、人なら人、数なら数の) 内容が不明、不定であること」として理解する。すなわち未知項xであり、その意味でこそ「不定語」と呼ばれるべき語である。「不定語」というタームの内容は使用者によっていくらかのずれがあって、内容が明瞭でないある特定の対象someone, something――現代語で言えば「だれか」「なにか」――のことを「不定語」と呼び、「だれ」「なに」本来の意味をそれだとする理解もあるようであるが、本稿の言う「不定語」の意味はそうではない。someone, somethingという三人称的な不定称者指示はあくまで不定語の用法の一つに過ぎないのであって、不定語の語性は不明性、不定性そのことに求められねばなるまい。さてそのように理解された語性と不定語の諸用法との間の内面的な連関を追うことが本稿の課題となるが、それは一般化して言うなら、文法現象の理解に際して語の「用法」と「語性」を区別し、目に見えるものとしての「用法」と目には見えないが道具自身の論理としてある「語性」とのつながりを知ることを目指すという立場、そのようにしてこそ実は「用法」そのものの組織の深い理解も可能になるという立場を主張することになる。

いわば空欄としてその実質を持たないというような特異な語性をもつ不定語は、通常の名詞や副詞のようにどのような文にでも自由に用いられるということはあり得ない。その一部が空欄になっているような事態の表現は、普通、伝達上有効な働きをなし得ないからである。しかし、そのような特別な姿の事態表現が伝達的に有効な意味をもつ場合もあるのであって、それは大別すれば、〔α〕事態中の不定不明部分の特定、明確化を求めて行くことそのものがその表現の意味であるというような場合（特定・明確化志向系用法）と、〔β〕事態中のその部分は特定しなくてよいのだ、あるいは特定しようにもできないのだということを主張するような場合、すなわち特定、明確化を目指さないことが積極的にその表現の意味であるというような場合（特定・明確化不志向系用法）とである。本稿全体の見通しのためにあらかじめ不定語の諸用法の組織を示せば別表のようになるが、これは空欄という消極的な語性を持つ不定語が現実的な表現、伝達の中で生きて働き得る様々な可能性の組織にほかならない。

このうち〔α〕特定・明確化志向系の用法（中でも〔α・1〕特定要求型用法）は、特定を求めて行くという格別の意味の姿を持った表現であり、事態を述べあげる、ないしは対象のあり方を描写すると言った通常の表現とは大きく異なったものであって、山田孝雄博士のタームを使うなら述体を超えて喚体としての性格をも有する表現であると言える。古来疑問表現が（「ヤ、カ」の結びの場合も含めて）連体形で結ばれる傾向にあることもその半ば喚体的なあり方に応じた準体言性から了解されるし、「カ」という助詞が表現の成立に深く関わっていることも同じ「カ」が一方では「モガ」「テシガ」に含まれて希望喚体を構成することとの連関の中に了解されよう。さらにこれは本稿の範囲を超えるが、古典語の疑問表現文型の諸類型の根拠と類型の歴史的変化の内実を

- 不定語の用法
  - [α] 特定・明確化志向系
    - [α・1] 特定要求型
      - (A)疑問用法
        - (A)1〈驚嘆的受理タイプ〉
        - (A)2〈詠嘆タイプ〉
        - (A)3〈疑タイプ〉
        - (A)4〈問タイプ〉
        - (A)5〈反語タイプ〉
      - (B)希求用法
    - [α・2] 未定対象指示型
      - (C)不明確項指示用法
      - (D)不明確事態指示用法
  - [β] 特定・明確化不志向系
    - [β・1] 特定放棄型
      - [β1・1] 特定不要型
        - (E)汎称用法
          - (E)1〈汎称否定タイプ〉
          - (E)2〈少数少量タイプ〉
          - (E)3〈汎称肯定タイプ〉
          - (E)4〈多数多量タイプ〉
          - (E)5〈一般性状況語タイプ〉
        - (F)条件一般化用法
          - (F)1〈汎称性条件タイプ〉
          - (F)2〈逆接条件任意タイプ〉
          - (F)3〈任意項対比タイプ〉
          - (F)4〈不限定注釈タイプ〉
      - [β1・2] 特定不能型
        - (G)限定拒否用法
        - (H)「裏面からの指定」用法
    - [β・2] 特定不要対象指示型
      - (I)「某」項指示用法
        - (I)1〈引用中「某」項指示タイプ〉
        - (I)2〈定対象指示タイプ〉

問うことは、疑問表現のこの広義喚体的な姿と述体的な姿との重なり方、その両面性をもったものが次第に述体的に了解されて行く経過を見ることになるはずである。

第二節　特定・明確化志向系用法

不定語がその内容を特定、明確化して行くという方向で用いられる用法は、大別して、特定、明確化を積極的に求めることそのことが表現全体の意味である場合（〔α・1〕特定要求型用法）と、特定、明確化を求めて得られず不明なままの対象をそれと指示する場合（〔α・2〕未定対象指示型用法）とがある。

(A)　疑問用法

特定要求型用法の代表的なものは(A)疑問用法である。これは内容的に左の五タイプに分けられるであろう。

(A)1〈驚嘆的受理タイプ〉

○なに！　もう帰ったって？

○なんだ！　もう来ていたのか。

○なんと！　十五メートルもあるのか。

○これはどうだ！　鶴が機を織っているではないか。

(A)2〈詠嘆タイプ〉

○なんと大きな仏様だなあ！

○なんと騒々しいこと（だなあ）！

○なんと美しいのでしょう！

(A)3〈疑タイプ〉

○財布をどこで落としたのだろう。

○何時ごろ出かけるかな。

○くもる今省の金屏風　誰のとがやら罪じゃやら

○なにか（どこか）ものさびしいところがある。

○なにやら（どうやら）一大事がおこったらしい。

○誰を待つやら　銀座の街角　時計ながめてそわそわにやにや

○何を買うやら　どこで買うやら　それがごっちゃになりまして

(A)4〈問タイプ〉

○あれは何ですか？

○何を食べたのだ？

○いつ帰って来た？

○え？　誰が何を買った？

(A)5〈反語タイプ〉

○誰がそんなこと言った！

○そんなこと誰が信じる（もの）か！

○正数と正数をかけてどうして負数になるのだ！

○海山千里というけれど　何で遠かろ（う）母と子に

(A)1〈驚嘆的受理タイプ〉は、遭遇した対象の全体を、すぐさま了解しがたいものとしてとりあえず言語化するために不定語を用いる表現である。不明な対象を明確化しようという姿勢はあくまで持ちながら、当面は明確化できないものとして一旦不定語xで表現し、その内容の明確化は後続文にゆだねるものである。

事態の全体を一旦不定語でおさえる(A)1タイプに対し、話し手において明確化できないという感動の焦点が事態の部分に相当しているタイプが、(A)2〈詠嘆タイプ〉である。前記第二例に即して言えば、「どのように騒々しい」のか特定把握しがたいほどであるということを不定語の使用によって表現するものである。このタイプの文型は第一、二例のように「ナント……(体言)ダナア」「ナント……コト(ダナア)」の形が多いが、この文型は実は山田孝雄博士の感動喚体の文型そのものだと言ってよい。「なんと」とxにする以外ないというその程度、様態を「これこのように」と自ら特定して行こうとする姿勢が積極的に助動詞「ム」(現代語で「ウ」)によって示されたのが第三例「ナント……ダロウ」の文型である。これは(A)1タイプや(A)2タイプの前二例文型において言わば裏面に隠れていた特定要求の姿勢が表に現れた表現として、実は(A)3〈疑タイプ〉以下のいわゆる「疑問表現」へと連続して行くものである。詠嘆すべき対象を(その一側面を特定できないままに)そのまま受理するという限りで感動喚体たる一面を有しながら、その特定を希求して行くという意味で希望喚体に連絡する一面を持ち、同時にそれは「このようにしかじかなのだ」と言い定められる対象的事態内容を言わば指向的に持つところから述体としてのあり方を内包していると言わねばならない。この意味でこそ「ナント……ダロウ」文型は、希望喚体と述体の両面を持ついわゆる「疑問表現」に連続しているのである。このように(A)1〈驚嘆的受理タイプ〉や(A)2〈詠嘆タイプ〉は「疑問表現」に内面的に連続しているのであり、ここをもってこれらを広義に(A)疑問用法に含めることは許されるであろう。

不定部分の特定を求める狭義疑問表現は、話者自らの内部で問う(A)3〈疑タイプ〉と相手に対して答を求める(A)4〈問タイプ〉とに分かれる。(A)3〈疑タイプ〉はその定義によって自問的、独り言的なのであるが、注目すべきは、現場的な相手を目指さないその自足的なあり方からして、特定要求というよりは「――が不明である」という意味として述定的に働き、そのことから二次的に後続文との間にある種の文章論的な関係をも持つに至る場合があることである。前記第四、五、六例の疑問表現は「(それが)なにであるか、はっきりとは言えないが」「(その姿は)誰を待っているのであろうか、しかとはわからぬが」という意味の表現として注釈・挿入句的であり、第七例は「何を買うのか、それが」と「それ」で受けられるべく疑問表現の全体が提示句的に働いている。

(A)4〈問タイプ〉には、第一、二例のごとく、不定項xの特定を求めることそのことに表現の主眼がある典型的な質問表現のほかに、第四例タイプの文型によくあるように、相手の発言を了解しかねて、問い返す表現がある。相手の発言内容の輪郭を空欄x込みで組み立てて相手に投げ返し、x項を埋めた上で全体の再述を要求するという構造の表現であって、この表現の文末イントネーションは典型的な質問表現の場合とは異なる。質問表現の文末音調は素直な昇調↗であるのに対し、問い返し表現のそれは一旦やや下がって大きく上がる昇調↗である。従って第三例と第四例は文末音調のとり方によって、質問とも問い返しともなり得る。(A)4〈問タイプ〉はその両者を含むものとして理解される。

(A)5〈反語タイプ〉は不定部分についての特定要求という形をとりつつ、実は「不定部分を埋める答があり得るのか、疑わざるを得ない、また相手に(答えられるなら答えてみよと)問わざるを得ない」ということを表現しているのであって、結局は「その不定項を埋めるようなものは何もない」という意味を主張することになる。〈反語タイプ〉は、特定要求という構造によっていわゆる「疑問表現」の一環としてありながら、一方では〈疑タイプ〉〈問タイプ〉両者を合わせた狭義疑問表現に対立して、疑問ならぬ述定的な意味を帯びている表現類型だと言えるであろう。

不定語が〈疑タイプ〉〈問タイプ〉〈反語タイプ〉の用法に立つ表現、総称していわゆる「疑問表現」の文型は古典語においてはかなり多様で、その類型のそれぞれが疑問表現の文型としてあり得る事情とそれが現代語の少数の文型に変化して来た事情とは別稿にゆずらねばならないが、とりあえず現代語に限って大まかに類型化するなら次の三種になろう。

(a)〔x……（終止形）〕〔x……ノダ〕

〔例「いつ着いた」「あの人は誰（だ）」「この猫どうする」「いつ着いたのだ」「あの人は誰なのだ」「この猫をどうするのだ」

(b)〔x……カ〕〔x……ノカ〕

〔例「いつ着いたか（着きましたか）」「あの人は誰か（誰ですか）」「この猫をどうするか（どうしますか）」「いつ着いたのか（のですか）」「あの人は誰なのか（のですか）」「この猫をどうするのか（のですか）」

(c)〔x……ウ〕〔x……ダロウ〕〔x……ノダロウ〕

〔例「いつ着いたのだろう」「あの人は誰だろう（誰なのだろう）」「この猫をどうしよう（どうするのだろう）」

これらの文型が相手に対して答を要求する〈問タイプ〉として機能する場合についてその構造を考えるならば、三文型それぞれに事情は異なるであろう。(a)文型は不定項を含む事態をあるいは述定的にあるいは「ノ」と準体言化して述べ上げて相手の前に投げ出し、そうすることによって相手が不定項を特定、明確化してくれることを期待する表現である。特定要求そのことは形には現れていない。ただ空欄を相手に見せることで、それについての知識を持っている相手にその充塡を期待するのみである。これは比喩をもって言うなら、やかんを持っている相手に対して空《から》のコップを見せることで水を入れることを要求するようなものである。次に(b)文型は、「埋めるべきものとして空欄を設定している(特定志向系用法)」、言い換えるなら「自らは空欄を埋めたいと願っている」という姿勢を助詞「カ」をもってうち出し、そのことによって空欄の充塡を相手に期待することになるものであって、これとて直接的な特定要求そのものではない。同じ比喩で言うなら、空《から》のコップを飲み干す身ぶりを相手に見せることによって相手に対し水を注ぐことを要求するというようなことになる。最後の(c)文型は希求系の助動詞「ウ」(古典語「ム」)によって事態の全体を求めて行く、すなわち「かくかくしかじか」という事態の全貌を確定しようとする自らの意志を相手に示すものであって、そのことによって間接的に空欄充塡を相手に要求することにもなり得る表現である。上来の比喩で言うなら、空《から》のコップに自分で水を注ごうとする身ぶりを相手に見せることによって、やかんを持っている相手にその行為を求めるというようなものである。であるから(c)文型が質問表現になり得るか否かは話者と相手の人間関係、とりわけ相手の想像力のあり方いかんによるであろう。洋服ダンスの前で「どれ着よう」とつぶやく夫に対して、「どれでも同じよ」と答える(相談的質問と了解)か、「あらまだ迷っているの」と感想を言う(夫の迷いの独白と了解)かは、妻のパーソナリティによって決まる。

(a)(b)(c)文型とも、相手に対して要求するという面で見ればまことに間接的であるが、そもそも疑問表現における特定要求とは、不定語と不定的対象化の係助詞「カ」あるいは希求系の助動詞「ム」との協働によって、話者自らにおいて探り、求めることであった。相手に対する特定要求は自らのそのような特定志向の二次的な反映にほかならない。

Ⓐ3〈疑タイプ〉を根底としてⒶ4〈問タイプ〉にも実現するような狭義疑問表現、それと共通の構造を持ちつつ一面で対立するⒶ5〈反語タイプ〉、さらにⒶ3〜Ⓐ5のいわゆる「疑問表現」に向かって連続して行くやや異質な（感動喚体的な）タイプとしてのⒶ2〈詠嘆タイプ〉、その背後にあるⒶ1〈驚嘆的受理タイプ〉——不定語のⒶ疑問用法はこれだけの幅を持つものであった。

Ⓑ希求用法

Ⓐ疑問用法の表現は不定語を焦点として内容の特定を志向するものであった。中でもⒶ3〜Ⓐ5のいわゆる「疑問表現」に属するタイプは、事態の内容を定めようとの志向を有するところから、その限りで述体たる一面を濃厚に持つものであった。これに対し、同じく不定語を含む表現でありながら、むしろその不定項に表現の焦点はなく、不定項を特定しかねつつも事態全体の実現そのことを志向するような表現類型がある。その意味からして述体であるよりは希望喚体としての色が濃いものであり、Ⓑ希求用法と呼び得るであろう。

○……夕されば床打ち払ひぬばたまの黒髪敷きていつしかと嘆かすらむそ……（万・三九六二）
○いつしかも見むと思ひし粟島をよそにや恋ひむ行くよしをなみ（万・三六三一）
○手に摘みていつしかも見む紫のねにかよひける野辺の若草（源氏・若草）
○いかでこのかぐや姫を得てしかな（竹取）
○なんとか（して）外国へ行きたいなあ。
○どうか無事でいてくれ。
○どうぞ堪忍してください。

第五例に即して言えば、「外国へ行く」ための方法——奨学金つきの留学生の試験を受けるとか、旅行会社の社員になるとか、いっそ外国人と結婚するとか――が不定、不明なのであるが、その空欄を埋めて事態の全体を確定しようとすることがすなわちその事態の実現を志向することになるといった構造の表現である。不定項にひきつけて言えばやはりその特定を志向しているのではあるが、表現の全体としてはむしろ事態の実現そのことを目指すものと言わねばならない。

もっとも、このようなあり方からして(A)疑問用法との連続性も明らかなのであって、例えば第二例、万葉三六三一番歌などは「いつになったら見ることができようかと思っていた粟島を」というように疑問用法風にも訳すことができるし、「いつか見たいものだと思っていた粟島を」というように希求用法風に訳すこともできる。両用法は所詮連続するのであって、〔α・1〕特定要求型として一括できるだけの近接性は十分にあると言える。

不定部分の特定、明確化を積極的に志向することそのものが表現全体の意味であるような〔α・1〕特定要求型用法に対し、その内容の特定、明確化を求めているという姿勢をもって不定の人、物、数、時、場所や不定の事態そのものを対象的に指示するという用法がある。〔α・2〕未定対象指示型用法と呼ぶことができよう。これには(C)不明確項指示用法と(D)不明確事態指示用法とがある。

(C)不明確項指示用法

○ベランダから何かぶらさがっている。
○何かがまちがっていますよ。
○この道はいつか来た道。
○いつかもそんなことを言っていたね。
○むこうから誰かやって来た。

○誰かがどこかでぼくを呼んでいる。

○青い鳥が何羽か飛んでいる。

○そのうちの何羽かは口ばしが黄色い。

「何かおもしろいことはないか。」という表現において、「何か」は「それが何であるか特定できないが」という意味で後続部分に対して注釈挿入的に働いている。すなわちⒶ疑問用法のうちのⒶ3〈疑タイプ〉であるが、これが右の第一例、「何かぶらさがっている」となると、もともとは同じくⒶ3〈疑タイプ〉であるのに「何か」という部分が「不明のあるもの」という意味で何やら名詞一語のように感じられて来る。そう了解される限りでこれはすでにⒸ不明確項指示用法に属すると言ってよいであろう。第二例のように「何かが」と格助詞が下接すればもはや「何か」が名詞相当になりおおせていることは疑いない。第三例以下についても同様であって、第三、五、七例は、もともとⒶ疑問用法・Ⓐ3〈疑タイプ〉であるものがⒸ不明確項指示用法として了解されるようになっている例、第四、六、八例は助詞の下接から見て完全にそう成りきっている例である。

また、「いつか行きたいものだ」「何とかして行きたいものだ」はⒷ希求用法の例だが、「いつか来た道」「何とかしてきり抜けた」となるとこのⒸ不明確項指示用法に数えられるべきものとなる。

古典語において右の第一、三、五、七例に対応する文型は当然本来のⒶ疑問用法・Ⓐ3〈疑タイプ〉として理解されるべきであるし、第二、四、六、八例のように「xカ」に対して格助詞や「ハ」「モ」が下接する例は古代語にはない。Ⓒ不明確項指示用法は少なくとも近代語に固有の用法である

Ⓓ不明確事態指示用法

○何を買うやらわからない。

○いつ帰って来たか覚えていない。
○いつ帰って来たかは問題ではない。
○あの人がどうなったか教えてください。
○あの人がどうなったかを早く言いなさい。

「何を買うやら、どこで買うやら、それがごっちゃになりまして」という表現は(A)疑問用法・(A)3〈疑タイプ〉である。右第一例はこの提示的な〈疑タイプ〉用法から後続の「それが」が消えて行った結果、あたかも「何を買うやら」が「わからない」の主語であるかのように了解されて来た用例であると考えられる。「ヤラ」「カ」の後に格助詞や「ハ・モ」が接する場合は「x……カ」の全体が完全に名詞相当のものになりきっている。このような用法は(D)不明確事態指示用法と呼ぶのが適当であろう。なお、(C)不明確項指示用法の場合と同じ事情をもって、古代語にはこの用法はない。

第三節　特定・明確化不志向系用法

〔β〕特定・明確化不志向系用法は、〔α〕の場合と並行的に、〔β・1〕特定、明確化をしない、できないと言うことに表現としての積極的な意味がある場合（特定放棄型用法）と、〔β・2〕特定を求める必要もない対象を不特定のままそれと指示する場合（特定不要対象指示型用法）とに分かれる。〔β・1〕特定放棄型用法は、〔β・1・1〕事態の成立にとって不定項を特定することの無意味さを主張するというタイプの用法（特定不要型用法）と〔β・1・2〕不定項を特定することの不可能を主張するタイプの用法（特定不能型用法）とに分かれる。

不定項についてその特定が不要であるというケースとしては、「x項に何を代入してもその事態が成立する」という積極的な意味あいで特定不要を主張する場合（(E)汎称用法）と「x項に何を代入しても結論に変わりはない」つまり「事態の成立にとってx項の内容の選択は無価値である」という消極的な意味あいで特定不要を主張する場合（(F)条件一般化用法）とがあり得る。

(E)汎称用法

汎称用法は内容的に五つのタイプに分かれ、それぞれ文型的な特徴が定まっている。以下、順次例を挙げて説明する。

(E)1〈汎称否定タイプ〉

古典語文型〔x（モ）——否定語〕

○我妹子が何とも我を思はねば（思はずは）含《ふふ》める花のほに咲きぬべし（万・二七八三）
○古の倭文機帯《しつはたおび》を結び垂れ誰といふ人も君にはまさじ（万・二六二八）
○しらかつく木綿《ゆふ》は花ものことこそはいつのまさかも常忘らえね（万・二九九六）
○誰があきにあらぬものゆゑ女郎花なぞ色にいでてまだき移ろふ（古今・二三二）
○たれが世もわがよもしらぬよのなかにまつほどいかがあらんとすらん（後拾遺・四七〇）

現代語文型〔xモ——否定語〕

○誰も知らない。
○なにも知るまい。
○どの本にも書いていない。

○どの駅でも降りなかった。

「誰も知らない」を例にとって説明するなら、「x―知らない」のx項にどんな人物が代入されてもこの事態が成り立つということをもって結局は「すべての人が知らない」という汎称的な事態を表現するものであり、ここに助詞「モ」があるのは、例えばxの一特定例として「Aさん―知らない」を考えるとき常に他に同趣の事態（例えば「Bさん―知らない」「Cさん―知らない」など）の存在が想起される、というような構造を持った表現であることの現れである。当該事態を同類の事態へ向けて合説して行く「モ」が、上接項が不定語xになった場合でも働いているのだと理解される。

なお、少なくとも現代語の「xモ……。」という形でxがガ格、ヲ格、ニ格、ヘ格に立つ場合は必ず述語は否定に大きく片よるようである。それ以外の格なら述語は肯定否定両様にあり得るし、ヨリ格などは肯定に片よる傾向さえある。これは要するにガ格を筆頭として格らしい格が「xモ」となった場合は否定、状況語に近い格成分が「xモ」となった場合は制限なしということであろう。事実ガ格の場合でさえ「人は誰も……」「誰も等しく……」のように状況語的に用いられた文例では述語は肯定否定に関して自由である。

(E)2〈少数少量タイプ〉

古典語文型〔x（モ）――否定語〕

○……さ寝し夜はいくだもあらず延《は》ふつたの別れし来れば……（万・一三五）

○秋立ちて幾日《いくか》もあらねばこの寝《ね》ぬる朝明《あさけ》の風は手本《たもと》寒しも（万・一五五五）

○いくばくも降らぬ雨故我が背子がみ名のここだく滝もとどろに（万・二八四〇）

○いく世しもあらじわが身をなぞもかく海人《あま》の刈る藻に思ひ乱るる（古今・九三四）

○いまいく日春《か》しなければ鶯《うぐひす》もものはながめて思ふべらなり（古今・四二八）

現代語文型〔xモ――否定語〕

○いく日もたっていない。

○いくつも残らなかった。

○あれからいくらも減っていない。

このタイプは、「全然ない」のではなく、「とりたててこれと指摘できるほどにはない」という意味で、この点(E)1〈汎称否定タイプ〉とは異なる。現代語第一例を例にとってその構造を言えば、xにどんな数を代入してみても「x日―たっていない」という事態が成立するのであり、これはつまりxに数と言えるほどの数を想定すれば必ず「たっていない」という述語と結びつくことになるのであって、要するに「いく日と言えるほどの日数はたっていない」「たいして日数はたっていない」という意味を表すことになる。結局これは(E)1〈汎称否定〉タイプの一特殊ケースとして考えられるタイプであって、実例においても

○何というほどの変化もない。

○どうという新鮮味もない。

などを介して(E)1タイプと(E)2タイプは連続していることが見てとれるであろう。

(E)3〈汎称肯定タイプ〉

古典語文型〔xモ――（肯定）〕

○さ寝《ぬ》がには誰とも寝めど沖つ藻のなびきし君が言待つ我を（万・二七八二）

現代語文型〔xモ――（肯定）〕〔xデモ――（肯定）〕

○何よりもおもしろい。
○誰からも愛される好青年
○そんなことは誰でも知っている。
○誰とでも仲よくすることが大切。

不定語と合説の「モ」が組み合わさって汎称表現になる事情はもはや説明するまでもあるまい。ただ、「x＋格助詞＋モ」の場合はト格、カラ格、デ格、ヨリ格が肯定述語と比較的結びつきやすいこと、後二例のように「xデモ」の形になると後述の(E)5〈一般性状況語タイプ〉に近くなることの二点に留意しておけば足りるであろう。

(E)4〈多数多量タイプ〉

現代語文型〔xモ――（肯定）〕

○いくつもあるから、好きなだけ持っておいで。
○昔からあわて過ぎて失敗した話はいくら（で）もある。
○会場には落語を愛する人が何百人も集まった。

第一例に即して構造を考えれば、「x＝五十」「x＝百」とxにどんな数を代入しても「x―ある」という事態が成立するということから結局「たくさんある」ことを表現することになる。〈少量少数タイプ〉が〈汎称否定タイプ〉の特殊ケースであったのと並行的に、この〈多数多量タイプ〉は〈汎称肯定タイプ〉の特殊ケースと考えられる。

(E)5〈一般性状況語タイプ〉

現代語文型〔xモ――〕

○いつも陽気に暮らしましょう。

○どこでもひとの迷惑になることをしてはいけない。

○どうもありがたいことです（申し訳ありません）。

○どうにも悲しい事件であった。

○どうにも（こうにも）笑いが止まらない。

○どうでもこうでもきちんと払ってもらわねばこまる。

○どうしても最後は同じ失敗をしてしまう。

このタイプもある種の汎称性の表現であると言えよう。ただ(E)1〈汎称否定タイプ〉や(E)3〈汎称肯定タイプ〉が格的成分に関する汎称性であるのに対して、これは時、所、様態等に関する汎称性であって、この意味からこのタイプを(E)5〈一般性状況語タイプ〉と呼ぶことができるであろう。状況語の内容がどうであってもすべての場合についてその事態が成立するという表現である。

(F)条件一般化用法

一つの事態の条件的部分にx項があってそのx項に何が代入されても結論は変わらないと主張することは、不定語が事態成立にとっての条件の一般化に働いているということである。この(F)条件一般化用法は四つのタイプに分けられよう。以下順次説明を与える。

(F)1〈汎称性条件タイプ〉

現代語文型〔x――テモ〕

○どこに出しても恥ずかしくない好青年
○誰に見られてもかまわない。
○いつ行ってもきまって笑顔でむかえてくれた。
○いつ見てもおきれいね。
○あいつはどこへ行っても水ばかり飲んでいる。
○誰に聞いてもそう言ってますよ。
○誰に叱られても気にならなかった。
○開演五分前というのは役者を何年やっていても緊張するものだ。

第一、二、三例に典型的に見られるように、このタイプは言わば条件に関する汎称表現であって、その意味では(E)汎称用法と連続するとも言える。事実、第四、五、六例などは「いつも」「どこでも」「一人残らず」と言うのにほとんど等しく、その意味で(E)5〈一般性状況語タイプ〉にきわめて近いと言ってよい。ただし、(E)汎称用法が格的成分など事態の骨格に当たる要素を焦点としての汎称表現であるのに対して、こちらは事態の中心から離れた条件的部分を焦点としてのそれであるだけに、結局は「条件はどうであれ……」と、動かない結論へ向けて条件の任意性を主張するものに傾きやすい。その意味ではやはり(F)条件一般化用法の一部として(E)汎称用法とは区別されて然るべきである。

事態の成立にとって条件の任意性をあえて主張することに意味があるという場合の条件とは、逆接条件である。(順接の場合の条件と結論の関係は互いに相手を唯一のものとして求め合う関係であって、「任意」の対極にある。)(F)1タイプ第七、八例などは、ただ条件としての汎称性というにとどまらず、「先生に叱られても気にならなかった」「親に叱られても気にならなかった」というような逆接条件としてのx項の任意性が濃く感じられるが、これは右の事情の表れにほかならない。このような例から次の(F)2〈逆接条件任意タイプ〉へはすぐさま連続する。

(F)2〈逆接条件任意タイプ〉

現代語文型〔x——（逆接）〕

○どこで死のうと生きようとままよ。

○誰に頼まれようが手伝ってなんかやらないぞ。

○地震がいつ来るにせよ準備さえしておけば心配ない。

○何がどう転んでも阪神の優勝は無理だ。

○あいつがいくらがんばっても、もう逆転の見込みはない。

(F)3〈任意項対比タイプ〉

古典語文型〔xハ——（逆接）〕〔xハ——（対比的中断）〕

○いづくには鳴きもしにけむほととぎす我家の里に今日のみそ鳴く（万・一四八八）

○梅の花いつは折らじといとはねど咲きの盛りはをしきものなり（万・三九〇四）

○みちのくはいづくはあれどしほがまの浦漕ぐ舟の綱手かなしも（古今・一〇八八）

○津の国のなにはは思はず山城のとはにあひ見むことをのみこそ（古今・六九六）

右の諸例には次のような共通の構造が見てとれる。

A事態　a――b　　　　　　　　　　　　B事態　c――d

〔不定項――定述語〕　逆接または対比的中断　〔定項――定述語〕

（X（場所）で――すでに鳴いた）……………………（我家の里で――今日はじめて鳴く）

（X（場所）――心ひかれない）……………………（しほがま――心ひかれる）

b述語とd述語の内容的対照性を基盤としてA事態とB事態とが対比されるが、その際、互いに対立するb述語とd述語にそれぞれ結びつくところのa項とc項もまた対比されることになる。表現の眼目であるc項に対して対比させられるべき相手のa項がxとして任意であるということは要するに「d項と結びつくものとしてはc項以外にない」ということである。「我家の里以外の場所ならどこかしこ（任意）ですでに鳴いたであろうが、この我家の里で今日はじめて鳴く」ということで、これを一般化して言うなら、任意項がすべてb述語（d述語と反対の意味の述語）と結びつくという環境の中でただ一つc項とd項との結合を特立的に強調するという表現である。これは、表現の中心であるB事態をきわ立たせるために、任意項を含むA事態と対立させたのであって、この限りで(F)2〈逆接条件任意タイプ〉とかなり近いものと言ってよい。ただし、(F)2タイプは結局は「いかなる条件AのもとでもB事態が成り立つ」と条件の一般性を主張するものであるのに対して、(F)3タイプは「いかなるxもそうではないがコレコレのみd述語に結びつく」というように、c項内容を強調するために任意項を対比させてみた用法である。〈任意項対比タイプ〉と呼べるであろう。表現のこのあり方を訳し出すには現代語では「ほかのどこそこでは（いついつは）……だが」というように、「ほかの」を加えてその上「どこそこ」「いついつ」というような語形に変えねばならない。この語形は現代語ではすでに「某所」「某時」を表現する語形であって、こう訳してしまった上でのその現代語訳文は、後述の(I)「某」項指示用法に含まれるとみるべきである。すなわち、(F)3〈任意項対比タイプ〉の用法は現代語ではすでにないのであって、かろうじて化石的に残っている「何はなくとも」「何はともあれ」のような慣用句も、出自は(F)3タイプながら、現代語としては(F)2〈逆接条件任意タイプ〉に属するものとして意識されているとみなすべきであろう。

(F)4〈不限定注釈タイプ〉

現代語文型〔x——不限定語〕

○誰かれの別なく……

○誰かれを問わず……

○どこで修行したを問わず、一定期間話芸を修行した者は……

○どこと定めず……

○いつと限らず……

(F)4タイプは不限定の意味の語をわざわざ用いてx項を特定しないことを積極的に表現したものであり、「x——不限定語」の部分が後続部分で示される事態に対する注釈句として働いている。事態の中心的骨組みの外にある部分で不定語が特定不要の方向で用いられているという共通点をもって、このタイプをも(F)条件一般化用法に含めることは許されるであろう。

次に、x項の特定の不可能を主張することに表現としての意味があり、そのために不定語が用いられる〔β・1・2〕特定不能型用法を検討するが、これには(G)限定拒否用法と(H)「裏面からの指定」用法との二つが指摘される。

(G)限定拒否用法

古典語文型〔x――ト――否定語〕

○いつはなも恋ひずありとはあらねどもうたてこのころ恋し繁しも（万・二八七七）

○いつはしも恋ひぬ時とはあらねども夕かたまけて恋はすべなし（万・二三七三）

○おく山の真木の葉しのぎ（異本、白く）ふる雪のいつとくべしと見えぬ君かな（後拾遺・六三六）

現代語文型〔x――ト――否定語〕

○このやり方はべつにいつどこで習ったというわけではない。

○子どもというものはもうみんなかわいいもので、どの子がかわいいというものではない。

○そんなことを言ったって、いつまで待てる（という）ものじゃなし……

○いつとはなく覚えてしまった。

○何となく恥ずかしい。

○どことなく元気がない。

○どこからとなく笛の音が聞こえて来る。

現代語第一例に即して言うなら、「この時ここで習った」と特定することができないということをもって「いつの間にか自然に身についた」ということを主張する表現であって、つまり、事態のある要素についてはっきりと「こうこう」と限定することを積極的に拒否し、そのことによって事態のその側面についての不透明性を主張する表現である。このことは「何となく」「どことなく」のような慣用句的表現において一層顕著である。

(H)「裏面からの指定」用法

古典語文型〔x——ナクニ（否定語）〕

○水底に沈《しづ》く白玉誰が故に心尽くして我が思はなくに（万・一三二〇）

○朝霜の消易《けやす》き命誰がために千歳もがもと我が思はなくに（万・一三七五）

○浅葉野に立ち神さぶる菅《すが》の根のねもころ誰か故我が恋ひなくに（万・二八六三）

○陸奥《みちのく》のしのぶもぢずり誰ゆゑに乱れむと思ふ我ならなくに（古今・七二四）

○恋ひ死なばたが名はたたじ世の中のつねなき物といひはなすとも（古今・六〇三）

現代語文型〔x——否定語〕

○勉強というものは、誰に頼まれてやるというものではない。

この用法は、x項の内実を他に求めて特定できるものではないというところから結局は「ほかならぬあなたのせいで」（古典語第一例）、「ほかならぬ自分自身の内在的な動機で」（現代語例）というようにある内容を指定するものである。結果的にある内容を指定しているのではあるが、不定語自身にひきつけて言えば（他に）特定しようがないと主張しているのであって、〔β・1・2〕特定不能型用法に含められるべきものである。

このような意味の表現としては、現代語では「ほかの誰のせいで……のでもない」「ほかの誰の名も立ちはしないであろう」というように「ほかの」という語があるのが普通であって、そういう形をとってしまえば(E)1〈汎称否定タイプ〉に属するものである。前記現代語例文「勉強というものは……」にしたところで、その「x——ト——否定語」という文型から見ても明らかなとおり、実は(G)限定拒否用法と言ってもよいような種類のものである。(H)「裏面からの指定」用法は純粋には古典語にしかないということとともに、この用法と(G)限定拒否用法とは同じ〔β・1・2〕特定不能型用法に属するものとして実例の解釈においてもいずれとは決し難い場合があるほど近接しているということに留意しておきたい。

(I)「某」項指示用法

x項の特定を目指さないということ、すなわち特定の不志向そのことに表現としての積極的な意味があるという、(E)から(H)までの〔β・1〕特定放棄型用法に対して、「特定を目指さないという姿勢をもって空欄を対象的に指示する」という用法がある。用法類型として〔β・2〕特定不要対象指示型用法と呼ぶべきものであって、用法名として(I)「某」項指示用法と名付けるが、この用法には二つのタイプが区別されるであろう。

(I)1〈引用中「某」項指示タイプ〉

現代語文型〔x――ト〕

○どこへ行った、かしこへ行ったといちいち言い立てる。
○あれから何日過ぎたと日数ばかり数えている。
○いついつか（いく日《か》）その男に会ったと、はっきり証言してくれ。
○掃除の分担を、誰はどこ（あそこ）誰はどこ（ここ）と早く指示してください。
○誰それは車を買った、どこの家ではピアノを買ったと、人のことばかり気にして……

このような文の中における引用部中の空欄は、その内容が不明のままでも人なり場所なりある対象を指示していることがわかれば表現全体の意味は確定し、何ら差しつかえない。表現全体の意味の成立にとって特定する必要のない項は空欄のままでよいのである。

(I)2〈定対象指示タイプ〉

現代語文型〔特に文型制限なし〕

○ナンでしたら、私の方から参りますが……
○一度社長に相談してナニしましてから改めてうかがいます。
○うちのナニが文句を言いますので……
○この人うちのナニ（情夫）ですねん。

言う必要もないほどわかりきっている対象（名詞項目あるいは動作内容）や、詳しく説明すれば繁雑になるが言わなくても大略は了解できるというような事態内容を「ナニ」で指示する用法である。わざわざことばで特定することを嫌って、あるいは省いてのことであるので、〔β〕特定・明確化不志向系の〔β・2〕特定不要対象指示型に位置することは疑いない。

さて、このように見てくると、不定語が「某」という不定対象（実は内容不明な定対象）を指示するだけというような用法は古典語にはなかったと認めざるを得ない。(I)2〈定対象指示タイプ〉はもちろんのこと、(I)1〈引用中「某」項指示タイプ〉もない。無論、古典語でも引用部中にxがはいることはあるが、それは「いつは折らじといはねど」のような(F)条件一般化用法や「いつとくべしと見えぬ君かな」のような(G)限定拒否用法としてあるのであって、通常の名詞のように自由に「某」項を指示しているのではない。また、〔α〕系の対象指示型用法(C)不明確項指示用法にしても、古典語にはなく、現代語でさえ「xカ」とかが必ず必要で「x」単独で不明確項を指示することはないのである。すなわち、特定要求とか特定の積極的放棄とかのあり方を放れて自由に、不定語が単独で（現代語で言う）「誰か」「何か」「某人」「某所」などの意味を表現することは本来ないのであった。「不定語」というタームの正しい了解のためにもこのことは留意しておきたい。

不定語の語としての性格は、その指示する人や物や時や所や数や様態の内容が明らかでない、定まらないというところに求められる。空欄である、というよりもっと正確に言えば欄が空であるという一点に求められる。この語性はすべての用法を通じてその背後に一貫してあった。論じ残した疑問用法の古典語をめぐって文型の歴史的変遷とその意味づけは別稿に俟たなければならないが、本稿で扱った限りでは古典語と現代語を一挙に重ねての用法の分類組織化が可能であったということも、その語性が本質的に変化していないということを物語っていると言えよう。

そのような語性をもつ語類が現実の表現の中で生きて働くためには、〔α〕空欄の特定を求めて行く表現の中でその空欄としてあるか、〔β〕空欄は特定する必要がないのだ、できないのだということを積極的に主張する表現の中でその空欄としてあるかのいずれかの場合しかあり得ない。不定語の用法が〔α〕系〔β〕系合わせて九用法二十一タイプに分かれることも、そしてそれ以外にないことも、この種の語の語性としての空欄性に求められるのであった。また、不定語を含む文型には助詞「カ」「モ」を必須の要素とするものが少なくないが、このことも、不定的対象化の助詞「カ」が対象の述体的な構造に即した場合特定志向の助詞として〔α〕特定・明確化志向系用法と、また「モ」が合説、許容性の助詞として〔β〕特定・明確化不志向系用法と、それぞれ深く内面的に結びついていることの表れとして理解できるのであり、その線上に用法と文型の連関が個々の用法タイプにおいて指摘できるのであった。

不定語の用法は、意味的な面でも文型的な面でも、このようにその語性を正しく把握することによってこそ深く理解されるのである。

〔付記〕

不定語の語性を不明項xと理解し、不定語の用法を〔α〕特定・明確化志向系用法（いわゆる疑問用法）と〔β〕特定・明確化不志向系用法（いわゆる不定用法）とに分けてとらえる本稿の視点そのものは、森重敏氏に負っている。

森重　敏『日本文法通論』（風間書房、一九六四）特にその二二六―二三五ページ

本稿の〔α〕系用法は森重氏の「不定系の発始の係副詞」の場合に、また〔β〕系用法は「不定系の係の係副詞」の場合に、ほぼ（ではあるが）対応する。

また、希望喚体、感動喚体と述体との関係、連絡、その中での疑問表現の位置づけ、疑問表現と助動詞「ム」や助詞「カ」の内面的な連繫などについては川端善明氏の左の論文から教示を得た。

川端善明「喚体と述体――係助詞と助動詞とその層――」（「女子大文学」一五号、一九六三）

川端善明「喚体と述体の交渉――希望表現における述語の層について――」（「国語学」六三集、一九六五）

同じく助詞「モ」ないし項の任意性と逆接表現との関係についての理解も川端氏に負っている。

川端善明「接続と修飾――「連用」についての序説――」（「国語国文」二七巻五号、一九五八）

このほか、様々な種類の表現の中での疑問表現の位置、特殊性の理解という面で宮地裕氏から、また表現としての特殊性とイントネーションの関係の理解という面で大石初太郎氏から、それぞれ示唆を得たところが大きい。

宮地　裕「疑問表現をめぐって」（「国語国文」二〇巻五号、一九五一、後に同氏著『新版文論』に収録）

大石初太郎「疑問表現の文末音調」（「音声の研究」一一集、一九六五、後に同氏著『話しことば論』に収録）

なお、不定語の上代の用例そのものの収集については、神戸大学に提出された左の修士論文に負うところが大

きい。

三宅尚子「不定語を含む表現形式の研究――上代・中古の和歌に於いて――」(昭和五十七年度神戸大学修士論文)

不定語の現代語の用例収集に際しては、工藤浩氏、高橋太郎氏をはじめ国立国語研究所言語体系研究部の方々の御厚意により、同部に集められてある「自立語用例カード」を利用させていただいた。

この研究は、昭和五十五、六、七年度文部省科学研究費補助金、総合研究(A)「副用語の意味・用法に関する総合的研究」(代表者渡辺実)の補助を得て行ったものである。

第一章第七節

「ボチャーンねこ池落ちよってん」

——表現の断続と文音調——

（原論文は、『音声言語』1巻　1985年10月　所収
原文は横書き）

（二）

「ねこが池にボチャンと落ちた」と書くと、何か自分の言いたいことと違ってしまうような気がする。「ボチャーンねこ池落ちよってん」と書いてはじめて自分の気持ちが伝わる。だから大阪弁を使うのだ――というようなことを、野坂昭如氏がインタビューに答えて語ったことがある。この気持ちは大阪生まれの私にはよくわかる。

何年か前、私の大学の国語学特殊講義の試験で『ねこが池にボチャンと落ちた』と『ボチャーンねこ池落ちよってん』の相異をできるだけ多面的に考察せよ」という問題を出したところ、「ボチャーンねこ池……」の方は、ねこがよそ見をしていて思わず足をすべらせたような感じがするが、「ねこが池に……」の方は、ねこが草履をそろえて覚悟の入水自殺をしたという感じがすると答えた答案があった。「覚悟の入水」というところが気に入ったので優を与えたが、たしかにこの答案は両表現の雰囲気の差をうまく言い得ている。もっとも、ねこの草履というのはどんな形だろうという疑問がわくし、もっと根本的に、池のほとりにそろえてあった草履は左右二つであろうか、それとも四つであろうかという疑問もぬぐえないのであるが、その点は許すことにした。

さて、両表現のそのような差がどこから出てくるかというと、これはかなりむずかしい。

「ねこが池にボチャンと落ちた」と言うと、ことがらの骨組みを端から順々にことばにしているという感じがする。言語というものは時間の流れに即して少しずつ語って行くしか仕方のないものであるから、伝えるべき意味そのものにおいて「ねこ」「池」「ボチャン」という名部分の間に先後の別はなくとも、実際の表現においては、どれかを先に、どれかを後に言わざるを得ない。「ねこが池に……」という表現スタイルは、そういう消極的な意味で線条的分節を帯びているが、それのみで、事態の骨格を平板にことばに移しかえたもの、あるいは事態の骨格のみをひたすら正確に表現しようとする形だと言うことができよう。

これに対し「ボチャーンねこ池落ちよってん」の方は、明らかに積極的に、ないし意図的に文全体を分節している。「ボチャーン」という水しぶきの聴覚的、視覚的イメージそのものをまず表現しておいて、その上でその音の生じたわけ――「ねこが池に落ちたのだ」という事情を説明するのである。「落ちよった」ではなく「落ちよってん」というノダ文の形をとる（テンはネンからの類推で生じた語形であり、ネンはノヤの音が転じたもの）ことから端的に了解されるとおり、この分節の仕方は「直接的イメージ」対「反省的解説」への二分であり、いわば表現すべき文事態を二面へと分離、剝離して、その二面の出会い、衝突として事態の全体を表現するものである。これは文事態をただ量的に二部分に分割することとは大きく異なり、まして骨格を端から順々に語って行く表現方法とは全く異なる。「ボチャーンねこ池落ちよってん」という表現は聴覚・視覚イメージから反省的、分析的把握へという表現者のいわば視点の動きを含んだものとしてあるのであって、「ねこが池にボチャンと落ちた」ではそのような側面が表現され得ないというのが、冒頭の野坂氏の嘆きなのであった。

（二）

表現すべき事態を二面に分離して、その出会いとして表現するという方法は、実は俳句の基本的な構造であると言ってよい。「古池や蛙飛びこむ水の音」という句は、「古池」という視覚的なイメージ、さらにひんやりとした空気まで感じさせるような触覚的でさえあるイメージと、静寂をやぶるポチャンという小さな、しかし鋭い音との衝突によって、一つの世界を表現するものである。出会って一つの世界を構成する二者の境界を決定的に分つものが、この句においては「や」であり、一般に「切れ字」なのであって、このような表現の構造を持つ俳句というものは、「何がどうした」というようなことがらの論理的構造よりも、何と何の出会い、結合によってその事態が構成されるかという面での表現者の意識を前面に出して表現するものであろう。

「ボチャーンねこ池落ちよってん」という表現は、「ボチャーン」の後に積極的に大きな切れ目を持つ表現であり、俳句になぞらえて言えば「ボチャーン」の直後に無形の切れ字を持つ表現である。たしかに、後半が「落ちよってん」と解説風の口調になっている点で俳句とは決定的に異なると言わねばならないが、一文の前半と後半との間に表現、伝達上の役割りという面で大きな落差をつけ、その落差によって表現そのものを立体的にし、さらには表現者の表現行為への意欲さえも感じさせるところは、俳句に通ずるものがあると言って許されるであろう。たしかに、「ボチャーンとねこ池落ちよってん」と「と」の字を入れればもはやこの表現は死んでしまう(少なくとも大阪弁ではなくなる)のであって、この位置に無形の切れ字があることは十分に認めておく必要がある。それは大阪弁一般の助詞の省略傾向の一つの根源でありつつ、その中には解消できない積極的なゼロの切れ字と言うべきであろう。

ところで、そのように表現に際しての断続のあり方に表現者の注意が向かうという傾向は、実は日本語一般において認められる傾向である。

「これは都鳥」と言えば、目の前の「これ」を話の題目として「都鳥だ」という解説を与える表現であるが、「これぞ都鳥」と言えば「都鳥」を周知のものと認めて目の前の「これ」をそれに結びつける表現である。「これなむ都鳥」となればさらに聞き手に対する解説風の強い口ぶりが加わって「これがほら、あの都鳥だよ」というような感じになる。平安時代に隆盛を極めた係り結び的表現というのは、このように、論理的には一体である一つの事態の表現上の切れ目、切れ目に話し手が直接に顔を出して聞き手に向かって委曲を尽して語りかける表現であった。それは言い換えれば、事態そのものがもつ論理的一体性に応じた形で文の全体を一様等質的なものとして扱うのでなく、文を途中で切り、切られた前半と後半との間に、あるいは部分と部分との間に表現上の濃淡、疎密を様々につけ、落差をもつ一つの構造体として語ることであった。「何がどうした」という種類の論理的格関係はむしろ自明のこととして、その部分、部分にいかなる気持ちをこめ、どのように濃淡、落差をつけて語るかに表現上の注意が払われたのが、古代の日本語であり、それが表面的には断続関係の卓越した構文法として現われたのである。先ほどの俳句の表現のあり方などは、森重敏氏の言われるとおり、このような日本語本来の係り結び的断続関係が極度に前面化した表現法として位置づけられるであろう。

さて、そのような日本語も、室町時代ごろに大きな変質をとげる。それまでの活用語終止形による文の終止法に替わって、連体形による終止法が一般化するが、これは、阪倉篤義氏の把握のとおり、文の部分と部分の間に落差をつけた、断続関係を前面に出した表現方法から、文を一体的な緊密な全体として、全体を「～デアルコト」とコト単位にまとめて語る表現方法への変化として了解されるのである。

けれどもその上でなお、文の一部分に特別の濃淡をつけるというような表現上の要請はなくなるものではなく、近、現代語でもやはり係り結び的な断続とは別の手段でそれを言い表わしているのであって、例えば語順とかプロミネンスでその必要を満たすのである。「ねこが池にボチャンと落ちた」と言うか「ボチャンとねこが池に落ちた」と言うかである一面は表現し分けることが可能であるし、どれか一語に音調上のプロミネンスをかければ一層その言い分けが強調されよう。古代語において、係り結びを中心とする断続表現の多様なあり方をもって表現し分けていたものを、現代語では、わずかに語順とプロミネンスで表現しているのである。現代日本語はこのように、表現の断続関係の面でかなり退化したものと言わなければならない。

言わばそれに対する反動として、日本語本来のもつ豊かな断続関係の表現性を意識的に主張したのが、文芸で言えば比較的新しい時代に成立した発句、俳句であろうが、実は方言としての大阪弁も、なおガンコに、断続関係の様々な可能性を失うまいとしているように思われる。「ねこが池にボチャンと落ちた」と言おうが、「ボチャンと池にねこが落ちた」と言おうが、いずれにせよ事態の骨組みを骨組み第一に秩序正しく語り出して行くような仕方では、語順とプロミネンスによって何ほどかのものを言い分けたとしても到底もの足りないのであって、それとは根本的に異なった〝俳句的〟な断続優先の表現「ボチャーンねこ池落ちよってん」が失い難く感じられるのである。冒頭の野坂氏の嘆きは、論理優先のかげに断続関係が退化して来た日本語の中にあって、庶民の話しことばにおいてはなお失われていない断続関係指向の感覚の自己主張として位置づけられるであろうか。

(三)

さて、「ねこが池にボチャンと落ちた」と「ボチャーンねこ池落ちよってん」との間には、音声面でも大きな違いがあることを見逃すことができない。それは第一に発話のリズムということに現われる。

「ねこが池に……」の方は、特別な芝居がかった表情をつけない限りは「ねこが／池に／ボチャンと／落ちた」という切り方で、等拍的なリズムで発話されるのが自然である。これに対し「ボチャーンねこ池……」の方は、「ボチャーン」が相当に長く強く、「ねこ池」がひとつながりに短く緊密で、「落ちよってん」がややゆるやかに発音されるのが普通であろう。

「ねこが池に……」は事態の骨組みを直接的に反映してそれを端から順次ことばに置き換えて行くような表現

のあり方からして、平板に等拍的に切り出されて行くのが自然であるのに対し、「ボチャーンねこ池……」の方は上述のとおり「ボチャーン」と「ねこ池落ちよってん」の出会いとして表現されるのであるから、「ボチャーン」部分が後半半分と少なくとも気分的には釣り合うほどの重みをもって発音されることになり、「ねこ」「池」などは論理的には重要な情報であるものの断続関係的には後半解説部の一要素に過ぎないから短くタタッと発音され、「落ちよってん」部分に至ってはじめて、「ボチャーン」という係りを受けての全面的解決、一文世界の完成としてゆるやかに閉じられるわけである。

この例に限らず、東京語は大阪語に比べて等拍的に発音される傾向が強く、それだけに明瞭でハギレが良いという印象を与える。しかしこれを逆に言うなら、大阪語には等拍的なリズムを犠牲にしてでも表現すべき断続関係の様々なアヤがあるのであって、強弱が高低とは独立に使い分けられることとともに、よく言えば音楽的、悪く言えばダラダラと流れ込むような印象を与えやすいのである。所詮、程度問題に過ぎないのではあるが、東京語と大阪語のリズムの違いの奥にあるある種の要請というものに注目しておきたいと思う。

音声面での違いの第二は、音の切り方の許される可能性である。

「ねこが池に……」の方は、短く切って発音しようと思えば、「ねこが／池に／ボチャンと／落ちた」というようにそれこそ文節ごとに短いポーズを入れて言うことが可能である。これに対し大阪弁の「ボチャーンねこ池……」の方は、どこにもポーズを入れることが許されない。必ず一息に言わなければならないのである。

「ねこが池に……」の方は、各文節が事態の骨格を端から切り出すものであり、各文節が（少なくとも表現上は）述語文節に対してそれぞれ単独で係って行く資格と形態とを備えているものであって、それゆえ一文節ごとに区切って発音もできるのに対し、「ボチャーンねこ池……」の方はそうではない。「ボチャーン」は無形の〝切れ字〃をもって後半の「ねこ池……」と張り合ってこそ表現の一部としての機能を有するのであって、前後二部分の無形の連繫、緊張関係を保証するものは実は音声の連続以外には何もない。「ボチャーン／ねこ池落ちよってん」とポーズを入れてしまえば、それは「ボチャーン」「ねこ池……」という二つの発話になってしまって、二面の衝突による一事態の表現という断続構造を支えきれなくなってしまうであろう。また、「ねこ池落ちよってん」という後半部は、後半部が全体として「ボチャーン」という前半部と張り合うべき位置に立ち、それに見合う緊密な一体性を要求されるのであって、後半部の内部に一ヵ所でもポーズを入れてしまうと、上述の俳句的な断続構造はくずれてしまうことになる。

発音上の切り方が文の論理的な意味そのものに支配される面があるということは言うまでもないが、表現上の断続関係というレベルでの文構造に支配される面があることも見逃せないであろう。それは、いかに上手に読むかというような〃修辞的技術〃の次元ではなく、そのように区切り、あるいは続けて発音しなければ文として成り立たない、断続関係という文構造の一面が維持できなくなるという種類の、〃文法〃的な次元の要請なのである。

「ボチャーンねこ池落ちよってん」という大阪弁らしい表現は、論理的格関係のほかに表現上の断続関係という別次元の構文関係を考えよと、われわれに要請してやまない。

第一章第八節

感嘆文と希求・命令文——喚体・述体概念の有効性——

（原論文は、『松村明教授古稀記念・国語研究論集』明治書院　１９８６年10月　所収）

文の性質上の分類ないし意味上の分類として、平叙文、感嘆文、命令文、疑問文の四種が、ふつう区別される。この四種はどういう関係にあるのであろうか。感嘆文は話者の感動を表現し、命令文は相手に対する行動要求を表現するというように、表現される意味の種類が異なることはもちろんであるが、それ以上に、表現される意味と文の形との関係のあり方がそれぞれ異なるように思われる。

山田孝雄博士は文の種類を大きく喚体と述体に二分されたが、それによれば感嘆文のあるものは喚体に、平叙文、命令文、疑問文は述体に数えられる。と同時に、ある意味で命令文と近接していると思われる希求の文「――もが」は喚体とされ、疑問文の中でも連体形で終るものは擬喚述法の一つとして喚体に近いものとみなされている。[1] 山田博士の喚体と述体は表現意図による分類ではなく、内容の表現形式の差として規定されているのであるが、その観点において四種の文の間に右のようなある種の連絡があることは否定できないところであり、そのあり方をさらに深く問うて行くことが必要であろう。すなわち、表現内容と表現形式との関係のあり方という観点から四種の文の相互の相異と関係を明らかにすることが要請されるのであり、それは同時に山田博士の喚体、述体という概念をどういうものとして継承して行くべきかを考えることになるはずである。

本稿は、その中で、感嘆文と希求・命令文のあり方を平叙文との対比のもとに考えようとするものである。

一　感嘆文

驚きや感動を表現する文の中で、左の(A)から(E)までに類型化される文形式をもつものを感嘆文と呼ぶことにする。

(A)わあ！
(B)ねずみ！
(C)痛い！
(D)青い空！
(E)空が青い！

驚き、感動を表現する最も直接的なものとしては、「アッ」「ウー」「ギャー」というような叫び声があるが、これは社会的な約束ごととしての要素を用いない言わば自然的な音声として、言語以前と考えられる。社会的に公認された語を用いて心情を表現する(A)タイプから、文としての感嘆文は始まると考えてよい。また一方で、「空が青いなあ」とか「一体何千人いるのだろう」「なんて空が青いのだろう」などというような感嘆の表現もあるが、平叙文や疑問文がその表わす事態内容に重ねて、あるいは不透明な事態を明らかにしようとするその姿勢の中に、結果として感動を表現することは当然あり得るわけであるから、本稿の目的のためには、これらの表現を文の種類としての感嘆文に含めて考える必要はない。なお、(E)タイプ感嘆文と平叙文との関係については後に述べることになる。

一—一　(B)「ねずみ！」タイプの感嘆文

ねずみが目の前に飛び出して来たときの驚き、あるいは急迫した嫌悪の感情を表現するのに「ねずみ」という形が用いられる。これは、遭遇に際しての感情的経験の全体を表現するものとして「ねずみ」の語が働いているのであって、「ねずみが飛び出した」とか「そこにいるのはねずみである」というような知覚対象の描写、説明としてあるのではない。それはちょうど「わあ」という感動詞がその一語において気持ちの動きの全体に対応していることと等しい。

ではなぜ「ねずみ」という名詞一語がその感情的経験を代表し得るのであろうか。それは生じた情意の中核をものとしてことばにすることによってその感情的経験そのものを表現しているのだと考えられる。そもそも、「悲しい」「こわい」というような情意そのものは「私」の心をおおう心情として、「何がどうした」というような分節性をもたない一様な全体である。その情意の中心的な核をあえてものとして求めるところに「父の死が悲しい」とか「すすきの穂がこわい」とかのいわゆる主語が析出されて来るのであった。(2) 感嘆文としての「ねずみ」は、この情意形容詞文の主語にも相当する情意の中核と言えよう。中核であるゆえに感情的経験の全体を代表することもできるのである。最も典型的な遭遇の驚嘆というものは、情意内容を形容詞的に決定する以前の、あるいはその余裕のない、言わば心の動きそのものであるために、その感情的経験の中核としてのものによって表現されるしかあり得ない。これが(B)「ねずみ！」タイプの感嘆文であった。

ところで、情意形容詞文において情意の中核とは情意の機縁であった。先の例文において「父の死」や「すすきの穂」は「悲しい」「こわい」という情意をひきおこした機縁としてある。そもそもこの種の情意というものは、主体の意志によってでなく、自然に生起するものであるために、その情意の中核たるものは感情生起をもたらした外界の機縁という形でしか求められないのである。先の感嘆文の「ねずみ」もこれと同様に、驚きをひきおこした機縁としてある。この種の感嘆文の感嘆とは、何かとの遭遇による急激な心の動きであるから、感嘆の機縁とは遭遇対象にほかならず、この意味から言えば、(B)タイプの感嘆文は遭遇対象の名前によって驚嘆そのことを表わすということになる。

紙幅の関係から詳述は避けねばならないが、情意形容詞文における情意の機縁とは実はものではなくことである。[3]「父の死」とは実は「父が死んだ」ことであり、一見ものに見える「すすきの穂」も「こわい」に対する主語としてあるからには「すすきの穂がそういうふうにある」ことと理解しなければならない。ものそのものが人の心にある感情をもたらしたりすることはなく、ものの存在そのことを含めてものがあるあり方で在ること、すなわち一つの事態（こと）がはじめて人の情意の機縁となり得るのである。このことは感嘆文「ねずみ！」においても異なるものではない。「ねずみがいる」から驚くのであり、そこに見えたのがほかならぬ「ねずみである」から驚くのである。「ねずみ」というものではなく、「ねずみがいる」こと、あるいは「それがねずみである」こと、あえてことばにすればそのいずれとも言い表わせる一つの事態[4]が驚嘆という心の動きの機縁としてあり、その機縁が驚嘆の中核としてもの的に「ねずみ」という語で表わされ、それが一語で感情的経験の全体を代表するのである。

表現としてこのようなあり方をする「ねずみ！」ということばが「ねずみがいる」や「それはねずみである」という平叙文の省略でないことは明らかであろう。平叙文は対象のあり方を描写、説明して一つのことを描き上げるのに対し、感嘆文は感情的経験の全体を表現する。驚嘆という心の動きの全体に対応する感嘆文としての「ねずみ！」は、驚嘆の機縁たる事態の一構成要素としての「ねずみ」ではない。

一―二　(C)「痛い！」タイプの感嘆文

(イ)属性形容詞によるもの

「四角い！」「青い！」「大きい！」

(ロ)情意形容詞によるもの

「悲しい！」「うれしい！」「懐かしい！」

(ハ) 評価の形容詞によるもの

「かわいい！」「きたない！」

(ニ) 温度・痛覚などの形容詞によるもの

「熱い！」「痛い！」

これらの形容詞一語文が対象のあり方や主体の心情を描写、説明する平叙文（の主語省略形）としてあり得ることは当然であり、その点においてはすべて差がないが、感嘆文というものを前節来の理解に沿って「その形自身で急激な感情的経験の全体を表現する文」と規定するならば、感嘆文としてあり得る可能性ないし程度については、(イ)(ロ)(ハ)(ニ)の間で差があるように思われる。

感嘆文として最も存在しやすいのは(ハ)と(ニ)であろう。「かわいい！」や「熱い！」という文は、何かを見たとき、何かに触れたときの気持ちの動きや感覚を表現するものとしてある。しかし、(イ)の「四角い！」「青い！」などは気持ちの動きや感覚そのものを表現するものとは言いにくい。「！」に対応するような特別の表情をいくら声の調子にこめても、せいぜい「四角い」という対象のあり方をある感慨をもって認識したというだけのことであって、この文の表現の重心はあくまで認識内容の方にあり、それに伴う感情は所詮二義的なものに過ぎない。感情的経験をこそ表現するところの感嘆文とは言えないであろう。「四角い」「青い」などが主体の情意ならぬ対象の属性を表現する属性形容詞である以上、言わば当然のことである。これらの文が認識内容の表現として以上に第一義的に気持ちの動きの表現としてあり得るとすれば、それは「四角い」ことの発見が話者にとってよほど待ちかねたことであるとか、よほど不都合なことであるとかの特別の場合に限られるのであり、そのような状況のもとでのみかろうじてこれらの文は感嘆文であり得るということになる。この意味から言えば、個別の話者の状況を超えてその形容詞の内容があらかじめ好ましいこと、あるいは好ましからざることに決まっている場合、すなわち評価的な意味を帯びている場合には、それが属性形容詞であっても感嘆文として比較的存在しやすい。「大きい！」「強い！」などが対象のあり方に出会ったときの感情的経験そのものを表現する文として理解されやすいのはこのためである。

(ロ)は情意そのものを表わす形容詞の文であるから感嘆文として存在しやすいかというと、そうとも言えない。「悲しい！」というような文は主体がある感情におおわれてあることのしみじみとした確認、詠嘆の表現であって、何かに遭遇したときの急激な心の動きの表現としてはありにくい。感嘆文の定義にもよることだが、「感嘆」が「詠嘆」とは異なり強い感情の生起として理解されるものであることに留意して「感嘆文」を「急激な感情的経験の全体を表現する文」と規定するならば、[5] (ロ)が感嘆文としてあることは極めて少ないであろう。「うれしい！」「くやしい！」の「！」(およびそれに対応する特別な音調)は右のように規定された「感嘆」を表現するというより、話者がその心情にあることを他者に向かって積極的に訴える意志の強さを表現するものと理解される。ただし、情意形容詞においても、評価的な意味を帯びている形容詞の場合には、先の評価的な属性形容詞の場合と同様の理由によって、感嘆文として受けとれる可能性が出てくる。「懐かしい！」などは、そのような感情をもたらす対象を歓迎する気持ちの強さから、対象との遭遇における気持ちの動きそのものを表現する感嘆文として了解されることがあり得る。

以上を要するに、典型的な(イ)属性形容詞、典型的な(ロ)情意形容詞の場合は(C)タイプの感嘆文は存在しにくく、この二者とは区別される第三、第四のグループ、すなわち(ハ)評価の形容詞と(ニ)温度・痛覚などの形容詞の場合は感嘆文として存在しやすい。また、(イ)属性形容詞、(ロ)情意形容詞においても(ハ)評価の形容詞に近いものは感嘆文として存在することもあり得るということになる。形容詞の種類によってこのような差が出るのはなぜであろうか。

「感嘆」と呼ばれるような急激な感情的経験は、何かある具体的な対象と突然出会うことによってはじめてひきおこされる。感嘆文とは、対象（実は一つの事態）との遭遇による急激な感情的経験の全体を表現するものである。つまり、その文が感嘆文であるためには、(α)「急激な感情的経験である」ということと、それが(β)「ある対象との遭遇によって生じた」ということの、両者を一挙に表現していなければならない。感動詞ならぬ概念語一語でその両者を表現するにはどのような方法があり得ようか。一つの方法は、話者に生じた情意の中核であり情意の機縁であり遭遇対象でもあるものをもって急激な感情的経験そのことを表わすという方法である。それが(B)「ねずみ！」タイプの感嘆文であった。ここでの名詞一語は、そのような現場的状況における発話であるというそのことによって、指示や説明ではなく(α)急激な感情的経験の表現であること（すなわちそのものは情意の中核としてあること）が直接的に決定され、情意の中核は同時に情意の機縁でもあるという仕方で、(α)と(β)とが一挙に表現されるのである。

これに対し、形容詞一語によって(α)と(β)とを一挙に表現するということはいかにして可能であるか。(α)の表現であるためにはその形容詞自身が話者において生じた感情、感覚を表わすものであることが必要であり、同時に

(β)の表現であるためには、急激な感情的経験の機縁となった対象の存在を示すものでなければならない。形容詞一語がそれ自身でそのような対象の存在をも示すということは、その形容詞が具体的な機縁の存在によってしか生じない特別な感情、感覚を表わす場合にのみ可能である。それが、(ハ)評価の形容詞と(ニ)温度・痛覚などの形容詞である。

「楽しい」「悲しい」「うっとうしい」というような情意形容詞の感情は、具体的な機縁としての遭遇対象がなくても気分そのものとして存在し得るが、「かわいい」「きたない」というような評価的な感情はあくまで対象をめぐってのものであり、対象の存在に応じてのみあり得る感情である。(ロ)情意形容詞においては「私は悲しい」と言えるのに対し、(ハ)評価の形容詞においては(話者の感情を表現するという意味で)「私はかわいい」と言えないということが、この差を物語っているであろう。ということは、(ハ)評価の形容詞は一面で(イ)属性形容詞に近いということでもある。[6]「青い」「大きい」などの属性形容詞が色彩、延長というような言わば物理的属性によって対象のあり方を描写するのに対し、評価の形容詞は対象が認識主体に対してもたらす情意によって対象のあり方を描写するという違いに過ぎない。「かわいい」という語が一方で(イ)属性形容詞と同じように遭遇対象の存在を表わしつつ同時に(ロ)情意形容詞同様に話者の感情を表わすところに、(α)と(β)が一挙に表現されて、「かわいい!」という感嘆文が成立するのである。

他方、(ニ)温度・痛覚などの形容詞による(C)タイプの文は、これとはまたちがった仕方で(α)と(β)を一挙に表現する。「熱い」「痛い」「(ものを乗せてひざが)重い」というような感覚は感覚主体がものに触れているときにしか存在しない。「青い」「大きい」というようなあり方は、(見るという主者の行為を介してはじめて知られることではあるものの)視覚という感覚に認められる個人を超えた客観性と、ものが色彩や延長という面では変化しにくいという日常経験的事実とに支えられて、あたかも対象に固有の恒常的な属性として了解されやすく、接触時の一回的な感覚を表わす(ニ)温度・痛覚などの形容詞はこの点で(イ)属性形容詞と対立する。その意味では同じく主者の側における一回的な情意を表現する(ロ)情意形容詞にむしろ近い。「私は悲しい」と同じように「私は痛い」と言えることがこの近さを物語る。けれども、「悲しい」「うっとうしい」などの感情は具体的な機縁がなくてもそれこそ気分として、従って超状況的に且つ持続的に存在し得るのに対して、(ニ)温度・痛覚などの形容詞は身体が具体的なものに接触している限りでの、そしてその間だけの感覚であって、この点で(ニ)は(ロ)情意形容詞とも対立する。[7] このような「熱い」という語が、一方で話者に生じた感覚を表わしつつ（α）、その感覚が具体的なものとの接触によってしか生じない種類の感覚であることによって必然的に感覚の機縁となった対象との遭遇をも表わして（β）、ここに「熱い！」という感嘆文が成立するのである。

一―三　(D)「青い空！」(E)「空が青い！」タイプの感嘆文

(B)「ねずみ！」タイプの感嘆文において「ねずみ」は生起した情意の中核としてのものであった。同様に、(D)タイプの感嘆文「青い空！」における「青い空」も生じた情意の中核である。連体修飾語をもっていようとも「青い空」の全体が体言資格である以上、これは直接には情意の中核としてのものであると言わなければならない。と同時に、感嘆文「ねずみ！」における「ねずみ」は感嘆の機縁であった。人に感情を生じさせる機縁はものならぬ一つのことでなければならない。ここでの「ねずみ」はものの体裁をとっていながら、実は「ねずみがいる」とも「ねずみである」とも言い表わし得るような一つのことを、表現においては背負っているのであった。言わばことを含んだものであり、こととしてのものである。「ねずみ」が潜在させているこの事態性を顕在化させたのが「青い空」である。この形は、逆転した語順ながら意味上の主語「空」と意味上の述語「青い」の二項に分節して、紛れもなくそれが一つのことであることを表わしている。「青い空」はこの語順をとる以上あくまでも直接には情意の中核としてのものであることにとどまりつつ、それが情意の機縁でもあることにともなう事態性を顕在化させた形であって、それが感情的経験の全体を一挙に表現するところに感嘆文「青い空！」が成立するのである。

ここで「青い空！」はあくまでも感嘆文であるものの、事態性を顕在化させた形をとっていることによって（情意の機縁たる）知覚対象の描写に一歩踏み込んでしまっていることに注意せねばなるまい。それをもう一歩さらに積極的に踏み込んだところに(E)「空が青い！」タイプの感嘆文がある。

「空が青い」という形は主述二項がその順序で並んでおり、そのものとしては対象描写の形である。けれどもそれが、「空が青いことだなあ」とでも言うようなしみじみとした詠嘆ではなく、「空が青い」ことを発見したときの急激な感情の動き（驚嘆）そのものを表現することばとしてあるときは、この文は対象描写の文すなわち平叙文ではなくあくまでも感嘆文であると考えなければならない。感嘆文としてある以上そこでの「空が青い」は感嘆の機縁としての事態である。その点では先ほどの「青い空」と異なるものではない。けれども「空が青い」という語順をとる以上、それはもはや、いかにしてもものとして了解することはできない。「空は青い」でなく「空が青い」という形をとることの中に係り結び的な決定的分節を未だ拒否する姿勢があり、その限りでものに通う一体性をかろうじて残してはいるものの、これを情意の中核と呼ぶことはもはやかなり困難であろう。情意の機縁たる情意の中核（もの）をことばに発することで感情的経験そのものを表現するのが(C)「ねずみ！」(D)「青い空！」タイプの感嘆文であったのに対し、情意の機縁をあからさまにこととしてことばにすることによって感情的経験そのものを表現するのがⒺ「空が青い！」タイプの感嘆文である。

ところで、ある一つの事態を情意の機縁として語ることによって実は感情的経験そのものを表現する（感嘆文Ⓔタイプ）ということと、その事態を深い感慨をもって描写、承認すること（平叙文による詠嘆）とは、事実としてはかなり近いものと言わなければならない。ある機縁によってひきおこされる感情的経験とは、その機縁が主述的な形態をとってあからさまにこととして表現されている場合には、結局その事態の発見にともなう感情の生起ということにほかならず、それはその事態の承認にともなう詠嘆ということとかなり近接していると言えよう。事実、「（わあっ）空が青い！」という感嘆から「（なんと）空が青いなあ！」という詠嘆へは転一歩である。感嘆文Ⓔタイプと平叙文とは紙一重で隣接していると認めなくてはならない。(8)

二　希求・命令文

二―一　希求文

人は何かあるものを切実に求めるとき、そのものの名を叫ぶことによって希求の気持ちそのものを表現する。砂漠のまん中で水を切実に求める気持ちを「水！」ということばで表現する。これはねずみと遭遇したことによる急激な感情の生起を「ねずみ！」という叫びで表現するⒷタイプの感嘆文とある意味で対応していると言えよう。感嘆文における「ねずみ」は現実に目の前にあるのに対して希求表現における「水」は現実にはまだないというだけの差であって、ともにそのものが話者の心を占領している、あるいは話者の心情のもの的中核としてあるという点では差がない。このような意味でⒷタイプ感嘆文に対応する「水！」という希求表現の形式をⒷタイプ希求文と名付けることにする。

(B)「水！」は直接には話者の自身における希求感情を表現するだけのものであるが、この希求感情を具体的な聞き手に向けて発話した場合は、その希求感情を満足させることを聞き手の人物に求めるという色合いが生じることがある。つまり、「水！」という叫びが単に「水がほしい」という気持ちだけの表現である場合と、「水をくれ」という対他的要求としての色合いをも帯びている場合との二つがあり得るのであって、前者を(B)1「水！」、後者を(B)2「水！」と呼び分けることにしたい。

(B)タイプの希求文は名詞の形式をもってものを希求するのであるが、動詞の形式をもって行為を希求する希求文もあり得る。「とまる！」「すわる！」「帽子をとる！」などである。これは直接には「とまる」「すわる」などの行為がそこで実現するよう希求する表現であるが、この種の発話はその行為を実現すべき主体（つまり行為の主体）に向かって発話されることが圧倒的に多いから、その限りでは結局は相手に向かってその行為を要求する表現ということになり、その意味では(B)2タイプ希求文と対応する。存在を希望するものの名前をことばにすることによって実は具体的な相手に対する要求を表現するものであった(B)2「水！」タイプに対応させた形で言うならこの「すわる！」タイプは実現を希望する動作の名前をことばにすることによって具体的な相手に対する要求を表現するものであって、ここで動詞の終止形が用いられるのは、それが単なる動作の類別的名称、要求内容の素材的表示の形であるからにほかならない。

感嘆文において、感情的経験の全体を情意の中核たるものの形で表現した(B)「ねずみ！」タイプに対し、感情、感覚そのものを内容とする形式（形容詞）によって表現したのが(C)「痛い！」タイプであった。あえてこれと平行させた形で言うなら、希求感清をその中核たるもの（結局は希望内容—存在—の主語的中核）の形で表現するのが(B)「水！」タイプ希求文であるのに対し、「すわる！」タイプ希求文は希望内容を動詞によって言語化する。

この意味では希求文の「すわる！」タイプは感嘆文における(C)「痛い！」タイプに対応するとも言えよう。「すわる！」タイプ希求文は、上述のとおり一方で(B)2タイプ希求文と対応し、今見たように一方で(C)タイプ感嘆文と対応するという位置づけにおいて把握され、ここに(C)2タイプ希求文という命名が承認されるであろう。

ただし、動詞終止形による希求文はすべて必ず対他的要求表現である（(B)2タイプに対応する）とも言い切れないということに留意しておく必要がある。踏み切りでエンストしている自動車を発見した汽車が急ブレーキをかけ、警笛を鳴らしながらその踏み切りに近づいて行く。徐々にスピードは落ちるものの、衝突しかねない勢いである。その光景を丘の上から見ていた話者が、思わずこぶしをにぎりしめて「止まる！　止まる！……ああ、止まった。よかった」とつぶやいたときの

①止まる！　止まる！

という発話は、「汽車が止まる」ことを切実に希求するだけの表現であって、「止まる」ことの実現を誰かに要求する表現ではない。もちろん、「止まれ！　止まれ！……ああ、止まった」という発話もあり得るように、①が汽車そのものに向かって「止まる」ことを積極的に要求し、呼びかけるような気持ちで発話されることもあり得る（(C)2タイプ）が、そのような汽車に対する働きかけの気持ちはなく、ただ「止まる」ことの実現を希求する気持ちで①が発話されることもあり得る。そのような場合の「止まる！」は(B)1「水！」タイプ希求文に対応するものとして、(C)1タイプ希求文と呼び得るものである。(B)1の「水！」と(B)2の「水！」がもともと別個のものではなかったように、(C)1の「止まる！」と(C)2の「止まる！」も本来別のものではないが、「止まる」ことの希求の気持ちがただそれとしてある場合（(C)1）とその願望を実現すべき他者（汽車）に向けての積極的な意志を帯びてある場合（(C)2）とは区別しなければならない。ただ、実際の発話としては(C)1タイプは非常に少な

く、「止まる！」形式の希求文はほとんど(C)2タイプであることも、また事実である。

なおここで、同じ(C)2タイプ希求文であるものでも、目の前の具体的な相手に向かって「すわる！」と言う場合と丘の上から走る汽車に向かって「止まる！」と言う場合とでは重要な差があることに留意しておかなくてはならない。この場合の「すわる！」は発話の現場にいる人格的な相手に向かって「すわる」ことを要求する表現であり、〈命令〉そのものであるが、「汽車が止まる」ことを願って汽車に向かって呼びかける「止まる！」は言わば〈願望〉である。丘のふもとの汽車は話者の呼びかけに心を動かしてその要求を実現すべく行動を起こすような存在ではない。そのような相手に向かっての要求は話者の一方的な願望の表明であらざるを得ないのである。このように話者の他者に対する要求は、その相手が有情物か無情物かということをも含めてその相手と話者との関係のあり方により、〈命令〉と〈願望〉とに分かれる。日常的な用語法におけることばそのものの意味として言えば、無論、具体的な命令も願望表明の一種にはちがいなく、具体的に満足され得ない一方的な願望の表明も命令の一種と言えるにはちがいないが、ここでは対他的要求のあり方の先の二種の区別に対して〈命令〉〈願望〉の呼び名を与えておくものとする。

二―二　命令文、呼びかけ

(B)「水！」タイプも(C)「すわる！」タイプも含めて希求文は直接には話者自身における希求の表現であるが、それが他者に対する要求という側面を帯びるところに(B)2、(C)2のタイプが成立し、その(C)2タイプは右のように〈命令〉と〈願望〉とに分かれるのであった。(B)1、(C)1タイプの希求文の内容をあえてことばで展開すれば「水がほしい（水が飲みたい）」「止まってほしい」という希望の平叙文になるが、(B)2、(C)2タイプの希求文の内容をあえて翻訳するなら「水をくれ」「止まれ」という命令文になる。希求文全体に内在していた実現への願望ないし意志が他者への要求として現われているのが命令文の本質であり、希求文と命令文とはこのような関係にある。

従って命令文においても〈命令〉と〈願望〉の二つがあり得ることは言うまでもない。

すわれ！／（太郎）本を読め！／（おい）こっちへ来てくれ／（おとうさん）これを見てちょうだい

というような具体的な相手、話者の要求を聞いて心を動かす位置にあり且つその要求を実現する能力を有している相手に対する要求は、〈命令〉というあり方になる。(9) 一方これに対して、そうでない相手に対する要求は、次のように〈願望〉となる。

雨よ降れ降れ！（悩みを流すまで）／聞け！　万国の労働者／（お嫁に行きます隣り村）王《ワン》さん、待っててちょうだいね／天国のおとうさん、見ていてください／夕陽よ、沈むな！／時間よ、止まれ！

「雨」や「夕陽」や「時間」は無情物で、話者の要求を理解する耳を持たないから要求は一方的願望（これを〈願望〉と表記する）でしかあり得ず、「万国の労働者」は目の前にいる特定の相手ではなく、また隣り村に住んでいる「王《ワン》さん」は遠くてこちらのつぶやきを聞く位置にいないことから、話者の要求はやはり一方的な願望でしかあり得ない。また仮に「夕陽」や「時間」が話者の声を聞く耳を持っていたとしても、「沈まない」こと「止まる」ことなどはできる相談ではなく、はじめから不可能とわかっていることを要求するのは要求の具体的な満足を目指しての〈命令〉とは異なり、やはり〈願望〉の内に数えられる。「天国のおとうさん」が実際に「見る」ことはあり得ないとわかっていてなおそう願うところに右の表現の切実さが存するのであり、その意味でこの文例も〈願望〉の例と理解される。

さて、(B)2、(C)2タイプの希求文や命令文には「呼びかけ」のことばが共存できる。

おかあさん、水！／（おい）太郎、そこにすわる！／（おおい）中村君、ちょいと待ちたまえ！／雨よ降れ降れ！

この「呼びかけ」とは何であろうか。希求文、命令文において呼びかけられる人物は、話者の願望を実現すべき位置に立つ人物であり、結局は要求内容たる行為の主体であるが、直接には話者の要求という行為の相手である。(B)2、(C)2タイプの希求文や命令文に内在する相手への（要求という）働きかけの意志の側面を相手の名前を呼ぶことによって顕在化させたものが「呼びかけ」にほかならない。その意味では、命令文が要求内容を焦点とした要求の表現であるのに対し、「呼びかけ」は要求相手を焦点とした要求の表現であると言ってよい。命令文と「呼びかけ」とはこのような関係にある。

なお、命令文において、実際の実現を意図した要求である〈命令〉と、実現を必ずしも予定せず要求心情の一方的な表白にすぎない〈願望〉との二種があったことに対応して、「呼びかけ」にも、〈現実的呼びかけ〉と〈仮想的呼びかけ〉の二種が区別される。〈現実的呼びかけ〉は、話者の要求を実際に実現すべき相手、すなわち発話の現場にあって発話の内容を理解し且つ要求を実現する能力を有する相手に対する呼びかけであるのに対し、〈仮想的呼びかけ〉は、言っても実際には要求を実現し得ないような相手、つまり発話の現場にいない相手とか無情物の相手とか不可能なことを要求した場合の相手に対する呼びかけである。後者は呼びかけてもどうせ実際には相手の心に届くはずがないことを承知での呼びかけであるから、たしかに「仮想的」呼びかけと名付けてよいであろう。このような「呼びかけ」の二種に応じてそこに使われ得る名詞にも制限があって、「おとうさん」「中村君」「みよ子」「小僧」のような名詞は両方の呼びかけに用いることができる（「みよ子、これをごらん」

「みよ子、待ってろよ。むかえに行くからな」が、「妹よ」「友よ」「青少年よ」などの名詞は〈仮想的呼びかけ〉の場合にのみ用いることができる（「泣くな妹よ、妹よ泣くな」「青少年よ、夢を持て」）。

ところで「呼びかけ」は命令文と共存するだけではない。「呼びかけ」それ自身は相手に対する積極的な働きかけの意志を表現するのみで、その意志の内容については問わないから、具体的な表現の中では発話状況に応じて様々な意志を担い得る。言語表現における対他的意志の種類は、広義要求（命令、依頼など）から禁止、問いかけ、相手状況評価、訴え、注意喚起・教え、誓い・宣言・宣告、同意確認、勧誘、あいさつに至るまで極めて多様であるが、「呼びかけ」はそのすべてを担い得るのである。[10] 従って「呼びかけ」と共存し得る文の種類は、命令文ほかに、疑問文、平叙文（「みよ子、よくやった」――相手状況評価――、「おかあさん、痛いよ」――訴え――、「太郎、水たまりだ」――注意喚起・教え――など）にまで広がる。

「要求」という意志が、あくまで多様にあり得る対他的意志の種類の一つに過ぎず、対他的意志そのものは文の種類の別を超えて様々な文表現の中に存在し得るとすれば、命令文を他の種類の文から区別するポイントとは何であろうか。相手に対して働きかける表現であるということが命令文の専売でないとなれば、命令文を特徴づける「要求」という働きかけ方そのものの特殊性を主張しなければならない。それはほかでもなく「要求」ということが未だ存在しないものを求めることであるという点に求められる。「要求」は「希求」の対他的形態にほかならず、その点でこそ他の種類の対他的意志とは質的に異なるのであった。「要求」の表現であることをもって特徴づけられる命令文は、従って根本的には希求文の一形態であると理解される。

(B)2、(C)2タイプの希求文、(動詞命令形によるものを典型として形態的に要求表現であること積極的に表わす) 狭義命令文、「呼びかけ」の文、およびそれらの感動詞的表現である「おい！」というような文は、「要求」

という意志を持つ文あるいはたまたま持っている文として「広義命令文」の名のもとに一括され得るが、上述の希求文とこの広義命令文とを含んだ全体が「広義希求文」として理解されるのである。

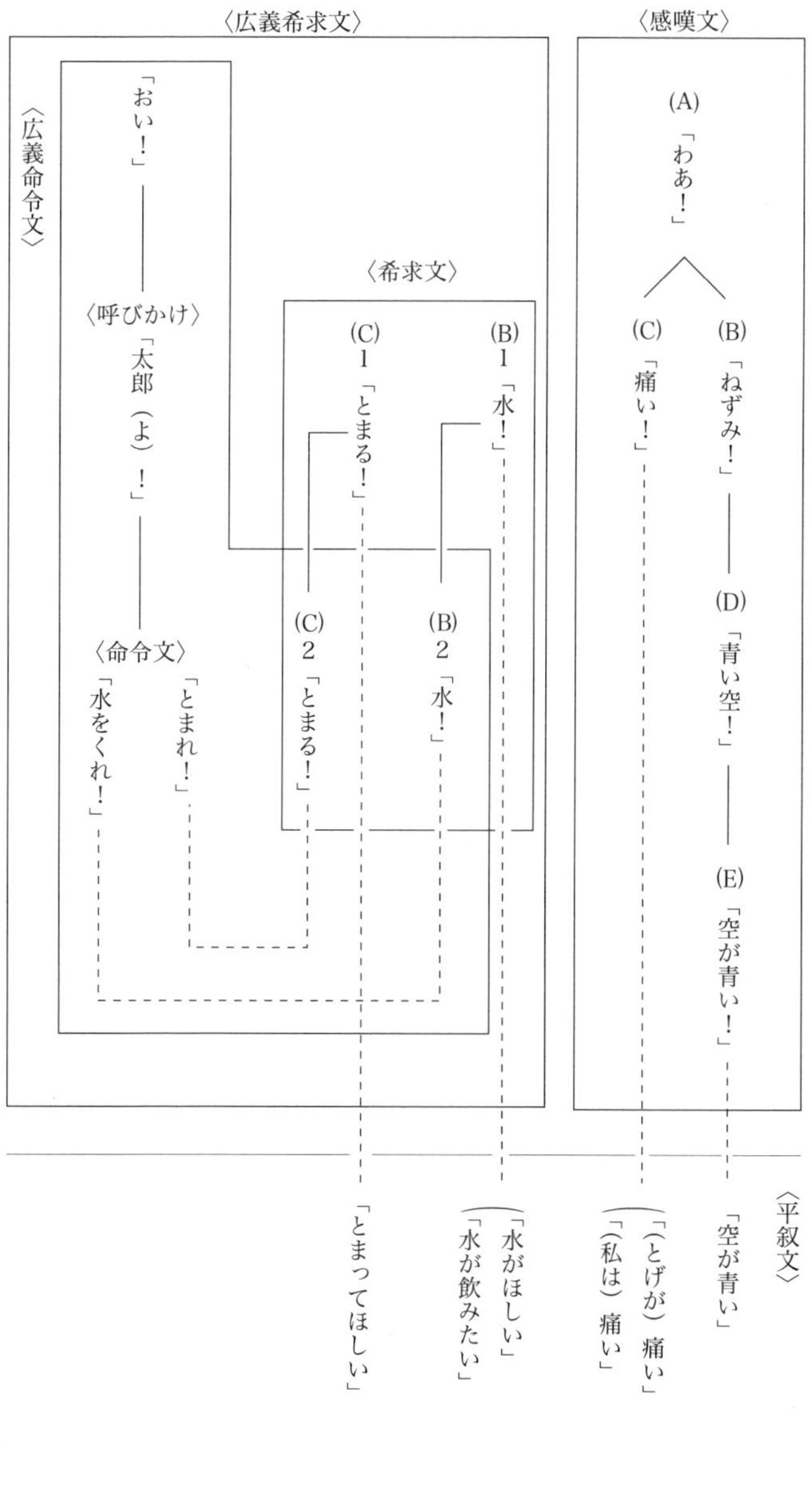

三　感嘆文、希求・命令文と喚体・述体概念

三―一　山田博士の喚体概念

山田孝雄博士は「うるはしき花かな」「妙なる笛の音よ」というような形式の句を感動喚体句、「老いず死なずの薬もが」というような形式の句を希望喚体句として、喚体句と述体句とを厳しく区別された[11]。平叙文の文末言い切りの所で何が為されているかを問うことを思索の第一原点とする山田文法においては、一つの内容を述語によって述べ上げ、言い切るという形式によって表現する句（述体句）と、そうでない形式によって表現する句（喚体句）とは、句の根本的に異質な二種類として区別されることになる。山田博士において「陳述」という語はあくまで「一つの事態を述べあげ、言い切ること」という通常の用語法における感覚を帯びて用いられており、陳述するという形式をもって内容を表現するのが述体句、然らざる形式をもって表現するのが喚体句であった[12]。

陳述しない形式をもってある内容を表現するということの内実は、どのようなものであろうか。感動、希求というような心の動きは本来非文節的な、一体的なものであるから、その表現形式も主述二項分節的な形式をとらず、全体が一つの体言であるような形式をとるのだと、山田博士はひとまず大きく把握しておられる。けれども山田博士の喚体概念はそれにとどまらない。幾つかの要件を設定することによって、実は「一体的な感動・希求表現」のうちのある限られたもののみを喚体句と認めているのである。

それは、例えば山田博士の感動喚体句（以下「感動喚体句」と表記）と本稿の「感嘆文」とを比較することによって明瞭になる。「感嘆文」の(A)「わあ！」タイプ、(B)「ねずみ！」タイプ、(C)「熱い！」タイプは、いずれも山田博士においては不完備句に相当し、喚体か述体かの判定以前に切って捨てられることになる。(E)「空が青

い！」タイプは山田博士の分類では述体句であり、感動を表わしていようとも「感動喚体句」ではない。

かろうじて(D)「青い空！」タイプのみが「連体格＋体言」という形式をもって「感動喚体句」に数えられるかに見えるが、厳密に言えば、これとても除外されるであろう。山田博士の「感動喚体句」には「きたなきみ方の振舞かな」タイプ（以下、体言呼格タイプと略記）と「夜のみじかくてあくるわびしさ」タイプ（以下、「――サ」タイプと略記）とがあるが、体言呼格タイプは原則的にすべて「か・かな・よ・や」という助詞を句末に持つ。例外は、和歌の全体が「感動喚体句」（体言呼格タイプ）になっているもののみである。この点に照らして、和歌の文言ならぬ現場的な喚声としての「青い空！」は、「感動喚体句」とは認められないであろう。また、「感動喚体句」体言呼格タイプの山田博士の挙例を子細に吟味すると、和歌の全体が「感動喚体句」になっているもので動詞を連体格に持ついくつかの例（三笠の山に出でし月かも）を除いては、連体格の部分がすべて情意形容詞（あな情なの御事や）か評価的な内容の語（妙なる笛の音よ）であって、この点に照らしても「青い空！」は「感動喚体句」とは認められないであろう。事実、山田博士自身、口語（現代語）には体言呼格タイプの「感動喚体」はないと明言しておられるのである。[13]

では、山田博士の「感動喚体句」とは一体何であろうか。それは、外形的に言えば、体言的な形式をもって感動の一体的表現であることのほかに、次の三つの条件を備えている句のことである。

(1)連体格の部分を持っていること
(2)体言呼格タイプでは（和歌における少数の例外を除き）句末に必ず「か・かな・よ・や」の助詞を持っていること
(3)体言呼格タイプの連体格部分、「――サ」タイプの句末体言部分は、必ず情意形容詞か評価的な語である

こと

条件⑴は、何がどうだという感動の内容が文字づらだけで了解できなければならないという要請であり、条件⑵は、その文言が単なるものの表示ではなく感動の表現であるということが文字づらだけでまちがいなく決定されなければならないという要請である。つまり、条件⑴⑵は発話された現場的な状況を離れてもその文言の意味が了解されるようにという、脱状況的自立性、言語としての自足性を「感動喚体句」に求めた結果である。

このような規定の仕方は、文学言語こそ言語の典型であるとイメージする山田文法にとって言わば当然のことであろうが、そこには次の難問が待ちかまえていることを見逃すことができない。感動対象に喚びかける（それが「喚体」という命名の由来でもある）ことが、一方で感動という心的経験そのことの表現でありつつ同時に感動の内容の自足した説明になっている、というような困難なことがいかにして可能かという問題である。

感動の表現が体言形式をもつ一元性の句によって為される理由は、感動という心的経験そのものが一体的なものであるということのみには求められないであろう。同じ感動が「海は大きいなあ」というような二項分節的な述体によっても表現され得るのである。「感動喚体句」が一体的な形式をもつのは、それが「(感動)対象を喚びかくる」[14]という方法で感動を表現するからにほかならない。ところで、「対象を喚びかくる」ということは、一般的に言って、対象との遭遇の自覚、あるいは対象と自己とが何らかのつながりを持つことの自覚ないし希求であって、対象のあり方を描写、説明することとは本来大きく隔たっていると言わねばならない。感動したという心的経験そのことを語ること（イ）と、感動対象のあり方を説明すること（ロ）と、どのように感動したかを語ること（ハ）とは、それぞれに別のことであるが、山田博士の「感動喚体句」はその三者を一挙に表現すべく要請されているのである。そうであってこそ、言語面だけで自立して「感動」という内容を十全に語る自足的な完備句たり得るのであった。

イとロを同時に表現するという要請のためには、感動対象たる体言にそのあり方を説明する賓語であるところの連体格をつけて、その全体を喚びかけるという方法をとることになる。それが前記条件(1)であった。一方、ロとハを重ねて表現するという要請のためには、対象のあり方を描写する（意味上の）賓語部分が同時に感動内容を語ることばでもあるということが必要になる。それをかろうじて満足する語類が情意形容詞と評価的な形容詞（および形容詞類似の語）なのであって、前記条件(3)は、いわばそのような無理な綱渡りをあえて要請した結果なのだと考えられる。

山田博士の「感動喚体」は、このように、感動という心的経験そのことの表現と、感動対象の描写、感動内容の説明とに相わたるものとして規定されているのであるが、感動対象（事態）の描写とはそもそも述体が拠って立つ領域であった。一般に言語表現の二つの領域として、感動・希求などの心的経験そのことを表現する世界と、対象を描写する世界とがあり得るが、山田博士の規定においては前者が「喚体」後者が「述体」というきれいな対応を為してはいないのである。山田博士の「感動喚体」は後者の世界にまで踏み込んだものとしてある。

従って、対象描写の世界に限って言えば、同じ領域に「感動喚体」と「述体」とが並び立つことになる。この点のみを重視すれば、「感動喚体」と「述体」とは発表形式の差に過ぎないという言い方も成り立つ[15]のであるが、では、その発表形式の差の内実は何であろうか。描写対象たる事態を、「述体」は主語（知られるべき対象）と述語（知る内容）とに分節するという仕方で描き上げるのに対し、「感動喚体」は主語と述語の結びついた結果を一枚の絵に閉じこめ、これを話者から離れた位置に置いて眺めやるという仕方で描く。句の全体が体言的な形式をとるということは、対象描写という世界に限って言えば、そのような表現性をともなうということであろう。

対象描写の世界に重心を移した「感動喚体」は、対象との遭遇による心の変化（感動）を表現するものと言うより、ある内容を深い感慨をもって承認する（詠嘆）ものと言う方がふさわしい。体言呼格を中心とする典型的な「感動喚体句」から一歩述体に近づいて「みよしのの山の白雪ふみわけて入りにし人の音信もせぬ」のような「擬喚述法」[16]となると、この色合いは一層深まると言ってよい。

感動対象を喚びかけるという「感動喚体」は、一方の端で感動そのことを表現するものでありつつ、他方の端で詠嘆的な対象描写の世界にまで広がっている。山田博士の規定はそのようなものであった。

なお、希求・命令文の領域においても、本稿の「希求文」(B)「水！」タイプは、「もが」という助詞を持たないゆえに、山田博士は「希望喚体句」と認めない。[17]「感動喚体句」の場合と同様、完備句としての脱状況的自立性、自足性を求めるからである。

三―二　喚体・述体概念の継承

山田博士が述体と喚体を分けたことの意義は、対象描写、対象説明の文と心的経験そのことを表現する文との異質性を主張した点にあると評することが許されるであろう。言語の機能としては対象指示の面だけが注目され、それにともなって、文と言えば対象描写の文だけが意識化される風潮の中で、それとは全く異質の言語の機能、それに対応する文の形式を取り出して見せたことは十分に評価されて然るべきである。この精神を継承するためには、前述の山田博士の「感動喚体」が内包する二面のうち、対象描写の世界にかかわる一面を切り捨てて、喚体――心的経験そのことの表現、述体――対象事態の描写という対応関係を鮮明にすることが有効であると思われる。これが山田博士の「喚体」概念を修正する第一の要請である。

また一方、山田博士は「喚体句」に完備句としての自足性、脱状況的自立性を求めた。その結果「ねずみ！」「水！」などの典型的な感動・希求表現が「喚体句」から除外されることになった。そもそも、心的経験そのことの表現は具体的な現場状況の中でしかあり得ない。その表現形式に、現場から離れても言語面だけで意味が十全にわかるというような自立性を求めることは無意味ではあるまいか。言語にそのような自立性を求めれば、勢い、対象描写の世界へ傾いて行かざるを得ない。これが「喚体」概念修正の第二の要請である。

本稿はこの二つの要請に沿って「感嘆文」「希求文」の概念を立てた。喚体ということばこそ使わないが、山田博士の「感動喚体」「希望喚体」をその精神において継承しようとしてのことである。

本稿は、修正した上での喚体、精神としての喚体（以下『喚体』と表記）を次のような性質をあわせもつものとして想定する。

(1)その表現はその時、その場の心的経験・心的行為（感嘆、希求など）に対応する《現場性》。

(2)表現される心的経験・心的行為はものやことの中に対象化され得ない。

(3)ことばになるのは遭遇対象、希求対象のみで、心的経験・心的行為の面はことばにならない。

すなわち本稿の感嘆文、希求文の例に即して言うなら、「ねずみ！」「水！」という表現はその時、その場での驚嘆や希求に対応しており（右の(1)）、「空が青い！」「水！」ということばで表現される感嘆や希求の心的経験そのものは「空が青い」ということや「水」というものの中に対象化され得ない（右の(2)）。また、そこでことばになるのは「ねずみ」「水」という遭遇対象、希求対象のみで、驚嘆、希求という心的経験そのものはことばにならない。「妙なる笛の音よ」のような例でも、「よ」が感嘆を表わす語形式なのではなく、「――よ」と喚びかけることの中に結果として感嘆が表現されるのであるから、感嘆そのことはことばになっていないと言うべきである。要するに、ことばの形は「ねずみ」というものであっても、表現としてはそのものを語るのでなく、そのものによって心に生じた驚嘆という経験を語るのであり、このように表現される内容と表現のために使われることばの形との間に乖離があるのが『喚体』の特徴である。

この『喚体』に対置されるべき概念としての述体（以下『述体』と表記）は次のような性質をあわせもつものとして想定される。

(1)その表現はことに対する承認である。

(1′)従って、その文形式は判断の構造に対応して必ず二項的である（無論、主語省略などのことはあり得るが）。

(2)言語主体の承認作用は、承認されたことの中に対象化されてある。

(2′)従って、ことが承認作用を含んだ形で一つの内容として自立する（《現場からの独立性》）。

(3)ことについての承認作用という言語主体の心的行為も、承認された結果のことも、すべてことばに乗っていると言える。

このように設定された『喚体』『述体』の対照の中では、命令形による（狭義）命令文はどのように位置づけられるであろうか。少なくとも(1)(2)の面では『喚体』である。命令形という活用形がその語構成として内部に係助詞を含むという方向で理解するならば、（狭義）命令文はそれ自体『喚体』そのものと言わねばならないが、そこまで踏みこまないとすれば、とりあえず(3)の面では『述体』であると見てもよいであろう。このような意味で両面性を持つのが命令文の命令文たる所以であって、このように位置づけてこそ、山田博士が命令文を述体に含めたことと、命令文が意味として希望喚体に通ずることとの両面が共におさえられたことになると言うべきである。

「熱い。」「空が青い。」という文は、本稿では感嘆文（『喚体』）の場合と平叙文（『述体』）の場合と両方があるとした。前記(1)の点で、生じた情意の内容ないし対象のあり方を語る表現であるとみなされる場合には『述体』であり、驚嘆、感動などの感情的経験そのものを語る表現であるとみなされる場合には『喚体』である。この二つの場合は、(1)の点における区別に応じて、(2)(3)の点でも必然的に『述体』と『喚体』とに分かれることになる。表現される内容の異質性を重視するという、喚体概念設定のそもそもの要請に従うならば、外形上は同形の文であっても場合によって異なる文の種類に振り分けることが当然許されるであろう。

また、本稿は「感嘆」と「詠嘆」を厳しく区別した。「空が青い！」が急激な感情の生起そのことを表現する感嘆の場合は感嘆文（『喚体』）、「空が青い」という内容を深い感慨をこめて承認する詠嘆の場合は平叙文（『述体』）だとしたが、山田博士においては感嘆と詠嘆の区別はない。山田博士の「感動喚体」の用例は、和歌の例をその極として、すべてなにがしか詠嘆の色を帯びているとさえ言えるが、一方「述体」の側でも詠嘆の気分をともなう場合が当然あるのであって、これを含めて山田博士の分類と本稿の分類との関係を図示すれば左のようになろう。

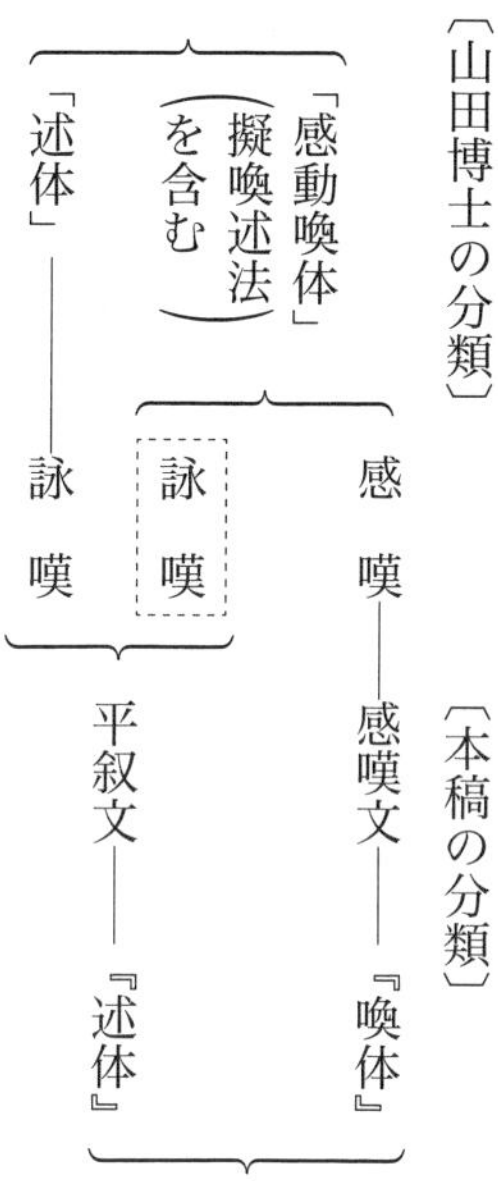

山田博士における喚体、述体の境界線と、本稿のそれとは、点線枠で囲ったものの所属においてこのように異なる。山田博士の「喚体」「述体」は句の形式による区別であり、本稿の『喚体』（感嘆文）『述体』（平叙文）は結果として表現される内容とそこに用いられることばそのものとの関係における異質性に注目した区別であって、このように観点が異なる以上、それぞれの対象範囲の相異は当然でもあるのだが、それぞれの規定の結果このような相異が生じたことについては、実は日本語の文法史的変遷がその根底にあると考えられる。

古典語に着目して為された山田博士の規定では、主述の語順をとっていようとも句末が連体形終止になっているものは「擬喚述法」として大きくは「喚体」の内に数えられた（擬喚述法は詠嘆の表現であって右図の点線枠の位置に立つものである）。しかし、すべての文が連体形で終止することになった近、現代語においては、擬喚述法と通常の述体とを外形から区別することはできない。対象事態を体言的な一枚の絵に閉じこめて表現するのが喚体だと言うなら、連体形終止法が一般化した後の近代日本語の文はすべて喚体だと言わねばならないことになる。[18]近、現代語にあっては、喚体と述体を区別するポイントは句の外形的形式以外のところに求めざるを得ない。「表現される内容とそこに使われることばそのものとの関係」といった観点を区別のモノサシとして本稿が導入したことには、このような文法史的理由がある。

また、同じく右図の点線枠で囲った部分に位置する現代語の表現類型として、「……している私です」「……ことだなあ」のようなタイプがある。これはそれぞれ古典語の「感動喚体」の体言呼格タイプあるいは擬喚述法の直系とも言うべき表現法で、詠嘆的な表現を担う句形式であるが、現代語では既に「です」「である」「だ」という述語形式素を顕在化させなければ文たり得ないというところから見ると、『述体』に数えるのが妥当であろう。このように、古典語でレッキとした感動喚体であったものの直系の表現法が、一面で述体的な体裁を身にまとい、述体的な表現意識さえ帯びて現代語に生きながらえているのであって、このこと自体が喚体概念の文法史的変更の必要を示唆しているとさえ言ってよいであろう。

以上のような修正を含んで、本稿は山田博士の喚体、述体概念を積極的に継承したいと思う。くり返すが、本稿の「感嘆文」「希求文」は精神として感動喚体、希望喚体なのであった。このような形で継承し、活用することは、単に感嘆表現、希求表現の理解に有効であるにとどまらず、疑問表現などの喚体述体両面性を持つ表現や、さらに翻って、述体と呼ばれる文に固有の文法範疇（テンス、ムードなど）の内実を問うためにも有効であろう。述定する文を述定しない文との間で相対化することが、述体そのものの理解のためにも必要なのである。

以前、松村先生の還暦記念の論文集に加えていただいた拙稿「語列の意味と文の意味」の中でも感動喚体の問題を扱ったが、本稿は再びあえてこの問題を取り上げた。松村先生の還暦から古稀への十年の間に私自身が少しは進歩したかどうか、先生に見ていただきたいと思ってのことである。

注

1　文献①一二八八—八九ページ。

2　川端善明氏（文献③、文献⑦、文献⑧など）に従う。また、拙稿、文献⑬に詳述した。

3　注2に同じ。

4　この意味から言えば、「ねずみ！」の「ねずみ」は主語であると同時に述語であり、このことを川端善明氏流に言うなら、感動喚体の根底には自同判断があるということになる（文献④、文献⑥）。

5　「感情の生起」のみならず（詠嘆と称されるべき）「強い感情の存在」を表現する文をも「感嘆文」に含めてしまうならば、特別な感慨をこめて発話した平叙文はすべて感嘆文になってしまう。文の種類によって表現形式と表現される意味との関係のあり方が異質であることを論じようとする本稿の立場からは、平叙文とは決定的に異質である文（感情の生起を表現する文）のみをとり出しておく必要があり、これに「感嘆文」の名称を与えることにする。感嘆文と詠嘆の平叙文との関係は後に述べることになる。

6　(ハ)の評価の形容詞と(ニ)温度・痛覚などの形容詞が(イ)属性形容詞と(ロ)情意形容詞の中間に位置することについては川端善明氏に詳細な考察がある（文献③、文献⑧）。(ハ)(ニ)が(イ)(ロ)と異なるあり方については、本稿は川端氏の所説を承認しつつやや離れた角度から独自に考えている。本稿が指摘した(ハ)(ニ)の特殊性を重視する立場からは、むしろ(ハ)評価の形容詞が(イ)属性形容詞に近く、(ニ)温度・痛覚などの形容詞が(ロ)情意形容詞に近いことになるが、この把握は川端氏の把握とは逆になる。ただしそれは重視する側面の相違によることで、本稿は川端氏の所説と共存し得ると考える。

7　もっとも、(ニ)温度・痛覚などの形容詞も、「(傷がずきずきと)痛い」「(ひざがドーンと)重い」などの体内感覚的な表現に立つ場合は(ロ)情意形容詞と同じく超状況的、持続的である。従って「痛い！」「重い！」は先に述べた「うれしい！」と同じく（感嘆文ならぬ）訴えの平叙文としてあり得る。しかし、言表状況から見て急激な感情的経験の表現であると判断される場合の「痛い！」は、身体がものに接触することによってはじめて生ずる種類の感覚としての「痛い」であって、(ニ)温度・痛覚などの形容詞が感嘆文を成立させる可能性を説明しようとする本稿にとっては、右の体内感覚的な場合のことを当面無視して論を進めてさしつかえない。

8　実は(C)タイプ感喚文「痛い！」から平叙文「痛い。」へは転一歩であり、ここでも感嘆文と平叙文は隣接する。「痛い！」「きたない！」などは具体的な機縁の存在とそれによって主体の側に生ずる感覚、感情との両者を一挙に表わすことによって感嘆文であり得るが、主者の感情、感覚の表現あるいは対象のあり方の描写としてのみ働く場合には平叙文である。

9　要求する姿勢の強弱をもって「命令」と「要求」とを呼び分けるような用語法もあり得るが、今はその差を問題にせず両者を一括して〈命令〉と呼ぶ。

10　文献⑨に詳述した。

11　文献①、文献②。

12　「陳述」は統覚作用の言語的対応物であり、統覚作用は述体、喚体の別を超えてすべての句に存在するはずだからすべての句に「陳述」がある、と解釈する立場に立って「喚体句の陳述は……」というような用語法を為す学者もあるが、山田博士の著述を注意深く読むならば喚体句について「陳述」という語を使っている箇所は一つもないことに気付く。山田博士においては「陳述」とはあくまで述体句を特徴づける形式であった。山田博士における「陳述」概念、喚体句と述体句の意味については文献⑪に詳述した。

13　文献②、九六二―九六三ページ。

14　文献②、九三六ページ。

15　文献②、九九四ページ。

16　文献①、一二八八ページ。

17　文献②、九五〇ページ。

18　文献⑫に述べた。

文献

①山田孝雄『日本文法論』(宝文館、一九〇八)
②――『日本文法学概論』(宝文館、一九三六)
③川端善明「形容詞文」(『国語国文』二七巻一二号、一九五八)
④――「喚体と述体――係助詞と助動詞とその層――」(『女子大文学』一五号、一九六三)
⑤――「喚体と述体の交渉――希望表現における述語の層について――」(『国語学』六三集、一九六五)
⑥――「文の根拠」(『文林』一号、一九六六)
⑦――「日本文法提要2　文の基本構造」(『日本語学』二巻二号、一九八三)
⑧――「日本文法提要3　文の構造と種類――形容詞文――」(『日本語学』二巻五号、一九八三)
⑨尾上圭介「呼びかけ的実現――言表の対他的意志の分類――」(『国語と国文学』五二巻一二号、一九七五)
⑩――「語列の意味と文の意味」(『松村明教授還暦記念　国語学と国語史』一九七七)
⑪――「山田文法とは」(『言語』一〇巻一号、一九八二)
⑫――「文の基本構成・史的展開」(『講座日本語学・2巻』一九八二)
⑬――「主語・主格・主題」(『日本語学』四巻一〇号、一九八五)

第一章第九節

日本語の構文

（原論文は、『国文法講座』6巻　1987年7月　所収）

一　はじめに

文法論の領域として「構文論」と「形態論」とを並立させる用語法に立つならば、「構文」として論ずべきことは、主語、述語など文を構成する諸成分相互の関係のあり方とその外形上の並び方ということに限定されるであろう。けれども、「構文」という語を「文の文法的構造」というように広く解するならば、論ずべきことがらはおのずから多岐にわたる。

文の文法的構造を論ずるとは、文の意味とそれを表現する文の形との関係を問うということにほかならないが、その問い方には様々のものがあり得る。

複数の言語の比較、対照という関心を明確に、あるいは潜在的に持つ文法研究においては、文の意味をあらかじめいくつかの領域に分けた上で、この領域、例えば格関係は（日本語においては）こういう文法的手段（そのために動員される語の種類や形態変化）によって、テンスは（日本語においては）こういう文法的手段によって表される、というような記述の仕方をとる。その際の「領域」とは、言語の外形的なあり方から示唆を得ているとは言え、基本的にはアプリオリな範疇として設定されるものと言わなければならない。それは、言わば比較、対照という要請からの必然である。

しかしながら、文の意味と外形との関係を問うという作業は、本来これにとどまらないはずである。文のそのような外形がなぜそのような意味を表すことができるのか、意味のそのような「領域」、例えばテンスならテンスという範疇がなぜ文にあるのか、というようなことが当然問われなければならないし、特に、個別言語を論ずるときには、ある言語要素（助詞カならカ）がなぜその「領域」の意味を表すことに働くのか、一つの言語要素がなぜ複数の「領域」で働くことができるのか（例えば、古典語のケリや現代語のタは、テンスとムードの少なくとも二つの領域で働いており、助詞ハは、格関係の領域でもそれ以外の領域でも働いているように見える）、というようなことが問われなければならない。

複数言語の比較、対照という関心に立てば、文法研究は範疇を優先した記述ということに傾くのが当然であるが、個別言語の文法のあり方という関心に立つならば、範疇よりも個々の言語要素の側に立って、その語（その形態）の働き方、それを可能にするその語（その形態）の個性といったものに光を当てつつ、意味と外形との関係について記述よりは「なぜ」という解釈を中心とする文法研究が開けて来るであろう。本稿ではそのような立場に立って日本語の文の構造のいくつかの面を論じてみたいと思う。

二　文の外形と意味との関係—文の種類による相異—

一つの文はある外形をもってある意味を表すが、その際の形と意味の関係は、文の種類によって大きく異なると言わねばならない。

例えば、目の前にねずみを見たときの「ねずみ！」という叫びは、（場合によって嫌悪の感情さえ含んだ）驚嘆の気持と、その驚嘆がねずみに出会ったことによって生じたものであるということの二つの内容を同時に表現するが、ことばの形になっているのは感情の機縁となったもの（ねずみ）だけである。驚嘆という心的経験そのことは決してことばにならない。「ねずみ！」「きれいな桜！」などという叫びは、それ自身で一つのまとまった意味を表現している以上、文であるに違いないが、感嘆文における文の外形と意味との関係はこのようなものである。このあり方は、平叙文の場合と大きく異なるであろう。

また、希求文における文の外形と意味との関係も、平叙文の場合とは大きく異なる。砂漠で水を求めて思わず「水！」と叫ぶとき、ことばの形になっているのは希求対象のもののみで、希求するという心的行為そのことはことばになっていない。感嘆文の場合と同じく、表現内容の二面のうち一方のみがことばになっているわけである。

　このようなあり方は、希求文が他者に対する要求という色あいを帯びている場合にも変わるものではない。前出例の「水！」は直接には話者の自身における希求感情を表現するだけのものであるが、この希求感情を具体的な聞き手に向けて発話した場合は、その希求感情を満足させることを聞き手の人物に求めるという色合いが生じることがある。つまり「水！」という叫びが「水をくれ」という要求としての色合いを帯びる場合があるのであるが、もはや要求表現と呼んでもよさそうなこの種の発話においても、希求感情とその満足を他者に要求する感情とはことばの外形には現れないのである。「そこにすわる！」「帽子をとる！」というような、相手に対する要求を専ら表現すると言えそうな文でさえ、基本的には「そこにすわる」こと、「帽子をとる」ことがそこで実現するように希求し、その希求を満足させることを相手に求める表現であって、その中核に希求文としての構造を持っているものと言わねばならない。このような要求表現までを含む広義の概念としての希求文が、その外形と意味の関係において、感嘆文とある共通性を持ち、平叙文とは大きく異なるのである。

　くり返すが、感嘆文、希求文においてことばになるのは遭遇対象、希求対象のみで、感嘆、希求という心的経験、心的行為の面はことばにならない。これに対し、「花が咲いた。」「桜は美しい。」など、いわゆる平叙文では、文の表現する意味がすべてことばになっていると思われる。この差はどこから来るのであろうか。

　平叙文の表現においても、話者の主体的行為というものがないわけではない。それはことに対する承認作用であると考えられる。感嘆文・希求文の場合、その言語行為のあり方が感嘆・希求という心的経験の表出であったことに対応して、平叙文の場合はその言語行為のあり方はことに対する承認であり、その限りでは両者のあり方は並行していると言ってよい。けれども、平叙文の承認作用は、承認されたことの中に対象化されてしまう。「桜は美しい」と承認する作用そのものが、承認の結果そこに成立する「桜は美しい」という一つのことがらの中に塗り込められるのである。承認作用があってはじめて一つのことが成立するのであるが、このことを逆に言うなら、そこに存立する一つのことはその中に必然的に承認作用を含んでいるということになる。従って、平叙文においては、ことばの形をとった一つのことが、必然的に承認作用を含んだ一つの内容として自足的に自立できるのである。

これに対し、感嘆文や希求文において、ことばの形になった「ねずみ」「水」という遭遇対象・希求対象そのものの中に感嘆・希求感情の表出という行為が対象化されてあるとは言えない。言語行為としての感情表出がある特定の現場でたまたま「ねずみ」「水」というものにかぶさってあるというだけのことであって、ことばの形自身（この場合は「ねずみ」「水」）が言語行為の側面を内に含んであるということではない。従って、この「ねずみ」「水」ということばは、その発せられた現場からはずして、とり出して見るならば、もはや感嘆・希求の表現であることはできないのであって、この意味で、感嘆文・希求文の外形自身は、現場からの自立性を持ち得ないのである。

その文によって表現される内容のすべてがことばの形の中にはいっているか否かという、平叙文と感嘆・希求両文との差は、正確に言うならば右のような差なのであって、その差の由来は、平叙文における（承認作用という）言語行為が、行為の結果成立することの中に必然的に対象化されてしまうものだという一点に集約される。

平叙文と感嘆・希求両文との間には、このように、大きな違いがあるのであるが、いわゆる命令文（「行け！」「そこにすわれ！」など、命令形による行動要求の文）はどちらに近いであろうか。

命令文における話者の言語行為は、何かに対する承認作用ではなく、相手に対する行動要求という現場的な行為であるから、この意味では、感嘆・希求両文の側に属すると言える。しかも、行動要求というのは、必ず、そこにない行動をあらしめるべく要求するものであって、この点では希求文と積極的に共通するものだと言ってよい。けれども、文の外形と意味との関係のあり方という面で見るならば、「そこにすわれ！」という外形には、その表現が聞き手に対する要求の表現であるということと、その要求内容が「そこにすわる」という行動だということとの両面がすべて表されており、ことばの形の中に含まれない心的経験・心的行為が外にかぶさっているわけではない。この点では、平叙文と共通していると言わねばならない。このように、命令文は、一面で感嘆文・希求文の側に属しつつ、他の一面で平叙文の側にあるものと理解するのが適当であろう。

文の種類によって、文の外形と意味との関係のあり方そのものが大きく異なるという視点は、平叙文を特徴づける要素、述語の述定ということの内実を考えるためにも、ぜひとも必要となる。

三　平叙文の構造

三―一　格的構造

平叙文はことを承認する文であり、ことは言語的には複数の要素項の結合として承認されるから、平叙文は諸要素項の関係としての格関係を内部に持つことになる。ただし、その格関係のあり方は、述語の品詞などによって大きく異なる。

「ある」「ない」「多い」「少ない」「見える」「聞こえる」などの語を述語として持つ文は、存在そのことを表す文、存在の量的な仕方を表す文、視覚的、聴覚的な存在を表す文として、広義に存在文と一括することができようが、この存在文の内容は、存在するものと存在そのことを表す語との結合として把握される以外にありようのないものであり、その前者「存在するもの」が主語、後者「存在そのこと」が述語として、主述という格関係を構成することになる。

形容詞を述語とする文は、その形容詞の意味の種類によって文が表現することがらの内容が異なる。情態形容詞（性状形容詞）を述語とする形容詞文（「花が赤い」）の内容の対象的側面は、属性の持ち主（「花」）とその属性（「赤い」）の結びつきとして了解され、情意形容詞（感情形容詞）を述語とする形容詞文（「別れがさびしい」）にあっては、情意をもたらした機縁（「別れ」）とその情意（「さびしい」）の結びつきとして了解される。形容詞文において「○○が」「○○は」という部分の述語に対する関係は、述語形容詞の種類によってこのように異なるのであるが、しかし見方を変えればそこに共通の関係を見てとることも可能である。紙幅の関係で詳述は避けねばならないが、「属性の持ち主」と「情意の機縁」とは、すべて、その形容詞文で知られることがらの対象的中核であると言うことができ、この共通性をもって、両者を主語という同一範疇に括ることが許されることになる。

このように把握される主語と述語との関係が形容詞文の格関係であるが、これは、「ことを承認する」という平叙文の判断の構造に即して言うなら、「知られるべきもの」（主語）対「知ることの働き」「ものがある在り方」（述語）の関係と見ることができる。このように平叙文固有の判断の構造に直接的に対応する二項関係が形容詞文の格的構造である。

これに対し、動詞文の格的構造は大きく異なる。動詞の意味によってその数は決まるが、いくつかの名詞項目が動詞を中心として結びつく（「太郎が歩いた」なら一項目、「太郎が次郎にりんごをやった」なら三項目）というのが動詞文の格的構造である。その名詞項目は「ガ格」「ヲ格」「ニ格」……、あるいは「主格」「対格」「与格」……などと呼ばれることがあるが、そのような格項目の一つとしての主格は、他の格に対して相対的に優位に立ちはするものの、形容詞文における主語のような絶対的な格ではない。動詞文の主格の語を主語と呼ぶこともあるが、存在文、形容詞文の主語と動詞文の主語との性質の違いに留意しておく必要があろう。

なお、「名詞＋デアル（ダ）」を述語とする文は、その対象的内容においては無論異なるが、格的構造そのものにおいては形容詞文に準ずるものと理解してさしつかえない。

三―二　確言方向の述定のあり方

平叙文の述語のあたりに、アスペクト、テンス、ムードなどの文法範疇を認めることがかなり広く行われている。けれどもそれぞれの概念内容については、論者によって一様ではない。アスペクトを「動作、変化がその実現過程のどの断面にあるかということ」、テンスを「その事態が時間軸上のどの領域にあるかということ」というふうに、文の意味の一側面として規定して、それに関係する述語あたりの要素（助動詞、補助動詞や活用など）を広く問題にするというような論じ方もあり、一方、スルとシテイルの対立をアスペクト、スルとシタの対立をテンスと呼ぶように、述定に用いられる語形態の変化の一面と規定して、その形態変化が時間的な意味を表現する限りでこの範疇を論じようとする論じ方もある。

前者の論じ方に対しては、第一に、文の意味のある側面をアスペクト、テンス…という二つなら二つ、三つなら三つの断層に分けることの必然性はどこにあるかという疑問がわくし、第二に、タ、テイル、テアル、テイク、テクル、テオクなど、関係する助動詞や補助動詞の数だけそれぞれの意味的な働き方を検討するのであれば、それは述語の述定をめぐる文法範疇を論じているのか、個々の助動詞・補助動詞の語彙の意味を論じているのかという疑問が生ずる。また、後者の論じ方に対しては、第一に、シテイル、シタという語形態がアスペクト、テンス的な意味を表す場合とそうでない場合とがあるのに、この形態をアスペクト形式、テンス形式と呼んでしまうことの妥当性はどこにあるのか、アスペクト形式などと先に規定してしまうことによって、非アスペクト的な用法との関係が説明しにくくなるのではないかという疑問が生ずるし、第二に、アスペクトにかかわる形態変化はほかにもあるのにテイル形だけをそれと呼び定めることは述語の文法範疇そのものとしてのアスペクト論を矮小化してしまうものではないかとの疑念が生ずる。

無論、それぞれの立場からはそれなりの反論が予想されるのであるが、もっと根本的に、平叙文の述語になぜ時間的な意味にかかわる文法範疇があるのか、スルならスル、シタならシタという語形態が、時間にかかわる意味を表現する場合もそうでない場合も含めて、なぜそのような様々の意味を結果的に表現することになるのか、といったことが正面から問われてよいように思われる。アスペクト、テンスを動作の過程の断面とか事態の時間軸上の位置というような文の対象的な意味の中におし込めるのではなく、また、そのような対象的意味と関係する限りで形態を論ずるのでもなく、平叙文がことを承認するというその作用的なあり方の中にこのあたりの現象を正当に位置づけることが、対象的な意味そのものの深い理解のためにも必要なのではないだろうか。もとより、本稿はそのような要請に十全に答えるような規模、性格のものではないが、考え方の方向を、試みに示してみたい。

平叙文では、「ことに対する承認作用」が文内容の中に対象化されてあるのであった。述語の対象的意味の一面として、時間的な意味があるのであれば、それに対応する作用的なものがあるはずである。

確定的な意味の平叙文（推量や疑問でなく）を述べるということは、過去や未来との対比における現在でなく、話者の立つ絶対的な現在（発話時）において、ことの存在を承認することである。「ことがまちがいなく確かにそうである」と述定することは、「ことがそのように在る」ということを話者の絶対的な現在において主張することにほかならない。述べ方として確言するということは、この意味で、絶対的な現在におけることの存在の主張であらざるを得ない。

さて、形容詞という品詞は、「多い」「少ない」「ない」は存在の量的なあり方そのもの、その他の一般の形容詞は存在の質的なあり方を示すものとして、その品詞の意味自体が、存在という意味を言わば内側に含み込んでいると言える。そのような形容詞が述語に立てば、文はそのままで話者の発話時におけることの存在を主張することになり、述べ方としてことを確言したことになる。従って、形容詞の確言系の述定形式は、本来、「―イ」（古典語では「―シ」）という終止形一つで十分なのである。

しかし、動詞述語による確言は、こうは行かない。動詞という品詞は存在という意味を内に含んではいないからである。従って、動詞を述語としつつ「話者の絶対的現在におけることの存在」を主張するためには、何らかの方法によって、動作や変化という継時的な動詞自身の意味を存在の表現に持ち込まなくてはならない。ここに用いられる文法手段がタやテイル（古典語においてはツ、ヌ、タリなど連用形承接の助動詞）なのである。

「あの人は結婚しました。」という文は、素直に聞けば「最近結婚して今は独身ではなくなった」という意味に理解される。十五年前に結婚したのだったら、こうは言うまい。特に「いついつか」「どこそこで」「こういう原因で」というような限定の語を文の中に使わない限り、「…した」という文は、過去の一時点におけるできごとを表現するものではなく、「現在はこうなった」という現在のあり方を表現するものとなる。シテイル形式はもちろんのこと、このようにシタ形式さえも（シテアリ→シタリ→シタという語史をたどるまでもなく）、根本的には現在のあり方を語るものと言ってよいのであって、タやテイルは動作・変化という継時的な動詞の概念を話者の絶対的現在におけるあり方の表現へ持ち込むための要素であると理解される。動詞がシタ形式、シテイル形式をとってはじめて、形容詞の「－イ」形式と同等の資格を得たことになると、図式的には言えるであろう。

概括的に言うなら、「現在はこうなっている」と語るシタ形やシテイル形の述べ方を、ことの対象面に投影して了解するなら、その場合、場合に応じて、変化が既に完成したという意味で「完了」、変化の時点そのものは現在より前だということから「過去」、動作の結果がここにこうあるという意味で「結果」、動作そのものが今存在するという意味で「継続」などという様々な意味が了解されるのである。アスペクト、テンスと通常呼ばれる対象的諸意味に根拠を与える作用面の働きとして、動詞概念の「現在の存在」への持ち込みということを考えることが必要なのである。

このような述定の仕方を「広義完了」の述定と呼ぶことにしたいが、動詞述語を確言するには広義完了の述定形式をとるという方法が最も一般的な方法である。

次に、動詞文を（推量や疑問でなく）確言方向で述べる方法として、広義完了以外の述定方法にはどのようなものがあるかを考えておきたい。タやテイルを用いないで、つまり、「話者の現在におけることの存在」に持ち込まないでことを確言するということは、動詞述語においてどのような方法があり得るのか。

その第一の方法は、発話時において未だ存在していない動作事態を、「まだ存在はしていないが、確かなのだ」という仕方で語ることである。話者の現在においてまだ存在していない動作を、しかしながら確かな一つの動作として語る形式は、動作概念そのものの表示形であるスル形以外にあり得ない。かくして、スル形を用いた「船は神戸に着く」「あいつはそのうち成功する」「おれはあいつを殺す」などの文が「予定」「予測」「意志」を表現することになるのである。「まだ存在はしていないが確かな動作事態」とは、話者自身を主語とする文であれば「意志」、話者以外を主語とする文であれば「予定」「予測」ということになる。このようにして成立する「予定」「予測」「意志」という対象的意味を時間軸に投影して読めば、それは「未来」ということになるから、結果的に動詞文のスル形は未来を表すことが多いと言えるのであるが、広義完了のシタ形やシテイル形が積極的に「絶対的現在における存在」を表すところから現在時や過去時を帯びるのとは違って、スル形は「まだ存在していないにもかかわらず、確かなこと」として確言するところから結果的に未来時を帯びるまでであって、つきつめて言えば、「広義完了でない確言」であることの結果として消極的に未来時を帯びるに過ぎない。

動詞文を広義完了以外の仕方で確言的に述定する第二の方法は、事態成立の時間性をあえて無視するような述定である。すなわち、「話者の現在において既に存在するから確かであること」として述べるのでもなく、「まだ存在しないが確かであること」として述べるのでもなく、事態の時間性を問うまでもなく超時間的に確かなこととして述べる文(「アルコールは水に溶ける」—真理—、「私は毎朝五時に起きる」—習慣—、「鳥は森に住む」—習性—、「おぼれる者はわらをもつかむ」—傾向—)である場合や、その文事態の格的な構造さえ確かに表現されれば時間性を表現しなくてよいという仕方で述べる文(「二階堂氏が調整に動く」—新聞の見出し—、「カルメン故郷に帰る」—映画の題—)である場合などである。

以上をまとめるならば、動詞文の確言的な述定のあり方としては、広義完了の述定形式(シタ形、シテイル形)によって時間性を積極的に帯びて述べる方法が最も一般的で、それ以外には、スル形によって消極的ながらら（未来時という）時間性を帯びる述定方法（予定、予測、意志）と、同じくスル形によりながら時間性を全く帯びない述定方法（真理、習慣など、また、見出し、題など）とがあるということであった。文の内容の対象的側面に浮かび上がるテンス、アスペクトは、対象的側面に閉じ込めて見る限りは、様々な述定形式の文に共通に見出だされる範疇であるが、その時間性の生じるメカニズムを述定という作用の中でとらえるならば、述語の品詞の違いにより、広義完了か否かという動詞文の述定形式の違いにより、実に様々な相異を含むものであることがわかった。

形容詞文、動詞文の確言方向の述定のあり方は、以上でほぼすべてを尽したことになるが、ただ一つ、形容詞述語がアリを介して「―タ」形をとる場合（「青くあった」→「青かった」）について論じ残している。形容詞述語は、それ自身において存在を内に含むゆえに、確言そのことのために広義完了という述定方法をとるという必要はないのであった。その形容詞述語がわざわざ「―タ」形をとって何かを表現する事情は、動詞述語の場合とは別に考えなければならない。形容詞文の述語が「―タ」形をとるのは、形容詞文事態が存在する認識の〝現在〟を時間軸上の過去の一点に設定して、その認識の〝現在〟を発話の現在から離れたものとして語る場合（「そのころ、柿の実は青かった」）である。これは、動詞述語のシタ形が、（過去の）変化をあくまで発話の現在に持ち込み、既に動かせない確定的なこととして述定する中から〝過去〟の意味が生ずるというのと、大きく異なるものである。

三―三　非確言方向の述定のあり方―推量―

「中国の山は寒いだろう」「あすは雨が降るだろう」「あのことはもうみんな知っているだろう」というように、

ことを推量する述べ方がある。前節で検討した述べ方が「確かにそうである」とする確言方向の述定であったものに対し、これは「確かではないがそうだと思う」という方向の述定であると、一応は言うことができる。けれども厳密に言えば、述定とは言えない可能性も考えられる。推量という表現は不確かながらことを承認する一つのあり方であるとも言えるし、また、それは承認ではなく、推量という別種の心的行為の表現であると言うこともできる。すなわち、ことの承認を述定と呼ぶならば、推量はある種の述定であるとも言えるし、既に述定の域をはみ出しているとも言えるであろう。

ことを承認する文であると言えるその把握において、推量の文は平叙文の一種であると了解されるが、また一方、推量という一つの現場的行為そのことの表現であるとする把握においては、推量の文は、感嘆文や希求文と共通の世界に属するということになる。文の外形と意味との関係のあり方において大きく対立する平叙文の世界と感嘆・希求両文の世界と、いずれに属するとも決し難いのがこの推量の文であるということになろう。

三―四　終助詞による現場への関係づけ

平叙文は、ことの承認作用という行為的な側面が承認された結果の文内容の中に対象化され、その意味で一つの文内容が表現行為の現場と切り離されても自立し得るという性格の文であった。物語的に虚構の世界を形成する平叙文や、新聞記事のように対象的内容だけが問題となるあり方における平叙文は、誰がいつどこで誰に向かって語っているかというような表現行為の現場的なあり方を切り捨てて存在しているものと言わねばならない。このようなあり方が可能であるという点にこそ平叙文の平叙文らしさがあると言ってもよいであろう。

けれども、平叙文が常に表現の現場から離れて自足的な内容そのものとして生きているとは限らない。否、むしろ、誰かが誰かに向かって、あることを主張したり教えたりする現場的な表現であることの方が、口頭言語としては普通であろう。「何がどうした」「何はどうである」という、自立自足した文が、具体的な伝達行為を担うものとして用いられているのである。「よ」「ね」などの終助詞が用いられると、この現場的、伝達的なあり方は決定的となる。口頭言語における平叙文が具体的な現場でほとんど常に伝達性を帯びて用いられているという事実を、象徴的に「平叙文が終助詞的なものによって現場に関係づけられてある」と言いなすことも許されるであろう。

このように現場に関係づけられた平叙文は、主張、教えなどの行為的な側面を帯びてあるという限りでは、感嘆文や希求文のあり方と同質である。けれども、平叙文の場合は、文を文として成り立たせる承認作用そのものは文内容に対象化され、そのようにして自立した文内容が二次的に行為的側面を帯びて使われているのであって、感嘆文や希求文の場合に、感嘆、希求感情の表出という行為的なあり方の中ではじめてそのことばが文として存立するという事情とは、根本的に異質であると考えなければならない。このことは、ムードという範疇の内容を正確に理解するためにも重要である。

ところで、ムードという概念の内容については、これまで論者によって一様ではない。「述べ方が推量であるか確言であるか」というような、ある助動詞の存否に対応した文の意味の一側面をムードと呼ぶ人もあれば、文の伝達的なあり方を象徴する終助詞の働きをムードの典型とみなす人もあり、感嘆文・希求文から平叙文までを一緒にして、とにかく「文の意味の中で話し手の気持にかかわる側面」をすべてムードと呼ぶ人さえある。

上来の検討を経て来た本稿においては、文に現れる話者の情意的なものの由来を次の四種に分けて理解することが可能となった。

(1) 感嘆文・希求文において、そのことばが文としてあることを保証する感嘆、希求の感情。

(2) 平叙文の述定にともなって生起するある種の意味。述定の仕方の一つとしての確言、広義完了の述定形をめぐる確認、回想、動詞スル形による述定をめぐって生ずる予測、意志など。

(3) 述定の一つの場合とも、それとは別種の現場的行為とも理解できる推量。

(4) 平叙文が終助詞的に現場に関係づけられて帯びる様々な伝達性。

このうちどれとどれをムードと呼ぶかは定義次第であるが、いずれにせよ、この四者の相互の異質性に留意しておくことが必要である。

四　疑問文・質問文

話者が自ら疑う文を疑問文、聞き手に回答を要求する文を質問文と呼び分けることにすると、「今日は日曜日か（なあ）」という文は疑問文、「今日は日曜日ですか」という文は質問文というように、現代語では疑問文と質問文との形がある程度分化して来ているが、基本的には両者の文型は共通であると言ってよい。ある事態についての話者の疑問が目の前の相手を巻き込んで、相手が答えざるを得ないようにするという方法で結果的に回答を要求することになるのが、いわゆる質問文だと考えられる。つまり、質問文は疑問文の一つの場合として了解されるのである。

質問文は相手に対する回答要求、命令文は相手に対する行動要求であり、両者はともに要求を持つ文として一面の同質性を持つのではあるが、両者の文としての性質は大きく異なると言わねばならない。すなわち、第一節で見たとおり、命令文が相手に対する行動要求となるのは、そこにないものを求めるという希求文の希求感情の表出が特定の相手に向けられた結果だと考えられ、この意味で命令文は希求文の延長上にあると了解されるのに対し、質問文は疑問文の延長上にあると了解される。

疑問文は、ことを「定」の方向で述定する平叙文とはちょうど正反対に、「不定」の方向で述定する文だと言うことができよう。「不定」の方向で述定するとは言葉の矛盾であるが、要するに、「これこれである」と定めることを積極的に留保する文であって、疑問文は言わば平叙文の裏として位置づけられるであろう。

平叙文の文内容に自立性があることに対応して、疑問文にも文内容の自立性が認められる。平叙文において、

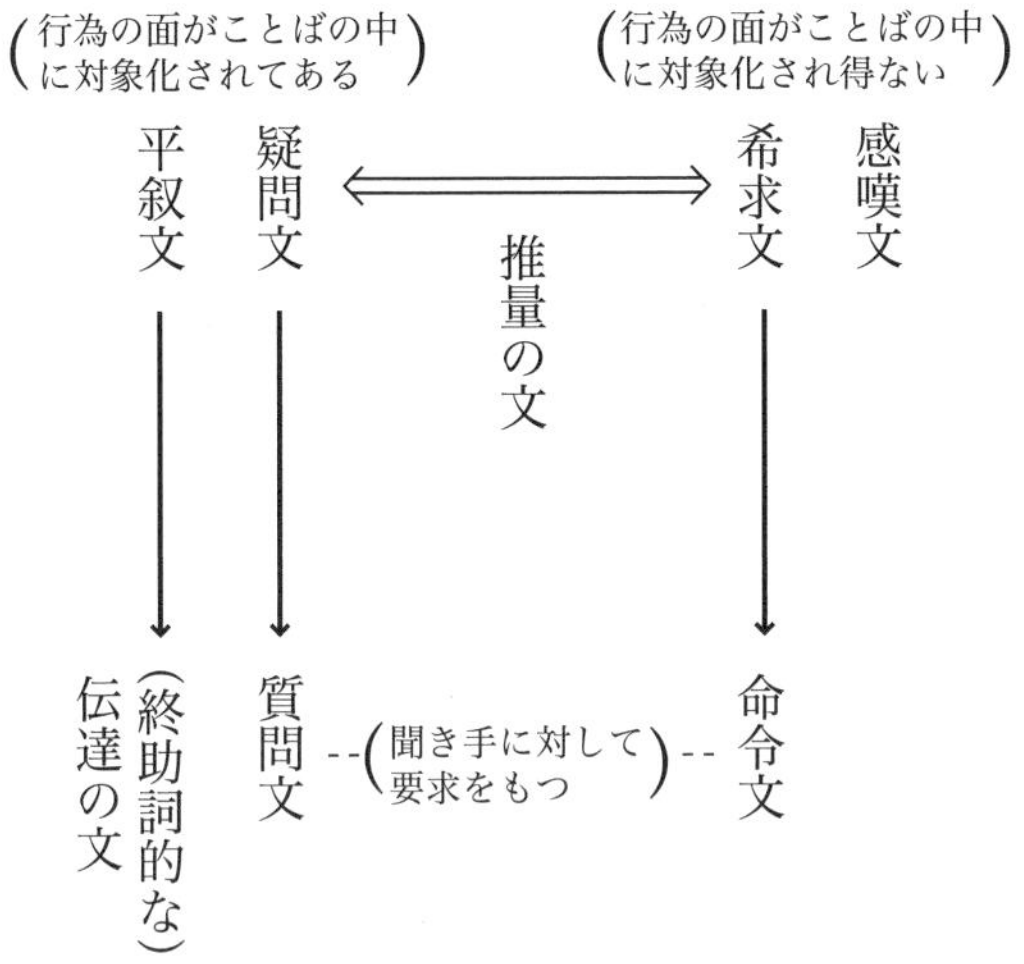

ことの承認作用が対象化され、文内容としてそこに言わば確かな一つの事態が存立するのであるが、それとまったく並行的な意味で、疑問文においては、ことの承認の留保が対象化され、文内容としてそこに言わば不確かな一つの事態が存立するのである。「今日は日曜日であるか」という文は、作用的に見れば話者の判断の留保を表現していると言えるが、対象的に見れば不確かな一つの事態そのものを表していると言うこともできる。このような意味で、疑問文はその文内容としての自立性を持つと言えるのである。

さて、同じく文内容としての自立性を持つ平叙文は、二次的に（言わば終助詞的に）表現現場と関係づけられて、聞き手に対する積極的な伝達性を帯びることができたが、これとまったくパラレルに、疑問文も二次的に表現現場と関係づけられて、聞き手に対

する積極的な働きかけの色を帯びることができる。それが質問文にほかならない。定の側にある平叙文が聞き手に対して持つ働きかけの色あいは「主張」「教え」というような積極的なものになるのに対し、不定の側にある疑問文が聞き手に対して持つ働きかけの色合いは、必然的に「確定への援助要請」という消極的なものにならざるを得ない。これが質問文の回答要求という力の内実である。

質問文における文の外形、ことばの形と、それが結果的に持つ意味（回答要求）との関係は、このようなものであった。

かくして、文の外形と意味との関係のあり方という観点から得られた諸種の文の性質を図に位置づければ、前頁のようになる。

なお、本稿の第二節に関しては拙稿、文献②、「三―一」節に関しては拙稿、文献③、「三―二」節に関しては拙稿、文献④を参照されたい。また、「三―二」節については、文献①と（「完了」の概念が本稿のそれとは大きく異なるものの）考え方の基本において重なるところがある。

文献

①大鹿薫久「未完了・完了・未来・過去―終止法の述語における―」『山辺道』二六号、昭和57年
②尾上圭介「感嘆文と希求・命令文―喚体・述体概念の有効性―」『松村明教授古稀記念国語研究論集』昭和61年
③尾上圭介「主語・主格・主題」『日本語学』四巻一〇号、昭和60年
④尾上圭介「現代語のテンスとアスペクト」『日本語学』一巻二号、昭和57年

第一章第十節

一語文の用法――〝イマ・ココ〟を離れない文の検討のために――

（原論文は、『東京大学国語研究室創設百周年記念　国語研究論集』汲古書院　1998年2月　所収）

一、一語文の用法検討の意義と視点

目の前の情景を描写するときに、口頭表現では「鳥が飛んでいる。」「雪が降っている。」という文型のほかに、「(ほら、ほら) 鳥が飛ぶ!」「(ああ) 雪が降る!」のような動詞終止形で終る文型を用いることもあるが、この二つの文型が眼前描写に働く事情は相当に異質である。

テイル付きの文型は、「湖の上では鳥が飛んでいる。」「思ったとおり、鳥が飛んでいる。」のように、場所の状況語や注釈語を付けて言うことができるが、終止形に終る文型の方は、見たままを順次書きつけていく写生文でもない限り、「湖の上では鳥が飛ぶ!」「思ったとおり、鳥が飛ぶ!」とは言えない。また、「鳥が飛んでいるのは瀬田の唐橋あたりです。」とは言えるが、「鳥が飛ぶのは瀬田の唐橋あたりです。」という言い方は、現場で指さしながらの説明としてはかなり苦しい。つまりテイル付きの文型は、状況語や注釈語を付けても、また連体句として埋め込まれても、それ自身が現在の持続的な運動の描写であるというあり方を失わないが、動詞終止形で終る文型の方は、「――ガ――スル」という形が裸で言わば現場的な発見の叫びとして使われる限りにおいて眼前の運動の描写とも言えるに過ぎないのであって、この文型自身が眼前描写という意味を内側に帯びているのではない(1)。

一つの文の形とそれが結果的に表現する意味との関係のあり方は、このように実は一様ではなく、例えば山田孝雄氏が「述体句」「喚体句」と二種の句を区別されたことの本質は、文の形と意味との関係のあり方におけるこのような異質性を指摘したところにあると言ってよいであろう。本稿の筆者は以前の稿で、山田氏自身は決して「喚体句」に数えられないいわゆる一語文「ねずみ!」「水!」のようなものまで『喚体句』に含めるという修正を施した上で、『喚体句』『述体句』の性質を次のようなものとして把握した。[2]

『喚体句』の性質

(1)その表現は、その時、その場の心的経験・心的行為（感嘆、希求など）に対応する（現場性）。

(2)表現される心的経験・心的行為はものやことの中に対象化され得ない。

(3)ことばになるのは遭遇対象、希求対象のみで、心的経験・心的行為の面はことばにならない。

『述体句』の性質

(1)その表現は、ことに対する承認である。

(1)́従って、その文形式は判断の構造に対応して必ず二項的である（無論、主語省略などのことはあり得るが）。

(2)言語主体の承認作用は、承認されたことの中に対象化されてある。

(2)́従って、ことが承認作用を含んだ形で一つの内容として自立する（現場からの独立性）。

(3)ことについての承認作用という言語主体の心的行為も、承認された結果のことも、すべてことばに乗っていると言える。

どのような表現であれ、発話の現場や話し手自身（ラネカー氏[3]の用語を借りれば「グラウンド」）と語られた当の事態との関係が意味として含まれない文表現はないのであるが、その関係づけ（あるいは話し手からの把握）が語られた事態の中に塗りこめられてある（例えば、タで表わされる〝回想〟という事態把握が対象化されて事態内容における〝過去〟として了解される。この対象的意味の一側面が、ラネカー流に言えば「グラウンディング・プレディケーション」である）のが『述体句』であるのに対し、『喚体句』では、語られたものやことと話し手との関係は最後までことばの形にならない。つまり語られたものやことの中に話し手の把握や語ることの立場が塗りこめられていないのである。回想や否定にせよ、感嘆や希求にせよ、いずれも語ることにおける話し手の心的行為であるという点ではたしかに共通なのであるが、それが述語部分の「シタ」「シナイ」という形に言語化されて、回想、否定という把握が塗りこめられた一つの事態として言語的に自立するか、「ネズミ！」「ミズ！」「鳥ガ飛ブ！」というものの名、ことの名の叫びとして言語面はあくまで行為を織りこまず、それだけに発話の現場から離れてはその意味を伝え得ないかという大きな差異が、両者の間にはあると言わねばならない。

　すべての文は発話のグラウンド、話し手の〝イマ・ココ〟からの関係づけを帯びて存在するのであるが、その関係づけを語られた事態の中に対象化して含みこんでいるがゆえに発話の現場から離れてもその意味を伝え得る『述体句』と、そうではないゆえに発話の現場、話し手の〝イマ・ココ〟から離れては意味を成さない『喚体句』との相違は、一般に、言語の形が意味を伝えるということのあり方の本質的な相違として理解されるべきであろう。

　ある形の文が、その形自身の内には含んでいないある意味を結果として伝えてしまうという事実は、実は感動喚体や希望喚体の場合にとどまらない。現場的な発話状況や文脈のあり方によって、その文形態自身の持つ以上の意味を結果的に表現してしまうということは、一般にあり得ることである。その一般的なあり方の中に、感動喚体や希望喚体において起こっていることを正当に位置づけなければならない。現場や文脈などの発話状況によって、ある文形態がそれ自身以上の意味を表現してしまう可能性のすべてを通観するには、いわゆる一語文の用法を検討することが有益であろう。形としては単語一語であるものが、単なる語的概念の表示たることを超えて、文としての内容を表現するに至ったものが一語文だからである。

　一語文の用法の検討、単語一語が文として存立する論理の検討は、実は文章論的、語用論的な文への意味付加現象の整理にとどまらないであろう。それは、喚体句がなぜ感動喚体と希望喚体に分かれ、かつなぜその二つだけなのかという、喚体理解の根本問題への回答を準備することになるのみならず、不変化助動詞と呼ばれるある意味で特異な助動詞の本質を理解するための重要な視点を提供することにもなると思われる。

現代語の意志・推量の助動詞「ウ（ヨウ）」「マイ」について、その特殊性を指摘したのは金田一春彦氏であった。[4] 同氏の主張は、意志・推量の「ウ（ヨウ）」「マイ」などは終止形しかなく（〝不変化〟）、またその意味はほかの助動詞とは違って主観的であること、時枝氏が「辞」に分類される助動詞の中でもその意味が主観的であるのはこれらの〝不変化助動詞〟だけであることを指摘したものとして一般には受け止められており、それはたしかにそうであるけれども、金田一氏の指摘の重要性はやや違うところにあると考えるべきだと思われる。それは第一に、終止形の「ウ（ヨウ）」などと連体形のそれとでは意味がまったく違う（言わば別語である）という指摘であり、第二に、連体形の「ウ（ヨウ）」「マイ」などは話者の発話時の心理を表わさないという把握である。

これをもう少し正確に言いなおすなら、「ウ（ヨウ）」「マイ」は終止法に立つときのみ話者の発話時の心理を表すが、[5] この助動詞が非終止法に立つ時やほかの助動詞の意味はそうではないという主張であり、つめて言ってしまえば、「ウ（ヨウ）」「マイ」が終止法に立つときは、ほかの助動詞では起こらない特別なことが起こっているという主張になる。ここまで言ってしまうとそれは当時の金田一氏自身の気持ちを踏み越えることになるという可能性は十分に承知した上で、しかしなお、同氏の特に「再論」における文言を論理的に展開するなら、やはりこういう主張になるものと言ってよいであろう。金田一氏のこの見方は、この助動詞の意味の主観性発生の機構に関して正鵠を射ているものと思われる。

事実に就いて言うならば、推量や意志を表すのは終止法に立つ場合のみであって、非終止法の場合は「仮想」

「可能性」「スルコトガ許サレテイル」の意味になる（金田一氏が指摘するこれらの意味のうち、三番目は「妥当性」と呼ぶべきか。尾上注）というのは、現代語の「ウ（ヨウ）」に限ったことではない。古代語の「ム」がそうである。解釈文法の通常の用語法では、連体法や疑問文終止法で単に未実現であることを示す用法（「御門、かぐや姫を止めて帰り給はむことを、あかず口惜しくおぼしけれど」竹取。「み吉野の山のあらしの寒けくにはたや今夜も我がひとり寝む」万葉七四）も、あるいはまた、正確には妥当性次元における事態成立の疑いと言うべき反語構成の用法（「ますらをと思へる我や水茎の水城の上に涙拭はむ」万葉九六八）などさえ、ともに「推量」と呼ばれてしまうことがあり、そのように呼んでしまえば「推量」は、平叙文終止法にも疑問文終止法にも非終止法にも現れるということになるが、「確言できないがこうなる（ある）と思う」という発話時の心理こそが「推量」と呼ばれるべきものであるとすれば、「ム」に「推量」の意味が確かに読みとれるのは平叙文終止法においてのみである。[6]

「意志」についても然り。「ム」に「意志」の意味が生ずるのは平叙文終止法の場合のみである。と同時に、注目すべきは、一人称領域の事態の実現を構想、希求する「意志」用法と並んで、「ム」の平叙文終止法には、二人称領域の事態の実現を希求する「命令」用法（「なり高し。なりやまむ」源氏、少女。「花を見てこそ帰り給はめ」宇津保、梅花笠）や、三人称領域の事態の実現を希求する「願望・要請」用法（「法師は人にうとくてありなむ」徒然七六段）が存することである。事態の人称領域に応じて「意志」「命令」「願望・要請」と分かれるものの、いずれも現実には存在していない事態の実現を求めるという共通の構造をもっており、この点を考慮すれば、「ム」の平叙文終止法においてのみ現れる意味は「推量」と「希求」系との二つだということになる。金田一氏が現代語において不変化助動詞だけの主観的な表現として指摘した意味も、もちろん、「推量」と「意志」（希求系の一つ）とであった。

「ム」あるいはその後裔としての「ウ（ヨウ）」に現れる主観性は、なぜ「推量」と「希求」系だけなのであろうか。あるいは、なぜ二つがあり得るのであろうか。それらが平叙文終止法でしか現れないのはなぜであろうか。それは、現代語の動詞終止形一語文[7]の用法の半分（非現実事態の側）と対応する。

「来るかなあ」「（きっと）来る」　（推量）
「本当にひとりで行くつもりか」「行く！」　（意志）
「なにしてるんだ。（さっさと）歩く！」　（命令）
「なんとかまわってほしいなあ。まわる〰〰！」　（願望・要請）

現代語の終止形が事態をただその事態として言語化するだけの述定形式、渡辺実氏流に言って事態の素材的表示形であるのとちょうど対応して、古代語における未然形＋「ム」という述語形式は、現実には存在しない事態をただことばで組み立てるだけの形式、「非現実事態仮構＝設想」の述定形式と了解すべきものであろう。ことばで仮構された非現実事態、現実にはないある事態の絵づらが発話の現場に裸でほうり出されたら、それが有効な表現として存在する可能性は、その仮構内容の存在承認か希求かしかあり得ない。話し手の経験的現実の中にない事態が（いつか・どこかで）存在することの主張とは「推量」にほかならず、その非現実の事態の希求がほかならぬ「意志」「命令」「願望・要請」なのである[8]。

このように、いわゆる不変化助動詞の意味的な特殊性の内実を把握するためにも一語文の用法の検討は必要であり、それはモダリティ論を本来の叙法論として構築するためにも必要な検討なのである。また、喚体の本質究明とは、述べないで文になっているもののあり方を問うことである。それもまた上述のとおり、一語文の用法の広がりのなかに位置づけられてこそ十全に実現されることであろう。

二、名詞一語文の用法

二―一　現場依存の一語文

「とら！」

「すみれ！」

何かに出会ったときの、対象の発見とそれに対する驚嘆とを直接的に表明する一語文がある。

そもそも何かに出会ってそれを直接的にことばにするとはどのようなことか。このような「現存陳述」について井上忠氏のみごとな説明があるので、やや長くなるがこれを引用したい[9]。

「それ（L_3の、個なる実体の存在を表示する現存陳述の、成立条件としての場面……引用者注）は、われわれが本質の現存に出遭って、その出遭いを『これ』と標示しうる場面である。名前による指示と『これ』という直接指示とは截然と区別されなければならぬ。（…略…）名前をもつ個体は、われわれからいくらでも遠みに隔たりうる。しかしL_3の故郷はつねに『われ』が『いま』『ここ』に出遭う『これ』なる現存である。

『山路来て何やらゆかしすみれ草』（甲子紀行）

『すみれ草』は名称としてなにかを指示するのではなく、本質の現前開披である。美しさ、大きさ、色合いなどの点で、他の菫との比較、差異が問題なのではない。ただそれがすみれ草として咲き出ていることにすべてがある。『すみれ草』の一言にすべては尽き、出遭いの感動は、『これがすみれ草』との観照に凝華される。（…略…）L_3は（中略）常識よりもなおわれの近みに開披される本質現前に、息をのんで観入るときの言葉である。そして『これ』とは、本来、いかなる特定の指示対象にも固定されず、まったき無限定（質料

の深淵）を場に、わが近みの直接開披の言葉であった。（井上忠『このもの』とは何か」一二八―一二九ページ。傍線、引用者）

井上氏のL[3]とは、「現実開披の言葉」であって、言語形式としては「名称を主語の、定義を述語の位置に措定して、主・述両項の同一性を表示する方式をとる」ものでありながら、実質的には、ことばにならない無限定の質料そのものを主語とし、形相＝本質を述語とする（ことばの形に顕在する主・述両項はともにこの意味での述語である）ものである（同書一一九―一二三ページから、尾上要約）。

つまり、「すみれ！」は、対象との出会いの感動であり、対象の存在そのことに対する感嘆の声なのである。それは「あっ！」と指さすのに等しい。「あっ！」という感嘆をことばにしようとすればそこに存在する対象を言語化する以外にないが、実は、そこに存在するモノ自体を表現する言語形式はあり得ない。名前（限定）をもたない質料そのものを指示する単語はないのである。そこでやむを得ず、対象の言語化に「すみれ」という普通名詞を用いることになるが、ここでの「すみれ！」は、それが「すみれ」であることの発見と同時に、否、その前に、「すみれ」と呼ばれ得るモノの存在と遭遇した経験の直接的な表明なのである。[10]

このようにして、現場における遭遇、発見の叫びとしての一語文は、「とら」「すみれ」の存在そのことを言わば指さす〈存在一語文〉と、それがほかでもない「とらである」こと、「すみれである」ことの発見を語る〈内容承認一語文〉とに、原理的に分かれることになる。

二―一―一〈存在一語文〉（A類・B類）

上来の、遭遇の感動を言語化する〈存在一語文〉は、言うまでもなく、存在を承認する側の一語文（A〈存在承認〉一語文）である。

この、A〈存在承認〉一語文の典型的なものは、対象「とら」との遭遇における驚きをただ自らの驚きの叫びとして発話するだけのものであり、遭遇対象の名前を叫ぶことによって実は遭遇の際の急激な心的経験そのことを語るものであって、これは感動喚体句成立の機構そのものだと言ってよい[11]。これをA1《発見・驚嘆》一語文と呼ぶことにする。このような、目の前の「とら」の存在を承認する一語文は、「とら」の存在を他者に伝えようとする姿勢を帯びた一語文にも容易になり得る。そのような伝達的な色合いを帯びた〈存在承認〉一語文は、もはや喚体的であるとは認めにくいであろう。A2《存在告知》一語文と呼ぶことにする。

これらの存在承認側の一語文とはちがって、存在を希求する側の一語文もあり得る（B〈存在希求〉一語文）。

「水！」（砂漠で必死に水を求める）

という叫びは、希求対象の名前を叫ぶことで、希求感情そのものを結果的に表現してしまうものであって、希望喚体句成立の原理そのものと言える[12]。B1《希求》一語文と呼ぶことにしたい。これも、A1《発見・驚嘆》一語文と同様に、ものの名を叫ぶという行為そのものが希求という自らの心の動きの発現にほかならず、その限りでは他者への伝達を予定しないものであるが、この喚体的なあり方からだんだん離れていくと、自らの希求感情というより存在要請の気持ちを他者に聞かせ、訴えかけるような一語文となっていく可能性がある。そのような伝達的な存在要請一語文を、B2《要求》一語文と呼ぶことにしたい。水をもってきてもらいたい時に「水！」と言うような場合である。

以上をまとめると、〈存在一語文〉の全貌は次のようになる。

存在一語文
- A存在承認
  - 喚体的―感動喚体的一語文――A1《発見・驚嘆》
  - 伝達的―存在告知一語文――A2《存在告知》
- B存在希求
  - 喚体的―希望喚体的一語文――B1《希求》
  - 伝達的―存在要請一語文――B2《要求》

二―一―二〈内容承認一語文〉（C類・D類）

「とら！」「すみれ！」という現場遭遇の一語文は、上述のとおり、それが「とらである」こと、「すみれである」ことの発見を語る〈内容承認〉の側で働くこともある。竹やぶの中になにやらごそごそと動くものを発見し、目を凝らしたところ、黄色と黒の縞模様が見えた。その時の「とら！」という一語文は、それが「とらである」ことの発見の叫びである。存在そのことの発見でなく存在するものの内容の発見、承認であるというこの発話のあり方を前面に出すならば、「とらだ！」という述語体裁を備えた一語文もあり得よう。

このような、ある意味では述体的な〈内容承認一語文〉には、現場での遭遇経験そのことにおける内容承認面での叫びと言うべきC〈現場遭遇承認〉一語文のほかに、それが「とらである」ことを他者に伝えることの方に重点があるD〈承認内容伝達〉一語文があり得る。C類とD類の関係は、ちょうど、〈存在承認〉一語文におけるA1《発見・驚嘆》一語文とA2《存在告知》一語文の関係に対応する。

C〈現場遭遇承認〉一語文の典型的なものは、竹やぶの中の動くものに目を凝らして、それがとらであることを認識したとき、思わず「とら（だ）」とつぶやき、あるいは叫ぶような場合であろう。目の前に認識した内容をことばにして受けとめるという点で、C1《受理》一語文と呼ぶことが許されようか。C〈現場遭遇承認〉一語文には、このような反射的な受理の一語文のほかに、疑いや吟味を経た上で「たしかにとらだ」「まちがいなくとらだ、ああ、そうなんだ」と確認するような色合いの一語文「とら（だ）」があり得る。C2《確認・詠嘆》一語文と呼びたい。

言わば確言系のC1《受理》一語文、C2《確認・詠嘆》一語文に対応して、このほかに、C〈現場遭遇承認〉一語文には疑問系の一語文もあり得る。

竹やぶの中に、黄色と黒の縞模様らしきものが見える。その時の「ん？　とら？」というような一語文である。話し手が目の前の状況をことばで受けとめるに際して十分な自信がもてず、思わず疑問風に一語文を発するというもので、C3《受理的疑問》一語文と呼ぶのが適当であろう。

確言側において受理的なC1《受理》一語文に対する確認的なC2《確認・詠嘆》一語文があったこととちょうど平行して、疑問側においても、受理的なC3に対して確認的な一語文というものがある。竹やぶの中に黄色と黒の縞模様が見えて、一瞬「とらだ」と思ったが、待てよ、このあたりにとらがいるものだろうか、「あれはとらだというようなことがあり得るのか」という言わば確認的な疑問である。この気持ちの「とら？」は、C4《問い返し》一語文と呼ぶのが適当であろう。(13)

一方、D〈承認内容伝達〉一語文の典型的なものは、D1《内容告知》一語文である。竹やぶの中の動くものが「とらである」ことを認識したとき、横に並んで共にそれを見ている同行者に対してそれが「とらである」ことを伝え、教えるための発話「とら（だ）」が、これである。「とらがいる」ことを伝えるのがA2《存在告知》一語文であったのと対比的に、それが「とらである」ことを伝えるのがこのD1《内容告知》一語文である。

また、自分の認識の内容をひとに伝えることに重点があるD1《内容告知》一語文とはややちがって、むしろ自分がそう認識したということそのものをひとにむかって言うことに表現の意味があるような別種の一語文もあり得る。例えば、竹やぶの中で隣りを歩いていた人が「おい！」と前方を指さして自分に知らせてくれた、その注意喚起に対して「とら」という発話で返答するような場合の一語文であって、それが「とらである」と私は認識したということを相手にむかって表明すること自体に意味があるような一語文である。D2《認識表明》一語文と呼んでよいであろう。

このD2の延長上には、「私はこう思う、どうだろうか」と相手の同意を期待するような色合いの認識表明もある。竹やぶに縞模様の動くものを発見して、自分は「とらだ」と思う、その認識が正しいことを隣りで同じくそれを見ている同行者にも認めてもらおうというような気持ちで「とら！」とつぶやくような場合、建物がゆれているのを感じて確認を求める気持ちで隣りの人に「地震」とことばをかけるような場合の一語文がそれであって、D3《同意期待》一語文と呼ぶのがよいであろう。このような色合いを帯びた発話も承認内容をひとに伝えるD類一語文の一角にあることは、言うまでもない。

〈内容承認一語文〉——述体的一語文——の全貌をまとめると、次のようになる。

- 内容承認一語文
  - C現場遭遇承認
    - 確言系
      - 受理的―C1《受理》
      - 確認的―C2《確認・詠嘆》
    - 疑問系
      - 受理的―C3《受理的疑問》
      - 確認的―C4《問い返し》
  - D承認内容伝達
    - 内容告知一語文―D1《内容告知》
    - 認識表明一語文
      - D2《認識表明》
      - D3《同意期待》

二―二　その他の一語文

上に述べてきたように単語一語が発話の現場と特別な関係をもつことによって文として成立している言わば現場依存の一語文（A～D類）のほかにも、単語一語が文脈の力によって文としての意味を帯びてしまうような文脈依存の一語文（E類・F類）や、あるいはまた外形的には文であると言えるにしても、その内容は語的な概念の表示にとどまって文的な内容を表わさない言わば独立的な一語文（G類）がある。

二―二―一　文脈依存の一語文

文脈の力によって単語一語が文的な内容を表現してしまう場合の代表的なものは、問いに対する答えとしての一語文である。

「あそこでこっちをにらんでいるのはなに?」「とら（だ）」

「どんな動物を飼ってみたい?」「とら」

における「とら(だ)」という発話は、それぞれの問いのあり方によって、「あそこでこっちをにらんでいるのはとらである」「とらを飼ってみたい」という、単語一語を超えた文としての内容を表わしてしまう(E1《答え》一語文)。問いによって帯電している場にほうりこまれると単語一語がそれ以上の意味を帯びるということであるが、文脈的に場を帯電させるものは、他者が立てた課題(すなわち問い)ばかりではない。話し手自身が立てた課題によって場が帯電することもある。

「むこうに何やら動くものが見える。とらだ」

「何か動いた。とら?」

という場合の「とらだ」「とら?」という一語文は、話し手自らが設定した文脈の力によって、それぞれ「むこうに見えるものはとらである」「動いたものはとらか?」という文としての意味を担うことになる。前者のような用法をE2《文脈的述語》、後者のような用法をE3《疑問》と呼びたい。

以上のE類一語文は他者が立てたものにせよ話し手自身が設定したものにせよ、文脈的に設定された課題に対する説明、言い換えれば文脈的に設定された主語に対する述語としての一語文であって、その発話が表現する文的な意味内容の中の言わば核心部分の名詞項目が裸で文脈の場の中に存在するものだと言うことができる。これに対して、文内容の非核心的な部分の単語一語が文の中心部から遊離してしまい、遊離の結果それが外形的には一語文として独立しているとも言えるようになった、特殊な一語文(F類)もある。

「サークル活動。それは現在の大学では趣味的な現実逃避の場になり下がっている」

「元禄十五年極月の十四日。大石内蔵助をはじめ赤穂浪士四十七名は……」

前者の「サークル活動」という名詞一語は、直後の「それ」という指示語が承けて第二文の中にとりこんでいるとおり、内容的には後続文の一部に過ぎないものが外形的には独立した体裁をとっているもので、F1《提示》一語文と呼ぶことができる。

後者は一文内の時間や場所の状況語が外形上半ば文的に独立して一語文とも呼べるようになっているもので、一語文として見ればF2《時空状況設定》一語文と名付けることができよう。

F1《提示》一語文は文内容の構成要素としての格項目が文の外に取り出されて元の文から遊離したものであるが、F2《時空状況設定》一語文は、文内容の構成要素ではなく、言わば文内容の裏面に張りついてその内容の存在座標を設定する時空の状況語が、当の文から剝離して文の外に位置するようになったものと言える。特に時の状況語はたとえ一文内にとどまる場合でも助詞なしで名詞が裸で存在することが多く、これは時の状況語が一語文的に元の文から遊離しやすいものであることを物語っている。

F類、非核心的な部分の遊離による一語文といえども、後続文がそのようにあるという文脈的条件の下ではじめて存在し得る一語文であって、文脈依存の一語文であることには変わりない。

二―二―二　独立的一語文

以上A類からF類までは、単語一語が発話の現場と特別な関係をもつか、文脈に依存するか、いずれにせよ何らかに言語場に依存して文として存在するものであった。これに対し、単語一語が表現結果としてもあくまで語的概念を表示するのみでありながら、それが独立で一つの有効な言語表現として存在する以上、文であると言わざるを得ないようなものがある。

〈メモ〉

「二次試験」／「ＯＢ訪問」／「筆記用具」／「学生証」

〈列記〉

「えび。赤貝。こはだ。とろ。みる貝。（とてもうまかった）」

〈表題〉

（箱の上面に）「救急箱」／（雑誌の表紙に）「中央公論」／（店の看板）「魚八」

（ビールのレッテル）「アサヒスーパードライ」／（辞書の項目）「哺乳動物」

（道路に置かれた標識）「歩行者天国」

〈メモ〉はものやことを単に言語化するだけのものであり、〈列記〉は「こんなこともある」と一々言語化することによって、カオスの中からものやことを意識的に取り出すものである。また〈表題〉はその背後にある全体をまとめて「これこれのものである」と一ことに規定し、言語化しているものである。これらはすべて、ことばにすることによって事物をはっきりそれと定めるものだと言うことができ、この共通性をもってこの全体をＧ《メモ・列記・表題》一語文と呼ぶことができよう。

以上のＡ類からＧ類まで一語文のすべての種類、用法の相互関係をまとめると、次の表のようになる。

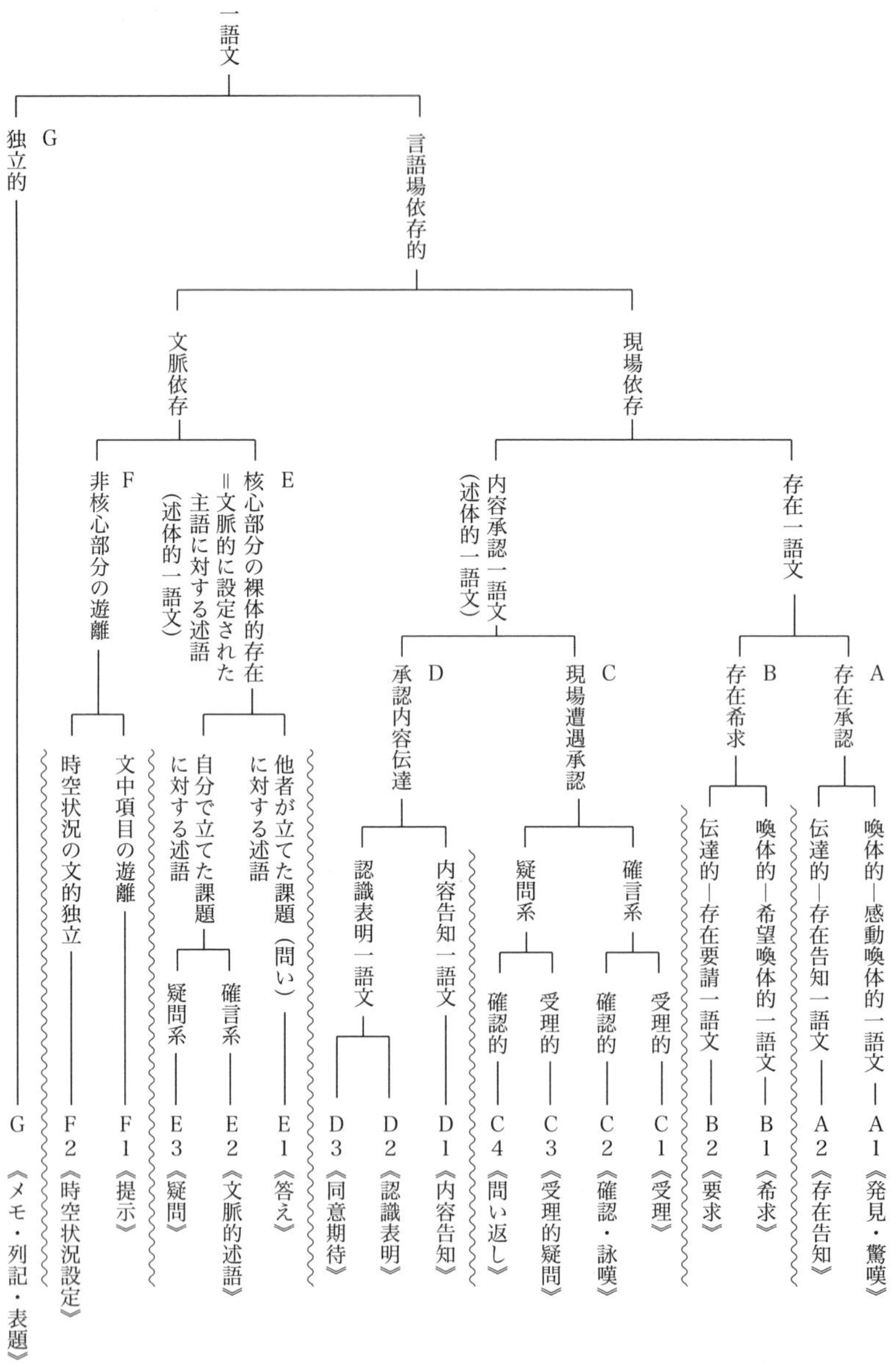
一語文
独立的 G
言語場依存的
文脈依存
現場依存
存在一語文
A 存在承認
喚体的―感動喚体的一語文―A1《発見・驚嘆》
伝達的―存在告知一語文―A2《存在告知》
B 存在希求
喚体的―希望喚体的一語文―B1《希求》
伝達的―存在要請一語文―B2《要求》
内容承認一語文（述体的一語文）
C 現場遭遇承認
確言系
受理的―C1《受理》
確認的―C2《確認・詠嘆》
疑問系
受理的―C3《受理的疑問》
確認的―C4《問い返し》
D 承認内容伝達
内容告知一語文―D1《内容告知》
認識表明一語文
D2《認識表明》
D3《同意期待》
E 核心部分の裸体的存在＝文脈的に設定された主語に対する述語（述体的一語文）
他者が立てた課題（問い）に対する述語―E1《答え》
自分で立てた課題に対する述語
確言系―E2《文脈的述語》
疑問系―E3《疑問》
F 非核心部分の遊離
文中項目の遊離―F1《提示》
時空状況の文的独立―F2《時空状況設定》
G《メモ・列記・表題》

三、感動喚体と希望喚体の原理

検討してきたA類からF類の名詞一語文のうち、その発話が名詞一語であることを本質的に必要としているのは、A類とB類の存在一語文だけであると言うことができよう。

独立的一語文（G類）は名詞に言語化することによって内容をはっきりそれと認識するための発話であるから、言語一般のもつ認識的側面が伝達的側面をそぎ落として現れた極端なものであって、本質的には一語文に限られることではない。文脈依存の一語文（E類、F類）は、主述的に展開した形式をもつ文の中の一構成要素あるいは一面がそれのみで独立の一文となっているもので、言ってしまえばもともとの文の切れっぱしに過ぎず、名詞一語であることが本質的に必要な発話ではない。内容承認一語文（C類、D類）は、今遭遇しているものが「○○である」という内容の承認と場合によっては伝達にもかかわるものであり、本質的には主述に展開した文型式によって表現され得る内容の発話である。

これらの一語文とは異なり、A〈存在承認〉一語文とB〈存在希求〉一語文は、「それがある」こと、「それを求める」ことを、「それ」の名を叫ぶことによって表現してしまう発話である。遭遇対象、希求対象の名前を叫ぶという言語的行為が急激な遭遇や希求という心的経験の言わば一側面としてあるのであって、それは主述的にも展開され得る文形式の一部分なのではない。その発話が話し手にとってのイマ・ココから離れない、発話の現場に密着したものであるという限りでは、存在一語文（A類、B類）も内容承認一語文（C類、D類）も同じであるが、対象の名前を呼ぶことによってしか果たされない表現というのは、存在一語文だけなのである。

対象の名を呼ぶことによってのみ果たされる表現というものが存在承認と存在希求の二つに分かれるのはなぜ

であろうか。イマ・ココにあるものが急激に話し手の心を覆ってしまったとき、その心的経験を何らかにことばに発散しようとするなら話し手はそのものの名を叫ぶしかない。これがA1《発見・驚嘆》一語文である。また、イマ・ココにないものが話し手の心をイマ・ココで切実に充満するとき、その心的経験をことばにするなら、そのものの名を叫ぶ以外にない。これがB1《希求》一語文にほかならない。希求対象という言わば虚の存在が、希求感情の切実さのゆえに、話し手の心を覆いつくす。それはA1《発見・驚嘆》一語文において目の前の実の存在が話し手の心を覆いつくすこととちょうど裏おもてに対応すると言ってよい[14]。対象の名を呼ぶことによってのみ果たされる表現とは、言ってしまえばイマ・ココの圧倒的な存在の承認である。話し手の心を覆いつくすその存在が実の存在であれば〈存在承認〉一語文となり、虚の存在であれば〈存在希求〉一語文となるのであった。

山田孝雄氏の喚体句の本質は、このような〈存在承認〉〈存在希求〉の表現の特殊性にあると言ってよい。もちろん、文学言語を範とし、文字面だけでその文内容（主語、述語が何であるか）が決まるという自足性を完備句の要件とする山田氏の規定においては、一語文そのものは不完備句として喚体句には数えられないけれども、A〈存在承認〉一語文、B〈存在希求〉一語文の中の非伝達的なもの、すなわちA1《発見・驚嘆》一語文とB1《希求》一語文とが、その感動喚体句、希望喚体句の原理的な出発点であることは、もはや多言を要しないであろう[15]。何よりも喚体句が体言的一項の形式をとること、喚体句には感動喚体句と希望喚体句の二種類があって、この二種類以外にないこと、それは右のとおり、実・虚の存在に圧倒された叫びという、A・B類一語文成立の原理へ還してはじめて理解されるのである。

山田氏においてそもそも喚体概念が要請されたのは、述語の陳述という方法によらないで、すなわち述べないで成立している文がある、そういう特殊な文を通常の文とは別に認めなければならないということであった。述べないでも文であり得るということにとどまらず、述べないことによってこそ文であるという特殊な文表現とは、A〈存在承認〉一語文とB〈存在希求〉一語文にほかならない。山田氏の喚体句がA1とB1に対応するのは当然である。

注

（1）このあたりの事情については、
拙稿「語列の意味と文の意味」（『松村明教授還暦記念・国語学と国語史』、一九七七）で論じたことがある。

（2）拙稿「感嘆文と希求・命令文——喚体・述体概念の有効性——」（『松村明教授古稀記念・国語研究論集』、一九八六）。ただし、形容詞による文「あつい！」や「空が青い！」は、『述体』の側に位置づけるのがよいと現在では考えている。この点のみ前稿を修正したい。

（3）Langacker, Ronald W., 1991. *Foundations of Cognitive Grammar vol. 2*. Stanford, California : Stanford University Press.

（4）金田一春彦「不変化助動詞の本質——主観的表現と客観的表現の別について——（上・下）」（国語国文二二巻二・三号、一九五三）
同「不変化助動詞の本質、再論——時枝博士・水谷氏・両家に答えて——」（国語国文二二巻九号、一九五三）

（5）主観的な意味を表現するのは終止形という活用形の問題ではなく、実は終止法という文末に立つ用法の為せるわざかもしれないということを、金田一氏自身が「再論」で述べている。

（6）引用の「と」が下接するような場合は、終止法と考えてよい。意志などの場合も同じ。

（7）実は一語文に限定しなくてよい。「――ガ――スル」「――ヲ――スル」のような格助詞のみを内にもつ文型のスル形は、やはり、その用法の半分（非現実側）で「推量」と「希求」系の用法をもつ。

（8）この事情は別稿で詳しく論ずる予定である。

（9）井上忠「『このもの』とは何か」（『講座哲学［1］哲学の基本概念』東大出版会、一九七三）、および同書所収の討論「形相と質料」（黒田亘、井上忠、中村秀吉、山本信、各氏参加）

（10）森重敏氏や川端善明氏が感動喚体の原理的な出発点を「花よ！」という一語文に見た上で、そこに内在する主述関係の特殊性を、主＝述の自同判断的なものであると把握しておられるのは、まさにこの井上忠氏のL_3の把握と一致する。

森重　敏「間投助詞から終止としての係助詞へ」（国語国文二一巻五号、一九五二）

川端善明「喚体と述体」（女子大文学一五号、一九六三）

（11）注（2）の拙稿で論じた。

（12）注（2）の拙稿で論じた。

（13）「問い返し」は、自分で一旦立てた判断内容を対象として「本当にそうか」と為されることもあり、他者の提出した判断内容を対象として為されることもある。相手のことばをオウム返しにすることが「問い返し」なのではなく、自分で提出したものであれ他人が提出したものであれ、目の前に存在するある内容をめぐって「本当にそうなのか」と疑うことが「問い返し」の本質である。「問い返し」一般は、もちろん、一語文以外の形でもあり得る。

（14）希望喚体における希望対象の存在の現実性をめぐって、

川端善明「喚体と述体の交渉――希望表現における述語の層について――」（国語学六三集、一九六五）

に、このような趣旨のことが述べられている。

（15）注（2）の拙稿で論じた。

第一章第十一節

文の形と意味

（原論文は、別冊國文學№53　中村明編『現代日本語必携』　２０００年　所収）

一

文は語が集まって構成される。語はそれぞれに意味を持っている。したがって文の意味は、語があらかじめ持っている意味が集まってでき上がる。それは疑いようがないことのようにも思える。しかし、そう簡単に言ってしまってよいのであろうか。

右のような見方は必然的に、文の意味はそれを構成する各部分（各語）の意味に分割できるという信仰を伴っている。例えば「雪は白い」という文と「雪が白い」という文を比べたときそこに見てとれる二つの文の意味の差は、二つの文の形（単語列）の引き算の結果として残る「は」と「が」の差である、というような見解である。つまり、第一文と第二文の意味の違いは、雪の性質を観念的、抽象的に説明するか、雪が白い現実のあり様を具体的に描写するかの違いであって、この差が「は」と「が」の違いにほかならない、それこそがこの二つの助詞の意味の違い、あるいは助詞としての性質の違いなのだというような了解を持つことになる。

しかし少し考えれば、この了解に無理があることに気がつく。右の第一文と同じく助詞「は」を使っても、「これはまずい」などは観念的判断ではなく現実のあり様に対する具体的な感想であるし、「飲んで騒いで丘にのぼれば、はるかクナシリに白夜は明ける」などは現実の情景の描写であって、しかも「白夜」についての説明ですらない。また、右の第二文と同じく「が」を使っても、「鉄とアルミとどっちが重い?」「鉄が重い」というような場合は「鉄の方が重いものだ」という観念的、抽象的な判断である。つまり先の「雪は白い」と「雪が白い」の二つの文の意味の差を、二つの文を構成している語（「は」と「が」）があらかじめ持っている意味の差だとしてしまうことはできないのである（注1）。

無論、二つの文の意味の差が何らかに二つの助詞の性質の違いからもたらされることは疑えないが、それを単純に二つの助詞があらかじめ持っている意味の差だと決めつけてしまうところに問題があるのであって、それは冒頭に述べたような「文の意味は語の意味の総和である」という常識的見解の危険を如実に指し示している。その難点は「語の意味の総和」というところを「語の意味と構文型の意味の総和」という風に補足してみたところでまぬがれるものではない。「言表状況から与えられる意味」というものをそこに付け加えたとしてもなお本質的には不十分であろう。その助詞やその文型と状況との間に、あるダイナミズムが働いた結果、文にそのような意味が生ずるのであって、状況が語用論的に外から文に意味を付加するのではないからである。

二

いわゆる助動詞が結果として文にもたらす意味の出所というのも相当に複雑である。

「ない」という助動詞はどのような構文環境、言表状況で用いられても否定という意味を文にもたらすから、文の意味のうちの否定という部分は「ない」があらかじめ持っていた意味だと言ってよさそうである。「いっしょに行かない?」というときの勧誘の意味を「ない」という助動詞があらかじめ持っていた意味だというような主張をする人はないであろう。否定の質問文が結果的に勧誘という表現性を帯びる場合があるというまでのことである。助動詞自身の意味と、それを使った文がある場合に特別な事情で帯びる意味とは容易に区別できる。

しかし、他の助動詞をめぐっては、両者の境界は一見してそれほど明瞭ではない。

「たいへんだ! へいが倒れた」の「た」の意味は「完了」、「先月の台風でへいが倒れた」の「た」は「過去」と呼ばれるし、「そうか、そうやればいいんだ。よし、これで勝った」の「た」は「見通しの獲得」、「あなたはたしかタバコを吸いましたね」の「た」は「想起」、「さあ、どいた、どいた」の「た」は「要求」という名で呼ばれることがある（注2）。これらの意味のすべてが「た」自身のあらかじめ持っていた意味だと言えるのであろうか。

詳述は避けねばならないが、「完了」の用法の一部が（現在との関係という面を希薄にして）「過去」用法となり、「完了」用法の主観的側面、「過去」用法の主観的側面が言わば独り歩きしてしまったのがそれぞれ「見通しの獲得」、「想起」の用法であると見ることができる（注2）。その限りでこれら四用法については「た」の多義のあり方だと呼ぶことができるであろう。それはちょうど「馬が走る」の「走る」の意味が拡張し、あるいはズレて、「電車が走る」「背中を痛みが走る」「町の中央を川が東西に走る」などの「走る」の用法が発生したことと同様であって、右の「走る」の意味のいずれもが「走る」という語自身の意味の（本質的に言うなら〝適用〟の）幅であると言えるのと全く同様に、「た」の右の四用法は「た」自身の意味の幅なのだと言うことが許されるであろう。

しかし、「要求」用法はどうか。右の四用法の基軸としてあった「完了」という意味ないし用法が「要求」の中にも生きていると言えるのだろうか。

水が欲しいとき、人は「水！」と言う。要求対象だけをことばにして、要求という表現意図そのものはことばにしない。言わば状況にゆだねるのである。要求対象がモノでなく一つの行為である場合もそれは同様であって、「さっさと歩く！」というような要求表現は、要求内容だけを言語化して要求行為はことばにしていないのだと理解される。一つの行為をただそれとして素材的に言語化するだけの形式には動詞終止形がふさわしい。終止形は、渡辺実氏が独立形と呼んだとおり、動詞の概念内容をただそれとして表示する形態である。古来、国語辞書の動詞項目が終止形で表示されてきたのもその表れであり、終止形は動詞の辞書形、概念表示形、不定形とでも言うべきものであって、終止形を用いて命令や要求が表現され得るのは、「水！」の場合と同様に、ある内容の素材的表示形が言表状況の力によって要求内容であると相手に理解されるからにほかならない。「水」という名詞や「歩く」という動詞終止形自身が要求という意味をあらかじめ身に帯びているというようなことは考えられない（注3）。

「どいた、どいた」の場合も同様であろう。ただ、相手に実現を要求する内容が「どく」と素材的に表示されるのではなく、行為の実現を積極的に表す完了形式で表示されているにほかならない。話者にとっての希求内容が「〜した」という行為実現の表象として発話されているのである。そのようなあり方を指して、「た」が要求という意味を持っていると言うことは許されないであろう。もちろんこのような要求表現に「た」が使われているることには理由があるのだが、それは「た」が要求を表しているということとは別である。

三

「う・よう」という助動詞となると話は一層微妙である。

現代語の「う・よう」には推量の用法（「この中にはすでに事件を知っている人もあろう」）と意志の用法（「一緒に映画を見に行こう」「これをあげよう」）とがあり、意志用法の延長上に本質的には一人称複数の意志である勧誘の用法があるとされている。それは間違いない。しかし、〝推量〟と〝意志〟は「う・よう」があらかじめ持っている意味なのであろうか。もしそうだとすれば、一つの語がどのような論理で〝推量〟と〝意志〟の二つの意味を持つことができるのであろうか。

推量の意味の一面が変化して意志の意味が出てくるという筋道は考えられないし、逆も無理である。「た」の場合の〝完了〟と〝過去〟のように関係づけることはできない。それどころか、疑問文になると〝推量〟や〝意志〟とは相当に異質な意味が出てくる。「先生はあす何時ごろ御到着になりましょうか」と先生にむかって尋ねる場合、これはすでに話し手の〝推量〟ではない。「私はこう思う」という〝推量〟が働く余地はないのであって、事態が〝未実現〟だから「う・よう」が用いられているとしか言えない。また、「これをあげようか」というときの「よう」は〝意志〟ではない。自分の意志を自分で疑問するというようなことは統一ある人格の言語行為としてはあり得ない（英語でも Will I……? というような意志疑問文はあり得ない）のである。このような場合の「う・よう」＋「か」は事態の現実生起ではなく〝妥当性〟次元で事態成立を疑問する形式だと考えねばならない。

非終止法として使われる場合は、〝推量〟でも〝意志〟でもない意味ばかりである。「あろうはずもない奇跡」は〝可能性〟、「あろうことかあるまいことか」は〝妥当性〟、「社長ともあろう人が」は〝事態一般化〟、「知らせよう手立てもない」は〝目的内容〟、「たとえ死のうとも」は〝仮定内容〟、「一人で思い悩もうよりは……」は〝選択肢〟と、それぞれ名付けることができる用法であるが、いずれも〝推量〟〝意志〟とは全く異質な意味である。だいたい、「ない」であろうが「た」であろうが、助動詞の意味というものは終止法で用いられても非終止法で用いられても（少しの制限は出てくるものの）それほど意味が違うものではない。ところが、「う・よう」に関しては、終止法と非終止法とで意味は全く重ならないのである。これは尋常なことではない。一体何が起こっているのであろうか。

右の事情は古代語の「む」において一層顕著である。終止法のときは〝推量〟〝意志〟〝命令〟（「なり高し、なりやまむ」源氏、少女。「花を見てこそ帰りたまはめ」宇津保、梅花笠)になり、非終止法のときは周知のとおり〝仮想〟〝婉曲（事態一般化）〟〝未実現〟などの意味を表わす。右に挙げた現代語の「う・よう」非終止法はその生き残りなのである。

しかし、古代語において（現代語においても）「む」がそのように多義であることの構造は、やはり他の助動詞の場合とは異質であると言わなければならない。

未然形＋「む」という形式で述定された句は、一つの非現実の事態をただそれとして頭の中に思い描くだけの形である。現実世界で起こっていないことをことばでただ組み立ててみるだけという形である。それはことばで描いた一枚の絵であるに過ぎない。例えば、何ら特別な文脈がない場面で西瓜の絵を頭上にかかげて相手に見せたら、それは伝達上どのような意味になるであろうか。「西瓜があるぞ」という〝存在〟の主張か「西瓜がほしい」という〝希求〟の表現にならざるを得ない。典型的な一語文というものは〝存在承認〟か〝存在希求〟にしかならない(注4)のである。「む」で言い閉じられた句が単独で文として表現の場に投げ出されたら、それは伝達的に非現実事態の〝存在〟の主張（今はないが、いつかどこかであるとの主張）すなわち〝推量〟となるか、〝希求〟（一人称領域の事態なら〝意志〟、二人称領域なら〝命令〟）となるかのいずれかになってしまうというのが、「む」の〝多義性〟のメカニズムである。終止法以外では〝推量〟〝意志〟にならないということの理由もここにある。現代語の「う・よう」の意味が〝推量〟と〝意志〟の二つに見えるのも、このことにほかならない(注5)。さて、それを「む」の、あるいは「う・よう」自身の意味と言うべきかどうか。答えは否である。助動詞の意味だと見えていたものの一部は、それが用いられた結果文においてはじめて発生する意味なのであった。文の意味というものはいつも語の意味に分割できるというものではないのである。

注1　どう了解するべきかについては左の拙稿に述べたことがある。
尾上圭介「語列の意味と文の意味」（『松村明教授還暦記念・国語学と国語史』明治書院、一九七七）
〃　「『は』の意味分化の論理」（言語二四巻一一号、一九九五）
注2　「た」の諸用法の位置関係については不十分ながら左の拙稿に述べたことがある。
尾上圭介「現代語のテンス・アスペクト」（日本語学一巻二号、一九八二）
注3　このような事情は左の拙稿に詳しく述べた。
尾上圭介「感嘆文と希求命令文─喚体・述体概念の有効性─」（『松村明教授古稀記念・国語研究論集』明治書院、一九八六）
注4　尾上圭介「一語文の用法─〝イマ・ココ〟を離れない文の検討のために─」（『東京大学国語研究室創設百周年記念・国語研究論集』汲古書院、一九九八）
注5　左の拙稿にやや詳しく述べた。
尾上圭介「文の構造と〝主観的〟意味」（言語二八巻一号、一九九九）

第二章　陳述論、それに関係する学史

第二章解説

「文核と結文の枠」（前章第一節に掲載）とこの内容を含む学部卒業論文は、直接的に陳述論を展開したものであった。それは第一に終止形陳述、時枝氏の「零記号の辞」の文末陳述をどう考えるかという問題に対する私なりの解答であり、第二には、時枝式入子型構文図式に収まりにくく、それゆえに陳述論においては棚に上げられてきた係助詞「は」の働きを陳述論の枠組みの中にどう取りこむかという問題についての、私なりの提案であった。しかし、卒業論文以来十年あまりの歩みの中で、私の気持ちは陳述論から徐々に離れていくことになった。

その理由の第一は、助動詞の性格、つまり「事態内容に対する話し手の把握を表す」というような表現論的機能とか、「文末にあって文を成立させる」というような文成立論的な機能、職能ではない、言わば語形態自身の文法的性格を問う語論としての（あるいは動詞形態論としての）助動詞論が、学部卒業論文や前章第一節論文の考え方では展開できないと思い至ったことにある。それは本書第三章第一節論文を書く少し前から気がついていたことであった。陳述論から離れた理由の第二はほかならぬ助詞「は」の問題である。前章第一節論文の枠組みでは題目提示用法の「は」はなんとか取りこむことができても、「は」のそれ以外の側面、ましてや係助詞全体の中に位置付けられるべき「は」の性格は到底捉えることができない。学部卒業論文の半分と修士論文第三章で基本的な考え方を作り上げ、『文法と意味Ⅱ』第一章所収の諸論文で展開した「は」の助詞論は、陳述論的視点とは別のところに成立するものだと確信するようになった。だとすれば、文法形式らしい文法形式の助詞論も助動詞論もそれを基盤としては展開できないような種類の文法論、つまり語論を欠いた文成立論としての陳述論は、本当に文法論なのであろうかという深刻な疑問が生じたのである。

その過程であらためて光を放つものとして私に見えてきたのが山田孝雄氏の文法論であった。陳述論の出発点だと思われている山田氏の「統覚作用」は時枝誠記氏以降の戦後陳述論における「陳述」とは相当に違うこと、より本質的には山田文法が問題にしていることと戦後陳述論が語ろうとしていることとは大きく異なることに気がついたのだが、その過程で森重敏氏や川端善明氏の山田文法理解の恩恵を受けたことは言うまでもない。係助詞や喚体・述体の問題をそれぞれに深く考える人たちが戦後陳述論と無縁であるのは偶然のことではない。

「山田文法とは」（本章第一節）は、山田文法の深さが私にもわかってくる過程で、その時なりの山田文法理解を解説記事風の体裁の中にこめて記したものである。この中で、「陳述」という用語は山田氏自身は文法用語としては使っていないことを指摘したが、実は時枝氏も「陳述」という語を自身の積極的なタームとして使ってはおらず、時枝氏の「文末辞の統一作用」が山田氏の「統覚作用」と完全に別ものである以上、戦後陳述論の淵源を山田文法に求めることはやめねばならない。

ことばの形が意味を担うその担い方の異質性（喚体―述体）の問題や、助動詞、係助詞の文法的性質の問題を問うとき、いわゆる陳述論が役に立たないとしても、別の面で陳述論的な論考に魅力を感じることは否定できない。そのように思い感じる自分の中で何かが分裂しているのであろうか。渡辺実氏の『国語構文論』を神戸大学大学院の演習で一年間かけてあらためて熟読吟味するという作業を経て、時枝氏以来の陳述論への総括、評価を自分なりに与えなければどうしても落ちつかないと思うようになっていた。覚悟を決めてそれを書いたのが本章第二節論文である。

「文法論――陳述論の誕生と終焉――」（第二節）は、暦が昭和から平成に変わったとき、『国語と国文学』編集委員会から「昭和時代の文法論を展望せよ」という途方も無い命令を受け、しかも途中で辞退した執筆予定者の穴を埋めるべく急遽指名されたために時間が限られているという悪条件の中で、様々な意味で覚悟を決めて書いたものである。第一の動機としては、上述のとおり自分の陳述論的な興味に自分の中で決着をつけるために、陳述論をあり得べき他の文法論との間で相対化するという目的から、私が最も魅力を感じていた渡辺実氏の陳述論を中心にして陳述論の学史の全体を分析、評価したものであるが、もう一つの動機は、渡辺氏の構文論の工夫と栄光はどこにあるかを、ことに若い読者にむかってはっきりと示しておきたいというところにあった。渡辺構文論は、主観表現要素の文中での出現位置の論に矮小化して理解されるべきものではなく、すべての統語的現象を、話し手―素材―聞き手、三者間の表現成立の次元へ持ちこんで了解しようとしたところに、その本来の面目があると言ってよいであろう。それは時枝氏の〝構文論〟の視点の直接的継承でもある。

この種の視点からは助動詞や係助詞の文法的性格そのものについての論が拓けないとしても、それは当然のことである。渡辺氏の言い方で「形態が意義を担い、意義が職能を担う」と言うときの前半部はカッコに入れたままで、「この形（助動詞や助詞）はこの文の中でこういう意義を表している。それゆえにこういう構文的職能をもつ」という説明を与えていくのであるが、その形が（その文で）そういう意義を表すのはなぜか、ほかの文、ほかの構文環境では別の意義を表すこともあるその形式自身の性格とはどのようなものか、それと（結果として表している）その意義とはどのような関係にあるか、その形式の（表現論的意味ではなく）文法的性格と統語上の出現位置とはどのような関係にあるか、というようなことを問うのが文法論である。渡辺構文論のような論じ方にはその文法論的視点がすっぽり欠落していると言わねばならない。そのようなことは渡辺氏自身において先刻承知のことと思われ、『国語構文論』完成のころ渡辺氏は「自分の文法論では意義論をまだ書いていない。構文論の次には意義論を書きたい」と言っておられた。渡辺氏のことばで言う「意義論」、本稿の言い方で言えば「文法論」があってこそはじめて渡辺構文論の意義が完成するというのは、まことにそのとおりだと思われる。

「形態が意義を担う」というところのその文法論的実質を問わず、すべての統語現象を表現成立論の次元への射影において語ろうとする、それは時枝〝文法〟の魅力と欠陥そのままでもある。そのような種類の〝構文論〟〝文法論〟は表現論として王道を行くものではあっても、文法論としては特殊なものであって、言わば（表現成立論次元への）影絵をもって、しかも詞的—辞的、「素材」—「主体のとらえ方」というモノクローム的な影絵をもって対象の文法的構造そのものを論じたという錯覚を持つものと言わざるを得ない。現今の主観表現論的〝モダリティ論〟はその延長線上にある。一九七〇年ごろまでの学史としては時枝以来のそのような視点の相対化ができなくてもやむを得ぬとも言えようが、現在ではこの学史の意味を冷静に客観視する必要があろう。

主観表現論的〝モダリティ論〟（特に益岡隆志氏のそれ）が渡辺氏の構文論から承け継いでいるもう一つのものは、助動詞と終助詞を連続的なものとして位置づける視点である。本章第一節論文の付録「陳述論の展開」に述べたとおり、時枝氏以来の陳述論の特徴は次の三点ないし四点に要約される。（0）喚体的—述体的などの区別をせずに文の成立事情を一色に見るという基本的立場に立った上で、（1）話し手—素材—聞き手の三者間の関係構成をもって文成立の構造だとする、（2）二種の異質なもの（詞—辞、言表内容—言表態度など）の重層として文の成立を考える、（3）文末において決定的な文の成立を見る、というものであるが、（2）の点においては、第二の層（辞の層、包む側）の内部にもさらに階層的包含関係を認めるのかどうか（助動詞相互、助動詞と終助詞の間）ということが問題となるし、（3）の点においては、同じ文末辞として助動詞と終助詞の働きは大きく同質と言えるのか否かが問題となる。いわゆる陳述論の学史はこの（2）（3）が導く要請として助動詞と終助詞の関係を論ずることを軸として展開したと言ってよいであろう。詳しくは第三章第六節論文と第一章冒頭の解説にゆずるが、助動詞（らしい助動詞）と終助詞の働きはあくまで別ものだとする金田一春彦氏、芳賀綏氏とは異なり、渡辺氏は「助動詞と終助詞は第三類助動詞（ウ・ヨウ、マイ、ダロウ）を介して連続する」と主張した。（尾上の本書は最終的にウ・ヨウ、マイは設想の複語尾として終助詞とは異質、ダロウは文末外接形式として複語尾とは異質だ―ある意味で終助詞に近い―と見る。第三章第六節論文注5参照。）時枝氏の「文末において統一作用を担う辞」を語それ自身の文法的性質の問題として律義に継承しようとすればそう言いたくなるのは理解できるが、時枝氏自身は文末辞の重層の問題を尋ねる当時の学生に対して、「自分はそんな細かい議論をしているのではない。あくまでも文の大きな構造の捉え方として言っている」と話されたということを当時の学生であった方から私は聞いている。この伝聞の確かさはしばらく措くとしても、時枝文法はその全体から見て、語の文法的性格などは実は問うておらず、語の表現的な機能だけを問題にしているように思われる。林四郎氏、芳賀綏氏、永野賢氏など時枝氏の講義を直接に聞いた諸先学が時枝理論を文法論としては展開しなかった（言語行為の論あるいは文章論として展開した）ことは、理由のあることのように思われる。

「文をどう見たか――述語論の学史的展開――」（第三節）は、述語論には二つの潮流があるとした上で、その一つ、時枝氏に始まる陳述論を追い、時枝氏の論は一見あい似てはいても実質的には相当に異なる四つの方向――すなわち、文末辞機能論、階層的文構造論、表現意図論、主観・客観論――に継承されたと整理している。陳述論に属する諸論考は小異はあっても大きく見れば一つのことを主張しているなどとしてその中の一つの立場にすべてを安直にひきずりこむのではなく、中に分け入ってそれぞれの展開の正当性と価値を問うことが必要である。それらの異質性を無視して安易に重ねてしまうならば、表面的な図式としては分かりやすくても文法論としては実質の希薄なものになってしまうであろう。

「落語の〈下げ〉の談話論的構造」（第四節）は、場の笑いを形成する落語の「下げ」の部分の表現論的な構造を分析したものだが、その中で、落語という話芸の構造理解のためには渡辺陳述論の視点が極めて有効であることを証明することになった。これはもと東京大学落語研究会機関誌『横丁』第五号（一九七一年五月）に「落語の基本構造」という題で書いたものの主要部を取り出してわずかに補筆したものである。私にとっては学部卒業論文や第一章第一節論文よりも前、学部三年生の終りごろに書いたものだが、渡辺実氏の陳述論の、と言うより陳述論的視点そのものの有効性は、文ひとつをも含めて文章ないし談話の表現論的な構造分析にこそあるという、その後二十年ほど経ってたどりついた自分なりの結論を、陳述論の魅力に引きこまれた当初のものの中に確認して、あえてこの時期に雑誌『日本語学』に公表したものである。現場的な発話行為の表現論的な構造を一文の中にも見てとるという視点は、林四郎氏の『基本文型の研究』に代表されるものであるが、考えてみれば渡辺氏の、というより時枝氏の〝構文論〟がそもそもそういう種類のものであると言えるであろう。

「南モデルの内部構造」（第五節）と「南モデルの学史的意義」（第六節）は、南氏の文成立モデルの中には重ねてしまうべきではない異質な観点が混在していること、それを分けた上でそのそれぞれの意義を考えるべきことを述べた。「従属句相互の包含関係」という接続関係の多様性の解明につながるべき視点が「文らしさの度合」という陳述論的な視点にすりかえられたという経緯には、当時の詞辞連続説的陳述論隆盛の影響を考えないわけにはいかない。また、「文の意味の階層性」の主張は文成立論としてのいわゆる陳述論とは無関係に普遍的な真実を語るものと言えよう。独創的な発見がその時の学史に支配されてある色を帯びていくという面白さと残念さの例をここに見るように私には思われる。

学部卒業論文、第一章第一節論文という出発点において私が圧倒的に影響を受けた渡辺実氏と南不二男氏の論に対してこのように距離を置いてながめられるようになった今、私の文法研究の第一段階は終わったという実感がある。それがこの時期に論文集をまとめようと思うに至った一つの動機でもある。

文核と結文の枠
——「ハ」と「ガ」の用法をめぐって——

（原論文は、『言語研究』63号　1973年3月　所収
本巻第一章第一節と重複、標題のみ掲載）

第二章第一節

山田文法とは

（原論文は、『言語』10巻1号　1981年1月　所収）

世に山田文法と呼ばれる山田孝雄の文法理論は、『日本文法論』（上巻一九〇二、全巻一九〇八、宝文館刊）、『日本文法講義』（一九二二、宝文館刊）、『日本口語法講義』（一九二二、宝文館刊）、『日本文法学概論』（一九三六、宝文館刊）などによって知られる。明治時代の、文法と言えば伝統的な西洋文典の日本語への直接的な適用しかなかった時代に、日本語の事実から出発して言語の本質についての根源的な思索を展開し、精緻な体系にまで完成されたこの山田文法は、近代的日本文法学の輝かしい成立を告げる位置に立つ。のみならず、言語の本質についての深い省察から一つの概念をつむぎ出し、その基本概念とそこから導かれるいくつかの概念によって文法現象の全般を合理的に理解、説明しようとする論のあり方は本来の意味で理論と呼ぶにふさわしいものであって、視点、視角の直接的、平面的な提示や事実のシステマティックな記述法の提案たることを超えた数少ない文法理論の一つと評してよいであろう。

一　統覚作用、陳述

山田は助詞「は」の正体を問うことから思索を開始した。「は」はいわゆる主語にも付くし、「その本は|読んだ。」「神戸へは|先月行った。」「あいつとは|遊ばない。」のように様々の補語にも付くし、「はやくは|走れない。」のように連用修飾語にも付くし、「きのうは|夢を見た。」のように時の語にも付く。「は」は一体何の働きをする語であろうか。山田はここで、「は」が文末の言い切りを要求するという点に着目する。「鳥は飛ぶ時羽根をひろげる。」という文で「鳥は」は文末の「ひろげる」に係るが「鳥が飛ぶ時……」では「鳥が」は「飛ぶ」に係ってそこで働きが終る、少なくともその可能性がある。「鳥は」は「飛ぶ時」の「飛ぶ」に係ることはあり得ない。その証拠に、「鳥が|飛ぶ時、けだものたちは息をひそめている。」とは言えるが「鳥は|飛ぶ時、けだものたちは

……」とは言えないではないか。「は」の本性は、文末の言い切りにまで必ず係って行くということ、言い換えれば係り先に言い切りを要求するということに深い関係があるにちがいない。では「言い切り」とは何であろうか。ただ前から続いて来たことばがそこで終っているというだけでなく、「言い切り」の所で何かが行われているにちがいない。それは何か。

人はものごとを了解するとき、事態の全体をまるごと一遍に了解することはできない。事態を一旦各要素に分解して、その要素を集めて然るべくつないでまとめあげてはじめて了解できるのである。少なくとも言語的了解というものはそういうものである。この各要素がまとまって一つの事態内容が結成されるのが文の文末である、言い切りの所である、と山田は考えた。ここで、〈統覚作用〉という概念が要請される。

思想とは人の意識の活動にして種々の観念が、ある一点に於いて関係を有し、その点に於いて結合せられたるものならざるべからず。而してこの統合点は唯一なるべし。意識の主点は一なればなり。この故に一の思想には必ず一の統合作用存すべきなり。今これを名づけて統覚作用といふ。(『日本文法学概論』――以下『概論』と略記――九〇一ページ)

ここで言う「思想」とは(結果として文で表現される)事態内容というほどの意味であるが、一つの思想が成立するためには、材料たる種々の観念を統合する作用、すなわち〈統覚作用〉が必要だというのである。

そこで、思想成立の要件を整理して言えば、「精神の統一作用」と「それによりて統一されるべき材料たる観念」との二者であり、「材料たる観念」の方は「実在」とその「属性」とに分けて考えることができるから、結局、「実在」「属性」「精神の統一作用(統覚作用)」の三者だということになる。そしてこの精神の作用としての

〈統覚作用〉の言語的発表が述格のあらわす〈陳述〉だと説明される。すなわち、述べ上げ、言い切るということの精神的内実はこの〈統覚作用〉であり、その作用の言語上のあり場所はいわゆる述語の部分だというのである。

ここで、いわゆる「述語」の文法的機能が二面に分割されることになる。属性を表わすものとしての一面と〈統覚作用〉を宿すものとしての一面とである。この前者の面で、いわゆる述語は「賓格」と呼ばれ、その表わす観念内容は「賓位観念」であり、前者後者両面を合わせもったものとして「述格」と呼ばれる。対立して存在する主位観念（実在）と賓位観念（属性）とを結んで一つの内容を結成する精神的な作用が〈統覚作用〉であり、言語的には〈陳述〉だというのである。

二　語の分類、用言の本質

山田は語を左のように大きく四種に分類する。

- 単語
  - 観念語
    - 自用語
      - 概念語
      - 陳述語
    - 副用語
  - 関係語

観念語とは「一定の明かなる具象的観念を有し、その語一個にて場合によりて一の思想をあらはし得るもの」（『概論』八四ページ）で、関係語はそうでないもの、つまり、観念語はいわゆる名詞、代名詞、数詞、形容詞、動詞、副詞、接続詞、感動詞であり、関係語は助詞である。観念語は、思想成立の材料たるべきものであるから、どのように材料になり得るかで二類に分類される。自用語とは「談話文章を構成する骨子となり、陳述をなす場合の直接材料となる性質を有するもの」（同八六ページ）で、副用語とは「談話文章を構成する直接の骨子となることなく、必ず他の観念語、即ち自用語が之に先だちて存立してあることを条件としてそれに依りて存し、それによりてはじめて談話文章の構成の成分となるもの」（同八七ページ）である。いわゆる副詞、接続詞、感動詞が副用語に属し、観念語中の他の品詞が自用語に属する。

上述のとおり、思想成立のためには、材料たる概念とその概念を結合統一する陳述の力との両者が必要であったが、自用語のうち、この材料たる概念を代表する語を概念語と呼び、陳述の力の寓せられた語を陳述語と呼ぶ。概念語とはいわゆる体言で、品詞で言えば名詞、代名詞、数詞であり、陳述語とはいわゆる用言で、形容詞、動詞などである。

四類に分かたれた語のうち、陳述語すなわち用言が、山田文法においては特別な位置を占めることになる。思想成立の要件のうちの〈統覚作用〉を託されるもの、〈陳述〉の力をもつものはこの用言だけであり、また用言に属するものはすべて〈陳述〉の力をもつから、この〈陳述〉の作用を有することが用言の本質だとされるわけである。

山田文法の用言記述で注目すべきは「存在詞」という一品詞を立てていることだが、これもこの用言の本質規定から導かれる。つまり、〈陳述〉の力をもつことはすべての用言に共通だから、用言分類の基準はその用言の属性のあり方如何に求められることになり、「陳述の力と共に何らかの具体的の属性観念の同時にあらはされたる用言」である実質用言と「陳述の力を有することは勿論なるが、実質の甚しく欠乏してその示す属性の甚だ稀薄にして、たゞその形式をいふに止まり、その最も抽象的なるものはたゞ存在をいふに止まり、進んでは単に陳述の力のみをあらはすに止まる」用言である形式用言とに、まず大きく二分されるのであって（『概論』一八九ページ）、実質用言とはいわゆる形容詞、動詞であり、形式用言とは「あり」「ごとし」「す」「なり」「たり」などである。このうち「ごとし」と「す」はその意義上の偏向からそれぞれ形容詞と動詞に含められるが、「あり」は特殊で、ある意味では用言の全般と関係をもつから特別扱いとなり、「存在詞」という一品詞が立てられることになる。存在詞の注目すべき働きは用言以外の属性を表わす語（体言、副詞）に付いて〈陳述〉の作用のみを表わし、述格を構成することである。「大人物にあり（なり）」「豊かにあり（なり）」「堂々とあり（たり）」のように、「あり」はあたかもcopula相当であるかのような用法をもっているのであり、この点、たしかに存在詞は形容詞や動詞と区別されるだけの、そして用言の本質の極限的なあり方とも言えるような性質をもっていると言えよう。なお、「なり」「たり」、現代語の「だ」「です」は存在詞の一種として「説明存在詞」と呼ばれている。

山田の品詞分類のもう一つの大きな特色は、助動詞という品詞を認めないことである。いわゆる助動詞の一部「ごとし」「なり」「たり」は、それ自身一の語として形容詞、（説明）存在詞と認められたが、いわゆる助動詞の大部分のものは、語以下の存在、語の部分として「複語尾」と呼ばれる。「れる・られる」「せる・させる」以下「う・よう」「まい」などまでを一括して複語尾と呼ぶのは、これらのものが「動詞存在詞が、その本来の活用のみにて十分に説明若くは陳述の作用を果すこと能はざる場合に、その活用形より分出して種々の意義をあらはすに用ゐる特別の語尾」（『概論』二九一ページ）であるという理解に拠るのであるが、これらが語以下の語尾でしかないのは、やはり「思想成立の要件」における語というものの上述の位置づけの結果である。語とは「統一されるべき材料」たる観念あるいはそれと〈統覚作用〉とを同時に表わすものであるから、それ自身観念内容をもたず、また既に〈統覚作用〉を宿す動詞、存在詞に付随してしか働かないこれらのものは語尾でしかないのである。

三　句、喚体、述体

山田において、何よりもまず言語は思想を表わすものであるから、言語の基本的単位は、一つの思想の言語的発表である〈句〉として設定される。

一の句とは統覚作用の一回の活動によりて組織せられたる思想の言語上の発表をいふ。(『概論』九一七ページ)

原理上の言語単位である〈句〉が運用されて現実に一の体をなしたものが〈文〉であって、〈句〉と〈文〉との関係はあたかも「元素」と単体・化合体などの「体」との関係のようなものである。

〈文〉は、従って、〈句〉がどのように運用されたものかによって「単文」と「複文」に分かれる。「一の句にて成立する文」が単文であり、「二以上の句が集まりて、複雑なる思想をあらはし、言語の形に於いて拘束を有して一体となれる組織の文」が複文である。一般に、二つのものが複合する場合のあり得る関係としては、二者が個々的に並列するという並立関係、対等の資格で結合する合同関係、一が主となり他が従となって結合する主従関係の三種類しかないから、複文の種類も、この三種類に従って、二句が並立関係にある「重文」(「松青く、砂白し。」など)、合同関係にある「合文」(「月清くば、庭に出でて眺めむ。」など)、主従関係にある「有属文」(「東西の市は人集まる所なり。」「君は余念なく文章を起草し居られたり。」「あの人は交際がうまい。」など)に分かれることになる。文は、このように、外形のあり方によってではなく文の〈句〉的構成、つまりは思想単位のあり方によって分類されているわけである。

ひるがえって〈句〉自身についてみると、〈句〉は一の思想の言語上の発表であるから、どのような形の言語表現にせよ、それが一の思想を表現している限り〈句〉であることにかわりはない。ただその〈句〉が伝達的にどのような仕方で一の思想を表現し得ているかによって〈完備句〉と〈不完備句〉とに分かれる。「山が高い。」というような〈句〉はその形自身で間違いなくある事態を聞き手、読み手に伝えるから〈完備句〉であり、「山。」「火事。」「高い。」「降る。」などは、一語で結局は一つの思想を伝達上表現し得ているにしても、それはこの語形態自身の力以外に現場、文脈の働きと聞き手、読み手の想像力によって支えられてのことであるから、〈不完備句〉とされる。従って、同じ一語文でも「行け。」などは〈完備句〉の文、「犬。」「寒い。」などは〈不完備句〉の文なのである。

〈完備句〉には〈喚体〉の句と〈述体〉の句があり、〈喚体〉には〈感動喚体〉と〈希望喚体〉とがある。〈感動喚体〉の句とは、「うるはしき花かな。」「妙なる笛の音よ。」「もれいづる月の影のさやけさ。」のようなものであって〔連体格——中心骨子たる体言〕という形式を必要条件としており、〈希望喚体〉の句とは「あはれしりたる人もがな。」「老いず死なずの薬もが。」のようなものであって〔中心たる体言——希望終助詞「が」〕という形式を必要条件としている。感動、希望双方を含めて、〈喚体〉の句は、主格・賓格の区別のない直観的、感情的、一元的な発表形式であって、呼格体言を中心としてその対象に喚びかけるという形をとるものである。

これに対して、〈述体〉の句は、主格・賓格の対立を述格において統一するという二元性をもった理性的な発表形式である。〈述体〉の句は、その陳述態度によって分類されることになるが、主格から見た陳述態度のあり方によって「第一人称の句」「第二人称の句」「第三人称の句」に分けられ、賓格の語における陳述態度のあり方によって「叙述体の句（説明体と疑問体）」と「命令体の句」とに分類されている。そしてまたこの分類に関連してそれとは別に、すべての〈述体〉の句は「対者に話しかくる態度」の句とそうでない句とに分けられることも指摘されている。

〈喚体〉の句と〈述体〉の句はこのように形式としては別であるが、その内容においては互いに交渉をもつものである。例えば〈感動喚体〉の「きたなきみ方の振舞かな。」「もれいづる月の影のさやけさ。」を述体として表現すれば「み方の振舞のきたなきかな。」「もれいづる月の影さやけし。」となるし、〈希望喚体〉の「世の中にさらぬわかれの無くもがな。」において希望されている対象事態は「世の中にさらぬわかれの無し」という〈述体〉句において表現される事態である。このように、山田において、〈喚体〉と〈述体〉とは思想の発表の形式と方法との上の差異であって、その思想の根柢に於いては通ずるものであると把握されている。〈句〉は何よりも思想の言語的表現であるから、その体裁、形式の相異を超えて、表現内容における関連が意識され、さらに言えば、事態に対応するという一面での同質性が強調されているわけである。

四　陳述論への道

山田が用い始めた「陳述」ということばないし観点をめぐって、後に様々な議論が提出された。というより、山田がこのことばを用いて問題にした言語の一面を自分はどのような道具だてをもってどのように捉えるか、各自の〈陳述〉を基盤にそれぞれの文法が構築され、国語学における文法論はこの概念ないし観点を軸に展開されて来たとさえ言ってよい。様々な誤解やズレをも含みながら継承され、それゆえに当然視点そのものにも大きな偏差の幅をもつに至ったこのいわゆる陳述論と呼ばれる学史は、しかしながらやはり一面で、一貫した言語観、ないし言語現象了解の態度といったものを保持していると言ってよいであろう。その一貫したものも、様々な偏差を招くことになった所以のものも、ともに山田の〈陳述〉の中に既に準備されていることを、われわれは上来の簡単な山田文法紹介の中にさえ見てとることができる。

山田文法において〈統覚作用〉と〈陳述〉の関係はそれほど明らかではなく、従来議論を呼んでいるところで、精神作用としての〈統覚作用〉の言語的なあらわれが文法概念としての〈陳述〉であるというのが大方の了解であるかと思われるが、山田において「陳述」ということばは実は未だ文法論上の概念ではない、山田は文法概念として用いてはいないと見るのが正確なところではないかと、本稿の筆者は考える。山田の文法書において「陳述」という語は「陳述をなす」「陳述の作用」「陳述の力（能力）」「陳述のし方」「陳述の修飾」「陳述を確かむる」「陳述を支配する」「陳述の対象」というように使われるのみで「陳述が（ある、ない）」とか「〇〇の語の陳述」、「陳述のあり場所」というような用法は見当たらず、ましてや「陳述性」「陳述的」「陳述度」というような用法はないこと、往々にして文法概念たることの論拠とされる「述格のあらはす陳述とは……」（『概論』六七九ページ）の文言にしたところで、「述格がものを述べ上げて言い切るということ（の内実）は」というほどの意味であること、既に指摘されているように[注1]「陳述」は述体句についてのみ言われて同じく統覚作用の存する喚体句については言われていないことなどから見て、この語は日常本来の意味で「ものを述べ上げてしかと言い切る」という程度の意味に読んでおくのが正しいと思われる。この語をもち出すきっかけとなった「は」の本性把握から見ても、上に紹介した用法から見ても、山田の「陳述」は「述べ上げ、言い切る」という表現的、修辞的な感覚を常に離れていないと言ってよいであろう。

とすれば、山田の基本概念は〈統覚作用〉である。〈統覚作用〉そのものは思想成立の要件として具体的表現以前の段階の概念であるが、ある単語列（文的形態）に〈統覚作用〉が宿っているか否か、すなわちそれが〈句〉

であるか否かは、その語列が表現の中で実際に〈文〉としてある思想内容を有効に伝達し得ているかどうかにかかっているのであって、山田は〈文〉というものを、さらには抽象的文法単位〈句〉をさえ、かなり伝達的、表現的に見ていると言ってよいであろう。(注2)伝達的な文の成立と文の文法的構造とを強く関連させて考えるという姿勢は、時枝誠記以後の陳述論にも承け継がれる、というより時枝以降格段に深まって行く姿勢である。

〈統覚作用〉という概念を導入したのは、事態内容を構成する要素の材料観念のほかに内容を内容としてつくり上げる（従って表現を表現として成り立たせる）ための異次元の機能の存在を認めてのことであった。単なる思弁としてでなく、文法現象を説明するための原理としてこの種の異次元の機能を要請することは、時枝の「辞の統一作用」、渡辺実の「叙述」「陳述」以後にもずっと継承されるところである。言語で表現される対象面のみならず表現行為そのものにかかわる機能が概念化されて文法論に組みこまれるという点がわが陳述論の一貫した特色であろう。

山田は〈統覚作用〉のあり場所を文末の述格、語類として用言に求めている。各要素を統一する作用というような、本来〈句〉の全体を貫いてあるはずの作用を文末述語にだけ負わせてしまったのであるが、これは「述語を言ってはじめて内容が定まる」というような、伝達的表現的な視角、感覚に支配されてのことであると思われる。文末に文の成立を見るという視点ないし感覚への傾斜は時枝以後の陳述論でますます強まり、ほとんど「言い終ることが陳述であり、文を成立させる作用である」と言うに近い議論にまで至るのである。と同時にまた、語類としての用言、分けてもその活用語尾あたりに文成立のきめ手を見ようとする以後の様々な議論も、その根はこの山田の用言の位置づけにあると言わねばならない。

山田の〈統覚作用〉の内容は包括的、混質的である。

こゝにいふ統覚作用とは、意識の統合作用を汎くさせるものなれば、説明、想像、疑問、命令、禁制、欲求、感動等一切の思想を網羅するものなり。(『概論』九一七―八ページ)

文が表現するもののうちで各要素観念に分属させてしまうことのできない残りのもの一切が〈統覚作用〉に附託されることになるのであるから、その内容が混質的になるのも、ある意味では当然のなりゆきである。この結果、主―賓の結合の如何にかかわる〝肯定・否定〟、判断の〝確かさ〟などから始まって、〝推量〟〝確認〟などその主賓結合をめぐる表現主体の見解、〝感動〟〝欲求〟など表現することにおける主体のあり方、〝命令〟〝禁制〟など主体の相手に対する意志のあり方までが〈統覚作用〉に押し込められることになる。この内容と思想成立の要件たることとが直ちに結びつけられるならば、文法的な意味での文の成立の議論が主観的要素表現法の論の中に解消してしまう可能性さえ生ずるであろう。事実、以後の陳述論では、まさにこれだけの幅をもって主観的要素の表現と文の成立とを重ねてしまう見解が登場して来るのである。

五　喚体・述体の意義

山田は〈句〉を〈完備句〉と〈不完備句〉とに分けた。「火事。」というような〈不完備句〉であれ、主格・賓格に分節、展開した〈完備句〉であれ、それが生きた表現として有効に働いている限り、すべてモノでなくコトを表現しているのであるが、コトの表現である以上、原理的に主格と賓格がなくてはならない。この両者が言語面に現われているのが〈喚体〉〈述体〉を含めた〈完備句〉であり、(注3)「犬。」「来た。」のようにその一方しか現われていないのが〈不完備句〉である。(a)「(まあ)きれいな桜!」も(b)「桜がきれい!」も(c)「きれい!」

も、ともに表現として現場に密着しているが、そのこととは別に、事態のあり方（つまり、主・賓が何か）が言語面だけで決まるか（a、b）、場面に依存しなければ決まらないか（c）の差があり、この差が〈完備句〉と〈不完備句〉を分けるのである。

〈喚体〉と〈述体〉の区別は、句の外形的な形式の相異というより、句の成立様相（それはつまり文の成立様相）の異質性を直接に問題にする区別である。

「笛の音妙なり。」という〈述体〉は、事態を主位観念と賓位観念とに一旦分けて統一するというわれわれの了解のし方をそのまま反映したスタイルである。これに対し「妙なる笛の音よ。」という〈感動喚体〉は「妙なり」という賓格・述格を連体修飾の位置に逆転させることによって事態を一つの大きな体言にまとめあげ、この体言を「――よ」という呼びかけの格、呼格にするという形で、事態の一元的な発表形式をつくりあげているのである。では、〈感動喚体〉がこういう形式をとることと、それが感動の直接的な表現、理性的ならぬ直観的発表形式であることとの内面的な関連はどのように考えればよいのであろうか。

それには〝呼格〟というものの性格を考えることが有効である。呼格とは「吾人がある思想を表示せむとする時に了解作用に訴ふるの方法によらずして端的にその思想の中核たる概念を提示する」（『概論』六七一ページ）というための形である。〈感動喚体〉の場合は呼格に立つ体言が必ず連体修飾を伴って一つの事態を含んでいるから、その形式は、一つの事態を中核たる体言に収斂させてまとめあげこれを提示するもの、と言うのがふさわしいであろう。ではなぜ、事態込みの体言を直接的に提示すれば感動の表現となるのであろうか。それは結局、この表現の〝現場性〟に求める以外にないと思われる。人は山路ですみれに出逢ったときの感動を「すみれ！」という遭遇対象の名前で表現する。体言呼格が感動の表現になるのは、感動というものが対象のあり方を分析する余裕のないもので、感動を自分にひきおこした対象を直接的に言語化することによってしか本来表現され得ないものであることに由来すると考えてよいであろう。〈感動喚体〉は表現主体のその時その場の感情経験を表現するゆえにこの形式が許されているのであり、〈感動喚体〉と〈述体〉の差は、実は、現場密着の表現であることによって文であることを許されているか、それ自身が非現場的な独立性をもっている（それが現場的な表現に用いられても無論かまわない。例「バスが来た！」）かの差にほかならない。(注4)

この意味からは「老いず死なずの薬もが。」のような〈希望喚体〉も、同じく、主体のその時その場の希求感情の表現であることによってこの形が文であることを許されているのであり、一般に〈喚体〉と〈述体〉の差はこの現場密着性の文か否かの差であると言ってよい。無論、このことと、〈完備句〉〈不完備句〉を分けた場面依存の有無とは別のことである。

〈喚体〉は体言の呼格すなわち対象に呼びかける形をとったが、このこととは別に、すべての〈述体〉句は対者に話しかける態度をとっているものとそうでないものとの二種に分けられるということが山田自身によって指摘されている（『概論』九七八ページ）。〈述体〉句の場合の対者は聞き手であり、〈喚体〉句の場合の呼びかけ相手は感動・希求の対象であって相違があるが、ともに広義呼びかけとして共通の面があることもまた事実である。(注5)

このように、山田の文法は表現の成立と句の構造との関係を実に注意深く、精密に論じたものであって、言われるほど論理主義に偏したものではなく、むしろ表現においてある文法を目指すものと評すべきであって、現在のいわゆる語用論に基礎を与えるものとしての読み方もできるであろう。

山田文法全般の理解において、注（2）に挙げた森重敏氏の論文と、特に喚体と述体の問題において左に挙げる川端善明氏の論文の恩恵をうけた。謝意を表する。

川端善明「喚体と述体」(『女子大文学』一五号、一九六三)

同　「喚体と述体の交渉」(『国語学』六三集、一九六五)

〔注〕

(1) 仁田義雄「山田文法における文の認定」(『日本語・日本文化』六号、一九七七)

(2) 森重　敏「山田文法批判」(『国文学解釈と鑑賞』三〇巻一二号、一九六五。後に「山田文法の再評価」という題で同氏の論文集『日本文法の諸問題』―笠間書院、一九七一―に収録)参照。

(3) 〈希望喚体〉は、表面上は主・賓に分かれていないが、「行け。」という句が命令という言語面のあり方に拠り内面に主・賓の対立、統一を含んで〈完備句〉であるのと並行して、それ自体の希求という動かし難い言語形態的なあり方の内に主・賓の統一を含んでいると考えられる。ここに、すべての〈喚体〉句は言語面において主・賓両者を備えていると言えることになる。

(4) このあたりの事情と、従って「雪がまぶしい。」のような一部の述体は実はある意味で喚体的であることについて、拙稿「語列の意味と文の意味」(『松村明教授還暦記念・国語学と国語史』明治書院、一九七七)で述べた。

(5) 対者への働きかけの有無は実は文の形だけでは決まらない。〈喚体〉的〈述体〉的な文の成立と対者への働きかけの意志の有無とは交錯する。拙稿「呼びかけ的実現」(『国語と国文学』五二巻一二号、一九七五)で論じた。

山田孝雄やまだよしお　明治六年(一八七三)―昭和三十三年(一九五八)。富山市総曲輪《そうがわ》に生まれる。富山中学中退後、小中学校教員検定試験に合格し、丹波笹山鳳鳴義塾・奈良県五条中学・高知県立中学等を経て国語調査委員会補

助委員となる。また日本大学高等師範部に教鞭を執り、後、国学研究所を創設した。大正十三年（一九二四）東北大学講師、次いで教授、昭和四年（一九二九）文学博士号を受ける。同八年（一九三三）に退官、同十五年（一九四〇）神宮皇学館大学学長、同十九年（一九四四）貴族院議員、同二十年（一九四五）七月国史編修院長となったが同年終戦により退職、同二十八年（一九五三）文化功労者として顕彰され、同三十二年（一九五七）文化勲章を受章した。業績は広く国語学・国文学・国史学・文献学等に亘り、文法研究においても、体系的な文法理論の著述のほかに『敬語法の研究』『漢文訓読によりて伝へられたる語法』など文法学の新領域を開拓した著述、『奈良朝文法史』『平安朝文法史』『平家物語の語法』『俳諧文法概論』など以後の文法史研究の基礎を築いた大部の述作が多々ある。（『国語学大辞典』に拠る）

陳述論の展開

山田孝雄《よしお》が「陳述」という語を用いて以来、表現の成立と文の構造とを関係づけて理解しようとする視点から様々の論がなされ、それを軸としてのそれぞれの文法論が展開された。

時枝誠記《もとき》（『国語学原論』岩波書店、一九四一。『日本文法・口語篇』同、一九五〇。『日本文法・文語篇』同、一九五四）は「言語とは主体が伝達内容を音声にまで表現する過程である」とする言語過程説から、語を〈詞〉――概念化過程を経た客体的表現――と〈辞〉――主体的なものの直接的表現――とに分け、〈辞〉が〈詞〉を統一して文が成立するとした。時枝自身は「陳述」という語を積極的には使わず、山田の〈陳述〉は自分の「〈辞〉による〈詞〉の統一」に当たると述べている。

金田一春彦（「不変化助動詞の本質」『国語国文』二二巻二号・三号、一九五三）は終止形における「う・よう」「まい」などの助動詞について、それが話し手の主観的な意味を担うことと活用しないこととの関連を論じ、終助詞相当であることを述べた。「陳述」という語は使わないが、時枝を承けた陳述論の新しい展開と言ってよい。

これとほぼ時を同じくして、渡辺実（「叙述と陳述」『国語学』一三・一四集、一九五三）は時枝の〈辞〉の作用を〈叙述〉――ことがらを描きあげる話し手のいとなみ――と〈陳述〉――それを聞き手めあてに表現するいとなみ――とに分け、後者にこそ文成立の力を見た。渡辺の陳述論は幾多の論考を重ねて最終的に『国語構文論』（塙書房、一九七一）に結実するが、そこでは〈陳述〉は単に「聞手めあて」ということを超えて、「言語主体が素材（〈叙述〉の結果できあがった叙述内容、または無統叙の素材的要素）あるいは対象・聞手と自分自身との間に、何らかの関係を構成する関係構成的職能」と規定し直されており、そこには「言語表現とは、畢竟、言語主体がおのれを語ること。ことがら描きの〈叙述〉の根底には常におのれを語る〈陳述〉が流れている」との言語観があるものと言ってよい。

渡辺の「叙述と陳述」に対して一つの修正提案をしたのが芳賀綏（「〝陳述〟とは何もの？」『国語国文』二三巻四号、一九五四）である。芳賀は渡辺の〈叙述〉のほかに〈述定〉――客体的に表現された事柄内容についての話し手の態度（断定・推量・疑い・決意・感動・詠嘆など）の言い定め――と〈伝達〉――事柄内容や話し手の態度を聞き手（時に話し手自身）にむかってもちかけ、伝達する言語表示（告知・反応を求める・誘い・命令・呼びかけ・応答など）――との存在を主張して（渡辺の当初の〈陳述〉は芳賀の〈伝達〉に対応する）、この〈述定〉〈伝達〉双方に文成立の決め手たる力を認めた。渡辺の後の〈陳述〉の規定は、この芳賀の視点をとり入れた上のものである。

以上、時枝、金田一、渡辺、芳賀らの陳述論に共通する基本的な立場は、⑴話し手—聞き手的な現場における表現の成立と文の文法的な構造とを重ねて考える、⑵文の中に異質な二種類の要素の存在を認め、その重層によって文の文法的成立を説明しようとする、⑶文の線条性を重視し、文の成立を文末において認める、の三点と言ってよいであろう。この三点は既に山田の文法においてもある程度見られるところであるが、表現の成立と句の構造との関係を重視しつつも一旦両者を分けてその立体的な関係を追求する山田に対し、時枝以後は両者を直接に重ねてしまったところに特色がある。時枝以後の陳述論において、文法とは、現場的な表現の成立様相と文の外形（単語列の並び方、語の種類）との関係を問うことである。

時枝から渡辺『国語構文論』への展開は、時枝に顕在した上記三点をすべて承け継ぎつつ、「統一」という語でしか示されなかった時枝の〈辞〉の様々な構文的職能を精密に概念化することによって、時枝の視点をすべての文法現象を説明し得る体系にまで高めようとした試みであると言うことができる。しかしまた、体系化を目指した結果かえって、用言、副詞、複文などの問題のあちこちで時枝の文法から離れ、山田文法的な観点に近づいている一面があることも注目してよいように思われる。

主として文末に文の成立を見ようとしたこれらの流れとはちがって、複文の前件句の分析から出発して陳述論的な文成立モデルを提出するに至ったのが南不二男（「複文」『講座現代語』6、一九六四。『現代日本語の構造』大修館書店、一九七四）である。南は、述語的表現（「花がきれいに咲いた」）と名詞的表現（「きれいに咲いた花」）双方の根底に共通の意味的事態を想定して、その意味が様々の言語形態上の要素を決定しつつ最終的に文（あるいは名詞句）の形にまでできあがって来る過程を、主として、A、B、C、Dの四段階で考えた。「伝えたい意味がまずあり、それがぼんやりした形からきりっとした形になって行く」という独特の言語イメージをモデル化したものであるが、その視点は時枝以後の陳述論の流れに含められてよいもので、文末以外の文中の要素まで視野においたところが大きな飛躍だと言える。

山田に出発し、時枝以後ある特別のあゆみを始めたわが陳述論の文法論としてのきわだった特色は、「文的な形がさらに大きな文の要素として埋め込まれ得るか否か」を、文として成立していないかしているかの問題として論じ、これとその語形態、そこに存するモーダルな意味との関係を論ずる点にある。一面で文成立論でありつつ、他面でモダリティーの表現論に転じて行く可能性は常にあると言わなければならない。陳述論を主観表現の論から解放し、現場で成立する行為としての言語の側面と言語そのものの制度的な構造との関係を問うという本来の形で継承することが、われわれに課せられた課題である。

なお、時枝以下の前記の流れとは別に、山田の〈陳述〉を、主―述を核とするすべての要素の相関の中に見て行こうとする森重敏、川端善明らの思索がある。これは既に「陳述」論たることを超えて文法論そのものであり、山田文法の一つの継承として注目しなければならない。

第二章第二節

文　法　論

——陳述論の誕生と終焉——

（原論文は、『国語と国文学』67巻5号——特集「昭和の国語学・国文学」——
1990年5月　所収）

一

昭和の国語学の文法論を展望するという課題の前に立って、筆者は途方に暮れてしまう。仮に、昭和という時代が、時代の精神ないし色あいにおいて一つの特徴をもって前後から区切られるものだとしても、文法研究のあり方が昭和のものとそれ以前のものとで一線を画すということは考えにくい。単に年代を物理的に区切る便宜に過ぎないということなら、六十余年間という期間はあまりに長すぎよう。近代的な文法学の歩みの大半はこの期間に含まれると言ってよい。与えられた課題は、国語学の文法論の歩みの全体を展望せよと言うに近い。

それは単に量において厖大であるにとどまらない。日本語の文法的側面に関する研究には様々の関心によるものがあり、それぞれの方法と伝統がある。個々の語の用法を問うものから、文、文章の構造を問うものまで、また記述それ自体を目指すものから、言語とは何か、言語的認識とは何かを論じようとするものまでの幅があり、記述や整序・解釈において教育、情報処理などの面での実用的価値を求める立場のものもあれば、求めない立場のものもある。また、文法研究それ自体を目的とするものもあれば、文学解釈に有効な限りでの文法的考察を目指す研究もある。言語というものの構造に人の関心が向けられる契機として様々のものがある以上、文法研究のあり方も多様であるのは当然のことだが、これだけの幅を持つ研究の全体を文法論の名で括ること自体、躊躇されるのであり、ましてその全体像を「昭和の文法論」として展望することなど、筆者の為し得るところではない。羊頭を懸げて狗肉を売ることになる文章の初めに、そのことをまず断っておかねばならない。

文法研究の目的や方法がこのような無政府的な多様さを示すのは、国語学における文法論の、学問としての未成熟のせいだと言えるであろうか。あるいは、例えば「科学的な文法論」という一つの目標を定めてそれに向かって研究者が方法的自覚を深めて行けば、文法研究のあり方はおのずから一つの所に収斂するのであろうか。また、それが望ましいことなのであろうか。というよりもっと根本的に、そもそも何ゆえに、国語学においては文法研究の方法ないしスタイルにおいて共通のものが要請されないのであろうか。

それには、国語学という学問の性格をふり返ってみる必要がある。国語学は、元来、多様な要素によって成り立っている。今風に言えば、成立の当初からして学際的な学問であったと言わねばならないであろう。江戸期以来の国学の伝統と西洋伝来の言語学との上に立ち、近代国民国家の形成という実践的要請から生まれたのが、わが国語学であった。

明治二十年代の国語学の成立に際して、国民国家としての自己意識の形成という動機と実用上の必要とがどれほど大きく関わっていたかということは、例えば上田万年氏の「帝国大学文科大学に国語研究室を興すへき議」という文書（国語学三十一集に収録）を見れば明らかであるが、その要請とは、あえて区別すれば三点に要約されるであろうか。第一は、日本民族精神の中核を成す日本語とは本来どのような言語かという問いであり、これは、国学の支柱を成していた「古道確立のために古語を究明する」という視点に通ずるものと言えよう。第二は、国民国家としての国語の実態把握の必要であり、方言調査を含めて、そこでは言語学の知見が活用されることになる。第三は、統一国家にふさわしい国語規範の策定と国語教育という実用的要請であり、そこには国学以来の「てにをは」研究の精神が生きていると言える。

このように、国語学は近世国学から多くのものを承け継ぐことになるが、国学の言語研究の中には三つの異なる側面が見てとれるであろう。第一は、文学解釈のための語学という側面であり、第二は、古代語の意味、用法やその歴史的変化を実証的に究明するという記述的側面であり、第三は、富士谷成章などに見られるような、言語とは何かを思索する哲学的な側面である。このいずれもが国語学の中に承け継がれており、日本語をめぐる実用的、実践的要請に応える側面と相俟って、国語学の言語研究の目指す方向は非常に多様なものとなっている。

①日本語の歴史的・実証的研究、②古典文学解釈の語学、③言語・意味についての哲学的思索、④現代語の実態把握のための研究、⑤実用のための日本語研究——これらの多様な側面にそれぞれ対応する文法研究が指摘できるが、それらは互いに密接な関係を持っているのであって、①から⑤までの中のいずれかのみを「科学的な文法論」として採り、他を捨てるのは得策ではあるまい。例えば、④の立場に立つ文法研究が⑤の文法記述の基盤にあるのは当然のことであるが、⑤が単に国語教育や日本語教育のための文法であることを越えて、計算機による情報処理のための文法というところまで広がって来ると、それは必然的に文法要素と文の意味との関係や、文自身の意味と表現の中での意味との関係についての理論的思索③を要求することになり、それは現代語についての記述的研究④よりもむしろ国学の「てにをは」研究の中の議論のあるものとの関係が深いと言えよう。これを逆に言うなら、②文学解釈の語学は、広義「てにをは」の徴妙な表現性の差異とその存立条件を問題とすることを通して③を準備し、それが⑤の実用のために役立つということもあるのであって、①から⑤までの文法研究がそれぞれ独自の意義を持ちつつ、思わぬところで互いに他を支え合っているというようなあり方をしているのが、国語学の文法研究の面白いところであろう。そこでは、記述的興味と理論的興味と実用的要請とが隣り合っているという国語学の混質性が、かえってプラスに働くということになる。

国語学を求める実用的要請は、かつては統一国家の国語たるにふさわしい規範の策定というところにあったが、戦後は民主国家建設のための国語改革をめぐって現われ、今は国際化に伴なう日本語教育や日本語情報処理ということが主要な課題となっている。また、日本語の検討を通して日本人の心というものを深く把握しようとする観点は、国学においては古道の確立を目指すための方法として自覚され、明治期には近代国家としての自己意識確立のために標榜されたが、今や国際化社会の中での自己把握の有力な手だてとして求められている。文法研究はそのような要請に応えるものでもあり得よう。国語学の文法研究を前記①と②に限って、言語学における文法研究と区別したり、国語学と日本語学との無用の区別を立てたりすることなく、日本語の文法に関する一切合切の研究を飲み込んで互いに関係させることが必要であり、それが国語学という学問の本来のあり方に沿うことでもあろう。

日本語文法に関する研究のうち、国語学の文法論と呼べるのはこれとこれであるというような限定は厳に避けたい。所詮その全体を扱うことが出来ない本稿としては、それゆえにこそ、この点をぜひとも強調しておかなければならない。

二

さて、そのように多様である文法研究の中で、文法現象について何らかの論を立てようとするものと記述組織のあり方に主張を持つもの、あわせて狭義に「文法論」と呼び得るタイプの諸研究について、筆者は、以前、左の表のような分類を試みたことがある（「昭和五七、五八年学界展望・文法（理論・現代）」国語学一三七集）。

分類の観点と各派命名の趣旨、それぞれの人をそこに位置づける理由については前稿を参照いただかねばならないが、縦の軸の三区分についてのみ略述すれば、これは何を論ずることが文法論なのかをめぐって大きく分かれる三つの立場を示している。第一の立場は、文法事実が事実としてそのようにあり得ることの根拠を問うことが文法論であるとする立場、あるいは言い換えて、表面の文法事実の背後にあるものを解釈して行こうとする立

	説明派（文章派）		非説明派（非文章派）	
	論理構造対応派	語性 - 用法派	モデル派	用法登録派
根拠・解釈派	〈原理派〉 山田孝雄 森重敏 川端善明	〈表現文法派〉 山田孝雄 森重敏 阪倉篤義 宮地裕	――――	――――
一面照射派	――――	〈語類別衡量派〉 渡辺実	〈振り分け派〉 時枝誠記 南不二男	――――
組織的記述派	――――	――――	〈プラネタリウム派〉 生成文法	〈用法登録派〉 松下大三郎 教科研グループ

場であり、前者の意味で「根拠派」、後者の意味で「解釈派」、まとめて「根拠・解釈派」と呼び得るであろう。第二の立場は、文法現象の総体にある特定の角度から光を当ててそこから見える限りでくっきりと全体を整序しようとする立場であり、「一面照射派」と名づけることができよう。第三の立場は、文法現象をめぐる解釈や評論よりも文法事実を組織的に記述することこそ文法論であるとする立場であって、「組織的記述派」と呼んでよいであろう。

このうち、第二の「一面照射派」に属する文法論は、共通に「陳述」という文法概念あるいはそのような観点を軸として展開しており、その意味で陳述論的文法論と呼ぶこともできる。「陳述」ということばそのものは山田孝雄氏に始まるが、すべての文を成立させる決定的要素とでもいうような特別なキーワードとしてこの用語を用いたのは時枝誠記氏からのことであって、時枝以後の議論は山田の文法論とは完全に異質なものとして了解される。それは単に「陳述」という用語の内容の変化というにとどまらず、文法論全体の観点、目的の相異として理解しなければならないものであろう。時枝以後のこのいわゆる陳述論は昭和二十年代から四十年代の終りごろまで文法論の世界に特別な色あいを与えたが、その立場は表現の構造ないし成立様相を、文を構成する単語の並びに直接的に対応させて論じようとするものであり、他の立場の文法論とは異なった著しい特色を持つものである。本稿は昭和の一時期を画したこの陳述論的文法論の内部展開を整理することによって、その文法論としての特別なあり方を検証しようとするものである。

三

本稿で陳述論と呼ぶのは時枝以後の陳述論的文法論のことであるが、時枝の「陳述」に影響を与えた山田孝雄の「陳述」とはどのようなものであったか（山田孝雄『日本文法論』一九〇八、『日本文法学概論』一九三六）。

周知のとおり、山田氏は助詞「は」の機能を探ることから文法的思索を始めた。「は」は係り先に言い切りを要求する（事実は必ずしもそうではないが、山田はそう考えた）。述語において言い切り、そこで文を述べ上げることを、山田は「陳述する」ということばで語ったが、それは「陳述」という語の日常、普通の意味における使い方であって、特殊な文法概念とは言えない。「は」が陳述を要求するとすれば、文末の陳述のところで何が起こっているのか。主語と賓語を結びつけて事態を承認する統覚作用の発動が、述語において陳述するという形で現れると考え、このような形式によって成立する句を述体句と呼び、そうでない句、つまり陳述するという形によらないで成立する句を喚体句と呼んだのだが、山田における文法概念「統覚作用」と、日常語としての「陳述」との関係はこのようなものである。(注1)

時枝誠記氏の構文観（時枝誠記『国語学原論』一九四一、『日本文法・口語篇』一九五〇、『日本文法・文語篇』一九五四）は、詞によって表された客体的な内容を文末辞の主体的作用が包み、統一して文が成立するというものであるが、時枝がここで「山田氏の言う『陳述』は自分の文末辞の統一作用に当たる」としたことから、文末辞の統一作用そのものを「陳述」と呼ぶことになり、以後これが時枝の陳述として、陳述論の基礎概念という位置に立つことになる。

時枝氏は述体と喚体を区別せず、すべての文の構造を〔詞的素材＋陳述〕という一元的図式によって把握するが、そこでの陳述は山田の陳述とは大きく異なるものである。山田においては、すべての句は統覚作用によって成立しているのであり、この限りで時枝の陳述は山田の統覚作用に近いが、統覚作用は、文形態のこの部分に現れると言える場合（述体句における述語用言の陳述）と、句成立の内面にその存在を理念として認めるしかない場合（喚体句における統覚作用）とがあるのであって、前者においても、ある語が統覚作用のみを専門に担うということは特別な場合（説明存在詞）以外にはない。時枝の陳述は、第一に、すべての文の形態的表面において、第二に、文末辞というこの機能を専門に担う語において認定されるものであり、この二つの点で山田の統覚作用とは大きく異なる。まして、統覚作用の発動が文形態に直接的に現れる場合の実現の姿であるに過ぎない山田の陳述とは、全く異なるものと言わねばならない。

このように、時枝氏は山田氏の「陳述」とは独立に自己の構文図式を主張したのであり、それは、山田文法において統覚作用が文表面の形態に対応して指摘できない場合（喚体句）があるということを難点と見てそれを解消し、合理化しようとする意図に立つものと理解することができよう。しかし、そのことによって、山田文法の核心的概念と言うべき述体と喚体の区別、すなわち言語形態とそれが表現する意味との間の関係のあり方の根本的な異質性(注2)を意識する視点を欠落させることになったことを見逃すことはできない。

時枝氏の構文論に対して提出された疑問、批判は、「入子型を成さない文がある」という、時枝文法にとって必ずしも本質的でない批判(注3)を別にすれば、ほぼ二点に要約できよう。第一は、「用言に辞的な側面を認めなくてよいのか」という疑問であり、第二は、「辞の中にも客観的なものがあるのではないか」という批判である。

第一の疑問はいわゆる「零記号の辞」という認定ないし虚構をめぐって提出された。文末用言をまるごと詞であると見るからそのほかに零記号の文末辞を想定しなければならなくなるのであって、文末用言終止形自身の中に文末辞に相当する機能を認定すべきではないかとする主張である。これは詞の中にも辞的な側面を認めよという主張であり、詞性と辞性を様々な濃淡において合わせ持つ中間的な語類を介して詞と辞は連続的につながっているのだという詞辞連続説を、詞の側から支援するものとなる。

第二の批判は、助動詞の中にも主観的な意味のものと客観的な意味のものとがあるという角度から展開された。金田一春彦氏の「不変化助動詞の本質」(国語国文二二巻二号・三号、一九五三)は「う・よう・まい・だろう」などの助動詞について、それが話し手の主観的な意味を担うことと活用しないこととの関連を論じ、終助詞相当であることを述べたものであるが、これは同時に、それ以外の助動詞は客観的な意味を持つものだという主張を含むもので、すなわち辞の中にも主観的なものと客観的なものとがあるという指摘であり、それとは明言していないが、時枝氏の詞辞峻別に対する批判と言えよう。その意味で、詞辞連続説を辞の側から要請する議論とも言える。無論、時枝氏の詞辞の区別は客体的対象か主体的作用かという区別であって、客観的か主観的かという区別ではないと、批判を一応否定することもできるが、語の分類において概念過程を含むか否かという基準と客体的か主体的かという区別とがいかなる関係にあるのか、主体的作用を担うものが結果として客観的な意味を持つというのはどういうことかというような疑問が残るわけであり、これは時枝詞辞説にとっては相当に深い批判へと展開する可能性を孕むものである。

さらにこの疑問は、一歩進めれば、助動詞と終助詞の連鎖や助動詞相互の連鎖をめぐって時枝構文図式の説明能力の不足を衝くことにもなる。「行かないよ。」という文を「行くよ。」という文と並行的に把握するためには「行かない」全体が一つの客体的な内容を表して「よ」の主体的統一作用の対象となると言わねばなるまいが、そう言ってよいのか。「行くらしい。」と「行ったらしい。」の間に生ずる同趣の問題は、どう考えるのか。主体的な辞によって包まれた全体が後続の辞との関係で客体の側にまわるというようなことが許されるのか、というような疑問へと発展し得るものであり、それは〔詞＋文末辞〕という簡単な図式で文構造を説明しようとする時枝構文論の根幹を揺るがしかねないものである。

四

右に整理したような第一の批判、第二の批判を一挙に解決するべく登場したのが渡辺実氏の「叙述と陳述――述語文節の構造――」(国語学一三・一四集、一九五三) 以下『国語構文論』(一九七一) に至る論考である。

時枝氏においては、詞と辞は語の分類としての二者であったが、渡辺氏はそれを「素材表示の職能」対「関係構成の職能」という職能の別として継承した。つまり、語の種類としての別を職能の別に読み換えたわけである。このことによって「用言に辞的側面を認めなくてよいのか」という前記第一点の批判は克服されることになる。すなわち、述語用言それ自身の語としての分類はあくまで詞でありながら、用言が文末で述定することに働いたときにはそこ (述語文節) に辞的職能 (陳述という関係構成の職能) が存在すると認定することによって、零記号の辞を要請する必要をなくしたのである。

と同時に、辞的職能を叙述の職能 (展叙と統叙) と陳述の職能に分け、かつ、陳述の職能を文末辞でなく述語文節に認めたことによって、前記第二点の批判「辞にも客観的な内容のものがある」という主張を吸収することになる。すなわち、辞的職能の中でも統叙の方は、それが働いた結果、叙述内容という一つの詞的な素材が構成されるのであって、格助詞の展叙や助動詞を含む述語文節の統叙の側面は詞的素材性の内にあると見るのである。助動詞自身が詞的素材すなわち客体の側にあるか、辞的作用すなわち主体の側にあるかを問うことを避け、助動詞を含む述語文節の全体が叙述内容の一部という詞的な側面と陳述の職能という辞的な側面とを合わせ持っていると見るのであって、こう見れば、辞の中に客観的な意味を持つものがあっても何ら問題にはならない。

また、難関である助動詞の連接や助動詞と終助詞の連接の問題についても、統叙の側に近い助動詞から陳述の側に近い助動詞、さらに終助詞の陳述そのものへという連続的な並びとして説明するのであり、この説明をとることによって、連接の中間に位置する個々の助動詞が詞の側にあるのか辞の側にあるのか、時枝流に言って包まれる側にあるのか包む側にあるのかという問いを避けることに成功している。客観的な意味の助動詞と主観的な意味の助動詞とがあることを、統叙（すなわち叙述）から陳述への連続相、辞的職能内部での連続相の問題として捉え、その限りで一見詞辞連続説に立つかに見えながら、詞的職能（素材表示の職能）と辞的職能（関係構成の職能）との間の壁は厳然として維持しており、その意味では決定的に非連続説である。まことに巧妙な道具立てというほかない。

このようにして、時枝構文論をめぐる問題点は、詞辞の別を職能の別に読み換えることを基軸とする渡辺氏の精緻な構文論によってみごとに克服された。語の類別として詞と辞を立てる時枝氏の視点は、概念過程を含むか含まぬかという言語過程のあり方の異質性を問題とするものであり、その言語観に立脚して語の実体を問うものであると言える。その実体把握の延長上に、詞、辞それぞれの構文上の機能を捉えようとしたのであった。これに対して渡辺氏は、詞、辞を言わば機能としてのみ捉える。渡辺構文論においては、詞とは何か、辞とは何かということが実体的には問われず（従って詞、辞が積極的なタームとしては現れない）、詞的な職能（素材表示の職能）と辞的な職能（関係構成の職能）だけが積極的に規定され、文は職能の集合体、構築物として把握される。各品詞もその語の内実から規定されるのではなく、結果として構文上受け持つ職能の観点から「これこれの構文的職能を託されるもの」という形で規定されるに過ぎない。言わば語の本性を捨象したところに成り立つ構文論である。ある対象について、その実体を問うことを放棄して、それが他のものとの関係の中でいかなる機能を果たすかという角度からのみ論ずるものを機能論と呼ぶならば、渡辺氏の構文論はまことに機能論と呼ぶにふさわしいものであると言える。時枝から渡辺への変化は実体論から機能論への変化であり、実体を直接的に問うことをあきらめるという代償を支払うことによって、渡辺氏は、説明上の難点を克服し、論理の一貫性を手に入れたのであると評してよいであろう。

そのようにして時枝構文論を極限にまで精密化した渡辺構文論では、それゆえにこそ、かえって時枝から承け継いだ難点が論理的につきつめられて立ち現れることになる。それは、ほかならぬ陳述概念の不透明性ないし混質性である。

陳述とは、統叙によってととのえられた叙述内容、または無統叙の素材的要素に対して、言語主体が、その素材、あるいは対象・聞手と自分自身との間に、何らかの関係を構成する関係構成的職能である。（『国語構文論』一〇六～一〇七ページ）

このように規定されている陳述概念は、述体的な文に関する限りきわめて明晰なのであるが、感動文などの喚体的な文においてはかなり不透明になる。特にそこで「素材」「対象」というのは何か、両者はどのような関係にあるかについて疑問が生ずる。

「桜！」という無統叙感動文における陳述とは「桜」という対象と話し手との間の関係構成だとしている（同書一〇六ページ）が、では「桜の花が咲く！」という統叙感動文の「桜の花が咲く」は対象と考えているのか、あるいは素材と考えているのか。渡辺氏においては叙述内容を対象と呼んだ例はほかに無いから、おそらく素材と把握しているのであろうが、「桜！」と「桜の花が咲く！」との間にそれほど差はあるまい。桜というもの（あるいはその存在）に出会ったとき「桜！」と叫ぶのと同じく、「桜の花が咲く」という事態に遭遇したとき「桜の花が咲く！」と叫ぶ。一方を対象と話し手の関係構成とし、他方を素材と話し手の関係構成としてよいであろうか。あるいはまた、この場合だけ叙述内容を対象と呼ぶのであろうか。「桜の花が咲く」はあくまで感動の内容であって対象ではないとするなら、同様に、それが桜であることを発見しての「桜！」という感動文もあり得よう。この場合は対象でなく素材だとみなすのであろうか。

渡辺氏はまた「桜よ！」という無統叙命令文の「桜」を対象とする一方、統叙命令文「咲け！」の「咲く」ことを素材とみなしている（同書一〇六ページ）。それはそれで理解できるが、では「水！」という希求文における「水」は対象なのか素材なのか。誰かに水を要求する場合は渡辺氏なら素材と見るのであろうが、砂漠のまん中でただ一人瀕死で水を求めるときの「水」は対象と考えられないのであろうか。希求文における陳述を希求対象と話し手の間の関係構成であると考えることがもし許されるなら、「咲け！」において「咲く」ことを希求対象と見ることは許されないのであろうか。

括って言えば、渡辺氏は陳述概念の規定において対象という用語を一方では「聞き手」と並ぶものとして用い、他方では「素材」ときわめて近接した感覚をもって用いており、相当に揺れているように思われる。それかあらぬか、命令文においては「聞手」を対象と呼び（同書一〇六ページ）、呼びかけ文においては「聞手の意識」を素材と呼んでいる（同書一〇七ページ）。「聞手」と「対象」と「素材」の関係が相当に不透明であると言わざるを得ない。そう言えば、前掲の定義文そのものにおいても、「素材的要素に対して」という文言はどこに係って行くのであろうか。このような混乱ないし未整理がうかがわれるのは、渡辺氏の思索に遺漏があるということでは決してない。むしろ論が緻密であればあるだけ、陳述論的文法論の限界が論理的につきつめられて露呈したのだと了解される。時枝の構文図式は喚体と述体の、文としての異質性を無視してしまったが、そうすることにおいて成立した陳述概念をどれほど精密化しても喚体の文構造をその本質に即して捉えることにはならないのであり、渡辺の構文論も基本的に述体を説明するためのものだと了解するのが当を得ているであろう。

もともと射程の外にある喚体をめぐって陳述論に無理が目立つとしても、それは罪が軽い。問題は述体における陳述概念の混質性である。渡辺において陳述とは、話し手と聞き手との関係構成であり、話し手と素材（叙述内容）との関係構成である。前者と後者は同じ「関係構成」の名で括ることがはばかられるほど異質なものであるはずだが、実際にはこの両者が一つの文において相重なって、というよりその両面を含んで一つの陳述として存在することが多いことになる。そのような陳述の職能とは何であろうか。言ってしまえば、文表現において何らかに話し手自身が顔を出すことが陳述であり、文の成立なのだというに等しい。渡辺構文論の精密な道具立てにもかかわらず、このような陳述概念の実態は、時枝の文末辞の「主体的統一作用」という漠とした規定とほとんど変わらないものであると言えよう。時枝が文末辞の主体的統一作用と呼んだものをいかに精密化しようとも、結局は一つの陳述という職能で捉えようとする限り、その混質性は避けることができない。

それのみならず、時枝の「零記号の陳述」という弱点を渡辺構文論が克服し得ているかということも、考えてみれば相当に疑わしい。この問題は渡辺においては「用言終止形（独立形）に陳述が託される」ということの問題であるが、その内実は他の一般の場合の陳述とは非常に異質である。通常の陳述においては、断定・疑問・感動などの意義が語形態に担われ、そのことによって陳述の職能が形態に託されるのであった。然るに「終止形は意義的に断定作用を担うのではな」い（前掲書九八ページ）。「専ら陳述を託される形態というよりは、再展叙してより大きな叙述に従属する道を絶ち、そうすることで自ら独立する形態であり、それ故に最もしばしば断定の陳述を託されるのだ」（九九ページ）と了解されている。

つまり、終止形は積極的に断定の意義を担うから陳述の職能を持つのではなく、後に続いて行かないからそこで文の意味が完結してしまい、それゆえ結果的にそこに断定が生じてしまうのだ、そのことをも陳述と呼ぼう、と言うのである。ここにおける「断定」とは決して積極的な内実を持ったものではなく、文がそこで終っている以上「断定」があると言わねばならないではないかという程度のことであり、言ってしまえば、言い終って文が成立しているからそこに陳述の職能の存在を認めねばならず、（渡辺構文論では職能は意義に担われることになっているから）陳述の意義的実質たる断定をもそのあたり認めねばならなかったというまでのことである。これはほとんど言い終ることが陳述だというに等しく、時枝が実態としての文の成立から逆算して文末に零記号の陳述辞を想定したことと実質的に差はないと言えよう。

文形態の線条的一部分に文成立の決定的機能を託そうとする立場に立つ限り、いかように論を精密化しても、いな精密化すればするほど、「結果からの逆算」を余儀なくされ、陳述概念の混質性を余儀なくされるのである。陳述論という立場に立ちつつ、この難点を克服するには、むしろ発想を逆転させて「用言終止形に陳述の職能はなく、それのみで文が成立することはない。（文が成立するのは実は係助詞など他の要素の職能によるか、状況・文脈などの力による。)」とでも考える以外にないであろう。(注4) それはあり得べき一つの方向ではあるが、その方向をおし進めれば、それ自身の形態としては文以前であるものが結果的には文として存在するという場合を認めることになり、文表現の成立様相の様々な異質性を問題にすることになって、結局、本稿で言う陳述論から離れて行かざるを得まい。文成立の決め手として一つの文に必ず一つの陳述を認め、その陳述を文の一部分の語形態に託して認定するという厳密な陳述論の立場に立つ限り、渡辺氏の構文論を超えることは不可能であろう。その意味で渡辺構文論は陳述論の最高到達点と言える。陳述論の有効性と限界を、その最も純粋、精緻な論の姿において検証することの必要から、渡辺氏の議論を子細に検討したわけである。

五

特定の語形態に文を成立させる働きを認定することをやめて、文の意味のある側面に文成立の機能を認めようとした文成立モデルが、南不二男氏によって提出された(「複文」講座現代語6巻、一九六四などから、『現代日本語の構造』一九七四に至る諸論考)。素材的、骨格的な意味が、主語、時、所、肯定・否定、丁寧、推量、主題など状況的、伝達的な意味を段々に取り込んで行って、最後に決定的な文となるという独特の文成立イメージを語ったもので、①文の成立は多段階的連続的であり、また②それに関与する意味の側面も多様であって、必然的に、③文中、文末を問わずその意味側面に関係する語形態がすべて陳述的な要素として拾い上げられることになる。

南の文成立モデルは右の①②③の点で渡辺までの陳述論と異なるが、最も本質的には文の意味に陳述的機能を求めたところに特色があり、従って、形態はともかくその表現が結果的にこれこれの意味を帯びているから文として成立しているのだと自由に認定することが可能となる。それは言わば結果の描写に過ぎないから、文成立の要件を文法的に求めるという角度からはもの足りない文成立論だと言わねばならないが、文の成立に中間段階を認めて、その各段階と、補文としての埋め込み可能性とを対応させて見せたところに、文成立論としての新しさがある。その意味で陳述論的文法論の一つの展開として位置づけることができよう。

これとは別に、一面で渡辺氏の構文論とある関係を持ちつつ、北原保雄氏もまた重層的な構文モデルを提出した（「文の構造――展叙と統叙との関係――月刊文法昭和四四年一二月号、「助動詞の相互承接についての構文論的考察」国語学八三集、一九七〇などから『日本語の文法』日本語の世界6巻、一九八一に至る論考）。その特徴は次の三点に要約される。

(1)述語における述定を多段階的な述定の重層と見て、文中成分を述定の各段階と結びつける。

(2)現実の文の連用的諸成分を理念的、典型的な語順に並べ変えた上で、述語連文節の線条的、段階的拡張の結果として、文を捉える。

(3)文中成分を、述定と関係するもの（補充成分）としないもの（修飾成分）とに分ける。

(2)の点は、橋本進吉氏の連文節論やＩＣ分析と共通であり、基本的に構文論とは文中文節と述語文節の、文節対文節の関係を論ずるものであるとする立場に立つものであって、橋本文節論とは訣別した時枝入子型構文論やその延長上にある渡辺構文論とは完全に異質なものであり、その点で既にいわゆる陳述論から離れているが、さらにそれ以上に、(1)のとおり一つの文の述語に複数回の述定を想定することは、山田の「統覚作用」以来時枝、渡辺の「陳述」に至るまでの伝統的な陳述イメージとは根本的に異なるものであって、この点を見ても、本稿で言う陳述論的文法論の枠の外にあるものと位置づけるのが妥当であろう。

ただ、(1)の点は渡辺の述語文節把握の一つの発展とも言えるもので、すなわち、渡辺が助動詞の連接現象を統叙から陳述への連続相として捉えたのを一歩進めれば、述語文節内部に複数回の統叙（陳述的な色の薄い統叙から濃い統叙まで）を認めることになる。むしろそう捉えた方が、異質な職能が「次第送りに」うけつがれつつ全体としては一つの統叙かつ陳述としてあるというわかりにくさを合理化することにもなろう。連接の中の一つの助動詞が、下の助動詞に対しては詞的に、上の助動詞に対しては辞的に働くと見ている渡辺氏が、かろうじて時枝的な陳述論の枠にとどまったポイントは、「統叙から陳述までズルッと合わせて述語で一回」とでも言うべきイメージであるが、北原氏はここを踏み越え、そのことによって陳述論から離れたのである。陳述論から離れたことによって連文節論と合体することが可能となったのであり、そのことによって例えば中等教育用の文法の基盤ともなるべきある種の明解さを手に入れたのであるが、その構文モデルの文法論としての有効性については本稿では論じない。北原氏の文法は陳述論とは別の独自のものとして見る必要があり、それはそれで論ずべき問題も多いが、陳述論の特質を検討する本稿にとっては課題の外のことである。

六

陳述論的文法論の共通の性格は、ほぼ次の三点に見てとることができるであろう。

(1)文を異質な要素の重層によって成立するものと見て、文成立の決め手となる要素に対応する語形態のあり方を議論する。（文成立論的）

(2)話し手・聞き手的な現場の中で表現がいかに成立するかという観点に立ち、文中の語形態がそれをいかに反映しているかを問う。（表現論的）

(3)文末において現れる語形態や言い終ることそのものを重視して、そこに文成立の特別の機能を見る。（文

末重視）

(1)のあり方に関して、時枝氏は詞と辞、渡辺氏は統叙の結果としての叙述内容と陳述という、それぞれ二つの要素を区別し、それぞれの後者に文成立の決め手としての力を認めた。南氏は、A、B、C、Dの四段階でそれぞれに加わる要素の重層として文を理解し、D段階の要素に文成立の決定的な力を認めた。文が文として存在する以上は、必ずD段階まで届いていると見るのである。これに対し北原氏は、どの要素が加われば文が文として成立するのかという問い方はしない。この点をもって北原氏の文法は陳述論には含まれないものと考えるべきである。

渡辺氏や南氏に代表されるこの陳述論の基本的な立場は、文成立にいかに関与するかという唯一の視点から文の各部分に光を当て、言わば衡量して行くものであって、文の中のモーダルな側面を分析するとか、文のモダリティの現れ方を文末において見る議論であると矮小化して理解してはならないであろう。文が文として存立するためにはどのような要素がどのように組み上げられる必要があるのかという唯一の観点から文の構造の全体的把握を目指したところに、陳述論の工夫と栄光があるのであって、文末の陳述論とプロポジションの構造論とを足し合わせれば文法になるというようなものでは決してない。

文成立の決め手となる要素とは、素材に対する言語主体の統一作用（時枝）とか、話し手と素材との間の、あるいは話し手と聞き手との間の関係構成（渡辺）として把握された。南氏においても、推量、意志というような話し手が直接的に顔を出す要素や、聞き手に対する終助詞的伝達というような要素がC、D段階の意味となっている。文成立の決め手としてこのような側面を重視する姿勢は、文の成立を表現行為の成立と重ね合わせて捉えようとするものであると言うべきである。これが前記(2)の点であるが、こういう立場は、「話し手―聞き手的な現場で文が使われる以前に文は文として一つの意味を背負って独立に存在しているのであって、その文の構造を論ずることが文法論である」とする文法観とは大きく隔たるものであろう。文が使われた結果聞き手に何かを伝えることになると見るのでなく、聞き手に伝えることが文の成立なのだと見る感覚である。そういう立場から、表現成立の構造を語形態に対応させて論ずることをもって文構造の議論としたのであり、それは表現論をもって文法論に置き換えたものだと評することができるかも知れない。

話し手、聞き手、素材間の関係が直接的に形に現れるのはほとんど文末であって、ここから前記(3)の特徴が出てくるのは当然であろう。文の完結性とは、本来は文が意味として一つにまとまっているということであろうが、文は終ることによって一つのまとまった意味を持つに至るという感覚から、時枝においては「完結性」という用語はほとんど文が終っていることという感覚で用いられている。後には「言い終ることが文の成立である」とさえいうような陳述規定まで現れて来るのであり、文末を特別に重視する姿勢は陳述論の全体を大きく支配していると見なければならない。南氏は文中要素にまで着目を広げた点で新しい展開を示しているが、それでも、接続助詞を含めた句末、文末の語形態が重要な鍵になっており、大きく言えば文末重視だとしなければならない。それは、述語が文末にあるという日本語の語順からして当然のことでもあるが、文末重視が完結性重視とまで結びついたところに、わが陳述論の特別の姿があると言えよう。

さて、以上のような共通性を持ち、言わば文法論として特別な色あいを持つ陳述論は、それゆえにまた共通の弱点を持つことになる。

その第一は、零記号の文末辞の問題である。形のないものを想定しなければ図式としての一貫性が維持できないという時枝の弱点は、渡辺の終止形（独立形）陳述の説明の苦しさ、他の陳述との異質性として承け継がれているとさきに述べたが、表現成立の決め手を語形態に対応させて見て行こうとする限り避けられない難点であろう。南が、A、B、C、D各段階の要素を語形態に注目しつつも最終的には形態の存否を超えて文の意味として設定したというのも、結局はこの「零記号」と同趣の問題を随所に自覚してのことであると言える。

弱点の第二は、係助詞の問題である。そもそも山田において「陳述」とか「統覚作用」という用語を要請したのがこの問題であり、陳述論の淵源にあると言える問題であるが、いわゆる陳述論的文法論は係助詞を把握することに成功していない。文末辞に着目して文成立の図式を立てる陳述論に係助詞がなじみにくいのは当然のことで、時枝入子型に乗らないことは言うまでもないが、渡辺においても係助詞は述語文節の第四要素「陳述か再展叙か」というレベルに関係すると位置づけられるまでである。「意義が職能を担う」という渡辺の根本理念にあわせれば、係助詞はどういう意義を持つことによって陳述の職能に関与するのかこそが問われねばならないが、その説明はない。文中成分と述語成分とが構成する展叙—統叙関係の外に、係助詞は言わば余分として位置するのみである。(注5) 南においては題目語はCの段階の要素と把握されるが、それは句の埋め込み可能性から結果的にそこに位置づけられるのみで、他の要素と同様に、なにゆえにC段階であるのかは問われない。まして、「は」がなぜ題目提示に働くのかとか、他の係助詞「も」はどこに位置するかという議論はなく、係助詞を正面から捉えようとする姿勢はないと言わねばならない。それは時枝から南まで、あるいはそれ以後の陳述論風の議論をも含めたすべてにわたってのことである。

陳述論の弱点の第三は、金田一氏が詞辞両別のあり方に対して疑問を投げかけ、渡辺氏がその相互承接の解釈から独自の陳述論の出発点とした、ほかならぬ助動詞をめぐっての問題である。助動詞は詞的素材の側にあるのか辞的作用の側にあるのかという問いは、渡辺氏の巧みな説明によって一旦は解答を与えられたかに見えるが、詞的素材に対する主体的把握作用であるはずの助動詞が下接の助動詞に対して、あるいは再展叙に際して、再び詞的素材の側にまわるというのはどういうことかという疑問が残る。渡辺氏の解釈は、助動詞という語自身の性格を陳述論的に把握することをやめて、述語文節の働きの中に解消してしまったのであるが、それは語形態に一々対応させて文の成立を説明しようとする陳述論の自己否定につながるのではないかという疑問さえ生じるであろう。

以上は、助動詞把握のむずかしさを陳述論に即して述べたのであるが、離れて大づかみに言うなら、陳述論における助動詞の議論は、すべて詞から辞へ、統叙から陳述へ、AからDへ、あるいは文の内から外へという、一次元的な軸の中にどのように位置づけるかということをめぐっての議論でしかない。一つの助動詞が判断作用の一翼を担いつつ同時に対象的な意味をも表現するということの内実は、そのような一次元的な軸への位置づけによって捉えられるべき問題ではないであろう。

陳述論的文法論の弱点の第四は、感嘆文、希求文などいわゆる喚体的な文の成立様相が十分に捉えられないという問題である。時枝風に大ざっぱに図式化するならすべての文は一つの図式でも済まないことはないが、渡辺風に論を精密化すればそこに幾多の疑問が出て来ることは、前に述べた。南氏においても、述体文の四段階とは別に、広義喚体文を含む名詞的表現の四段階を考えようとする試みがあったが、四段階の意味が述体の側のものとは別のものになっており、成功しているとは言い難いように思われる。陳述論は、述体文においてこそ有効性を発揮する議論だったのであろう。

以上のように弱点を整理してみると、陳述論に欠落していたものが明瞭に見えて来たように思われる。その第一は、語というもの自身の内側に立ち入って、その文法的、意味的性格を問うという視点である。係助詞や助動詞をめぐっての弱点は、言わば語論を欠落させた構文論というものの弱点として了解されるだろう。第二は、様々な文の表現成立の異質性を救い上げる視点の欠落である。平叙文と感嘆文・希求文などとは、表現の成立様相が異質である。やや本質的に言い直せば、発せられるコトバと文表現の意味との関係のあり方そのものが異質である。それは、人がことばによって何かを表現するということの方法の多様さに対応しているであろう。それを一つの図式、道具立てで説明することは困難であるにちがいない。山田流に言えば、喚体と述体の問題である。

陳述論的文法論が、言語主体の参与という一点から文構造を照射するという視点の確かさと、一元的な視点に立つがゆえの論の明晰さとを十分に発揮して、その説明範囲を手いっぱいに広げたとき、自身にないものとして何を要請するかがはっきりと現れて来た。語論・個別品詞論と一体になった構文論、表現の多様な異質性を救い上げる文法論の必要を、身をもって明らかにしたことも、陳述論の大きな功績として数えねばならないであろう。

十数年前まで熱い眼差しをもって見つめられていた陳述論が、今は理由もなく棚にさらされている。手にとれることはあっても、その本来の精神を忘れてモダリティーの議論だと矮小化され、あるいは文末語形態の整理のための一つの便宜として用いられている。本稿の筆者にはそう感じられてならない。陳述論が妙にねじ曲げられて生き残るより、その命を閉じるものならば、その生涯を整理し、功徳を明らかにすることによって新たな文法論に転生する道すじを示してみたい、引導を渡すとはそういうことであろうと思って、本稿をまとめた。しかしそれは、昭和の文法論の展望と言うにはあまりに狭く、また当の陳述論の側に立って言えばあまりに浅く身勝手な評価であるかも知れない。ただ、筆者自身のかつての陳述論的な興味に引導を渡したかったまでのことである。

〔注〕

（1）尾上圭介「山田文法とは」（言語一〇巻一号、一九八一）を参照いただきたい。

（2）尾上圭介「感嘆文と希求・命令文――喚体・述体概念の有効性――」（『松村明教授古稀記念・国語研究論集』一九八六）を参照いただきたい。

（3）時枝氏の入子型構文図式は、〔詞＋辞〕という構造が、文全体においても文の内部の部分においても認められるということを主張しただけのものであって、すべての文に通用する線条的包含関係の法則を主張したものではないと了解される。入子型図式にはまらない文があるという指摘は正しく、そういう指摘があってこそ時枝氏の入子型の主張の意味が正しく限定されたのであるが、時枝構文論の根幹には影響しない。

（4）本稿の筆者はかつてこの方向で陳述論の内側からこの問題を解決しようと試みたことがある。尾上圭介「文核と結文の枠――『ハ』と『ガ』の用法をめぐって――」（言語研究六三号、一九七三）

（5）『国語構文論』を書き上げたばかりのころの渡辺氏が、係助詞のことを質問した筆者に対して、「うちの学生がなあ、『先生の文法には成分と余分があるんですか』言いよるねん」と、笑って話してくださったことがある。渡辺氏の自己把握の的確さとお人柄についての尊敬をもって、ここに紹介しておきたい。

第二章第三節

文をどう見たか——述語論の学史的展開——

（原論文は、『日本語学』15巻9号　1996年8月　所収）

一　述語論の二潮流

ことばの形と意味との関係を問うのが文法論であるから、文によって表される意味と文の形や構成との関係を問うことが、文法論の中心的な課題となってきた。文の意味には、名詞、動詞などその構成材料に帰することができる側面と、肯定・否定、事態成立の時間性、確かさ、現実事態か非現実事態か、平叙か疑問か命令かなど、構成材料に帰することができない種類の側面とがあるが、前者の側面は日本語では述語の力によって統合、結成されると考えられてきたし、後者の側面は述語部分の形態変化や述語あたりに顕著に見てとれる文の種類の相違などによって表されるので、文の意味と形との関係を問うという文法論の中心課題は、結局、述語の形と文の意味との関係を問うという仕方で、すなわち述語論として展開されることになる。

現在の述語論には、大きく言って二つの潮流があると言ってよいであろう。それは例えば「モダリティ」というもののとらえ方の違いに端的に表れる。

第一の立場は、モダリティとは話し手の主観が文法的手段によって表現されたものだとする立場である。仁田義雄氏や益岡隆志氏らによって代表されるこの種のモダリティ論(1)においては、文とは、中心にある客観的事態内容を様々なレベルの主観的な意味が重層的に包んで成立するものであると見て、述語の助動詞や終助詞はその主観性の層に対応していると考える。そしてそこでは、「よ」「ね」というような終助詞までが、というよりむしろ終助詞のようなものこそが、決定的に対象化を拒否する主観性そのものとして、典型的、代表的なモダリティ要素とされることになる。

しかし、考えてみると、日本語以外の言語を対象にしたモダリティ論において、話し手の発話の姿勢、対聞き手の気持ちや、疑問、命令など文の種類というようなものが「モダリティ」に数えられたことは、ない。モダリティとは叙法（ムード）のもつ意味、内実のことであって、モーダル・オーグジリアリ（法助動詞）の表す意味のことである。発話をめぐる主観性一般がモダリティであるとする議論は、言語学上の「モダリティ」概念とは隔絶した、日本だけで主張される特異な〃モダリティ〃論であると言えそうである。

このような日本独特の〃モダリティ〃論が、どのようにして主張されることになったのであろうか。それは、時枝誠記氏の構文観(2)を継承した、いわゆる戦後「陳述論」の学史をそっくり「モダリティ論」に読みかえたところから生じたものにほかならない。話し手の主体的な対象把握の気持ちを直接的に表す「辞」が客体的な対象を概念化して表す「詞」を包んで文が成立するという、時枝氏の構文観が戦後の陳述論と呼ばれる研究史において様々な方向に継承、発展されるが、その、本来は必ずしも共存し得ない異次元への継承の諸結果を一枚の図式の中に集約したものが、仁田氏や益岡氏の主観表現論的モダリティ論、階層的モダリティ論である。

このようなモダリティ論とは別に、本来の叙法の論としてのモダリティ論を目指す立場も、現在では見られる。野村剛史氏、大鹿薫久氏らのモダリティ論(3)がそれであって、個々の述定形式（助動詞）の述べ方はどのような性質のものであるか、それらの述定形式の全体組織はどのようなものであるかを問うことが、あるべき述語論であるという立場に立ち、モダリティ論といわゆるテンス・アスペクトの論とを一連のものとして展開しようとする研究である。この見方においては、助動詞が一つ付くごとに主観性が一つ加わるという把握はなされず、動詞プラス助動詞、すなわち一つの動詞述語が全体で一つのある仕方の述定を為すと把握される。

このような述語観は、言うまでもなく、山田孝雄氏の述語論、複語尾論(4)と立場を同じくするものであって、川端善明氏の述語観(5)、助動詞観とも共通の視点をもつものである。

本稿は、この二つの相異なる述語論のうちの前者、階層的モダリティ論ないし主観表現論的モダリティ論のもつ「文」観が、どのように戦後陳述論の学史をうけ継ぎ、読みかえているかをざっと見渡すことによって、そのような文把握に内在する問題を明らかにする足がかりを得ようとするものである。

二　時枝以後の陳述論的「文」観

時枝氏の、文末辞が上の詞全体を包み、統一することによって文が成立するという構文観は、三つの方向で継承されたと言えよう。それは仮に、文末辞機能論、表現意図論、主観・客観論、とでも呼び分けることができようか。

二—一　文末辞機能論としての継承

文を構成する諸要素がどのように結びついて一文の意味を結成するか、文全体に関わる意味が何ゆえに、またどのように述語部分で表されるのかを問うことが文法論の中心課題であるとすれば、文の格的構造はいかなるものであるか、述語の種類によって格的構造はどのように異なるか、格成分と修飾成分の違いは何か、述語の形態変化（助動詞）によって表現される意味はどれだけあるか、それらの文全体に関わる意味がなぜ述語部分の形態変化（助動詞）によって表されるのか、といったことを問うことが文法論の主要な関心となるはずである。

時枝氏の〝文法論〟はこれらの課題に答えようとはせず、もっぱら詞的対象を辞の表す主体的把握が包み、統一して表現が成立するということを主張するのみである。それは文の全体についても、文の一部分（例えば文節）についても言えることで、それを重ね合わせたところにいわゆる「入子型構文」の図式が成立するのだが、文全体に関しては、文頭から述語の詞の部分（動詞、形容詞など）までによって構成された客体的内容を文末辞の主体的な作用が包み、統一することによって文が成立すると言うだけである。たしかに、表現成立の一般構造としては、客体的対象を主体の意識が包んではじめて一つの表現が成立するということは誰も否定できない真実であろうが、それを語ることによって、文の文法的構造を論ずることを棚に上げてしまったのである。時枝氏の文法論ないし構文観は、実は文法の論ではなくて表現成立の一般図式の主張であったと言わねばならない。

そこにおいては、文成立（実は表現成立）の決め手は文末辞の作用であり、言わば文が文であるのは文末辞の力によるということになる。また逆に、文末辞である限りは、助動詞であろうが終助詞であろうが、はたまた零記号の辞であろうが、文成立という観点では同等の力をもつということにもなる。

従って、時枝氏の構文観を肯定的に発展させようとすれば、文末辞の機能を精密化してとらえることを目指す以外にはないことになる。その要請に応えるものとして登場したのが、渡辺実氏の構文論である(6)。

渡辺氏が時枝構文論の弱点をいかなる概念装置でいかに巧みに克服しようとしたかの詳細は、陳述論の学史的展開と限界とを論じた前稿(7)にゆずらねばならないが、要点は、時枝氏の詞・辞の二大別を語類の別ではなく「素材表示の職能」対「関係構成の職能」という職能の別として継承したことと、時枝氏の文末辞の統一作用の内容を「叙述（統叙）」の職能と「陳述」の職能とに分けた上で、文成立の決め手たる陳述の職能を文末辞そのものにではなく文末辞を含む述語文節の全体の中に認めたことである。時枝氏の構文図式に立つ限り難関であった助動詞相互の連接や助動詞と終助詞の連接の問題についても、統叙（客体的内容の構成）の側に近い助動詞から陳述（話し手と内容との関係構成）の側に近い助動詞、さらに終助詞の陳述そのもの（話し手と内容、聞き手との関係構成）へという連続的な並びとして説明するのであり、この説明をとることによって、連接の中間に位置する個々の助動詞が客体的な詞の側にあるのか、主体的な辞の側にあるのか、時枝流に言って包まれる側にあるのか包む側にあるのかという問いを避けることに成功している。一つの文にただ一回の陳述によって文は成立するという、時枝氏と共通の「陳述」感覚を維持する渡辺氏にとっては、連接する助動詞や終助詞の一個ごとに「包む」作用を認められない以上、この道具立てがぜひとも必要であったわけである。

述語文節の職能の一面（統叙）によって結成された客体的素材（叙述内容）に対し、述語文節の職能の他の一面（陳述）がただ一回働いて、文が成立する。文を成立させる決め手（陳述の職能）とは、話し手と素材内容または話し手と聞き手の関係構成である、という見方である。

この渡辺氏とはやや異なった角度から、時枝氏の文末辞の機能の精密化を試みたのが、芳賀綏氏である(8)。芳賀氏は「陳述」概念の混乱を整理すべく、文成立の決め手の意味でのみ〈陳述〉という語を用い、〈陳述〉の中に、客体的表現内容についての話し手の態度（断定・推量・疑い・決意・感動・詠嘆など）の言い定めである〈述定〉と、事柄の内容や話し手の態度を聞き手にむかってもちかけ、伝達する言語表示（告知・反応を求める・誘い・命令・呼びかけ・応答など）である〈伝達〉との二種を立てる。そして文には、第一種の〈陳述〉すなわち〈述定〉によって成立する〈述定文〉と、第二種の〈陳述〉すなわち〈伝達〉によって成立する〈伝達文〉とがあるとする。〈述定〉と〈伝達〉の両者が重なって成立している文も、当然認めることになる。

渡辺氏の議論と芳賀氏の議論とは一見近いようであるが、実質的には重要な相違を宿しており、まとめるならば次の三点に要約できよう。第一に、文を成立させる力を、渡辺氏は語形態に（語形態に対応する限りで意味に）見るが、芳賀氏は（語形態を離れてでも）意味そのものに見る。第二に、文の意味のあり方を、渡辺氏は文の統語的なあり方（形態の存在と並び）に結びつけて考えるが、芳賀氏は語形態とはある程度独立に考える。第三に、線条的に後にある語形態が意味の上でそれ以前のものを包むという感覚を、渡辺氏はもっているのに対し、芳賀氏はほとんどもっていない。このような差は、陳述論にとっては相当に深刻な基本的スタンスの違いであって、両者を混同すると陳述論としては無意味な議論になってしまうのであるが、現在の主観表現論的モダリティ論（特に仁田氏の）においては、両者の視点が整理されずに同居していることに注意しておく必要があろう。

二―二 階層的文構造論としての展開

ある要素が文を文たらしめるという陳述論的な視点をもちながら、その働きを特定の語類、語形態に認めることをせずに、文の意味のある側面に文成立の機能を認めようとした文成立モデルが、南不二男氏によって提出された(9)。素材的、骨格的な意味が、主語、時、所、肯定・否定、丁寧、推量、主題など、状況的、伝達的な意味を段々に取り込んで行って、最後に決定的な文となるという独特の文成立イメージを語ったもので、①文の成立は多段階的連続的であり、また②それに関与する意味の側面も多様であって、必然的に、③文中、文末を問わずその意味側面に関係する語形態がすべて陳述的な要素として拾い上げられることになる。

南氏の文成立モデルは、先の芳賀氏の陳述論と同じく、文の意味に陳述的機能を求めたところに特色があり、従って、形態はともかくその表現が結果的にこれこれの意味を帯びているから文として成立しているのだと自由に認定することが可能となる。これは言わば結果からの描写に過ぎないから、文成立の要件を文法的に求めるという角度からはもの足りない文成立論だと言わねばならないが、文の成立に中間段階を認めて、その各段階と、補文としての埋め込みの可能性とを対応させて見せたところに、文成立論としての新しさがある。すでに文末辞機能論ではないが、文成立の決め手を求めた陳述論的文法論の一つの展開として位置づけることができる。

これとは別に、一面で渡辺氏の構文論とある関係をもちつつ、北原保雄氏もまた重層的な構文モデルを提出した(10)。その特徴は次の三点に要約される。

①述語における述定を多段階的な述定の重層と見て、文中成分を述定の各段階と結びつける。

②文中成分を、述定と関係するもの(補充成分)としないものとに分ける。

③現実の文の補充成分を理念的、典型的な語順に並べ変えた上で、述語連文節の線条的、段階的拡張の結果として、文をとらえる。

③の点は、橋本進吉氏の連文節論と共通であり、基本的に文構造論とは文中文節と述語文節の、文節対文節の関係を論ずるものであるとする立場に立つものであって、橋本文節論とは訣別した時枝入子型構文論やその延長上にある渡辺構文論とは完全に異質なものであり、その点ですでにいわゆる陳述論から離れているが、さらにそれ以上に、①のとおり一つの文の述語に複数回の述定を想定することは、時枝氏、渡辺氏らの伝統的な陳述イメージとは根本的に異なるものであって、この点でも陳述論的文法論の枠の外にあるものと位置づけるのが妥当であろう。

ただ、①の点は渡辺氏の述語文節把握の一つの発展とも言えるもので、すなわち、渡辺氏が助動詞の連接現象を統叙から陳述への連続相としてとらえたのを一歩進めれば、述語文節内部に複数回の統叙を認めることになる。連接の中の一つの助動詞が、下の助動詞に対しては詞的に、上の助動詞に対しては辞的に働くと見ている渡辺氏が、かろうじて時枝的な陳述論の枠にとどまったポイントは、「統叙から陳述までズルッと合わせて述語で一回」とでも言うべきイメージであるが、北原氏はここを踏み越え、そのことによって陳述論から離れたのである。陳述論から離れたことによって連文節論と合体することが可能となったのであり、文の構造を階層的に見ることが可能となったのである。

南氏のモデルと北原氏のモデルとは、意味の多段階的決定に注目するか、連文節の拡張という統語面での多段階的構造を想定するかという基本的な視点の差があり、さらに本質的には、どのような要素があれば文が決定的に成立するかという文成立論としての関心をもつか否かの点で、決定的に差があるが、文の構造を階層的に考えるという限りの共通性はたしかにあるのであって、現在の階層的モダリティ論にはこの共通の側面が流れこんでいると見なければならない。

二―三　表現意図論としての継承

時枝氏の文把握の継承として、宮地裕氏は、やはり文末辞を中心とする文の形態に注目しつつも、前項までに紹介したような文成立論的な観点とは異なる観点による研究を行っている。

それはある文形式が話し手と聞き手の間でどのように表現行為を担い得るかという観点からの文の性質の検討、類型化(11)であって、文を構成する単語列自身の性質とそれが話し手―聞き手の言語場の中で担う表現行為との関係を問うところから「語列―言語場交渉論」とでも呼び得るような種類の検討であるが、その必然的な一環として文末辞のあり方に注目して文の表現意図を分類することになる(12)。

時枝氏においては文の構造は、どのような種類の文もすべて「詞＋文末辞」という一つの構造に還元され、文を文たらしめるものは一にかかって文末辞であったから、文の性質上の違いは原理的には文末辞の違いとして語られる以外にない。文末辞が表現するものは時枝流に言えばその文を発話するときの話し手の気持ちでしかあり得ないから、結局、文の性質の種々相は文末辞に代表される表現の気持ちの種々相として語られることになる。

このように、文末辞を中心とする文末の形式に即して文の表現意図の種類の全体像を描き上げることは、時枝氏の文把握の言わば必然的要請であったと言ってよいであろう。

二―四　主観・客観論としての継承

詞＝客体的対象、辞＝主体的作用であって、詞＝客観的、辞＝主観的ということとは違うと、時枝氏自身は主張するが、主体的作用を担うものが結果として客観的な意味をもつということがあり得るのか、それは一体どういうことか、ということが明らかに説明されない限り、辞の意味は主観的な意味であると解釈される可能性を否定することはできない。そのような解釈の下に、時枝氏が辞だとする助動詞の意味も大部分は客観的なものであって、本当に主観的な意味を表すのは「ウ・ヨウ・マイ・ダロウ」（の終止法）など、不変化助動詞と呼ぶべきごく少数の助動詞だけであると主張したのが、金田一春彦氏であった(13)。これは、辞の中にも主観的なものと客観的なものとがあるという指摘であり、それとは明言していないが、時枝氏の詞辞峻別に対する批判と言えよう。

金田一氏は後の「再論」において、不変化助動詞の主観的意味は、これらの助動詞語彙自体にそなわっていると言うよりも、それが終止法をとるところに立ち現れるものであろうかという、きわめて興味深い見解を提出しており、これはすでにして、先に述べた「語列―言語場交渉論」とでも呼び得る視点に立っている主張であると言えようが、当時、金田一氏の議論は、時枝詞・辞説を主観・客観論として受けとめて批判したものとのみ理解されたようである。

三　階層的〝モダリティ〟論への読みかえ

前節において見た時枝以後の陳述論的な様々の文把握は、時枝構文観のどの側面を継承したものであるか、どの方向に修正、発展させようとするものであるかという点でそれぞれに異なるものであるので、甲の議論と乙の議論とを同一平面で野合させたり折衷したりはできないはずである。しかしながら、現在ある程度広く受け入れられているかに見える階層的モダリティ論、主観表現論的モダリティ論の中には、これらの共存し得ないはずの様々な観点や主張が、ほとんどすべて、大挙してなだれ込んでいるようである。

そのような無原則な取り込みと、陳述論的主張の「モダリティ」論への読みかえとが、そのようなモダリティ論の内部に無理や破綻をもたらしていないだろうかという検討は、別の機会にゆずらねばならないが、ここでは、前節に紹介した文把握のどのような面がそれらの〝モダリティ〟論に流れこんでいるかを見ておきたい。

文末辞の意味が直前の語までの意味を対象として働くという、時枝氏以来すべての陳述論的構文観に通有の視点は、もちろん、この階層的モダリティ論の基本的視点となっているが、それに加えて、文末辞機能論としての発展である渡辺氏の陳述論は、助動詞と終助詞を連続的なものと見るという点で、仁田氏、益岡氏のモダリティ論の中にはいっている。また、対内容の〈述定〉と対聞き手の〈伝達〉とを区別しつつ両者の重なり、重なりの順序を考えるという芳賀氏の視点は、言うまでもなく仁田氏のモダリティ論の中にもある。

階層的文成立論に立つ南氏の主張の中の、「文がもつ意味のうち、あるものが先に、あるものが後に決まる」という感覚、文中要素をも意味の面で見て文成立への段階的参加を認定するという視点、様々な種類の意味がより素材的なものからより言語場的なものへという一次元のスケールの上に位置づけられるという観点は、すべて益岡氏のモダリティ論の中に入っている。また、北原氏の構文モデルの主要な契機、すなわち、動詞語幹を中心として文頭、文末両方向に連文節が拡張して最終的に文全体が成立するという点は、益岡氏のモダリティ論にそっくりそのまま採用されている。

宮地裕氏の表現意図論は、文末辞の表す主観性の種類が文の表現意図を決定するという点で、仁田氏の「発話伝達のモダリティが発話の種類を決定する」という視点にそのまま受けつがれている。

辞の意味を主観的か客観的かという目で問う金田一氏などの視点は、「主観的意味」を「ムード」と呼びかえることでそっくり寺村秀夫氏のムード論の中にとりこまれ(14)、それがほとんどそのまま仁田氏のモダリティ論の中に受けつがれている。

このように、時枝氏に発する陳述論的構文観のほとんどすべての要素が、仁田氏、益岡氏の中に流れこんでいるのであり、仁田氏の場合はこれに加えて、フィルモアらの［S＝プロポジション＋モダリティ］という図式、さらには（仁田氏は明言していないがおそらく）ライオンズの発話の三部分（ニュースティック、トロピック、フラスティック）の指摘などをとりこんで、そのモダリティ論ができ上がっているのであろう。そのように異質な文把握を折衷して一つの文把握が形成され得るものか否か、その検討結果を述べることは、私自身のこの次の課題となる。

なお、私自身も、かつて陳述論的な文成立モデルを作ってその中で「ハ」と「ガ」の問題を説明しようとしたことがある(15)。無論、今は離れたが、右の検討と論理的な確認はひとのためではない。

注

(1) 仁田義雄『日本語のモダリティと人称』ひつじ書房、一九九一、など。
益岡隆志『モダリティの文法』くろしお出版、一九九一、など。
(2) 時枝誠記『国語学原論』岩波書店、一九四一、など。
(3) 野村剛史「助動詞とは何か」国語学一六五集、一九九一、
同「ズ、ム、マシについて」宮地裕・敦子先生古稀記念論集『日本語の研究』明治書院、一九九五、など。
大鹿薫久「推量と『かもしれない』『にちがいない』――叙法の体系化をめざして――」『ことばとことのは』一〇号、一九九三、
同「本体把握――『らしい』の説――」宮地裕・敦子先生古稀記念論集『日本語の研究』明治書院、一九九五、など。
(4) 山田孝雄『日本文法論』宝文館、一九〇八、
同『日本文法学概論』宝文館、一九三六、など。
(5) 川端善明「用言」岩波講座日本語六巻、文法Ⅰ、一九七六、など。
(6) 渡辺実「叙述と陳述――述語文節の構造――」国語学一三・一四集、一九五三など、後に
同『国語構文論』塙書房、一九七一、として体系化される。
(7) 尾上圭介「文法論――陳述論の誕生と終焉――」国語と国文学六七巻五号、一九九〇。
(8) 芳賀綏「〝陳述〟とは何もの?」国語国文二三巻四号、一九五四。
(9) 南不二男「複文」講座現代語六巻、一九六四、などから、
同『現代日本語の構造』大修館書店、一九七四、
同『現代日本語文法の輪郭』大修館書店、一九九三に至る諸論考。

(10) 北原保雄「文の構造——展叙と統叙との関係——」月刊文法一九六九年一二月号、
同「助動詞の相互承接についての構文論的考察」国語学八三集、一九七〇、などから、
同『日本語の文法』日本語の世界六巻、中央公論社、一九八一、
同『日本語助動詞の研究』大修館書店、一九八一、などに至る論考。
(11) 宮地裕「いわゆる『文の性質上の種類』の原理とその発展」国語国文二三巻一一号、一九五四、
同「文と表現文」国語国文二七巻五号、一九五八など。
(12) 宮地裕「表現意図」国立国語研究所『話しことばの文型(2)』、一九六三。
(13) 金田一春彦「不変化助動詞の本質——主観的表現と客観的表現の別について——(上)(下)」国語国文二二巻二号・三号、一九五三、
同「不変化助動詞の本質、再論——時枝博士・水谷氏・両家に答えて——」国語国文二二巻九号、一九五三。
(14) 寺村秀夫『日本語のシンタクスと意味Ⅱ』くろしお出版、一九八四。
(15) 尾上圭介「文核と結文の枠——「ハ」と「ガ」の用法をめぐって——」言語研究六三号、一九七三。

第二章第四節

落語の〈下げ〉の談話論的構造

（原論文は、『日本語学』18巻11号　１９９９年10月　所収）

1　落語の基本構造

「屁をひっておかしくもなし独り者」という川柳がある。若い娘のいるところでは屁一つでも笑いの種になるが、やもめの独りぐらしでは屁をひっても別にどうということはない。笑おうという気持ちすら起こらないというのである。笑うという行為は、一つの対象に対して共通の感覚、評価を持った複数の人間がその共通の感覚を確かめ合うという集団的な行為なのであろう。あるいは、共通の感覚の確認を通して自分がその社会集団に属していることを実感し、その喜びを表現するという社会的な行為であると言ってもよいかも知れない。内面化された他者と共に笑う〝独り笑い〟の場合も含めて、笑いというのは本質的に複数の人間の間で起こるできごとなのである。

それは別の面から言えば、笑うべき対象としておかしいことがそこにあってもそれだけでは人は笑わない、それがおかしいことだという感覚をその場にいるほかの人と共有している実感に裏打ちされたときにはじめて笑う、ということである。

それはなにも、笑うべきことかどうか他人の顔色をうかがってから笑うということではない。疑う余地もなくおかしいに決まっていることでも、それをどのタイミングでどれぐらいの大きさで笑うかは実は場の集団的な空気によって大きく支配される。一字一句動かないまでに極度に定型化された同じ演者の古典落語の同じ箇所でも、その日の客により、その日の天気により、要するにその場の空気によって笑いのタイミングや大きさが一回一回異なるということは、われわれが経験的に知っているところである。それは演者の側の口調や間合い、押したり引いたりの呼吸が日によって微妙に異なるからだということでは、必ずしもない。演じ方がフィルム面に固定され、寸分の違いようもない喜劇映画でさえ、まっ暗な客席の集団的な空気に支配されて、同一箇所の笑いのタイミングや大きさが上映の度ごとに驚くほど違うものである。同一演者の同一の落語において演じ方が毎回微妙に異なるとしても、それはむしろ客席の反応や空気から逆に規定された結果だという面が大きいのであって、客席の反応が毎回異なることの原因ではない。日常の会話の中で自然に発生する笑いであろうが、芸によって意図的に作られる笑いであろうが、すべて笑いというものはその場において生ずる集団的なできごとなのである。

さて、そのような笑いというできごとを意図的に生じさせる落語という話芸は、どのような構造をもっているのであろうか。

客の前に一人の演者が現れてその場に笑いを生じさせる。それには演者自身が客の笑いの対象になるか、演者が客におかしい話を紹介するか、いずれかしかない。落語は明らかに後者である。笑うためにそこに集まり、笑いたくてうずうずしている客にむかっておかしいできごとを紹介し、重ねて「どうです。おかしいでしょう」というメッセージを伝え、さらに「おかしい」という集団的な共感がそこで発生するようにその場の空気を誘導する、それが落語という芸の基本構造である。

そのためには、演者はあくまでも語り手でなければならない。笑われる対象や笑うべき話の登場人物としてではなく、笑うべき素材を聞き手に紹介する語り手として、聞き手と一緒にそれを笑うその場の一員としてそこに存在するのでなければならない。高座の演者が話中の登場人物の扮装ではなく、（多少派手ではあるにせよ）客と同質の着物を着ている（昔の客は洋服を着てはいない）のはそのためであるし、「落語が芝居になってはいけない」と言われるのもそういう意味である。

2 〈下げ〉の構造

言うまでもないことだが、落語は最後の一点で笑いをその場にひき起こす。無論、話の途中でも随所に笑いが生じているのが普通だが、「こんなおかしい話がありますよ」という素材紹介が完了し、「さあ、笑いましょう」という積極的な共感形成が為されるのは最後の一点である。この部分を「落ち」と呼んだり「下げ」と呼んだりするが、落語は全体として〈下げ〉に向かって営々と築き上げられる〈素材紹介〉と〈共感形成〉準備のいとなみなのである。笑いを場にもたらす芸としての落語が落語として成立するこの一点とも言うべき〈下げ〉の構造を分析することは、当然、落語という話芸の構造を確認することにもなるはずである。

A型（下げ調子型）

〈下げ〉の典型的なものは、語るときに独特の音調がある。

［粗忽の使者］

思い出してござるという声を聞いて三太夫さん、間（あわい）の襖をさらッと開けて、「してお使者の（声を張り）ご口上は？」「ああ、あ、屋敷を出る折、※　聞かずに参じました」

引用部分の冒頭から一息にトントンと運んで〈下げ〉の一句の直前で声を張り、〈下げ〉のことばすなわち使者のセリフの前半は完全にその人物のセリフの調子（「使者として伝えるべき口上を聞かずに屋敷を飛び出した」というとんでもない失態を今思い出して告白するという調子）でやり、※印の所にあるかなきかの間（ま）があって、それ以下は演者の地の調子に半ば転換して、スッと下げる。この※印以下の独特の音調を〈下げ調子〉と呼んでおこう。

この音調のあり方は、実によく〈下げ〉の構造を反映している。すなわち、演者は、まず粗忽な使者の話を笑いの素材として聞き手に紹介し、その後で、いやそれと同時に、「間ぬけな話ではありませんか」という演者の紹介者としての評価を聞き手に念押しして伝え、多数の聞き手と一人の演者を含むその場全体に「実におかしいことだ」という共感が生まれてそこに爆発的な笑いが発生する、という構造である。※印まではひたすら素材紹介に徹し、※印で鮮やかな転換が行われ、※印以下では、紹介する内容と紹介者としての評価の表明、共感をうながすいとなみとが重層して、あの〈下げ調子〉となって表れるのである。「ああ、あ、屋敷を出る折……」という〈下げ〉の句の前でことさらリズミカルにトントンと運び、直前で声を張るのは、落語の命ともいうべき〈下げ〉の前では他の要素（三太夫の心理、動作や応援にかり出された大工の留吉の存在など）をすべて消して、ひたすら次のセリフ（事態のなりゆき）に聞き手の注意を集中させ、最後の一点で急激にその場全体の笑いの共感を完成させようとする準備なのである（注1）。

このような〈下げ調子〉は落語の〈下げ〉の部分の音調としてもっとも一般的なものである。次の例も同様である。

［金明竹］

「いいえ、※　買わず（蛙）でございます」

ただ、私の聞いた範囲では、「金明竹」のこの部分の演じ方として、※印以下を例の〈下げ調子〉で演《や》る方法と、最後まで完全におかみさんのセリフで演る方法とがあるようである。私はこの噺をお客さんの前で何度も演ったことがあるが、両様の演じ方の実験の結果は、〈下げ調子〉で演った方がよくうけた。ただし、〈下げ調子〉の場合は「ございます」の直後に笑いとそれにひきつづいて（落語終了の）拍手が来るのに対し、完全なセリフの調子で演った場合は「ございます」の後に一拍おいて笑いと拍手が来る。その差に注目しておかなければならない。〈下げ調子〉ではその最中に徐々に場の〈共感構造〉が成立するのに対して、セリフ式では、笑う対象としての素材の紹介が終わったあとで場に共感が形成されるということの現れであろう。

右の事実を見れば、〈下げ〉には演者の二種のいとなみ、すなわちおかしい事実（笑いの素材）の紹介と、それを笑う場の〈共感構造〉の形成とがなければならないということが明らかであり、その両者を独特の音調によって重ねているのが〈下げ調子〉なのであった。

してみれば、この二つのいとなみを形の上でも分けた仕方の〈下げ〉が当然あり得るわけである。

B型（セリフと地の文への分離型）

［付き馬］

「……（略）……奴《やっこ》、吉原《なか》までこいつの馬に行ってこい」馬が馬をひっぱって帰ったという……。

［しわい屋］

「……（略）……たぶんそうだろうと思うから畳を裏返しておいた」てェんで、ひどい奴……。

などが、その例である。セリフの部分は専ら素材の紹介であり（完全にその人物のセリフの調子で演る）、地の文にもどって演者の立場の表明、〈共感構造〉の形成をやるわけである。古い時代には、どんな噺でも地にもどって下げる落語家がいたと聞く。落語の〈下げ〉の普遍的な構造を示唆する話である。

C型（「ともに地の文」型）

さて〈下げ〉に内包される二つのいとなみのうち、〈素材の紹介〉は必ずしもセリフの紹介という形をとらなくともよい。すなわち、地の文による描写、説明で素材を紹介し、同時に、その地の文で〈共感形成〉までやってしまうという方法があり得るわけである。

［宿屋の富］

さァ…ッと蒲団をまくるとね、客が草履を履いて寝てェた。

という〈下げ〉がそれである。

また、いわゆるタネ明しの〈下げ〉もこれと同じ型に数えられることになる。

［そば清］

こりやどういうわけで、お蕎麦が羽織を来て座ってたてェと……（中略）……こいつをなめたから、清兵衛さんが溶けて、お蕎麦が羽織を来て座ってました。

事態の推移についての地の文の説明で、「それはかくかくの次第である」という演者、聞き手共通の認識が成立し、しかも「それは笑うべき次第である」という共通の評価がそこに加わるのであって、その結果、場に〈共感〉が成立して笑いが起こるわけである。〈素材の紹介〉と〈共感形成〉とがともに同一の地の文の内部でいとなまれている点、この「そば清」の〈下げ〉は「宿屋の富」の〈下げ〉と共通であると言わねばならない。

〈下げ〉の句にセリフが出てくる場合（すなわちC型以外の場合）、A型でもB型でもセリフの内容自体は専ら〈素材紹介〉の方に属するのであった。今まで見たところでは〈共感形成〉はセリフにかぶさる〈下げ調子〉と名付けた特別な音調や、セリフに続く地の文によって、つまりセリフ自体とは別に為されていたわけである。ところがここに、その一般性格を破って〈下げ〉の句のセリフ自体が〈共感形成〉にまでかかわっているという特殊なタイプが二種類ある。いずれも大きく言えば〈下げ調子〉のセリフで落とすA型に属するものである。

A特殊1型（共感形成のためのセリフ変容型）

これは、〈下げ〉の句のセリフ自体が〈共感形成〉をも受け持つように変容されている場合である。

[巌流島]

「ははッ、なァに、さっきの雁首を捜しに来た」

の例がそうである。事実としては、若侍が至極大まじめに、本気になってキセルの雁首を捜しに水にもぐったということであり、当人が「ははッ」と軽く笑ったり、「なァに（だいそれたことではない）」と軽くいなしたりはできないはずである。そういう真剣な若侍の説明が彼の復讐を恐れる舟の乗客から見れば肩すかしを食わされたようなものだという演者の（そして聞き手にも共通の）評価が与えられ、そこに落語の場としての〈共感構造〉が成り立つのであるが、その評価が逆に〈素材〉としてのセリフにまで及んで「ははッ、なァに」という即自的な事実としてはあり得ない形に変容せしめているわけなのである。

こういうパターンは、次の例も共通である。

[鰻の幇間《たいこ》]

「あッはッはッは、あれァお供さんが履いてまいりました」

この「あッはッはッは」は、登場人物（饅屋の店の者）の笑いではなく、まさしく「かく笑うべき事態である」とする演者の、そして聞き手の笑いである。それを先取りして〈素材〉の中へすべりこませてしまうことによって〈共感〉を成立しやすくしているという、落語独特の、きわめて巧い方法である。（この笑いが、登場人物―店の者―の、だまされた幇間に対する笑いでないことは、店の者が、事態発覚の後も、この瞬間まで一貫して没感情的な応答しかしていないことによって、明らかであろう。）

A特殊2型（登場人物の地口型）

〈下げ調子〉型のうちの特殊タイプの第二は、登場人物の駄洒落、地口がそのまま落語の〈下げ〉になっているものである。他人を笑わせるという〈共感構造〉の形成を登場人物自身がしており、落語の笑いの〈素材〉としての彼のセリフがそれ自身で〈共感形成〉をも受け持つという特殊なあり方をしていることになる。

[大山詣り]

「なァにお前、考えてごらん。お山は晴れで、うちィ帰りゃァみィんな、お毛が（怪我）なくッておめでたい」

[三味線栗毛]

「その方たちが乗ると……ふふ、罰（撥）が当る」

これらの例は、それぞれ、けんか仲裁の先達、あるいは酒井雅楽頭自身がシャレを言う気になっているのだから、その人物としてのセリフ（素材としてのセリフ）自体が登場人物どうしの間での〈共感形成〉をめざした〈下げ調子〉になっているのであり、それがそのままその落語の〈下げ〉と重なっているという構造である。

[たがや]

「あ、上がった、上がった、上がった、上がったィ、たァがや（玉屋）ァ……い」

の〈下げ〉も、（一見〈下げ調子〉ではないかにも見えるが）本質的にはこのグループに属するものである。登場人物（見物人）がシャレを言い、そのシャレがそのまま落語の〈下げ〉となっているのだが、〈素材〉としてのシャレに重なって、「痛快、愉快な話じゃありませんか」という、この〝侍の首はね飛び〞事件と見物人のシャレに対する演者の立場の表明と、聞き手との一体化、〈共感形成〉とが、「やァ……い」の延びている間に行われる。まぎれもない〈下げ調子〉、とりわけみごとな〈下げ調子〉である。

ここまで見てきたA型、B型、C型は〈共感形成〉といういとなみが〈下げ調子〉によるにせよ、地の文による補足という形をとるにせよ、あるいは地の文の素材描写の中に重ねて行われるにせよ、いずれも「ここで為されている」とはっきり指摘できるのであったが、それとは違って、〈共感形成〉がどこで行われているのか形に出ないという場合がある。かなり特殊なタイプであり、そういう〈下げ〉は多くないが、そのような特殊なタイプにおいても上来述べて来た〈下げ〉の一般構造が本質的な意味では貫かれているということを確かめるために、詳しく見ておく必要がある。

このような意味での特殊な〈下げ〉は大別して三種類に分けられる。

D型（共感形成放棄型、「考え落ち」型）

演者が場の〈共感構造〉の成立をはっきりとは手伝わないものの第一は、いわゆる「考え落ち」である。

［疝気の虫］

「……（略）……別荘がねえ（困ったような顔つきで、まだ探していたが、ついには立ちあがる）」（しきりに首をひねりながら退場）

この例などは、落語の一般的構造として演者が当然受け持つべき解決――〈共感構造〉の形成――を全く放棄してつき放してしまうところにこの上ないおもしろみがある。

しかしそれは、あくまでも〈下げ〉の一般構造を前提とした上で敢えてそれを破る楽しさである。いや、むしろ逆に、「知らないよ」とつき放す形によって場に〈共感〉をひきおこしていると言うべきかも知れない。

［お血脈］

「……（略）……ヘェ、かたじけなし」といただいたから、そのまま極楽へ行っちまった。

笑いの素材（「そのまま極楽へ行っちまった」という説明までが素材である）をナマの形で聞き手に投げ出すだけで、どういうわけでどのようにそれが笑うべきことであるかという共通の認識の形成と、それを笑う場の〈共感構造〉の形成とを、すべて聞き手にあずけてしまう下げ方である。

「考え落ち」とは「聞き手が自分で考えてはじめてわかる落ち」という意味であり、ゆっくり考えてはじめてわかるかすぐにわかるかは所詮聞き手の頭の回転の速さによって決まることだから、個々の噺の〈下げ〉が「考え落ち」に含められるか否かは当然判断の分かれ得るところで、例えばこの「お血脈」が「考え落ち」であるかどうかについても議論があり得ようが、狭義の「考え落ち」のほかにこのようなものまで含んで、演者が場の〈共感構造〉の形成を何ら手伝わないものを一括してD型としておきたい。

D型においては、演者の誘導によってではなく、聞き手が自分で考えてその事態のおかしさを認識しなければならないから、〈下げ〉の句の直後に笑いがドッと来ることはない。〈下げ〉のあと一拍あいて笑いが来る（「お血脈」はそういうことが多い）か、〈下げ〉のあと場内にジワジワと自然発生的に笑いが広がる（「疝気の虫」の場合）ことになる。

E型（共感形成不要型）

〈共感形成〉がどこで為されているのか言えないような特殊な〈下げ〉の第二タイプは、演者が〈下げ〉のところでことさら誘導しなくても場に笑いの共感が生まれるという場合である。一言で言えば〈共感形成〉の誘導不要の〈下げ〉である。これには、細かく見るとさらに二種類がある。

E1型（共感既成立のタイプ）

〈下げ〉の句以前に、その事態を笑おうという〈共感〉が場に既に成立しており、〈下げ〉の句ではそれに一押ししてきわめるだけというような構造のものである。

［風呂敷］

「（感心顔で）ああそうかァ……あ…そいつァうまく逃がしゃァがったなァ」

女房を寝取られたことに気づかない亭主（このセリフの発言者自身）の間ぬけさ加減を笑う〈共感〉はこの句のずっと前から成立していて、聞き手は既に笑っている。ここで演者が改めて場の〈共感構造〉を形成してやらなくとも、〈下げ〉の句の直後に（一拍おかずに）、前から連続している笑いがドッと大きくなるのである。

E2型（逆転の知解タイプ）

これは、素材事態の内容のあり方のせいで、演者がことさら〈共感形成〉の働きかけをしなくてもすぐに笑いが起きる種類の〈下げ〉である。

［王子の狐］

「食べるんじゃないよ。馬の糞かも知れない」

［片棒］

「心配するな。おれが出てかつぐ」

狐の方が「人間にだまされるのではないか」と用心したり（「王子の狐」）、死んで棺桶にはいることを想定している本人が経費節約のために「自分がかつぐ」と提案したり（「片棒」）するというように、ものごとが逆になったり、ことの本質がうっかり否定されたりする場合は、知的理解による笑うべきことの発見であり、聞き手一人一人の頭の中で笑いが成立してしまうという色あいが強い。落語の場全体というよりも、演者と聞き手一人一人の間に〈共感〉が成立すれば、それだけでドッと来る種類の〈下げ〉だと言える。（その笑いが場全体の〈共感〉によって一層補強されることは言うまでもないが。）この種の知解的な笑いの〈下げ〉は、場としての〈共感〉をことさら作る必要が少ないのである。

F型（「かわいらしさ、頼りなさ」の笑いタイプ）

［船徳］

「……（略）……へえ、船頭をひとり雇ってください」

この〈下げ〉では、セリフを例の〈下げ調子〉で演ってはいけない、最後まで完全にその人物（徳三郎）の調子で演らなければならない（注2）。そうしないと、徳三郎の頼りなさ、ある種のかわいらしさが十分に表現されないからである。この落ちは、イキがってむりやり船頭になった大店のせがれの徳三郎が実際に客を乗せてみると思うように行かず、ついには「船頭をやとってくれ」と泣き言を言いだすという間ぬけさを笑うものであるが、そこに徳三郎の人がらのある種のかわいらしさがあってはじめて深い笑いとなるのである。それを前面に出すために最後のセリフは完全に「頼りなく」演じなければならないのだが、すると必然的に、演者が〈下げ調子〉などで形に出して場の〈共感〉をよびおこす部分はなくなってしまう。場の〈共感構造〉の形成は、聞き手にまかせてしまうことになるわけである。

それゆえ、こういう〈下げ〉では、最後のことばを言い終えて（きわめて短いが）一拍あって後、笑いがおこる。演者は必ずこの一拍を高座で待たなければいけない。「船頭をひとり雇ってください」ペコリ（終わりのお辞儀）、では絶対にいけないのである。この一拍の間に、演者は徳三郎の顔からその場に参加する一人としての演者の顔にもどり、顔をゆっくりあげて聞き手をながめ、一拍の後、笑いがおきるのと同時にお辞儀をするのである。いわば、ことばによらず、その場に（全く聞き手と同じ立場で）顔をあげて存在していることによって

〈共感構造〉の形成に参加するわけである。

原則としては、どんな落語でも、〈下げ〉のあと聞き手と同じ立場で今の話を笑ったことを確認する気持で、演者は一度顔をあげ、ゆっくり客席を見わたしてお辞儀をするべきなのだ（注3）が、とりわけこの種の〈下げ〉ではそれが必要になる。

［淀五郎］

ひょいッと見る。三日目にいた。「うゥん……待ちかねた…ッ」

この〈下げ〉もF型に属するものである。忠臣蔵四段目、切腹の場面で判官役の淀五郎の芝居がへたなために、由良之助役の師匠がそばに来てくれない。由良之助が来てくれるのを待ちわびるのは芝居の上での判官の気持ちであると同時に役者としての淀五郎の気持ちでもある。「待ちかねた…ッ」は直接には芝居の中の判官のセリフであるけれども、このあと（落語の）演者が顔をあげて客席をながめることによって、このセリフが判官のセリフから淀五郎のセリフへ、さらにそれをあくまで笑い（この場合は、笑うと同時にほっと安心する喜びの気持ち）の〈素材〉として紹介した演者のセリフへと、二段階のもどりが実現されることとなる。実にすばらしい〈下げ〉ではないか。

このF型に属するものの多くに、〈素材〉の面で注目すべき共通性があるようである。笑いの〈素材〉として直接的には、「船頭が船頭をやとってくれと言う」というような逆転、本質否定であったり、「待ちかねた」が役の上のセリフであると同時に役者淀五郎の本音でもあるというような重層性であったりして、その点では他の噺と変わらないが、それに加えて主人公のかわいらしさを愛する、あるいは主人公の安堵をわがことのように喜ぶというような、聞き手の話中人物への深い意味での共感がこの種の〈下げ〉の笑いを支えているという点である。

「ねこの子のちょいと押さえる木の葉かな」という川柳がもたらす笑いは、おかしさの笑いとは違って、かわいさ、対象への共感の笑いであると言われるが、このF型の〈下げ〉の笑いにはそういう面も濃くあると見なければならない。「ねこの子の…」はその情景を見ただけで思わず顔がほころぶ、それと同じようにF型の〈下げ〉は演者に〈共感形成〉をしてもらわなくても、聞き手がその情景を思い浮かべただけで笑えるということであろう。F型で〈共感形成〉が形をとって現れないということの深い理由として、この面をも見ておきたい。

以上、〈下げ〉において演者の〈共感形成〉の働きかけがここで為されていると指摘できるもの、A型、B型、C型の三種、ここと形の上で指摘できないもの、D型、E型、F型の三種を通観した。数の上では前者三種が圧倒的に多く、中でもA型が群を抜いて多い。おかしいことの〈素材紹介〉に加えてそのおかしさを演者と聞き手を含む場の全体で味わいましょうという〈共感形成〉の働きかけがあってはじめて〈下げ〉は成り立つものであるという一般構造を確認するために、数としてはきわめて少ない方の型をも注意深く拾ったまでである。

3　落語の談話論的構造

〈下げ〉のこの一般構造は、実は落語という話芸の構造そのものでもある。

一人の演者が大ぜいの聞き手に対面し、笑うべき事件を紹介して、場全体に笑いをひきおこす。そのためには〝まくら〟を振ることによって「さあこれからおかしいことを見つけてみんなで一緒に笑いましょう」というコミュニケーションの基本姿勢を伝えることが必要であるし、〈素材紹介〉を受け持つ話の展開部分でも「これは笑うために事件を紹介しているのだ」という伝達意図を要所要所で明らかにしておくことが有効である。専ら「笑うために」という目的に支配されて、事件紹介には強調や省略や様々なデフォルメがほどこされるし、人物造形もその唯一の目的のために工夫される。ことのおかしさをくっきりと浮かび上がらせるために語る順序も注意深く選ばれるし、どのようにおかしいかという語り手（演者）の評価が様々な方法によって〈素材〉にかぶせられることになる。そこで紹介される〈素材〉は、落語の場に笑いの共感を生じさせようとする語り手の意図と目の動きによって、あらかじめ強度に加工をほどこされた〈素材〉なのである。

直接話法的に語られる話中人物のセリフも実は本質的な意味で加工され、変容されたセリフなのであって、その意味ではすべて〝間接話法〟なのである。その間接話法性が極限的にあらわになるのが、先のA特殊1型、「〈共感形成〉のためのセリフ変容」型の〈下げ〉なのであった。

場に笑いを生じさせようとする演者の意図が〝まくら〟に始まる落語の冒頭から〈下げ〉までを一貫してつらぬき、話の展開を根底において支える。語り手の〈素材〉に対する評価と「一緒に笑おう」という聞き手への働きかけとが、落語の末尾、〈下げ〉のところで一気に顕在化し、そこに語り手、聞き手を含む場全体の〈共感〉が成立して笑いが生ずる。その構造はかつてのいわゆる陳述論で言われた「文の構造」とどれほど似ていることか。ことに、「話し手の聞き手めあてのいとなみである〈陳述〉が素材内容形成部分を含めて文頭から文末までを貫いて文を支えており、それが文末に顕在化するのである。このいとなみによってこそ文は成立する」という渡辺実氏の陳述論は、「陳述」を「共感形成」に、「文」を「落語」に、「文末」を「下げ」に読み換えれば、そのまま本稿の落語構造論になると言ってもよいほどである。

だとすれば、いわゆる陳述論の諸論考が語ろうとした「文の構造」とは、実は一つの表現を構成する諸レベルの意味の立体的な構造なのではなかったかということが考えられる。語形態の存在に対応して指摘できるものもできないものも含めて、話し手のいとなみの（あるいは表現の意味の）ある側面と他の側面がいかように重なって一つの表現が成立するのか、それを問うことの試みが本稿の落語構造論であり、かつての陳述論であったと言ってよいであろう（注4）。複数の文からなる談話の構造をこのような観点から分析するものを「談話構造論」と呼ぶならば、時枝氏以来の陳述論は（そして現今の階層的〝モダリティ〟論も）、文という表現の最小単位を談話構造論的に分析していたことになる。そもそも、談話構造（文章構造）を分析する視点によって一つの文の構成を描き上げるということは、つとに林四郎氏が『基本文型の研究』（一九六〇）において積極的に主張されたことであった。

一つの文にせよ長い文章にせよ、一つの言語作品の表現論的構造を問うものを談話構造論と呼ぶ限り、本稿の落語分析は談話構造論的分析と称することが許されようか。

注

1　筆者はこのような観点から下の拙稿で〈下げ〉周辺の音調の分析を試みたことがある。
「落語の構造と文体」（『現代詩手帖』一九巻七号、一九七六）

2　この点は、三遊亭好生さんから教わった。

3　「いつでも下げのあと、一度客席をにらめ」と教えた落語家があったということを聞いている。落語の〈下げ〉の一般的な構造を示唆する話である。

4　そのような表現の構造を問う議論と文の文法構造を問う議論とは別であるという気持ちをもって陳述論の学史を下の拙稿で論じたことがある。
「文法論――陳述論の誕生と終焉――」（『国語と国文学』六七巻五号、一九九〇）

「文をどう見たか」(『日本語学』一五巻九号、一九九六)

本稿に引用した落語本文は、『圓生全集』(全十巻、青蛙房)、『同別巻』(全三巻)、『古典落語』(全五巻、筑摩書房)から採った。

第二章第五節

南モデルの内部構造

（原論文は、『言語』28巻11号　1999年11月　所収）

一　南モデルの成立過程と主張の構造

南モデルを援用して自説を語ったり、南モデルそのものの修正を主張したりする人は多いが、それぞれの論者の南モデル理解は意外なほどにくい違っている。あれほど平易な文章で書かれている南氏の議論がそれほど多様な理解を招いているとすれば、その原因は南モデルそのものの多面性、混質性にあると考えざるを得ない。その混質性とは、南モデルが次の三つの側面を重ねているということである。

①従属句相互の包含関係の構造を、従属句内にかかえる成分、要素や句末の接続助詞の種類と関係づけて語る
——「従属句の包摂可能性」の観点

②句中の成分、句末の要素（語形式）の存在がその句の文としての成立の度合（南氏のことばでは「文らしさ」の度合）を決定すると見る
——陳述論的観点、「文らしさの度合」という観点

③文の意味にはいくつかのレベルがあり、その諸レベルの間にはおのずから決定の順序があると見る
——「文の意味の階層」という観点

この三者があたかも一つのことであるかに語られているのが南モデルの魅力でもあるが、そのことがこのモデルを援用する者の勇み足や我田引水を招くもとにもなっているように思われる。

右の三つの側面は、南氏自身の研究史においてあらかじめ一つのものとしてあったわけではない。

①の「従属句の包摂可能性」の観点から、従属句をA、B、Cの三つのレベルに区分したのは、国立国語研究所（一九六三）の「Ⅲ構文」の章（南氏担当）と、南（一九六四）であった。ここで整理された事実を当時はやりの詞辞

連続説的陳述論の観点から②「文らしさの度合」の現れとして解釈してみせたのが、南（一九七四）である。そして、これを南（一九九三）ではさらに③「文の意味の階層」の問題として再解釈したのであった。南（一九七四）の主張する「文らしさの度合」とは、形の面で見ればその句が他の句に包摂される可能性の大小として現れているものであり、意味の面で見れば非素材的、状況的な意味がどれだけ加わっているかということである。すなわち南（一九七四）の②陳述論的イメージは、実は①の観点と後に明示的に語られる③の観点とを、一つの要請ないし期待として、論証なしに重ねてしまっているものと言うことができよう[1]。南氏の学説の展開過程はこのようなものである。

　そうしてみると、南氏の主張の要点は、①「従属句の包摂可能性」という事実を③「文の意味の階層」という言わば理念的な主張を裏づけるものとして位置づけているところにこそあるのだが、ということはつまり、②「文らしさの度合」という階層陳述論的な主張は①と③を一気に重ねるための方便、ないしわかりやすい説明法として採用されているにすぎないということであって、結局、文が構文的に階層を成しているものであるか否かということは、実は南氏の主張の中心点にとっては直接関わりはないということになる。事実、南氏は文の構造の階層的なあり方についてはほとんど何も語っていない。南氏が主張するとおり文の意味が階層を成しているのだとしても、そのことと文が文法構造において階層を成しているということとは別である。南（一九九三）が「分析の基本的観点」として主張する「文の構造」の「階層的性格」とは、冷静に見ればあくまで文の意味の階層的性格なのである。

　とすれば、南モデルの当否の検討は、①「従属句の包摂可能性」を③「文の意味の階層」の現れとして了解してよいかどうかという一点に絞られることになるが、実は①と③が原理的に重なるものではないことを示す事実がある。

二　A段階とB段階を分けるものは何か

南氏自身も指摘するとおり、A段階に入れるべきかB段階に入れるべきか迷うものがいくつかある。場所の成分、副助詞による限定、否定などは、南（一九九三）の主張する「意味の階層」から見ればB段階[2]だが、

太郎は（その場で足踏みをし）つつ　寒さに耐えた。

（畳に〝の〟の字を書き）ながら　うつむいている。

（目だけ動かし）て　様子を伺っている。

（わき目もふらず）に　本を読みつづけた。

（手を振らない）で　静かに歩く。（ナイデの形はナイのテ形相当だと考えて大過ない）


のように、テ・ツツ・ナガラの情態修飾句の中に入り得るから「包摂可能性」の観点からはA段階だと言わざるを得ない。また、A段階の意味を「ものごとそのもの」「ものごとの間の関係（＝格関係）」だとする[3]と、主語も他の格成分と同様にA段階に入れたくなるところだが、

（ねずみが逃げ）ながら　ねこが追いかけた。

（メガネが光り）ながら　歌を歌っている。


などとは言えないから、「包摂可能性」の観点からはB段階に入れざるを得ない。このように、①「包摂可能性」の観点と③「意味の階層」の観点とでは食い違いが出てくる。

これはどうしてであろうか。「包摂可能性」の観点からA段階に入るというのは、テ・ツツ・ナガラなどの情態修飾句に入るということにほかならないから、要するに問うべきことは、場所の成分・副助詞・否定要素がな

ぜ情態修飾句に入り、また格成分の中でなぜ主語だけが情態修飾句に入らないのかということである。

一般に、情態修飾成分というのは文の述語との関係が意識されやすいが、「花が美しく咲いた」というときの「美しい」は文の主語「花」のあり様でもある。すなわち情態修飾成分は文の主語を意味上の主語とする述語でもあるのであって、本質的に述語としての語資格のものであり、あり様を語る語である形容詞や情態副詞がそれ自身の一語で情態修飾成分になりうる理由もここにあるのであった。(4) 情態修飾成分が基本的に述語としての語資格のものである以上、そこに主語が含まれないのは当然である。

形容詞や情態副詞とは違ってそれ自身があり様を語るものではない動詞を用いて情態修飾成分を形成するという特別な場合が実はほかならぬA類従属句なのだが、これは主文の表す同じ動作を別の面から描写してそれを重ねるという方法を採ることになる。「犬が尾を振って走る」というのは、「犬が走る」という文事態を別の面から「犬が尾を振る」という動作事態としても捉えた上で、二つの事態の同時共存、一つの動作の二様の描写として語ることによって、結果的に片方を他方の情態修飾成分としているわけである。

一つの動作の二様の描写なのだから二つの事態の主語は原理的に一致しているわけで、情態修飾(動詞)句に主文とは別の主語が入ることはない。(5) またあくまで一つの動作事態の二面の把握なのだから情態修飾句自身が固有の時間性を持つことはあり得ない(時の成分や夕を含まない)。一方、副助詞の限定や否定がA類従属句に入り得るのも当然であろう。「目だけ動かして様子を伺う」「手を振らないで静かに歩く」という情態修飾句は、傍線部動作が主文動作の別面描写として了解されれば成立するのだから、そこに限定や否定というBレベルの意味が参加しても何ら問題はないわけである。(6) 場所の成分にしても、事態全体の存在座標としての場所成分は、一つの動作の別面描写である以上情態修飾句と主文とに共通でなければならず、情態修飾句中に出てくることはあり得ないが、別面描写事態の内容を特定、限定するような場所成分は出てくることがあってよい（「その場で足踏みをしつつ」「畳に〝の〟の字を書きながら」）のである。

要するに、テ・ツツ・ナガラの句の中にある成分や要素が入り得るか否かということは、それを含んだ句が主文に対する別面描写句として存在し得るか否かによってのみ決まることであって、それを含んだ句の「文らしさの度合」の問題ではなく、南（一九九三）の言うA段階の意味の問題でもない。結局、「包摂可能性」の観点と「意味の階層」の観点とは本来別のものであって、それゆえに両観点による分類結果のこのような不一致はあって当然なのである。

A段階とB段階要素との区分けにおいて、観点によって齟齬が生ずるということは、「包摂可能性」による従属句の区分をそのまま句内の内容の「意味のレベル」の問題として解釈することの無理を示唆している。少なくともAとBとの区分をめぐっては、二つの観点は重なるものではない。原理的に別のことである。BとC以下の区分けをめぐっては別に検討する必要がある。

三　B段階とC段階を分けるものは何か

A類従属句はすべて情態修飾成分であり、情態副詞一語にも通ずるものであって、句全体の意味としては他と区別しやすい。またD段階とは、既に従属句ではなくなった文であるから、これも容易に他と区別できる。問題はBとCである。広義に条件句と呼ばれる従属句らしい従属句はB類とC類であって、この両者はAやDに対して大きく一括できよう。その中でBとCを分けるものは何か。実はBとCをめぐっても、先の場合とはまた違った意味で、観点による不一致がある。

a　従属句相互の包含可能性の観点から

そもそも南氏のA、B、C三分類は従属句相互の包含可能性の制限に着目してのことであった。「(雨が降れば水かさが増す)から……」とは言えるが「(〜から〜)ば……」という結合はあり得ないというところから、バの句をB類、カラの句をC類と分けたのであった。「(〜から〜)けれど……」と「(〜けれど〜)から……」は両方ともあり得るということを根拠として、カラの句とケレドの句を同じC類に数えたのであった。

この観点に立つ限りは、(ノ)ナラ・ノデ・ノニの句と、ガ・カラ・ケレド・シの句とを別の類に数える理由はないし、確定条件のタラ・トをこれらと別の類だと考える理由もない。

「(腹が痛いなら帰ってよい)から……」とも「(ひまだからテレビを見ている)なら、人の仕事を手伝ったらどうか」とも言えるし、「(ひまなのでよく寝た)から……」とも「(よく寝たから今日は元気な)ので……」とも言える。また、確定条件のタラ・トに関しては、「(忙しいけれど寝てい)たら……」「(ひまだったから寝ている)と……」などとも言える。つまり、a「従属句相互の包含可能性」の観点からは、テ(継起)・バ・タラ(仮定)・ト(仮定)のグループと、ナラ・タラ(確定)・ト(確定)・ノデ・ノニ・ガ・カラ・ケレド・シ・テ(並列)のグループとに分かれるのであって、南氏のB、Cの区分とは異なることになる。

b　従属句内に含まれる成分、要素の観点から

第一に、主題や陳述副詞「タブン」「マサカ」などの句中成分を含み得るか否かという観点に立つなら、テ(継起)・バ・タラ(仮定確定両方)・ト(同上)・ナラのグループと、ノデ・ノニ・ガ・カラ・ケレド・シ・テ(並列)のグループに分けられることになる。

(ねこは塩味のついたものを食べない)ので、食事の世話には気を使う。

（あいつはたぶん知っている）ので、今さら芝居をしても仕方がない。

などと言えるからである。これも南氏のB、Cの区分とは異なることになる。

第二に、従属句内の句末要素としてウ・ヨウ・マイ・ダロウを含み得るか否かという観点からは、テ（継起）・テ（並列）・バ・タラ・ト・ナラ・ノデ・ノニのグループと、ガ・カラ・ケレド・シのグループが分けられることになる。実はこの点だけが南氏のB類とC類の区分の根拠となっているのであった。

このように、a「従属句相互の包含可能性」の観点に立つかb「従属句内に含まれる成分、要素」の観点に立つかでBとCへの区分けは変わるし、さらに後者bの観点に立つとしても句中成分に着目するか句末要素に着目するかで区分けは変わってくる。南（一九七四）で提出された従属句の三分類は①「包摂可能性」の観点に立つものであるが、その「従属句の包摂可能性」ということ自体、右のような異なる観点を混在させたものであった。

これら観点によってBとCの区分が変わるというのは、実体として一つの連続相を成しているものの分け目がモノサシによって多少左右にずれるというようなことではなく、何の違いを反映するのか、モノサシの映しだす相違の内実そのものが別々だということなのであろう。特に、観点a、観点b第一のもたらす区分と観点b第二のもたらす区分とは結果として大きく異なっている。これは要するに、従属句そのものをも一つの句中成分と見た上で、ある接続助詞がいかなる句中成分を包摂し得るかという観点に立つ分類（観点aと観点b第一）と、ある接続助詞が句末要素としていかなる助動詞を包摂し得るかという観点に立つ分類（観点b第二）とは、分類そのものとして大きく異質であることを物語るものである。

南氏がそもそも接続助詞こみの従属句をグルーピングしようと思い立った動機が右の観点aであることを考えれば、句末助動詞に着目する分類はこの際南モデルから排除した方が、南モデル区分の有意性を維持できるのではあるまいか。そうすると、広義条件句は大きく仮定・継起のB類と確定・並列のC類とに分類されることになる。この区分は大堀（一九九九）の連位接続と従位接続（および等位接続）との区分にも大きく対応する。

四　南モデルの価値

もしこのように修正して南氏の分類を見直すことが有意義であるとすれば、南（一九六四）で為された魅力的な事実整理の価値は、

1　従属句一般の中での情態修飾句の異質性を浮かび上がらせた。

2　典型的従属句（情態修飾句以外）を大きく二類に分けた。

という二点に要約されるであろう。特に前記のように修正した上での2の意義は、様々な検討によって今後とも補強され、深化していくことと思われる。

同時に、そのように再編、純化して了解されるべき南モデル（「南第一モデル」と呼びたい）は、陳述論的な意味の「文らしさの度合」とは無縁のものとなる。それは階層的文構造論とも別世界の話であって、「文の意味の階層性」を反映するものですらなくなる。事実、同じ「推量」という意味に関わるものでも、タブン・マサカなどがもたらす区分とウ・ヨウ・マイ・ダロウがもたらす区分とは、大きく違うのであった。南第一モデルは「意味の階層性」を反映するものではなく、あくまで従属句の性質を問い、接続関係の多様性を明らかにするためのものとして価値を持つのである。

とすれば、現行南モデルの残った一面、「文の意味の階層性」を語るものとしての側面（南［一九九三］で強調されているもの）は、右とは別に独自に価値を持つものと見なければならない（「南第二モデル」と呼びたい）。文

の意味にある種の階層性があることは何びとも否定できまい。文中、文末の差を超え品詞の差を超えて、多様な要素が連携して文の意味のある側面を形成し、その諸側面が大まかには幾つかの層に分かれるということは、南第二モデルの語るとおりであって、それは従属句の包摂可能性の問題と別であることは勿論、階層的文構造論とも別のこととして、独自に意義を持つ正当な見解であろう。現行南モデルは、内容的に全く独立の南第一モデルと第二モデルとに分割されるべきものであり、それぞれが独立した価値を持つものであると考えたい。

「文法学研究会第一回集中講義」（一九九九年）で行った筆者の発表のうち、本稿はその前半のみを再編、修正したものである。発表の後半「南モデルの学史的意義」については本稿との連携の下に別稿にゆずらねばならない。

【注】

(1) 「論証なしに」ということは必ずしも主張内容の価値を問題にしているのではない。南氏自身が今回の集中講義で、「意味の階層の存在や決定順序というようなことは証明できるようなことではなく、論証が必要だというものでもない」という趣旨のことを話された。

(2) 南（一九九三）では描叙段階、判断段階、提出段階、表出段階という用語が用いられているが、意味のレベルとしてもやはりA、B、C、D段階という用語で呼ぶことにしたいという修正が、今回の集中講義で南氏から表明された。これに従う。

(3) 南（一九九三）でイメージされていたことを、今回の集中講義で南氏自身がこのように明示的に語られた。

(4) 川端善明（一九七六）および尾上圭介（一九九九）などに述べてある。

(5) 従って、南氏が今回の集中講義で話されたとおり、主文の主語の部分主語のようなものなら情態修飾句に出てくることはかろうじてあり得る。「意識もかすみながらその場に昏倒した」のような例である。

(6) ツツ・ナガラの句にナイが入らないのは、この形の句が（別面の描写というより）あくまで二事態同時共存ということによって情態修飾成分を形成するからである。同時共存することによって相手方への情態修飾と読める動作とは、即自的に肯定的な動作でなければならない。

【文献】

大堀壽夫（一九九九）「類型論から見た文構造の階層性」（文法学研究会第一回集中講義）
尾上圭介（一九九九）「文法を考える8　述語の種類（1）」（『日本語学』一八巻九号）
川端善明（一九七六）「用言」（『岩波講座日本語6巻』）
国立国語研究所（一九六三）『話しことばの文型（2）』（秀英出版）
南不二男（一九六四）「複文」（『講座現代語6巻　口語文法の問題点』明治書院）
南不二男（一九七四）『現代日本語の構造』（大修館書店）
南不二男（一九九三）『現代日本語文法の輪郭』（大修館書店）

第二章第六節

南モデルの学史的意義

（原論文は、『言語』28巻12号　1999年12月　所収）

一　従属句区分の三つの観点

南モデルは従属句をA類、B類、C類に区分しているが、この分類には三つの異なる観点が錯綜しているようである。第一は「従属句相互の包含可能性」の観点（以下観点αと呼ぶ）、第二は「その従属句がどのような句中成分を含み得るか」という観点（観点β）、第三は「その従属句がどのような助動詞を含み得るか」という観点（観点γ）である。南氏はこの三つの観点による区分が大きくは重なるという見解ないし期待の上に立って、それが「文らしさの度合」の三段階だと主張するが、実はそれぞれの観点に徹する限り、その分類結果は相当に異なり、ある部分では〝序列〟の逆転をも生ずるのである。南モデルの意義を考えるためには、まずこの三つの観点によるそれぞれの分類結果とその意味を検討しなければならない。

一・一　観点α「従属句相互の包含可能性」

この観点に立ち、他の観点を持ち込まなければ、尾上（一九九九）――以下、前稿と呼ぶ――に述べたとおり従属句は三つの類に分けられる。

α1類……ナガラ・ツツ・テ（情態修飾）
α2類……バ[1]・タラ（仮定）・ト（仮定）
α3類……タラ（確定）・ト（確定）・テ（理由）・（ノ）ナラ・ノデ・ノニ・テ（並列）[2]・ガ・カラ・ケレド・シ

α1類は南モデルのA類と一致するが、α2類対α3類の区分は南モデルのB類対C類の区分とは大きく異なる。

観点αによる区分は、句（英文法流の用語法では節）としての体裁をとっているものの中からまず本質的には句ではなく語相当の情態修飾句を取り出し、残りの従属句らしい従属句を仮定条件句とそれ以外に分けたことになる。観点αは、広義条件関係の接続のしかたそのものを二つに分類するものだと言えよう。そこでは、α1類・α2類・α3類と三者が序列をなすのではなく、α2類とα3類との間にのみ本質的な意味で序列があるのであって、α1類はどんな句にも入り得る語的成分でしかないのである。

一・二　観点β「どのような句中成分を含み得るか」

この観点のみに拠るならば、前稿に述べたとおり、従属句は三つの類に分けられる。

β1類（主語や時の語を含み得ない句）

……ナガラ・ツツ・テ（情態修飾）

β2類（主語や時の語は含み得るが、主題やタブン・マサカを含み得ない句）

……バ・タラ（仮定・確定）・ト（仮定・確定）・テ（理由）・（ノ）ナラ

β3類（主題やタブン・マサカを含み得る句）

……ノデ・ノニ・テ（並列）・ガ・カラ・ケレド・シ

β1類は南モデルのA類と一致するが、β2類対β3類の区分はノデ・ノニの位置づけにおいて南モデルのB類対C類の区分と異なる。

観点βによる区分は、第一段階でまず情態修飾句を切り出した上で、第二段階で残りを二種類に分けるものである。第一段階のモノサシとして主語と時の語が使われるのは、前稿にも述べたとおり、主文事態の別面描写としての句にはそれらの語は出現しないというだけのことであって、第二段階で主題やタブン・マサカがモノサシになるのとは質が異なる。

主題がβ3ではじめて現れるというのは、β2までの句の中に意味として存在しなかった項が突然β3で現れるということではなく、ガ格やヲ格として意味的に既に存在していた項がβ3のレベルではじめて主題化されるということにほかならない。要するに伝達のために句中のある成分に特別な役割を背負わせるという加工がβ3のレベルで為されるということである。タブン・マサカなどの陳述副詞も、β2までは意味として存在しなかった成分がここで新たに加わるというのではなく、既に句の中にあった〝推量〟という表現姿勢がβ3のレベルで顕在化して語られるということにほかならない。

このように、β2類とβ3類を分けるものは結局「表現、伝達次元でのある種の決定性を帯びた句かそれ以前の句か」ということであって、それはβ1類とβ2類を分けた「主文事態の別面描写句であり得るか否か」ということとは全く異質であると言わねばならない。β1類・β2類・β3類は同一線上で一次元的に成長していく（「文らしさ」を増していく）序列といったものではなく、ある意味で「文らしさの度合」の大小と言えるのはβ2類とβ3類の関係のみである。観点αのα1類と同様に、β1類も観点βによる序列の直線上には乗らないものと言えよう。

一・三　観点γ「句末にどのような助動詞を含み得るか」

南モデルのA類・B類・C類という従属句三分類は、結局はこの観点γのみに拠っていると言うべきであろう。南氏において当初は観点αで出発したものが「α1類とはすなわち助動詞を全く含み得ない句である」という認識から、いつの間にかこの観点γに移行し、「助動詞を全く含み得ない従属句」＝A類、「すべての助動詞を含み得る従属句」＝C類、その中間がB類という三分類になったものと思われる。無論、この観点の移行には当時はやりの詞辞連続説的陳述論の影響が大きかったことは十分に想像できる。

しかしそれならそれで、観点γに徹して観点αやβを完全に排除するならば、含み得る助動詞による従属句の分類はもっと細かくすることが可能である。その方が南氏自身の「文らしさの度合」イメージにもより一層合致することであろう。

γ1類（どんな助動詞も含み得ない句）

……ナガラ・ツツ

γ2類（ナイのみを含み得る句）

……テ（情態修飾）(3)

γ3類（ナイのほかにテイルまでを含み得る句）

……タラ（確定）・ト（確定）(4)

γ4類（上記のほかにヨウダ・ソウダ（様態）までを含み得る句）

……バ・タラ（仮定）・ト（仮定）

γ5類（上記のほかにタ・ラシイまでを含み得る句）

……（ノ）ナラ・ノデ・ノニ・テ（並列）

γ6類（上記のほかにウ・ヨウ・マイ・ダロウまで、結局すべての助動詞を含み得る句）

……ガ・カラ・ケレド・シ

言うまでもないが、γ1類とγ2類が南氏のA類に、γ6類が南氏のC類に対応し、γ3類・γ4類・γ5類が南氏のB類に対応する。

ただここで注意すべきは、タラ・トの確定用法句と仮定用法句とを比べたとき、観点αでは仮定句の方がα1類（南氏のA類）に近かったのに対して、観点γでは確定句の方がγ1・2類（南氏のA類）に近いということである。仮にα2類―α3類、γ2類―γ6類を従属句の何らかの序列だと考えると、ここに観点によって序列の逆転が生ずるという大きな問題にぶつかることになる。

助動詞を句末に含むことで句の意味のある側面が決定されるとそれに応じてそれを包摂する接続助詞に制限が生じてくるという事実を「文らしさの度合」の問題だと言うことは許されようが、それは接続助詞まで含んだ従属句の文らしさの度合ではなく、接続助詞に包まれた袋の中身（従属句マイナス接続助詞）部分の文らしさの度合を反映する事実なのである。そのような留保付きで言うなら、観点γによる区分は袋の中身の文らしさの度合に対応する接続助詞の何らかの〝序列〟を映し出していると言ってもよさそうに思われる。その序列と観点αによる序列とがある部分で逆転するという事実は、観点αとγが（単に線引きのずれの問題ではなく）異なる内容の〝序列〟を反映しているのだということである。少なくとも、観点αの表す従属句の〝序列〟は「袋の中身」の文らしさの度合の問題ではない。袋の中身の文らしさの度合と、（接続助詞こみの）従属句の文らしさの度合とは、別のことなのである。

二　南モデルの意義

右の部分的逆転現象に目をつぶって、観点α、β、γを一気に重ねてしまうならば、次頁の表のような従属句の（それを決定する接続助詞の）序列表があるいは書けるかも知れない。けれども、観点α、β、γはそれぞれ別の異なる内実の〝序列〟を映し出していると見られる上に、※印の位置の線の区分（南氏のA類とそれ以外と

<table>
<tr><th>〈観点γ〉</th><th>〈観点β〉</th><th>〈観点α〉</th><th>〈従属句〉</th></tr>
<tr><td>γ 1類</td><td rowspan="2">β 1類</td><td rowspan="2">α 1類</td><td>ナガラ・ツツ</td></tr>
<tr><td>γ 2類</td><td>テ（情態修飾）</td></tr>
<tr><td colspan="4">※</td></tr>
<tr><td rowspan="3">γ 3・4類</td><td rowspan="4">β 2類</td><td>α 2類</td><td rowspan="2">バ・タラ・ト</td></tr>
<tr><td rowspan="5">α 3類</td></tr>
<tr><td>テ（理由）</td></tr>
<tr><td rowspan="2">γ 5類</td><td>（ノ）ナラ</td></tr>
<tr><td rowspan="2">β 3類</td><td>ノデ・ノニ・テ（並列）</td></tr>
<tr><td>γ 6類</td><td>ガ・カラ・ケレド・シ</td></tr>
</table>

の区分）はそれより下の類の区分と異質であることを見てきた。α、βに関しては1類から3類までが一直線上に並ぶという保証はないと言わねばならない。また※線以下の部分では、α、β、γの区分線が一致するところは一つもない。逆転現象を隠蔽した上にそのような本質的なあやふやさを含む図表に頼って、「従属句にはおのずから序列がある」と言うことには慎重でありたいと思う。

南モデルの意義は、第一に、α、β、γの三つの観点を立てると（それぞれに）従属句相互の何らかの異質性が浮かび上がることを発見したことにあり、第二に、それぞれの観点による分類が映し出す従属句の異質性の中身を示唆したことにある。

観点αが「文らしさの度合」というより接続（連接）のしかたの異質性を反映するものであろうという視点は大堀（一九九九）によってはじめて提示され、南氏自身が意識していなかった方向への発展の可能性が示されたが、観点βや観点γが何らかの意味での「文らしさの度合」と関係があるということは、南氏自身によって積極的に主張されている。観点βの映し出す「文らしさ」と観点γの映し出すそれとが同じ意味の「文らしさ」なのか否かということは今後検討すべき課題であるとしても、助動詞で決定される意味の側面のほかにある項の主題化というようなこ

とがもたらす「文らしさ」もあるのだという発見は、広義の陳述論にとって有益な発見であった。(5)

そして南氏自身の主張のしかたとは離れるけれども、文の文法構造の問題としてでなく文の意味の問題として、一つの文の中には多様な意味の階層があるという主張は、きわめて魅力的で且つ先駆的な主張であったと思われる。助動詞一つごとに文が成立していくというのでなく、大まかなグループとして、文事態の中核に近く位置する意味と、状況的・言語場的に文にとりこまれる意味とが階層的にあるというイメージを国語学の世界で明示的に主張したのは、おそらく南氏が最初であろう。

【注】

(1) 「ふり返ってみれば|大山君がいた」というような確定のバもあって、本当はバにも仮定と確定を区別しなければならないところだが、現代語では用法が局限されているので確定のバは本稿では考えないことにする。

(2) 南氏はテ（継起）とテ（並列）を一つに括ってB類に位置づけるが、テ（継起）は一方では仮定条件句の中にも入り得るし一方では「腹が減ったから|ごはんを食べて|、そのあと出かけた」のようにカラの従属句を内部に包含することもできる。観点αからは、どこに分類しても破綻を生じる。テ（継起）は当面分類対象から除いておくほかない。

(3) ナイデは、語源はともかく、ナイのテ形相当だとみなして大過あるまい。前稿に述べたとおり、情態修飾句に否定要素が入っていけない理由はない。なお本稿では、手段のテは情態修飾のテの中に含めて扱う。

(4) 「返事をしなかったら|叱られた」とは言えるが「返事をしないと|叱られた」とは言えないというような留保はある。そのような個別の事情は一旦無視しても論旨に大きな影響はあるまい。

(5) 尾上（一九七三）はその観点を理論化しようとしたものである。

【文献】

大堀壽夫（一九九九）「類型論から見た文構造の階層性」文法学研究会第一回集中講義、および同一タイトルの論文（『月刊言語』二八巻一一号）

尾上圭介（一九七三）「文核と結文の枠――「ハ」「ガ」の用法をめぐって」『言語研究』六三号

尾上圭介（一九九〇）「文法論――陳述論の誕生と終焉」『国語と国文学』六七巻五号

尾上圭介（一九九六）「文をどう見たか――述語論の学史的展開」『日本語学』一五巻九号

尾上圭介（一九九九）「南モデルの内部構造」『月刊言語』二八巻一一号

南不二男（一九六四）「複文」『講座現代語6　口語文法の問題点』明治書院

南不二男（一九七四）『現代日本語の構造』大修館書店

南不二男（一九九三）『現代日本語文法の輪郭』大修館書店

第三章　述語の形態と意味、モダリティ・テンス・アスペクト

第三章解説

「現代語のテンスとアスペクト」（第一節）は、動詞のスル形、シタ形、シテイル形それぞれの意味を問うたものである。「助動詞は話し手の内容に対する把握を表す」という種類の陳述論風の位置づけとは異なり、また「スル形対シタ形の対立がテンス、スル形対シテイル形の対立がアスペクトである」という教科研グループのテンス・アスペクト論とも異なって、動詞の三つの形態を独立にそれぞれの意味を捉えようとしたものであり、私の助動詞論（動詞形態論）の出発点となっている。スル形は動詞概念の素材的表示形であるという見方は第一章第一、第三、第四、第八節以来のもので、それは古代語終止形についての橋本四郎氏、現代語終止形についての渡辺実氏の見解に沿うものだが、シタ形、シテイル形はともに連用形＋αの動詞形態（古代語ではツ・ヌ・タリ・リ・キ・ケリ）として最広義に完了と呼ぶべき性格の述定形式であること、終止形述定の消極性を積極化していく方向として時間的積極化と叙法的積極化の二方向があり、連用形＋αの述定はその前者であることについては、川端善明氏の『活用の研究Ⅱ』から教示を得た。

そのような大きな把握のもとに、シタ形、シテイル形それぞれの諸用法の相互関係と位置づけ、すなわちそれぞれの多義性の構造については私独自の見方を提出しており、シタ形については基本的な二つの用法の間に「広義完了」と呼ぶ事態認識の共通構造（スキーマ）が指摘できると見た上で、その全用法をその基本用法からの拡張と見ている。これは後になって認知言語学的な多義性把握との共通性を意識することになる見解である。シテイル形についても、全体を大きく「継続」として一色に見るのは無理であること、〝経験〟〝動作の複数〟などの用法は「事態の所有」という捉え方（後に第二節論文で言う「パーフェクト」の一角に相当）が必要であることなど、その後の「スル・シタ・シテイル」理解の基本になる見方は、この論文の中にある。

なお、この論文の中での「ムード」の用語法は当時の常識である（と私には思われた）寺村氏風の用語法に従ったものであり、この後の論文では改めた。

「日本語の構文」(第一章第九節) はその半分で述語論の基本的視点を提出しているが、述体文において述語が(テンス・アスペクトなどと呼ばれる) 時間的意味 (必ず既然の側) を帯びる理由について、それは動詞概念の「現在の存在」への持ちこみの結果だと説明している。つまり、名詞―動詞の概念結合体を単なるタイプとしての事態から言わばトークンとしての事態に、つまり話者の立つ現実への関係づけ、グラウンディングを帯びたものとしての事態に転換するときの一つの仕方として「既実現」という位置づけがなされるのであり、その結果、過去・完了・現在などの確定側の時間性 (最広義完了) が現れるのだという見方をとっているのだが、この見解は本章第二節論文で積極的に詳しく展開されることになる。また、俗に「ムード」と一括される〝主観性〟の中には様々異質なものがあり、ウ・ヨウの推量・意志という主観性と、感嘆文・希求文 (命令文を含む) など文の種類に伴うもの、(寺村氏がムードの「タ」と呼ぶような) 最広義完了の述定に伴うもの、終助詞的な伝達性などとは区別しなければならないと主張した。この観点に立ってウ・ヨウ形の述定形式としての性格を論じたものが、本章第三、第四、第五節である。このような意味で、第一章第九節論文は第三章の述語論全体の出発点というべき位置にある。

「スル・シタ・シテイルの叙法論的把握」(第二節) は右のような見解に沿ってこの三つの形態の用法を詳しく整理し、三形態の叙法形式としての位置関係と、それぞれの形態の諸用法の相互関係を述べたものである。用法を素直に見れば、スル形とシタ形、スル形とシテイル形はそれぞれトータルに対立するとは言えないこと、従って日本語にテンス・アスペクトと呼ぶべき形態論的範疇が存在するとは言えないことを述べた上で、この三つの形態は文の述べ方の種類に対応する叙法形式 (本来の意味でのムード) であると見て、三つの形態のそれぞれの多義性の構造を論じたが、その中で、スル形の叙法的性格は「事態をただ事態のタイプとして、言わば素材的、前状況的に述定する形式」であり、シタ形の叙法的性格は「『その事態はすでに存在している』という基準点からの関係づけを含んで、事態を述定する形式」（パーフェクト）であるとした。ただ、シテイル形はその用法を大きく二種類に分けて理解することが必要であり、「基準点から見て『その事態はすでに存在している』という関係づけを含んで事態を述定する形式」（パーフェクト）としての用法と、「『その運動事態が基準時点を覆って存在している』という関係づけを含んで事態を述定する形式」（プログレッシーブ）としての用法と二つがあると見た。この結果、同じパーフェクトとして了解されるシタ形の用法とシテイル形の用法の半分との間には大きな共通性と対応関係があること、シテイタ形は単純にシテイル形の過去形とは言えないことを指摘している。またシテイル形の叙法的性格が一色にまとめられないのは、これがシタ形のような動詞の一活用形態（複語尾分出形）ではなく「〜テ」と「イル」との言わば複合動詞であることに因るものであって、テによって結ばれる前後件の関係の二種「継起」と「付帯状況」のうち、前者に根拠をもつのがテイル形のパーフェクト用法、後者に根拠をもつのがプログレッシーブ用法であると見ている。

「動詞終止形と不変化助動詞の叙法論的性格」（第三節）は、ウ・ヨウの性格を問うという昭和二十年代後半以来の陳述論の大問題、すなわちこの助動詞は動詞の述定形式の一つとして他の助動詞との共通性は有するものの、推量や意志という現場的行為を担うものとして終助詞にも通うような（他の助動詞とは異なる）一面を持つことをどのように理解するかという問題に対して、未然形＋ウ・ヨウ（古代語ム）はあくまでも動詞の叙法形式の一つであるという立場に立ち、その叙法論的性格のどのような特殊性がどのような論理で右のようなあり方をもたらすのかを論じたものである。その結果、他の普通の助動詞つきの述定形式は現実ないし非現実の事態を積極的に承認する叙法形式であるのに対して、未然形＋ム（ウ・ヨウ）は非現実領域に位置する事態を（それが成立するとの承認を与えることなく）単に一つの事態表象として思い描くだけの形式、非現実事態仮構（＝設想）の形式であると考えるに至った。それは古代語終止形が現実事態を（承認を与えず）言語面で構成するだけの形式、現代語終止形が（現実、非現実両方にわたって）事態を構成するだけの形式であることと並行的である。そのように見てこそム、ウ・ヨウの終止法の場合と非終止法の場合の意味の極端な相違や、動詞終止形の終止法用法の特殊な制限も説明できるのであった。この理解には、第一章第一、第三、第四、第八節以来の終止形理解と、後に第一章第十節論文で公表する現場一語文の二つの原理的なあり方（「存在承認」と「希求」）の認識が基盤になっている。

「叙法論としてのモダリティ論」（第四節）は、第三節論文のこの見解を含みつつ、古代語、現代語のほぼすべての述定形式の叙法論的性格を「現実事態／非現実事態」「事態承認／事態構成」の積としての四つの象限に位置づけたものである。

この見解は必然的に、叙法としては現実事態を語るか非現実事態を語るかの違いが最も基本的なものであって、モダリティ形式とは「非現実の領域に位置する事態を語るときに用いられる専用の述定形式」、モダリティとは「モダリティ形式を用いて（つまり話者の「これは現実世界に存在することではない」という捉え方を事態の中に塗り込めて）語るときにその事態の一角に生ずる意味」であると見ることになる。Lyons や Langacker らのモダリティ把握と軌を一にするこの「モダリティ」規定は、いわゆる陳述要素の呼びかえとしての〝モダリティ〟論、主観表現論的〝モダリティ〟論における「モダリティ」の意味とは（広狭の差ですらなく）全く異なるものである。そういう観点に立って、いわゆる主観表現論的モダリティ論、階層的モダリティ論を「モダリティ論」として見ることをやめ、独自の論として見た場合に、その中に肯定される側面と否定されるべき側面とがどのように混在しているかをも論じた。そのような〝モダリティ論〟は「モダリティ」の用語法が私のものと異なるからと言って否定するものではない。内在的に難点をはらんでいるのである。

「文の構造と〝主観的〟意味――日本語の文の主観性をめぐって・その2」（第六節）は、右の第四節で得た見解を〝主観性〟ということを軸にまとめなおしたもので、日本語の文の構造と絡めて〝主観的〟意味ということが言われるとき、そこには理論的に問いつめるべき次の四つの問題があると指摘している。

(1)一つの文の文法構造の中には〝客観的〟意味に対応する部分と〝主観的〟意味に対応する部分とがあると言われることがあるが、文構造の中にあらかじめその二つの部分が分かれて存在しているものなのか。

(2)終助詞と助動詞（のほとんど）とは〝主観的〟な意味を表現するものと言われることがあるが、本当に両者を〝主観的〟という観点で括ってよいのか。そもそもそれはこれらの語の文法的性格の問題なのか。

(3)〝客観的〟意味を表す部分を〝主観的〟意味の要素が重層的に包むという文構造が主張されることがあるが、その階層性は助動詞層と終助詞層の間でのみ言われるべきことなのか、助動詞相互の間で言われるべきことなのか、あるいは両方を含んで連続的に了解されるべきことなのか。そもそもその包含関係とは一つの文表現を構成する意味の階層性の問題か、文の文法構造の問題か。

(4)言語学上の概念としてのモダリティは、〝主観的〟意味あるいは言表態度ということと違うのではないか。本来の意味でのモダリティと〝主観的〟意味とはどのような関係にあるか。

これを問うことはとりも直さず陳述論の呼びかえとしての〝モダリティ論〟の妥当性を問うことであるが、陳述論以来のその内在的難点を克服すべく、不変化助動詞（ウ・ヨウ）の〝主観性〟発生のメカニズムは叙法論的観観点に立って理解されるべきことを説いたのが言わばこの第三章の全体であり、文の種類によってもたらされる〝主観性〟や終助詞的な対相手的意志の〝主観性〟はそれとは別に扱われるべきものであることを説いたのが第一章の全体であるとも言える。陳述論の学史の批判的検討である第二章を含め、このような意味で本書Ⅰ巻の全体が、陳述論の提起した問題への私の解答であると言うこともできよう。

なお、この第六節の論述の過程で、いわゆる助動詞は三つの類―①事態承認の叙法形式を形成する複語尾、②非現実事態仮構（設想）の叙法形式を形成する複語尾、③文末外接形式（述語の一角ではなく半ば文の外に位置する―それゆえに形容詞終止形にも直接に下接する―ヨウダ・ラシイ・ダロウなど）―に区別されるべきことが明らかになった。階層的陳述論の根拠となった助動詞の相互承接現象は、この視点をもってあらためて論じられる必要がある。

「国語学と認知言語学の対話Ⅱ・モダリティをめぐって――」（第五節）は、第四節に含まれた一つ目の公開講演のあと、その記録として活字にしたものである。再構成した対話はもとより坪井氏と私の単独執筆の部分まですべて含めて、同氏との長時間の討議、共同作業の成果であり、私の執筆部分だけを切り離すことはこの記事成立の経緯と精神に沿わないので、全部を本書に収録することにした。Langacker らの認知言語学のモダリティ把握と私のそれとの近さを教えてくださった坪井栄治郎氏に感謝している。

第三章第一節

現代語のテンスとアスペクト

（原論文は、『日本語学』1巻2号　1982年12月　所収）

話しの時点を基準として文の事態内容が位置する「時」は、理念的に、過去、現在、未来と三分される。この「時」の表現に深く関係するものとして、文末述語の形態上の変化が挙げられる。大ざっぱに考えれば、「――シタ」が過去と、「――スル」が現在と、「――スルダロウ」が未来とそれぞれ対応するかに見えよう。しかし実際は、「――スル」が過去(いわゆる歴史的現在)や未来(「船はあす神戸に着く」)の表現に立つこともあり、「――シタ」が現在(「あ、バスが来た」)の表現に用いられることもある。また、「――スルダロウ」は「時」の面で言えば結果として未来を表すものの、本来は推量というムード(叙法)を表現していると見なければなるまい。そう言えば「――スル」や「――シタ」にも意志(「おれはどうしても行く」)とか「気づき」の表現(「今日は日曜日だった」)などムード(以下、モダリティーを含めて「ムード」の語を用いる)に関わる面があり、「――スル」「――シタ」には同時に、それぞれ未了、完了のアスペクトを表現しているという側面もある。つまり「――スル」「――シタ」などの述語の形態変化は、「時」の表現と関係が深いにしても、「時」と一対一に対応するものではないし、「時」の表現のためのものでもないことがわかる。

ここにおいて、本稿が冒頭から避けて来た「テンス」というタームの用語法は、おそらく二とおりに分かれるであろう。一つの仕方は、「――スル」と「――シタ」との対立(「――シテイル」と「――シテイタ」の対立なども当然含む)をテンスの対立と名付けた上で、さて日本語のテンスは(「時」に関わる面も関わらない面も含めて)結局どういうものを表現するのかを問うて行くというやり方であり、この用語法では、「――スル」と「――シテイル」の対立(「――シタ」と「――シテイタ」の対立なども当然含む)がアスペクトの対立と名付けられることになる。もう一つの仕方は、「――スル」「――シタ」「――スルダロウ」などあらゆる述語の形態においてそれが「時」を表現する側面をテンスと呼び、一つの形態の中にテンス、アスペクト、ムードの表現を合わせて読みとって行こうというやり方である。この用語法では、「――スル」と「――シタ」の相異も、テンス面の対立として位置づけられるのでなく、テンス、アスペクト、ムードそれぞれの面での相異を含んだ全体的な相異として了解されることになる。本稿は後者の用語法に立ち、現代語の述語形態「――スル」において、テンス、アスペクト、ムード、三面の関係を考察するところから始める。

(一) 「――スル」のテンスとアスペクト

動作性の動詞の「――スル」形はテンスとして未来を表す（「船はあす着く」「もうじき寒くなる」）が、同時にムードとして話し手の意志（「何と言われてもおれは行く」）や確かな予想（「あいつは成功する」）を表しもする。一方、状態性の動詞の「――スル」形はテンスとしては現在を表し（「時間は十分にある」「猫が三匹いる」「この教室は広すぎる」「このはさみはよく切れる」）、ムードとしては直叙的断定を表すと言えよう。このばらつきはどう考えればよいであろうか。無論、かくかくの場合にはしかじかのテンス、ムードになるというように、条件と表現結果の一覧表をシステマティックに書き上げることができれば、文法記述としてはそれでよいであろうが、実際にはすべての条件を整理して書き上げることはきわめて困難である。目指すべき記述は記述として、それとは別に、「――スル」形がテンスやムードの面で様々に立ち現れる内奥の事情をさぐることはできないものであろうか。それができれば、ある条件が条件として表現結果と関係しているその経緯が理解できるし、そうしてこそ、ただやみくもに諸条件の網羅を目指すよりも却って十分にその全貌が見渡せるであろう。

その内面の事情を明らかにするには、本来は動詞の各活用形の意味、活用形の成立事情を根源的に問う視点がなければならないが、ここでとりあえず結論予想的に、ないし仮説設定的に言うなら、それは動詞の諸活用形の中で「――スル」形（終止形）の意味が直接的、素材的、直感直叙的であることに求められるのではあるまいか。山田孝雄氏は現在形の述語をもつ文の内容を「直接表象」と呼んで過去形による「復元表象」と区別し（『日本文法論』）、細江逸記氏は日本語の現在形をも視野に入れた上で英語の Present Tense を「直感直叙」の語形と見て Past Tense の「回想叙述」と区別した（『動詞時制の研究』）が、このように呼ばれるとおり、「――スル」という述語形態は、事態をただそのものとして直接的に言語化しただけの形と言えよう。同じ動作性動詞の「――スル」形で、「船はあす着く」なら未来であるのに「遠い水平線を船が行く」なら未来ではないというのも、この形がもともとはテンスに関して無色であることを想像させる。

そのように直接的、直感直叙的である形が上述のようにテンスやムードの面で多様な表現結果をもたらす事情は次のようなことであろうか。まず第一に存在や目前のものの性質を表す情態性動詞の場合、事態の姿が時間的変化でないからその直接的表示形たる「――スル」の形自身はアスペクトに関与しないが、事態がそのようにあるということをただ示す形であるところから、テンスの面では、描写対象たる目の前の現実によって言わば逆に与えられて、結果的に現在時を表現することになる。これは過去や未来との対立における現在というより、所与的、即自的な現在に過ぎない。同時にムードの面でも、自覚的な意味でない、即自的、直感直叙的な断定であるにとどまる。一方、動作性動詞の場合、「――スル」の形は動作概念の直接的な言語化の形として、一面では動作、作用の類別的な語彙名称として働く（この故に、辞書の項目は古来終止形で立てられている）一方、アスペクトの面では未完了を表すことになりやすい。それは、語の意味の姿として時間的変化であるものを変化そのものとして言語化する形であるところから、（個別的な動作の表現に用いられて）あえて変化が完了しているか否かという目で見れば完了していないということに過ぎないのであって、そのように消極的な意味で未了を表現する可能性をもつというまでである。しかしながら、消極的にもせよ未了のアスペクトを担い得る形が事態の述定に用いられた結果をテンス的に翻訳してみると、未来における変化の実現を表現していることになりやすい。このようにして「船は神戸に着く」や「もっと寒くなる」は未来時を帯びたものとなる。と同時に、そのような形で表現される未来は、その出自からして、未来であることよりも未来における変化の実現という面に重点がかかる。そこから、未来は未来でも「――スル」形は決定的、確定的な未来（〝予定〟をその典型とする）を表現するなどと言われることにもなるのであって、この同じことをムード面に引き寄せて言えば、未来に関する確かな主張を表現するということになる。未来に関する話し手の確かな主張とは、主語が二、三人称の場合は確かな予想（「あいつは成功する」）ということになり、主語が一人称の場合は話し手自身の意志、意向（「おれは行く」）ということになる。このような経緯をもって、事態の直接的な言語化の述語形「――スル」は様々のテンスやムードを表現することになったのである。

しかしながら、右は「――スル」形が時制表現に関与して未来時や現在時に対応した場合のその事情であって、これを裏から言えば、右のような経緯を経ない場合には「――スル」形が表現において時間性をもたないケースも当然考えられるわけである。その代表的なものが、**真理、習慣、習性、傾向の表現**などと呼ばれるものである（「アルコールは水に溶ける」「私は毎朝五時に起きる」「鳥は森に住む」「おぼれる者はわらをもつかむ」）。これらは「――スル」形が動作概念をただそのものとして、言い換えれば類別的、語彙名称的に表示しているのであり、従って時間的変化としてのアスペクト性はもっておらず、その限りで言わば形容詞的に用いられていると見ることができる。同じく動作性動詞ながら先ほどの「もっと寒くなる」などとは違って、消極的にさえアスペクトを帯びていない（この点からも「――スル」形は本来アスペクトの面で無色であることが了解される）が、このような脱アスペクト的な用法では、形容詞述語文の場合と同じく、述定のあり方としては本来非時間的なものである。上述の状態性動詞文の場合は、その本来非時間的である述定が目の前の現実から逆に与えられて結果として現在時を帯びることになったが、真理、習慣等の用法では、描写対象は目の前の現実ではなく抽象的事態そのものであるから、結果的にさえ時間性を帯びることがないのである。

この種の真理、習慣タイプの文は、述語の品詞は動詞でありながら、意味の姿としては形容詞文的であるが、実は文型においても形容詞文に近づいていることを見逃してはなるまい。注意して見れば、必ず「――ハ――スル」と題目―解説の形式をとっている（表面上、その文に題目がない場合でも、必ず文脈的に題目が与えられている）ことがわかるが、題目―解説スタイルとは「それについて語るべき対象」と「語る内容」とに分けて事態を表現するスタイルであり、これは基本的に形容詞文の主語と述語の関係に近いものと考えられる。この点に注目するならば、「――ハ――スル」形の表すテンス、アスペクトの決定に条件として〈文型〉が関わっているケースの一つと言うことができよう。

もっとも、逆に「――ハ――スル」の文型をとっている場合は必ず非時間的な表現だということは成り立たない。「サケは（もうじき）この川に帰る」（予想・確信）は未来時を帯びている。これとテンスを帯びない習性表現「サケは生まれた川に帰る」との差は、「もうじき」というような未来時を想起させる要素の有無を含めて、文全体の意味に求める以外ないであろう。「――スル」形のテンス、アスペクトの決定の条件を外面的に記述するなら、動作性か状態性かという〈動詞の語彙的意味〉や〈文型〉のほかに、最も極端な場合として〈文全体の意味〉まで必要になる場合があることに留意しておきたい。

さて〈文型〉がテンス、アスペクトに影響を与えるケースの典型的なものとしては、**埋め込み文の場合**が考えられる。「あいつが泣いて頼むから引き受けてやったのだ」「からすが鳴くから帰ろう」「車に乗るから酒はやめとく」の「――スル」は、テンスで言えばそれぞれ過去、現在、未来であるが、それは後句（主文）のテンスをはじめ前後両句間の意味関係からそう決まるのであって、前句の「――スル」自身について言えば、テンス、アスペクトの面で無色であると考えねばなるまい。これは、「――シタ」の形が複文前句に埋め込まれた場合、後句末がどのような形であろうとも自身は完了、過去（以前）というアスペクト、テンスをもつ（「あいつが頼んだから引き受けたのだ」「からすが鳴いたから帰ろう」）のと対照的であって、事態の骨格をただそのこととして描叙するだけの本来非時間的な「――スル」形が、複文前句に埋め込まれて発話の状況との直接の関係をもたずに済んだために、時間性を帯びることを最後までまぬがれ得たものと理解することができる。

形として本来無アスペクト的、無テンス的である「――スル」形が、具体的な発話、文章中に使われた上でもなお時間性不問のまま生きているというケースは上述のほかにも幾つか数えられるのであって、大まかに分類すると〈文脈的状況〉によって時間性をもたないまま生き得ているタイプ、〈現場的状況〉によって時間性が問題とならないタイプ、事態の単なる記録、表示として〈状況を超越〉することによって時間性と無縁にあるタイプの三者に分けられる。紙幅の関係から詳述は避けねばならないが、その類型だけを箇条書き風に挙げれば次のようになろうか。

A〈文脈的状況〉による時間性不問のタイプ

A(1)物語りの行文中のいわゆる歴史的現在

A(2)問い返し

「うちの金魚は以前はよくミルクを飲みましたよ」「え？　金魚がミルクを飲む？……」

A⑶提示

A⑶a提示・再起型

「ずうずうしい奴が得をする。それは何もこの世界に限ったことではない」

A⑶b前提事態提示型

「六十歳の人がひったくりにあう。新聞で『老人にひったくり』などと同情あふれる記事をうっかり出そうものなら、『老人とは何ごと』と当の本人から若々しい声で電話がかかって来たりする」

A⑶cト書き（時空状況設定）型

「忠治が歩み出る。一同ハット驚いて……」

B〈現場的状況〉による時間性不問のタイプ

B⑴発見・驚嘆・眼前描写

「わっ、人形が動く！」「朝だ、朝だよ。朝日がのぼる」

B⑵注意喚起・教え

「おいっ、誰か来る！」「（やめなさい！）手が汚れる！」

B⑶要求「そこにすわる！」「帽子をとる！」

C〈状況超越〉による時間性不問のタイプ

C⑴メモ「銀行に寄る」「歯ブラシを買う」

C⑵受理「はあ、はあ。飛車を捨てて角道をあける。なるほど……」

C⑶列記「財布を落とす。会社に遅れる。今朝はサンザンだった」「腹は減る。金はない。どうしようかと思った」

C⑷表題「二階堂氏が調整に動く」（新聞の見出し）、「南の島に雪が降る」（映画の題）、「カルメン故郷に帰る」（映画の題）

AからCまで、以上の時間性不問の表現には〈文型〉上にきわだった特徴があることが見てとれる。A⑴歴史的現在、C⑶列記、C⑷表題を除いてはすべて必ず題目をもたない文である。そのA⑴、C⑶、C⑷にしたところで、実際は無題文であることがかなり多い。無題文であることと時間性を脱していることとの間に内面的なつながりが考えられるのであるが、今は事実の指摘にとどめたい。

今、右の列挙からとりあえず見てとれることは、A、B、C三タイプに属する表現はいずれも形として述体ながら、言語面において独立に事態を述べ上げるという意味での述定からは様々に遠ざかっているということである。アスペクト、テンスとはそもそも述定に伴う文法範疇であった。A、B、Cに属する一群の表現は述定から遠ざかることで時間性から解放されたグループとして理解することができる。

もっとも、これらの中にも間接的にせよ時間性を帯びていると言えそうなタイプがあることはある。A⑴歴史的現在は過去時、B⑴発見・驚嘆・眼前描写は現在時、B⑶要求は未来時に関わるという理解である。しかしそれは、ある事態が話し手の基準時から過、現、未と位置づけられるという、通常、本来の意味のテンスを表現そのものとして帯びているということではなく、このような無時間的な表現が存在する文脈的状況、発話的状況からのいわば拘束として、過去時という環境や動作進行中ないし未了というアスペクト性がそれらの表現の上に投影されているに過ぎないと考えるべきであろう。A、B、Cに属するグループは、基本的に時間から解放された表現である。

以上の通観を通して「――スル」形のテンスとアスペクトについてまとめるならば、次のようなことになろう。

事態の直接的な表示形、直感直叙的描写形である「――スル」形述語は、アスペクトやテンスに関して、本来、積極的には何の色も帯びていない。しかし、それが具体的な表現の場で述語として働く以上は、様々な条件のもとに、消極的にもせよあるアスペクトを表現したり、結果的にテンスを背負いこんだりすることになる。〈動詞の語彙的な意味〉〈文型〉などの条件のもとに、直接的描写形であることに因って描写対象の目前の現実から与えられて現在テンスを帯びたり、時間的変化概念そのものとしての消極的未了性から結果的に未来テンスを帯びたり、あるいは動作概念の類別的名称として形容詞的に働くところからアスペクト性を脱し、さらにはテンス的にも非時間的表現となったり、またある場合には〈文脈的状況〉〈現場的状況〉との様々な関係のあり方のもとに、動作概念の前状況的、素材的表示形であるところから非述定的な表現として用いられて時間性から解放されたりするのであった。

(二) 「――シタ」のテンス、アスペクト、ムード

「――シタ」の形が表現する内容は様々である。相互の関係をひとまず措いて平面的に分類すれば、次のように類型化できよう。(注1)

①〔完了〕

(1)病気はもう治った。

(2)やっと試験が全部済んだ。

(3)裏の庭で猫がニャーと鳴いた。

(4)健康が何より大事だとつくづくわかった。

(5)思えばこれまでお前にもずいぶん苦労をかけたなあ。

②〔過去〕

(6)先週の日曜日は六甲山に登った。

(7)あの時はずいぶん腹が立った。

(8)下宿では毎晩集まって騒いだものだ。

③〔確言〕

③―1「事態の獲得」

(9)わかった！　なるほどそうだったのか。

(10)しめた！

(11)(試験前夜、教科書をバタンと閉じて)覚えた！　寝るぞォ。

③―2「見通しの獲得」

(12)(詰みにつながる手筋を発見して三1角を打ちながら)よし、これで勝った！

(13)(殺人計画の完成)これで間違いなくあいつは死んだ！

③―3「発見」

(14)あった！　あった！

(15)バスが来た！

③―4「決定」

(16)よし、買った！

(17)ええい、やめた！

④〔想起〕

(18)おれには手前という強い味方があったのだ。

(19)君は、たしか、たばこを吸ったね。

⑤〔要求〕

(20)どいた！　どいた！

(21)さっさとめしを食った！　食った！

⑥〔単なる状態〕

(22)とがった鉛筆は折れやすい。

(23)壁にかかった絵をごらん。

右の①⑥はアスペクト、②はテンス、③④⑤はムードに関わるというように、それぞれ領域を異にしながらも、これら諸用法の間に内面的な関連があることは直感的に了解できる。その内面的関連とは何か。「——シタ」の世界とはどのようなものであろうか。

「——スル」の形そのものの意味的な性格は、述語として事態を直接的に言語化するだけのものであり、その限りで前状況的な素材性の内にとどまるものであった。それは、事態の述語として働きながらもまだ述定のあり方、色あいを決めていない、言わば動詞の不定形とも言えるものである。

その述定形式としての所与的直接性、消極性を脱して、述定の色あいを決めて行く方向、述語を言わば定形化する方向としては二つの方向があり得る。事態を、確かにすでにそうであることとして述定するか、あるいは、実現の可能性あることとして求めて行くかである。前者は時間的な仕方で述定の色あいを定めて行く方向であって、名付ければ「最広義完了」、古典語における「ツ、ヌ、タリ、リ」の世界であり、現代語で言えば「――シタ」「――シテイル」の世界である。後者は叙法的な仕方で述定（とはもはや呼べないかも知れないが）の色あいを定めて行く方向であって、名付ければ「意志、希求」、古典語における「ム」の世界であり、現代語における「――ショウ」「――スルダロウ」の世界である。

このうち、本稿の課題に直接関係のある前者「最広義完了」について言えば、それは目の前の事態の確かさの根拠を、その事態が時間的な過程を背後にもってそうあるのだというところに求める把握であり、現在（基準時）あるものを「過去（以前）に起源をもつものの持続(注2)」としてとらえる理解だと言うことができる。この「最広義完了」はテンスとしては過去、現在の両面にわたる。「過去に起源をもつものの持続」を過去への関連において把握するならば「――シタ」の世界であり、テンスとして言えば過去、アスペクトとして言えば完了である。同じそれを現在への持続という面で把握するならば「――シテイル」の世界であり、テンスとしては現在、アスペクトとして言えば（言える場合においてのみだが）動作進行中または単なる状態である。そのように現在や状態を表現するものをも含めて最広義完了の名で呼ぶことには当然疑問があり得ようが、「――シテイル」の現在は（過去の経過は問わぬにしても）そうなっているという現在であって、そうあるという即自的な現在とはおのずから異なる。「蕭々と風が吹いている」に対応する「蕭々と風吹きたり」が完了と呼ばれることに合わせて、と言うまでもなくすでに「曲がっている」などの例が形容詞ならぬ動詞（変化概念）を経由して状態を表現していること自身の中に、これらを最広義完了と呼んでよい理由は見出だされるであろう。

さて、「最広義完了」を過去への関連で把握し、現在あるものの起源を過去に見るという「――シタ」の世界（これは「広義完了」と呼べるであろう）は、変化が完成した結果として現在を見るのであるから、アスペクト的に言えば「完了」である。と同時に、起源はあくまで現在に対立する起源として、テンスで言えば「過去」であるほかない。このように、テンスとしての「過去」（T「過去」と略記）とアスペクトとしての「完了」（A「完了」と略記）とは、「――シタ」が表現するものを二つの角度から言い分けたものに過ぎない。T「過去」とA「完了」とは「――シタ」の個々の用例において指摘できる二面としてある。

　しかしながら、表現心理上の力点としては、一つの用例において右の二面のうち片方が他に勝って前面に出ているということは当然あり得る。A「完了」の面が前に出ている用例群が①〈完了〉である。これらは、変化の結果として現在を語るもの⑴、変化が確かにあったことを主張するもの⑵、変化が今あったことを主張するもの⑶⑷、変化がおこってしまったことを詠嘆するもの⑸など様々なあり方を通して言ってしまえば、変化の成就、完成に表現の力点があるのであり、A「完了」が前面に出ていることは疑いない。これに対して、T「過去」が前面に出ている用例群が②〈過去〉である。

　なおここで、①「完了」や②「過去」の各用例の中に、テンスやアスペクトだけではない、ある種の気分的なものが宿っていることを見落としてはならない。A「完了」の意味があるところには必ず「確認」の気分がつきまとい、T「過去」の意味があるところには大なり小なり「回想」の気分がつきまとう。一般に、言語者が事態を把握することをめぐって、その把握の仕方そのものを対象的な側面と作用的な側面との二面で言うことができるが、A「完了」やT「過去」はその把握の仕方の対象的側面での呼び名であり、「確認」「回想」は作用的側面における呼び名である。「確認」「回想」をムード（的なもの）の名称としてM_1「確認」、M_2「回想」と書くことにすれば、「――シタ」が広義完了として表現するものの二面(α)(β)は次のように整理できることになる。

(α)対象的意味としてのA「完了」と作用的意味としてのM_1「確認」
(β)対象的意味としてのT「過去」と作用的意味としてのM_2「回想」

このM_1「確認」、M_2「回想」は、あくまでもアスペクトやテンスという対象的意味と一体に、表裏してのものであったが、それぞれのムードが独り歩きして、対象的意味を喪失した用法が生じている。M_1「確認」が独り歩きをした用例群が③〈確言〉であるが、この時の意味は、もはやA「完了」に表裏してのM_1「確認」とは趣がやや異なって来ていることに注目して、m_1「確言」と名付けられよう。m_1「確言」の内実は「その事態を今確かに手に入れた」という気分であって、そういう共通の気分に着目してはじめて、③―3「発見」や③―4「決定」のタイプを、〈完了〉に分類されていた③―1「事態の獲得」や従来報告されていなかった③―2「見通しの獲得」のタイプとともに③〈確言〉グループとして一括することができる。一方、M_2「回想」が独り歩きして対象的意味を失った用法としては、④〈想起〉の諸例を挙げることができる。このときの意味を先ほどと同じ趣旨によってm_2「想起」と呼べば、m_2「想起」は前もって知っていたことを（擬似過去的に）振り返ってそれと確かめるものであって、M_2「回想」との連続が明らかである。

なお、対象的意味を喪失したm_1「確言」やm_2「想起」には連体法はなく、この時の「タ」はいわゆる不変化助動詞として終助詞に近いものと言うこともあるいはできよう。この意味で、m_1「確言」、m_2「想起」は述定形式の作用的意味（としてのムード）と言うよりは、発話一般が様々にもつ主観的姿勢としてのモダリティーに関わると言うのが妥当であろうか。

以上の関連を図に示せば次のようになる。

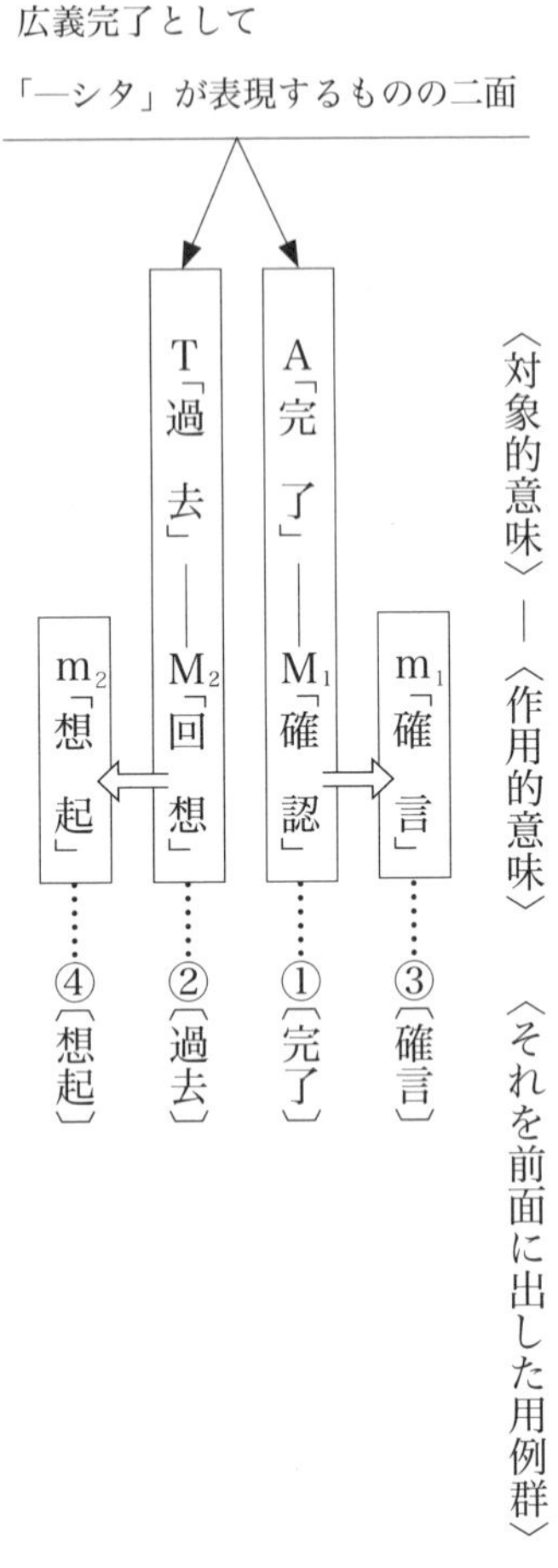

右の図にはいらなかった用例群⑤〈要求〉は、それらの「――シタ」の意味をあえてm_3「要求」として取り出すなら、m_1「確言」、m_2「想起」と同じく、対象的意味を失って連体法をもたないモダリティー要素と位置づけることもできるかに見えるが、実はこの用法は「――シタ」の形に限ったことではない。「――スル」形（「そこにすわる！」）や「――シテイル」形（「じっとしている！」）にも全く同様にある用法であって、これらはいずれも、その現場で要請される事態の内容だけを口に出すことによってその実現を相手に求め、結局は相手に命令する発話である。それはちょうど、人に水をもって来させるとき「水！」と叫ぶのと等しい。これはもはや述体の述語としての用法ではなく、言わば山田孝雄氏の「希望喚体」の領域に近いものであって、動詞の体言的用法による希望喚体であるとさえ言うこともできようか。このときの「要求」というモダリティーそのものは、もはや「――シタ」の「広義完了」とは全く無縁である。ただ実現要請内容を①〈完了〉風に言おうとして「――シタ」の形が用いられたに過ぎない。

また図にはいらないもう一つの用例群⑥〔単なる状態〕は、意味的には後述の「――シテイル」の用例群③と同じであるが、この場合の「――シタ」は連体法に立つのみで、一文の述語となる用法をもたないのが特徴である。もともと「――シタリ（シテアリ）」由来の「――シタ」が広義完了を表現するというのは、「――シテ」＋「アリ」が句（文）の述定述語として、話し手の基準点と「――シテ」との時間的位置関係を定めるところに根拠をもつものであるから、述定という条件をはずしてしまえば「――シテ」と「アリ」で広義完了以外の意味をもたらし得るのも当然である。

このように、そこにおいてこそ本来テンスやアスペクトを問うべき述定述語としての「――シタ」の諸用法の内面的な関連は、上来述べたところとその図示とで尽くされるのであった。

㈢「――シテイル」のテンスとアスペクト

「――シテイル」の用法を分類すれば次のようになる。(注3)

①〔継続〕

(24)裏の庭で猫が鳴いている。

(25)白い煙がもくもくと上がっている。

(26)様子がよくわからないからさっきからずっとだまっているのです。

②〔結果〕

(27)道路に黄色い葉っぱが落ちている。

(28)雨はもう止んでいる。

(29)そんなことは誰でも知っている。

③〔単なる状態〕

(30)神戸市と芦屋市はとなり合っている。

(31)あの母親と娘は目もとがよく似ている。

(32)その道には小さな石がいっぱいころがっている。

④〔経験〕

(33)豊臣秀吉は一五九八年に死んでいる。

(34)大山氏はその本でむずかしい問題をわかりやすく解説している。

(35)このことについては中山氏が述べている。

(36)そのことは大山氏と中山氏と小山氏が主張している。

(37)大川さんはその映画をほめている。

⑤〔動作の複数〕

(38)あいつは毎日ちくわを食べている。

(39)広い東京ではたえずいろいろなできごとが起こっている。

(40)広い東京では必ずどこかで殺人事件が起こっている。

(41)そのことは前から多くの人々が主張している。

この五つの用法の相互関係はどのように考えればよいであろうか。「――スル」の述定形式を時間的な仕方で確実なものにして行く「最広義完了」(過去に起源をもつものの持続として現在を見る)を、持続するものとしての現在という立場で見る把握が「――シテイル」形の表現するところであった。これは「――シタ」の世界を「広義完了」と呼んだのに対して「勝義現在」と呼ぶことができるであろう。「――スル」のある場合が帯びる所与的な、即自的な現在ではなくて、時間的な目をもって把握した上での積極的な現在だからである。「――シテイル」の「勝義現在」は基本的な第一の現れとして、現在の事態を現在のこととして積極的に表現する。それを「事態の現認」と呼ぶならば、用例群の①〔継続〕②〔結果〕③〔単なる状態〕の三つが事態の現認に当たる。このうち、①は過程の現認であり、②と③は状態の現認である。②と③の差は②〔結果〕が現在の状態を過去の変化に起源をもつものとして把握するのに対し、③〔単なる状態〕は過去を問わずただ現にそうなっているものとして把握するところにある。

①②③の事態の現認に対し、④〔経験〕と⑤〔動作の複数〕はかなり趣が異なっている。④と⑤に属する例はすべて、この意味としては「現在」という時の修飾語を文中に含むことができないが、それはつまりこれらの例が事態の現認でないことを示している。そしてまた④と⑤は見かけほど大きく隔ってもいない。例文(35)(36)はどう見ても④〔経験〕に属する例であろうが、(36)とほとんど差のない(41)はどちらかと言うと⑤〔動作の複数〕の例に数えられよう。これは④と⑤が類型そのものとして共通の一面があることを示しているものと言える。また、紛れもない〔動作の複数〕の例(39)ときわめて近い(40)は、その近さと、①から④までのどこにも属しようがないことをもって⑤に含められようが、複数性を主張する徴候はない。せいぜい「そういうものだ」的な一般論としての非個別性をもつにとどまる。これらの諸点を考慮した上で改めて④と⑤の類型としての個性を問うなら、④〔経験〕は事態の傍観者的描写であり、[注4]⑤〔動作の複数〕は非個別的な事態の把握である。そして④と⑤に共通するのは「動作の具体的過程を問わず（すなわち非アスペクト的）、動作の類別的な内容のみを問い（形容詞的）、結

局、そのような動作の存在や内容そのものを主張する」ということであろう。これは一言で言うなら「(動作的)事態の所有」の主張であり、①②③の「事態の現認」とは大きく対立する。④と⑤の差は、④〔経験〕が過去の変化の結果としての事態の所有であるのに対し、⑤〔動作の複数〕は事態の非時間的な所有である点に認められる。ここに複数性が関与するのは、複数であることによって個々の動作の時間的成立が捨象され共通の語彙的内容だけが浮かび上がるからである。

以上の相互関係を図示するならば次のようになろう。

- 勝義現在として「―シテイル」が表現するもの
  - 事態の現認
    - 過程の現認……①〔継続〕
    - 状態の現認
      - 過去に起源をもつ現在として……②〔結果〕
      - 過去を問わぬ現在として……③〔単なる状態〕
  - 事態の所有
    - 過去に起源をもつ所有……④〔経験〕
    - 過去を問わぬ非個別的事態としての所有……⑤〔動作の複数〕

このような経緯と相互関係をもって存立する「――シテイル」の諸用法の個々についてテンス、アスペクトを問うなら、「事態の現認」グループはテンスとしては現在、アスペクトとしては①が動作の継続中である。②③は状態であるから、アスペクトは問えないであろう。一方、「事態の所有」グループは過程を捨象した動作の類別的内容の所有であるから、当然アスペクトは問えないが、テンスとしても積極的には何も担っていないと見るべきであろう。存在や目前のものの性質を表す動詞の「――スル」形が、所与的に現在を表したのと全く同じく、即自的に現在テンスを帯びるに過ぎない。

「――シテイル」は「――シテイタ」とタ形をとることができるが、「――シテイル」のル形とタ形の各用法の対応は左のようになる。

〈ル形〉　〈タ形〉

①〈継続〉……過去における継続

②〈結果〉……変化の結果としての過去における状態

③〈単なる状態〉……過去における状態

④〈経験〉……○過去の基準時における事態の既存在
　　　　　　○過去の事態の第三者的報告（注4）

⑤〈動作の複数〉……過去における動作の複数

㈣　現代語のテンス、アスペクト、ムードの全体像

これまで述べて来たのは動詞述語についてのことである。形容詞、名詞述語については、本来静止的な意味をもつためにアスペクトは問題にならないが、テンスをもつことは言うまでもない。動詞述語の「――スル」形に対応するものとして形容詞述語の「――イ」形、名詞述語の「――ダ（デアル）」形があり、「――シタ」形に対応するものとして「――カッタ」形、「――ダッタ（デアッタ）」形がある。「――イ」形、「――ダ」形の意味の姿は元来が非時間的なものであるから、自身で積極的にテンスを表現することはないが、具体的な述定において結果的にテンスを帯びるか否かについては、実は〈文型〉との関係で二種のものを区別しなければならない。

「――ハ――イ」「――ハ――ダ」の文型では、実は具体的な表現において述語として用いられた上でも時間性を帯びることはない。状態性動詞の「――スル」形の場合は描写対象たる目前の事態から与えられて現在テンス

を帯びたが、「――ハ――イ」「――ハ――ダ」の表現するものは目前の事態ならぬ抽象的事態ないし関係であるために、結局時間性を帯びることはないわけである（ただし、これは一般的性質や関係の表現でのことであって、目前のものの性質の表現としては、状態性動詞「――スル」形の場合と同様に、現在テンスを帯びる。「この花は美しい」）。これはちょうど「――スル」形が、「――ハ――スル」の文型で真理、習慣、性質などを表す場合、最後まで非時間的な叙述であったのと対応する。もっとも「――ガ――イ」「――ガ――ダ」の文型では、「――スル」形のB⑴「発見・驚嘆・眼前描写」のタイプが言わば現場的な拘束から現在テンスを自身に投影しているとも言えるのと全く同じ事情で、その限りに現在テンスを帯びていると言えないこともない。ただし、それはすでに述定からは遠ざかっていること、述べたとおりである。一方、「――カッタ」「――ダッタ」形は、「――シタ」形の場合と同じ事情で、広義完了の対象的意味としての過去テンスをもつ。そこに作用的意味としての「回想」があることは言うまでもない。

以上、本稿冒頭以来、形容詞、名詞述語文まで含めて時間的なあり方を見て来たが、まだ積極的には現れていない未来テンスはどのようにして与えられるのだろうか。それは「――スル」の述定形式の消極性を脱して行く方向として㈡節に述べた二つの仕方のうち論じ残したもう一方のもの、「叙法的な仕方による述定形式の積極化」の中から与えられる。「意志・希求」とは「実現の可能性を求めて行く」ことであり、それは狭義の述定からすでに幾分離れるものと言わねばならぬかも知れないが、それをあえて述定面にひきつけて言えば、「実現の可能性を測る」こととしての「予想」（作用的意味）と「可能性の総体として知的に表象される」ものとしての時間的「未来」（対象的意味）ということになる。根源にある「意志」も作用としての「予想」も対象としての「未来」も、古典語ではすべて「ム」に担われるが、現代語では「意志」は「――ショウ」によって、「未来」は「――

スルダロウ」によって分担表現され、「予想」はその両者によって担われる。このようにして未来テンスは積極的に表現されるのであった。

本稿の上来の記述を一覧的にまとめれば次の図のようになる。

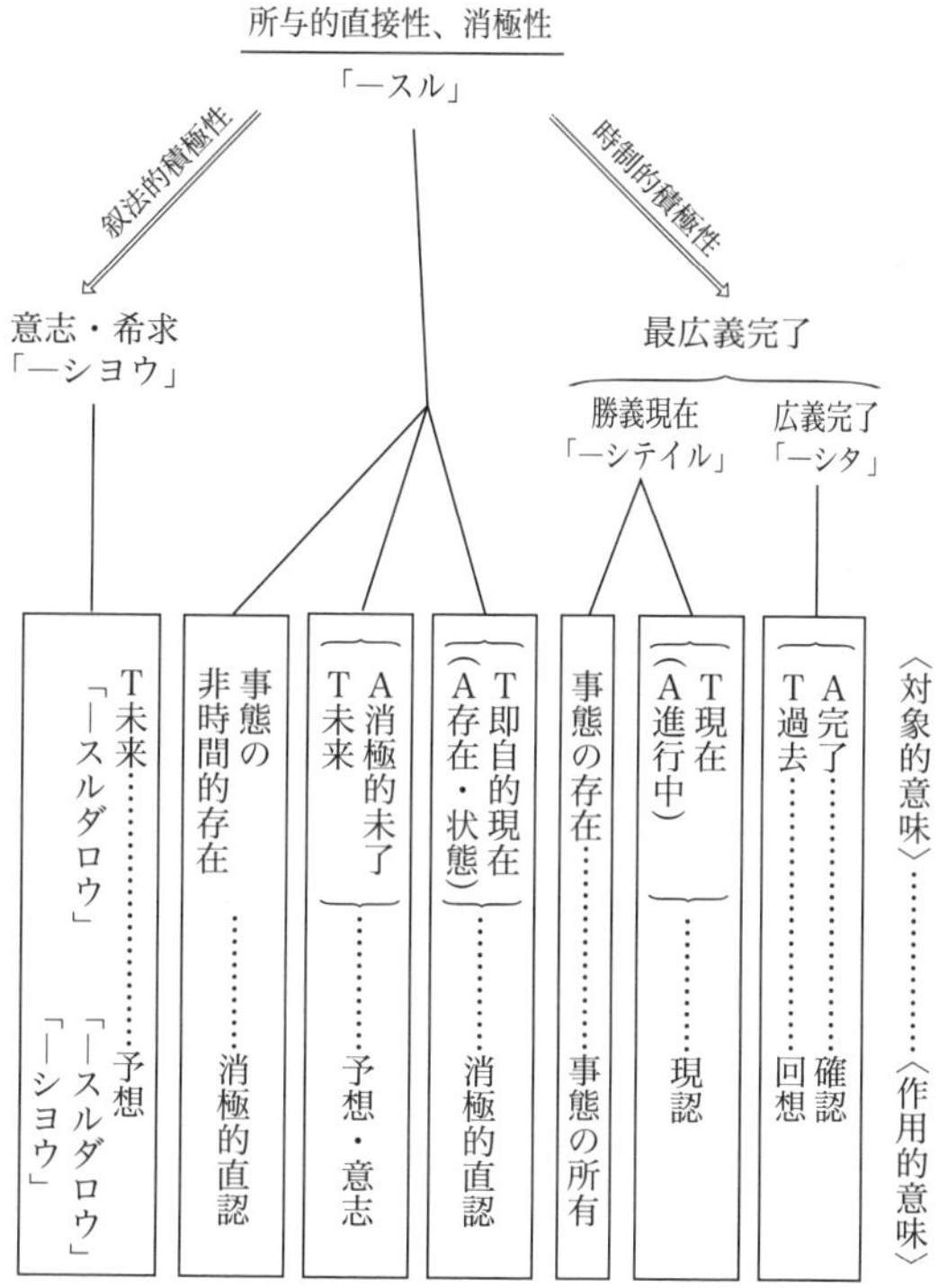

消極的な述定形式としての「――スル」の形が所与的に帯びた即自的「現在」や結果的に表現するに過ぎない「未来」「消極的直認」でさえ、「――シタ」「――シテイル」「――スルダロウ」「――ショウ」によって積極的に表現された他の時制的、叙法的諸意味の中では、このように相対的にそれらと同一次元で並ぶものとなった。現代語のテンス、アスペクトを含む述定形式の意味の組織の全体像はほぼこのようなものであろうか。

なお、終止形の述定形式としての消極性を時制、叙法の二方向で克服して行くという基本的視点、その一方が「最広義完了」で他方が「意志・希求」であるという把握、それらの対象的意味としての時制的諸意味に終止形の即自的時制が加わって結果としては述定形式の時制的意味の組織が与えられるという了解など、論として基本的な点においてはすべて川端善明氏の『活用の研究II』(の特に第四章第二節、大修館書店、一九七九)に負っている。それを、現代語の述定形式の様々な用法とその詳細、それらの相互関係の微妙なあり方に結びつけて理解しようとしたところに、本稿の工夫と言えば工夫がある。テンスやアスペクトを考える際の筆者自身の問題として、第一に、「――スル」の前状況的素材性やその限りでの「――シタ」「――スルダロウ」との異質性と、にもかかわらず「――スル」(未了)対「――シタ」(完了)の対立など結果面において同次元的に並ぶこととの関係、第二に、助動詞の相互承接と対応させてアスペクト↓テンス↓ムードが言わば内から外へ重なって行くように図式的に理解できる一面と、にもかかわらず一つの助動詞(形態ゼロの助動詞を含む)が一つの所におさまらないで貫通的に働くこととの関係、第三に、この図式的理解と、一つの形の述定形式が金田一春彦氏編『日本語動詞のアスペクト』に盛り込まれているように様々な用法をもつこととの関係(両立するか否か)、第四にそれら諸用法の統一的了解の方法、などがずっと解決できないであった。このような一見両立し難い二面のそれぞれ片方だけを主張する議論は既に様々に出つくしていると言ってもよい。そのような仕方でこの問題の研究史は展開して来た。現在、テンス、アスペクトについて論を立てるとすれば、これらの両面の関係を了解して全体像を描き上げることが要請されるであろう。筆者は川端氏の論考に導かれて今ようやくその解き方が見えたような気がする。本稿はその方向のとりあえずの確認である。

本稿に類型として挙げたそれぞれの用法がどのような動詞についてあり得るのか、どのような条件のもとにその用法が存立するのかといった詳しい研究がこのほかに必要であることは言うまでもない。

注1　鈴木重幸「日本語の動詞のとき(テンス)とすがた(アスペクト)――~シタと~シテイタ――」(金田

一春彦編『日本語動詞のアスペクト』むぎ書房、一九七六所収）の分類を土台としているが、「発見」「決定」の位置づけや「見通しの獲得」を加えてこれらを一括した点で、それと異なる。

注2　川端善明『活用の研究Ⅱ』二七九ページ以下に従う。ただし、「最広義完了」と「広義完了」の区別は本稿の便宜によって立てた。

注3　分類項目については全面的に吉川武時「現代日本語動詞のアスペクトの研究」（金田一編、前掲書所収）に従う。ただし、項目の命名については異なるところがあり、相互関係の理解の仕方については大きく異なる。

注4　(37)のタ形「大川さんはその映画をほめていた」が過去の事態の第三者的報告としてあり得るのは、「――シテイル」が傍観者的描写であればこそのことである。

本稿は、昭和五七年度文部省科学研究費補助金による研究「談話における文型の種類と用法に関する研究」の一部を基礎としている。

日本語の構文

（原論文は、『国文法講座』6巻　1987年7月　所収
本巻第一章第九節と重複、標題のみ掲載）

第三章第二節

スル・シタ・シテイルの叙法論的把握

第4回CLC言語学集中講義における講演
「グラウンディング形式としてのシタ・シテイル」1995年7月2日
文法学研究会連続公開講義における講演
「スル・シタ・シテイルの叙法論的把握」2000年9月16日
両講演がほぼ同一内容であるので、両講演で配布した発表資料を重ね、若干の補筆を施した。発表資料原文は横書き。

【0】スル・シタ・シテイルを形態論的対立と見ても、次のように言えるのみ。

シタ——完了形　・過去形　　シテイル——継続形　・パーフェクト形

スル——非完了形・非過去形　　スル——非継続形・非パーフェクト形

【1】日本語に形態論的範疇としてのテンス・アスペクトがあると考えることの問題点

①スル形対シタ形の対立をテンスと見ることは無理

●従属句の中でのスル形・シタ形は過去・現在・未来のいずれも表しうる。

●（主文述語に限っても）シタ形は必ずしも過去時を表さない。

●（主文述語に限っても）スル形は必ずしも非過去時を表さない。

(i)スル形が時間性を持たない場合がある。

(ii)ある動詞のスル形は現在時を表し、ある動詞のスル形は未来時を表すと決まるものではない。

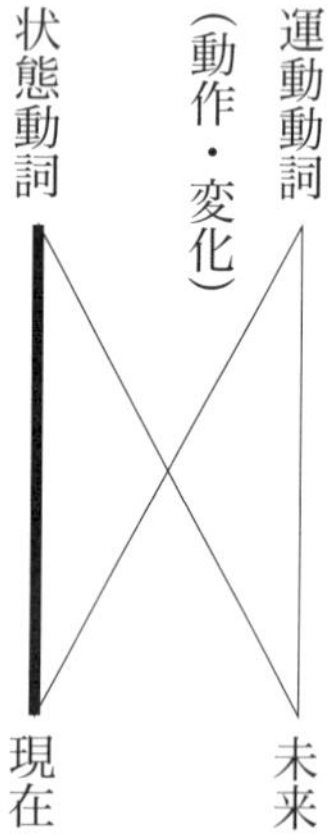

⑴運動動詞で未来をあらわす用法のすべては状態動詞にもある。
・予定　経理部長はあす午後この会議にいる。
・確かな予測　そのころにはあいつはきっと神戸にいる。
・自分の意志、意向　5時には劇場前にいる。

⑵運動動詞で現在をあらわす（あえて時間性を認めるなら、現在と言える）ものがある。
・「思う」「信じる」「感じる」「考える」「言う」「主張する」など認識をあらわす動詞のある用法
……内容が前面にでてきたときは時間を問題にせず、スル形で現在をあらわすことがある。
・「約束する」「命名する」などの遂行動詞のある用法
・「〜ていく」「〜てくる」が現在をあらわすことがある。
中退する学生がどんどん増えていく。

（以下は動詞語彙によらない）
・眼前描写　ほらほら、鳥が飛ぶ。
ごらん、赤ちゃんが笑う。
・真理・習慣・習性・傾向　アルコールは水に溶ける。
わたしは5時に起きる。

カラスは森にすむ。
おぼれるものはわらをもつかむ。

②スル形対シテイル形の対立をアスペクトと見ることは無理

●スル形は必ずしも完結相（完成相）を表さない。

●シテイル形は必ずしも不完結相（継続相）を表さない。

・「経験（記録）」用法は継続相とは言えない。↓〝パーフェクト〟を言い出す必要

・「結果」用法は継続相とは言えない。　↓〝状態パーフェクト〟？

・「反復」用法の一部（複数運動の一括表現）は継続相とは言えない。

◎スル形・シタ形・シテイル形をテンス・アスペクト形式として見るのでなく、述定形式としてのそれぞれの性格と、述定形式としての相互の位置関係を検討することが必要。
（シタ形との対立を持たないスル形、スル形との対立を持たないシテイル形、などをも視野に入れて、それぞれの述定形式としての性格を統一的に把握することが必要。）

【2】スル形の用法と叙法論的性格

（1）スル形の用法――主文述語終止法の場合――

◎スル形終止法は非常に少ない。運動動詞はもちろん、状態動詞でも（動詞の種類が）限られる。

（A）時間性を持つ用法

1　状態動詞が現在をあらわす

「〜ガ〜スル」：イマ・ココの状態
「〜ハ〜スル」：超時（運動動詞でもこれはある。ただし、状態動詞の方が多い。）

2　運動動詞が現在をあらわす——前々ページ(2)
3　運動動詞、状態動詞が未来（予定、確かな予測、自分の意志・意向）をあらわす
例　船はあす午後神戸につく。（予定）
あいつはきっと偉くなる。（確かな予測）
わしは一人で行く。（自分の意志、意向）
状態動詞の例は前掲
4　物語中の歴史的現在
5　日記、記録の中での過去の事態
（B）時間性から解放されている用法
6　問い返し　例　金魚がミルクを飲む？
（もちろん、時間性を帯びたままシタ形など他の形で問い返す場合もある）
7　提示　例　ずうずうしい奴が得をする。それは人間の世界に限ったことではない。
8　前提提出　例　六十歳の人がひったくりに会う。「六十歳の老人が〜」と新聞に書くと当人から「老人とは何事」と抗議が来たりする。
9　ト書き　例　忠治が中央に歩み出る。

10　発見驚嘆

例　わ、人形が動く！
　　わ、ねずみが笑う！

出会った事態をそのままことばにすることによって発見、驚きの気持ちを表す。「わ、ねずみ！」というのと同じこと。

遭遇対象を語ることによって遭遇による急激な心の動きを表すのは感動喚体（感動喚体は本来時間性から解放されている）。

cf.　尾上1986「感嘆文と希求・命令文――喚体・述体概念の有効性――」（松村明教授古稀記念　国語研究論集）

11　眼前描写

例　ごらん、朝日がのぼる。

今、飛び立とうとしている鳥をさして「ほら、鳥がとぶ！」というのは、この眼前描写とは異なり、（予測というよりも）予定の変種で、未来（Aの3）。

運動動詞スル形が未来を表すタイプの四つ目として「将然」（今まさにそうしようとしている）を設定してもよい。

12　詠嘆的描写

例　雨はふるふる城ケ島の磯に
　　はるかクナシリに白夜は明ける
　　（富士の高嶺に雪は降りける）

感動喚体の一種。

話し手が一つの情景を額縁に入れて、異次元にたって眺めている表現で、額縁の中身は時間から解放されていると言える。

13　詠嘆的承認　例　愛は地球をすくう。

言葉はこのように人を傷つける。

ウーン、やっぱりあのことが致命傷になる！

12と13の違いをみると、12は必ず「AはBする」の形だが、13は「AはBする」「AがBする」の両方ある。

根の深い違いが右のような点にあらわれる。

14　真理・習慣・習性・傾向

15　要求　例　さっさとすわる！

なすべき行為を指定する。

指定内容のみがことばになる。

16　メモ　例　歯ブラシを買う。履修届を出す。

17　受理　例　飛車を捨てて、角道をあける。なるほどね。

こういうことなんだなということをことばにして受け止める。

18　列記　例　サイフをおとす。足を踏まれる。会社に遅れる。今朝はさんざんだった。

19　表題　例　武村氏調整に動く。

カルメン故郷に帰る。

新聞の見出し、映画の題、辞書の項目　など。

1〜15は表現、伝達のためのことば、16〜19は事態内容把握（内容認識）のためのことば。言語の用法が異質。

（2）スル形の用法——従属句述語・非終止法の場合——

●時間軸上で自由

過去　例　泣いて頼むから金を貸してやったのだ。

現在　例　鳥がなくから帰ろう。

未来　例　車に乗るから、酒は飲まない。

●〝アスペクト〟の面で自由

完結相的　例　母がご飯を作るまで、父は新聞を読んでいた。

不完結相的　例　母がご飯を作るあいだ、父は新聞を読んでいた。

（3）スル形の叙法論的性格

◎スル形は、事態をただ事態のタイプとして、言わば素材的、前状況的に述定する形式である。

【3】シタ形の用法と叙法論的性格

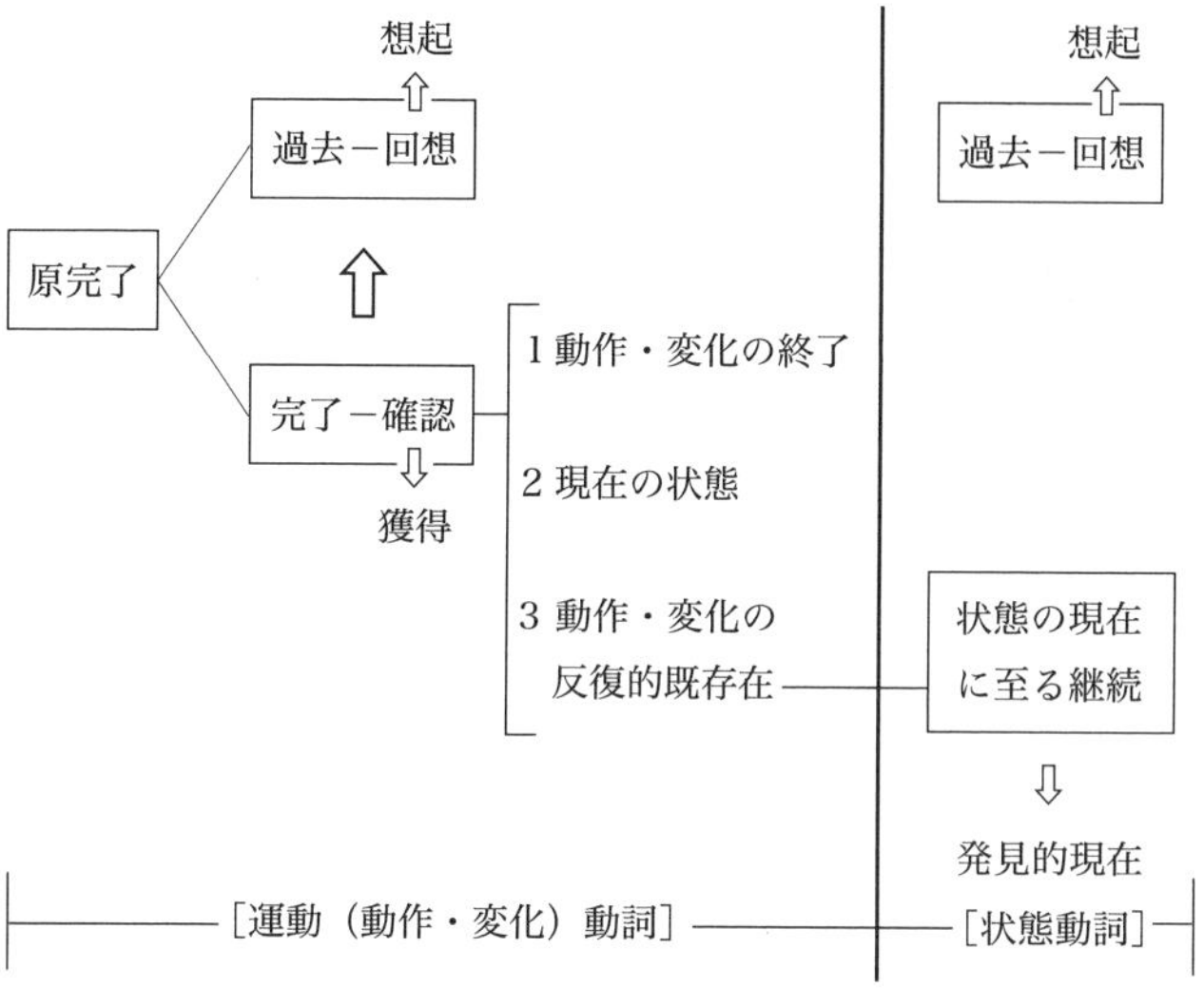

(1) 運動動詞におけるシタ形

①〔完了―確認〕

1　動作・変化の終了　例　裏で猫がニャーと鳴いた。

大変だ。塀が倒れた。

2　現在の状態　例　病気はもう治った。

雨がやんだ。

宿題はとっくに済ませた。

3　動作・変化の反復継続的既存在　例　これまでおまえにもずいぶん苦労をかけた。

あれから一か月、ずっと泣いて暮らした。

(cf.　山背の久世の鷺坂神代より春ははりつつ秋は散りけり　万葉一七〇七)

②〔過去―回想〕　例　先週の日曜日は六甲山に登った。

台風で塀が倒れた。

おじいさんは胃がんで死んだ。

あの頃は毎晩酒を飲んでさわいだ。

時点名詞がつくと、過去になる。他の状況語がついた場合にも同じようなことが起こる。

③〔想起〕　例　あなたは、たしかたばこを吸いましたね。

現在のことだが、知っていたという回想として表現。

④〔獲得〕　［過去―回想］のうちの〈回想〉が一人歩きしてしまった用法。

1　見通しの獲得　　例　よし、これで勝った。
客観的には未実現、気持ちの上では実現。

2　方針の決定　　例　よし、買った。
面倒だ、やめた。
客観的には未だ行為を為していないが、気持ちの上では行為完了。

（2）状態動詞におけるシタ形

a　狭義存在動詞　　ある、いる
（b　一種の存在動詞　　見える、聞こえる、ニオイがする）
→　→　出来動詞で、常に存在動詞というわけではない。
出来動詞の一つの用法として、「知覚・感情次元におけるモノの存在」をあらわす用法がある。

c　必要・充足の動詞　　足りる、要する、要る
d　過度の状態をあらわす動詞　　暑すぎる、狭すぎる
e　感情をあらわす〜スル動詞　　いらいらする、どきどきする、はらはらする
f　関係を表す動詞　　匹敵する、外接する、勝る、劣る（後二者は運動動詞として

の用法もある）
そびえる、似る

g　〝第四種の動詞〟

①〔状態の現在に至る継続〕
「三年前から今までずっと～した。」

a、b、c、d、eにおいてこの用法がある。

②〔過去―回想〕
「そのころ、～は～した。」

a、b、c、d、eにおいてこの用法がある。

③〔想起〕
a、b、c、d、fにおいてこの用法がある。
例　そうだ。おれにはお前という強い味方があった（のだ）。

④〔発見的現在〕
例　あった！あった！
a、c、dにおいてこの用法がある。
④は①の特殊ケース。「そのことに今気がついた」という気持ちが前面に出た用法。

（3）従属句述語のシタ形
例　今度先生に会ったら（会ったとき）、その件を報告しなさい。
例　ちょっと聞いてくれたら、失敗しなくてすむよ。

例　ちょっと聞いてくれたら、失敗しなくてすんだのに。

例　出かける前に届いたら、持っていくよ。

このように、意味として仮定条件風の場合には、認識点（基準点）との関係においてではなく、ただ事態の実現を完了風に想定する場合（想定事態の時間性としては、第一例、第二例、第四例は未来、第三例は過去）もある。第四例は未来（「出かける」とき）に基準点をおいた時間的関係づけ（相対テンス）であるかにも見えるが、仮定条件であることと第三例との共通性を考えれば、ここに位置づけられる。

例　家に着いたときちょうど電話が鳴っていた。

などは、発話の現在を基準点としてそこからの関係づけをあらわしている。

（4）シタ形述語の叙法論的性格

◎シタ形は、「その事態はすでに存在している」という基準点（終止法の場合は発話の現在）からの関係づけを含んで、事態を述定する形式である。

【4】シテイル形の用法と叙法論的性格

（1）運動動詞におけるシテイル形

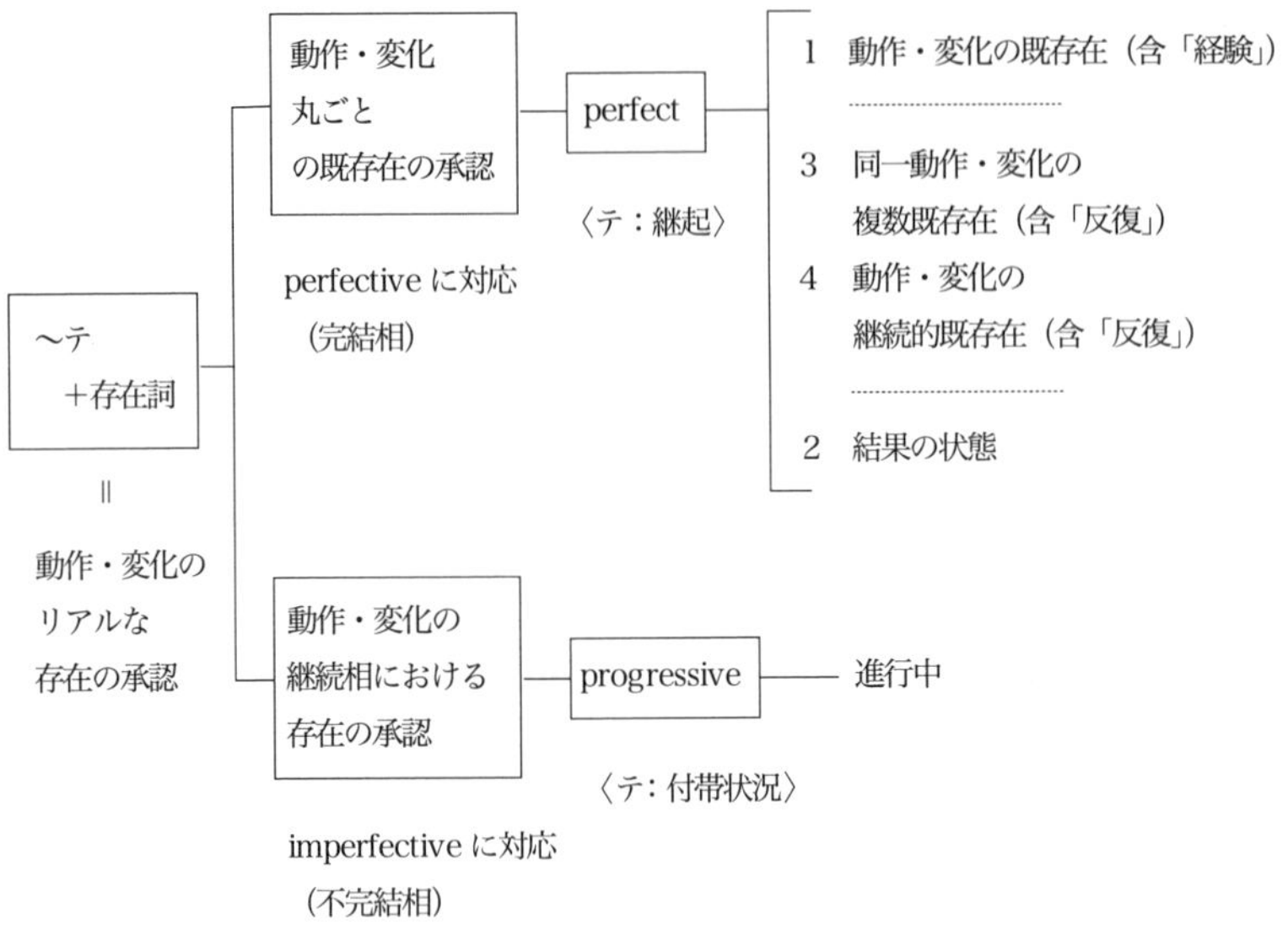
～テ
＋存在詞
＝
動作・変化の
リアルな
存在の承認
動作・変化
丸ごと
の既存在の承認
perfectiveに対応
（完結相）
perfect
〈テ：継起〉
1　動作・変化の既存在（含「経験」）
3　同一動作・変化の
複数既存在（含「反復」）
4　動作・変化の
継続的既存在（含「反復」）
2　結果の状態
動作・変化の
継続相における
存在の承認
imperfectiveに対応
（不完結相）
progressive
〈テ：付帯状況〉
進行中

①〔動作・変化の既存在〕

例1　わたしは今までに五回ヨーロッパに行っている。
例2　そんなことはとっくに知っている。
例3　そのころまでにはこの工事は終わっている。
例4　豊臣秀吉は一五九八年に死んでいる。

例1は「経験」とよびやすい。

例2は、そんなことはとっくに終わっているという意味が強く、「経験」とは呼びにくいが、一応呼べないことはない。

例3は、「そのころ」という未来の基準時点までに終了。「経験」とはよべない。

例4は、現在動かせない事実としてその事実があるということを現在の立場から承認する。やはり、「経験」とはよべない。
●例1〜例4までは、ある基準時点においてその基準時点までの既存在事態を語るという共通点がある。
●例3と例4は「経験」とはよべないが、上のような共通点をもってここに入る。
△工藤真由美1989「現代日本語のパーフェクトをめぐって」(『ことばの科学3』)
「パーフェクト」として捉えるべきことを主張。その際の「パーフェクト性」は、「ひとまとまり性と結果持続性の中間に位置づけられそう」だとする。
△『ことばの科学3』序文1989(奥田靖雄氏か)

「動作のパーフェクト」と捉えるべきことを主張。なお、〔結果の状態〕の用法を「状態のパーフェクト」とする。

② 〔結果の状態〕

例　ガラスが割れている。
地面に木の葉が落ちている。
へいが倒れている。
この電線は切れている。

●変化動詞（主体が変化する動詞）にテイルがつくと「結果の状態」になり得るが、必ずなるということではなく、また動作動詞（＝非変化動詞）にテイルがつくと必ず「進行中」になると決まっているわけでもない。テイルがついて「結果の状態」になり得る動詞と「進行中」になり得る動詞とが真っ二つに割れるものでもない。テイルとは無関係にあらかじめ動詞をいくつかに分類しておけば、そこにテイルがついた場合の意味が決まるというものではない。

（教科研文法が右の傍線部の主張をしなければならない教科研文法の内在的要請は、「一つの動詞の継続相の意味は一つに決まる」という原則を維持しなければならないところにある。）

●変化全体を既存在として述べる（perfect）ことの一つの結果として、現在（基準時）は変化後の状態にあるということを表すことになる。

③ 〔同一動作・変化の複数既存在〕

例1　14世紀ヨーロッパでは、大勢の人がペストで死んでいる。
例2　その問題は、5人の学者がすでに指摘している。
例3　この町ではあちこちで交通事故で人が死んでいる。
例4　この町ではあちこちで花輪を売っている。
例5　この町の市民は、異口同音に原爆実験反対を叫んでいる。

●この用法は継続相とはとても言えない。

④〔動作・変化の継続的既存在〕

例1　あの人はさっきから何度もうなずいている。
例2　あの人は毎日ちくわを食べている。
例3　あの人は、1月17日から31日まで、毎日ちくわを食べている。
例4　あの人はさっきから2時間も泳いでいる。

●例3は、「進行中」と関係づけることができない。例2と例3はテイル形の用法として別のものではない。〔継続的既存在の継続期間の終点が現在であろうとあるまいと、テイル形の用法としては同じである。〕例1、例4を含むこれらの perfect 用法と「進行中」との違いは、動作・変化の既存在を言うか、現在存在を言うかにある。

●③〔同一動作・変化の複数既存在〕と④〔動作・変化の継続的既存在〕との共通点
——「単一主体の動作、変化の一回的あるいは総称的既存在」ではない既存在

●相違点——③は、複数主体の同一内容動作・変化

④は、単一主体の継続的（反復的継続を含む）動作・変化〔単一主体の動作・変化の非継続的、複数回既存在なら、①〔動作・変化の既存在〕になる。〕

⑤〔進行中〕

例　鳥が飛んでいる。
煙がモクモクとあがっている。
赤字がどんどんふくらんでいる。

●継続動詞（一定の時間継続してなされる変化や運動をあらわす動詞）にテイルがつくとこの意味合いが生じうる。すなわち、テイルがついてこの意味になることがあれば継続動詞。

●動作・変化の、時間的内部（進行真っ最中）における存在の承認

（2）状態動詞におけるシテイル形

①〔状態の既実現〕

例　六年生のころには、すでに太郎の身長は母親に勝っている。

状態動詞b、c、fにおいてこの用法がある。

②〔状態の現在存在〕

例　森の向こうに富士山が見えている。
この国では食糧は十分に足りている。
ボスはこのところいらいらしている。

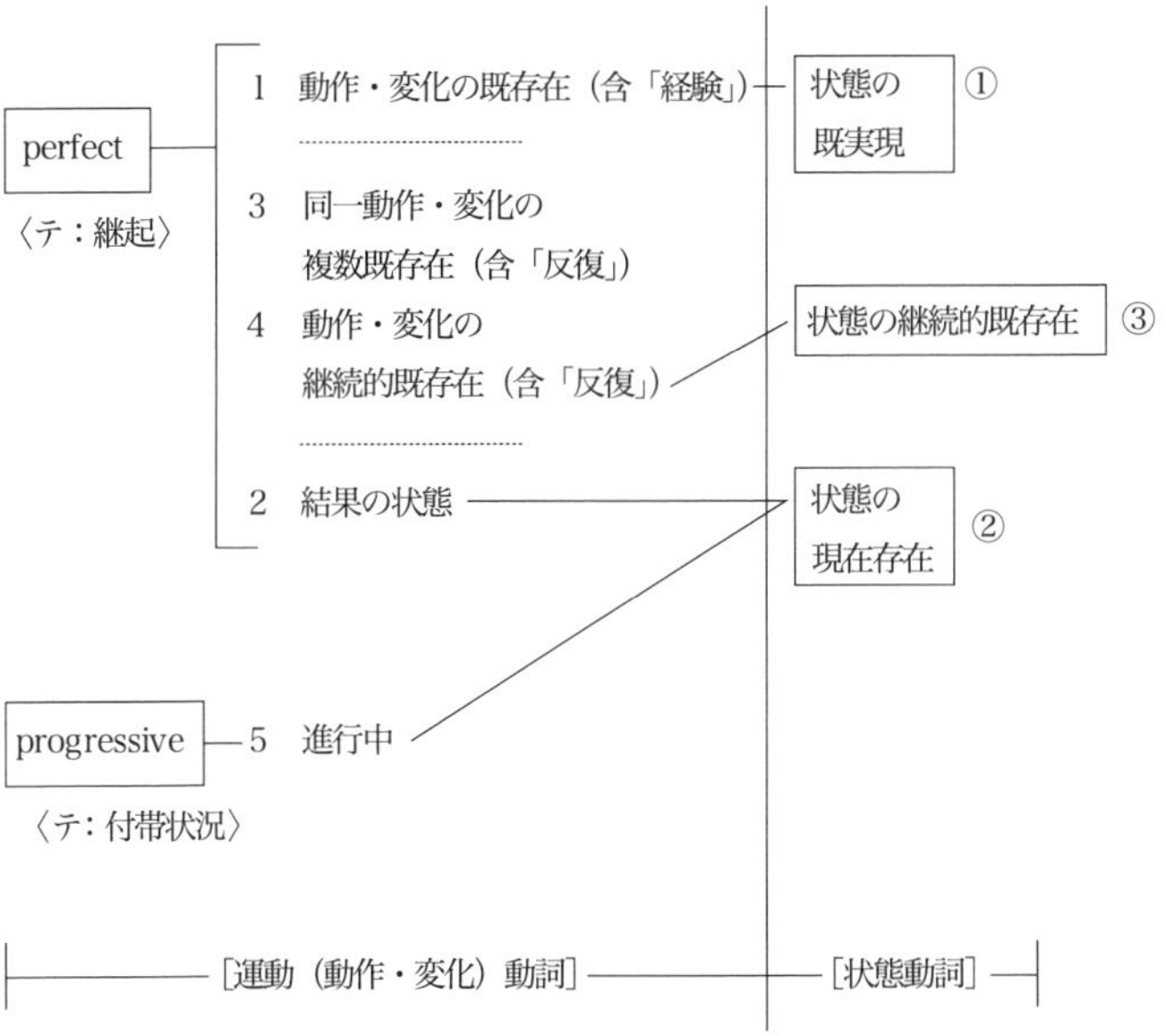

状態動詞b、c、e、f、gにおいてこの用法がある。

この用法は、視覚的出現の結果の状態が継続している（運動動詞の②〔結果の状態〕に対応）とも言えるし、視覚的存在が継続している（運動動詞の⑤〔進行中〕に対応）とも言える。

この二つは状態動詞の場合原理的に区別できない。

③〔状態の継続的既存在〕

例　さっきから黄色いあんよが見えている。

例　3年前から資金は足りている。

状態動詞b、c、e、f、gにおいてこの用法がある。

（3）シテイル形述語の叙法論的性格

◎シテイル形は、基準点（終止法の場合は発話の現在）から見て「その事態はすでに存在している」という関係づけを含んで事態を述定する（perfect）か、「その運動事態が基準時点（終止法の場合は発話の現在）を覆って存在している」という関係づけを含んで事態を述定する（progressive）かの形式である。

◎シテイル形にperfectとprogressiveの二つがありうる理由。二つしかない理由。

継起のテ――――perfect

付帯状況のテ――progressive

◎perfectはアスペクトとしては完結相（perfective）であり、progressiveはimperfectiveである。日本語に形態論的カテゴリーとしてのアスペクトは認められない。

（4）運動動詞シテイタ形の意味

①　基準時点を過去におくperfect　　　＝過去perfect

（⇧過去への視点移動）

例　そのころには、太郎はすでに聖書を全部読んでいた。

②　基準時点を過去におく progressive　＝過去 progressive

（⇧過去への視点移動）

例　その時、太郎はテレビを見ていた。

③　状態の継続的既存在を語る perfect　＝現在 perfect

（⇧～テイルという状態の現在に至る継続）

例　二か月前からずっとこの家に隠れていた。

④　状態の現在存在を発見的に語る　＝状態の発見的現在

例　なんと！　こんなところに隠れていた。

④は③の特殊ケース。「そのことに今気がついた」という気持ちが前面に出た用法。

◎③、④のように、「シテイタ」全体で現在と関係づけられた用法があることから見ても分かるとおり、「シテイタ」を〝継続〟（アスペクト）と〝過去〟（テンス）の足し算として理解することはできない。③、④のようにタが過去を表すと言えない用法がある以上、シテイタをシテイルの過去形だと言うことは許されない。

（5）状態動詞シテイタ形の意味

①　過去における状態の回想　＝過去状態

（⇧過去への視点移動）

例　あの時私はいらいらしていた。

この①は、運動動詞シテイタ形の①②に対応。

②　状態の継続的既存在　＝状態の現在にいたる継続

例　さっきからずっと黄色いあんよが見えていた。

例　給料が上がった二年前から生活費は足りていた。

例　五分ほど前から私はいらいらしていた。

この②は、運動動詞シテイタ形の③に対応。

この②の特殊ケースとして運動動詞シテイタ形の④に対応するもの（状態の発見的現在）も考えられないことはないが、

例　足りない、足りないとずっと思っていたが、なんだ、調べてみたら足りていた。

運動動詞の場合ほど顕著ではなく、多くもない。

【5】シタ形述定とシテイル形述定との位置関係、最広義完了の述定方法の全体像

（後掲の図表を参照していただきたい。）

（1）シタ形述定とシテイル形述定との位置関係

シタ形による述定は全体として perfect、シテイル形による述定は半分が perfect、半分が progressive であり、シタ形の全体とシテイル形の半分とがほぼ対応する。

（2）シタ形の perfect とシテイル形の perfect との共通性と相違

◎同じ perfect の述べ方である以上、シタ形のそれとシテイル形のそれとは図表中の線で示したような対応関係がある。

例　豊臣秀吉は一五九八年に死んだ。　　（シタ形の②〔過去―回想〕）

例　豊臣秀吉は一五九八年に死んでいる。（シテイル形の①〔動作・変化の既存在〕）

これはいずれも要するに過去の事実。

例　この回のバルボンのホームランで阪急ブレーブスが二点リードしました。

（シタ形の①〔完了―確認〕の1　動作・変化の終了）

例　この回のバルボンのホームランで阪急ブレーブスが二点リードしています。

（シテイル形の①〔動作・変化の既存在〕）

これはいずれも要するに「この回」に発生したできごとの報告。

例　雨はやんだ。　　（シタ形の①〔完了―確認〕の2　現在の状態）

例　雨はやんでいる。（シテイル形の②〔結果の状態〕）

これはいずれも要するに「やむ」という変化が完了して「今は降っていない」ということ。

例　この一〇年間おおぜいの学者が環境への危険性を口々に指摘した。

（シタ形の①〔完了―確認〕の3　動作・変化の反復継続的既存在）

例　この一〇年間おおぜいの学者が環境への危険性を口々に指摘している。

（シテイル形の②〔同一動作・変化の複数既存在〕）

これはいずれも要するに「環境への危険性を指摘する」という（異なる主体の）同一動作が複数存在

したということ。

例　あれから一か月、ずっと泣いて暮らした。

（シタ形の①〔完了―確認〕の3　動作・変化の反復継続的既存在）

例　あれから一か月、ずっと泣いて暮らしている。

（シテイル形の④〔動作・変化の継続的既存在〕）

これはいずれも要するに「泣いて暮らす」という同一主体の動作が反復的に継続したということ。

◎しかし、同一共時態の中に異なる形式が存在する以上、上記のようなほぼ重なる用法においても当然それぞれの形式の表現性には違いがある。

その相違は、大まかに言えば、シタ形に比べてシテイル形の方が現在への関心が高いということに集約されよう。

（3）グラウンディング形式としてのシタ、シテイル

述定形式としてのシタ形、シテイル形は、主文述語として用いられるときも従属句の述語として用いられるときも、基準点から見てその事態がどのように位置づけられるかということを塗りこめて一つの事態を描き上げる形式であり、この意味でグラウンディング形式であると言える。

一方、スル形は、一つの事態をただそれとして言語化するだけの述定形式、事態を基準点や発話の現在と関係づけることなくただことばで組み立てるだけというときに用いられる述定形式であって、非グラウンディング形式である。

（4）基準点からの関係づけと発話時からの関係づけ

英語の動詞の過去形などは、特殊な場合を除いて、主文述語として用いられるときも従属句（節）述語として用いられるときも、発話時を基準としてその事態を過去だと位置づけるものであるが、日本語のシタ形、シテイル形の基準点は発話時とは限らない。主文述語に用いられるときの基準点は発話時だが、従属句述語として用いられるときは、基準点は動くことがある。話者の視点が発話の現在から離れて自由に移動し、その視点の位置を基準点として事態の位置づけが為されると言ってよいであろう。

例　テレビを見ている子供を、父親が叱りつけた。

例　あした日が登ったとき、この仕事は終わっているだろうか。

（5）事態述定におけるグラウンディングの二方向

日本語の述定の仕方は大きく二方向に分かれる。

一つは、その事態が（基準点から見て）既に現実世界に存在してしまっているという把握を塗りこめて事態を描きあげる方向の述定（確定、已然、完了とでも言うべき事態把握。一言で名付ければ「最広義完了」）であり、形式としては（存在詞以外の）動詞の場合は連用形＋α（古代語ではツ・ヌ・タリ・リ（実は連用形＋アリ）・キ・ケリ、現代語ではタ・テイル）となる。

他の一つは、その事態が（基準点から見て）未実現である、もしくはそもそもこの世で実際に発生するとは考えていない（すなわち、道理の上、観念上の事態成立）という方向での述定、まとめて言うなら「非現実事態」であるという把握を塗りこめて描き上げる方向の述定である。形式としてはモダリティ形式を用いる。古代語では未然形＋α（ズ・ム・ジ・マシ）、終止形＋ラシ・ベシ・ラム、現代語では未然形＋ウ・ヨウが用いられる。現代語のヨウダ・ソウダ・ラシイ・ダロウ・ニチガイナイ・カモシレナイ・ベキダ・ハズダなどは動詞述語の一角、述定形式の一部と言うより句（節）の外に付いて話者のとらえ方を表す「文末外接形式」として位置づけられるべきものであろう。古代語にはそのような文末外接形式は存在しない。

cf. 尾上圭介「現代語のテンスとアスペクト」（日本語学1巻2号、１９８２年12月号）

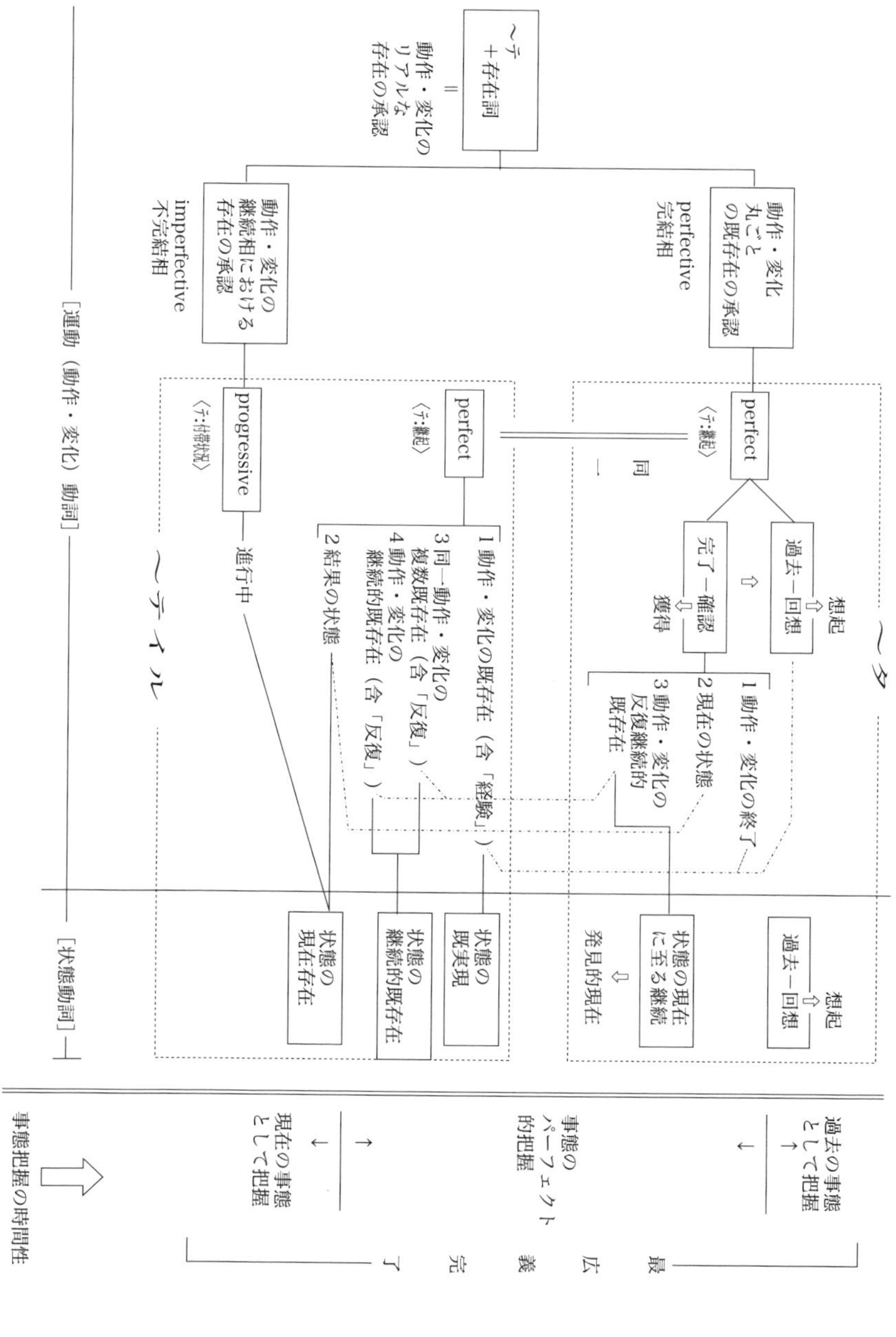
〜テ
＋存在詞
＝
動作・変化の
リアルな
存在の承認
動作・変化
丸ごと
の既存在の承認
perfective
完結相
動作・変化の
継続相における
存在の承認
imperfective
不完結相
〜タ
perfect
〈テ:継起〉
想起
過去一回想
完了一確認
獲得
1 動作・変化の終了
2 現在の状態
3 動作・変化の
反復継続的
既存在
同
一
想起
過去一回想
状態の現在
に至る継続
発見的現在
perfect
〈テ:継起〉
1 動作・変化の既存在（含「経験」）
3 同一動作・変化の
複数既存在（含「反復」）
4 動作・変化の
継続的既存在（含「反復」）
2 結果の状態
状態の
既実現
状態の
継続的既存在
状態の
現在存在
progressive
〈テ:付帯状況〉
進行中
〜テイル
［運動（動作・変化）動詞］
［状態動詞］
過去の事態
として把握
事態の
パーフェクト
的把握
現在の事態
として把握
最広義完了
事態把握の時間性

第三章第三節

動詞終止形と不変化助動詞の叙法論的性格

（文法懇話会における同標題の発表において配布した発表資料。1997年6月1日。発表資料原文は横書き。）

［1］ウ・ヨウの用法

（1─1）平叙文の終止法

・これをあげよう。（自分一人の意志）

・一緒に映画を見に行こう。（勧誘＝一人称複数の意志）〈意志〉

・休み時間には運動場に出ましょう。（勧誘的擬態→命令）

・この中にはすでに事件を知っている人もあろう。〈推量〉

・（やや古い大阪方言）さあさ、戸を閉めてはよ寝ましょ。〈命令〉

（1─2）非終止法（限られた慣用的な言い方のみ）

・あろうはずもない奇跡を信じてしまった。〈可能性〉

・あろうことか、あるまいことか、捕らえてみれば息子だった。〈妥当性〉

・校長先生ともあろう人が、そんなことをするなんて。〈一般化した事態〉

・家族に知らせよう手立てもない。〈目的〉

・そんなやり方では成功しよう見込みはない。〈予想内容〉

・ひとたび走り出そうものなら、もうどうやっても止まらない。〈仮定〉

（cf. そんなことをしようなら、叱られるよ。…北九州）

・一人で思い悩もうよりは、恥ずかしくても人に話してみた方が…〈選択肢〉

・立とうにも立てない。〈選択肢〉ｏｒ〈仮定〉

・誰に頼まれようが、絶対に行かない。　〈(逆接) 仮定〉
・たとえこのまま死のうとも…　〈(逆接) 仮定〉

（1―3）疑問文終止法
・これをあげようか。
　(1案)〈妥当性〉＋疑問、(2案)〈意志〉に関する躊躇
・一緒に行こうか。
　(1案)〈妥当性〉＋疑問、(2案)〈勧誘〉に関する躊躇
・中には、すでに知っている人もあろうか。
　(1案)〈未確認〉＋疑問、(2案)〈推量〉に関する躊躇
・そんな簡単なことができない人があろうか。
　〈可能性〉＋疑問、あるいは〈事態一般化〉＋疑問で、右側の(2案)相当の解釈はあり得ない。
○意志の疑問はあり得るか。
　cf. *Will I ～？
　*Will we ～？
　*Will ich ～？
　(*)Wollen wir ～？
○推量の疑問はあり得るか。

「推量」の定義次第

①「確言できないが私はこう思う」…推量の疑問はあり得ない。

（確言・推量・疑問は表現論的に同一次元で対立する三者）

②「未実現（不確定）の事態について語る」……推量の疑問はあり得る。

常識的用語法は①であろう。

cf.「～ヨウカ」「～ラシイカ」「～ニチガイナイカ」は言いにくい。

ヨウダ・ラシイ・ニチガイナイは①の意味で「推量」の形式であり、②の意味では、（特別な場合を除き）「推量」の形式とは言えないから。

○現代語の表現意識としては（1案）も（2案）もあり得る。いずれか判定は困難。本来は（1案）として成立した後裔であろう。

○終止法としての意味と非終止法としての意味が全く重ならない。（cf. 金田一「不変化助動詞の本質、再論」）これは他の助動詞では起こらない特別なこと。なぜそのようなことが起こるか。実は動詞終止形でもそれが起こっている。

［2］動詞終止形の用法

（2―1）平叙文終止法

a〈確かな予測〉

・あいつはきっとえらくなる。

b〈予定〉
・この船はあさって神戸に着く。

c〈意志・意向〉
・ぼくは一人で行く。

d（状態動詞の一部）〈現在の描写〉
・ねこがいる。
・富士山が見える。
・この部屋は広すぎる。

e（運動動詞を中心に）〈事態の存在承認〉〈眼前描写〉を含む
（eは少ない。安定的な現在の描写としては「～シテイル」形が必要。）
・警官が来る！
・ほら、ごらん、鳥が飛ぶ。

f〈真理・習慣・習性・傾向〉
・アルコールは水にとける。
・わたしは毎朝7時に起きる。
・カラスは森に棲む。
・おぼれる者はわらをもつかむ。

g〈命令〉

・教室では帽子をとる！
・さっさと歩く！

cf.

スル形と時間性

運動動詞のスル形　　未来（確かな予測・予定・意志のみ）

状態動詞のスル形　　現在

(2―2) 非終止法

通常の連体法、条件法（接続助詞下接）、ヨウダ・ソウダ・ラシイ・ダロウ下接用法であり、動詞概念表示（その語を述語とする事態の素材的表示）

(2―3) 疑問文終止法

上記a，b，c，dに対応する疑問文

〈可能性〉

・こんな小さなカバンに中央公論が10冊も入るか？

〈妥当性〉

・金を借りてるやつが貸してくれた人にむかって、そんなあつかましいことを言うか？

これらの〈可能性〉〈妥当性〉用法は〈一般化した事態〉用法とも言える。

そうすれば、上記fに対応する疑問文だとも言えるし、また、ウ・ヨウの〈事態一般化〉用法に対応するとも言える。

［3］ウ・ヨウの用法と動詞終止形の用法との対応関係

	未然形＋ウ・ヨウ	終止形
平叙文終止法	〈推量〉 〈意志〉 （〈命令〉）	a〈確かな予測〉 b〈予定〉 c〈意志・意向〉 g〈命令〉 d（状態動詞）〈現在の描写〉 e〈事態の存在告知〉 （〈眼前描写〉を含む） f〈真理・習慣・習性・傾向〉
疑問文終止法	〈可能性〉 〈妥当性〉 〈事態一般化〉	a, b, c d,（f） 〈可能性〉 〈妥当性〉 〈事態一般化〉 （〈動詞概念の単なる表示形〉）
非終止法	〈可能性〉 〈妥当性〉 〈事態一般化〉 〈目的〉 〈予想内容〉 〈仮定〉 〈選択肢〉	（〈動詞概念の単なる表示形〉）

［4］古代語のムの用法

〈推量〉　主語の人称制限なし

〈希求〉─┬─主語1人称─意志
　　　　├─主語2人称─命令（なりたかし。なりやまむ。）
　　　　└─主語3人称─願望（法師は人にうとくてありなむ。）

［5］平叙文終止法ではなぜ〈推量〉と〈希求〉系の意味とが出るのか。なぜ、その二つに限られるのか。

○ウ・ヨウは（推量・意志の意味を内在させているのではなく）非現実事態を言語化しているのみ（非現実事態仮構の形式）。

○「事態の直接的言語化形式」を発話の場にほうり出すのみ。

→存在承認　非現実事態のこの世における（いつかどこかでの）存在の承認が〈推量〉にほかならない。

→（存在）希求　非現実事態の希求が、事態の人称領域に応じて〈意志〉〈命令〉〈願望〉になる。

cf.　名詞的一語を発話の場にほうり出した場合（一語文）の用法（後掲の別表）

○動詞終止形も、事態の直接的言語化の形式（細江「直感直叙の形式」）、事態構成の形式であるのみ。

［6］（古）未然形＋ム、（現）未然形＋ウ・ヨウ、（古・現）動詞終止形の叙法としての性格

	古代語	現代語
未然形＋ム	非現実事態仮構の叙法	意志・推量のマーク （非現実事態仮構の叙法）
動詞終止形	現実事態構成の叙法	非現実事態仮構─┐ 　　　　　　　　├─事態構成の叙法 現実事態構成──┘

（古）雨降る。（継続的運動の描写）

（現）雨が降っている。

○この差は、終止形の性格が（古）imperfective→（現）perfective と変化したのではなく、〝現在進行中〟の運動事態のとらえ方、描写の仕方が変化したのであって、古代語では、事態の目の前の存在承認（現代語で、あえて譬えるなら〝眼前描写〟風あるいは〝実況放送〟風の表現）として語られていたものが、現代語では、（目の前に実現しているという意味で）安定的な表現としては積極的に既然の事態の描写（尾上の〝最広義完了〟の一つ）として形式が必要となり、テイル形が用いられるようになったのだと解釈される。

○終止形自身の「事態構成形式に過ぎない」という叙法性格そのものは、古代語から現代語まで変化していない。ただ、古代語では、現実事態の構成に限られていたのが、現代語では現実事態にも非現実事態にも用いられるようになった。

○古代語においては、非現実事態叙述の叙法（「未然形＋ム」「未然形＋ズ」「未然形＋バ」）が積極的に生きていたために、それとの対立において終止形は、それ自身で現実事態叙法であることが保証されていた（それゆえ目の前の描写であり得た）が、近現代語では、「未然形＋α」の非現実叙法が枕を並べて消滅（あるいは変質）したために、それとの緊張関係の消滅によって終止法自身は積極的に現実事態叙法であることを維持できなくなって、単なる事態構成叙法へと変化した。（ある意味では「未然形＋ム」の領域まで拡大せざるを得なかった。この事情は「已然形＋バ」が「未然形＋バ」の領域まで拡大せざるを得なかったことと軌を一にする。）そのため単に終止形で文を閉じるだけでは現実事態描写とは理解されにくくなり、積極的に現実事態であることを語るためには、広義完了の叙法形式（シタ・シテイル）が必要とされるようになったものと解釈される。

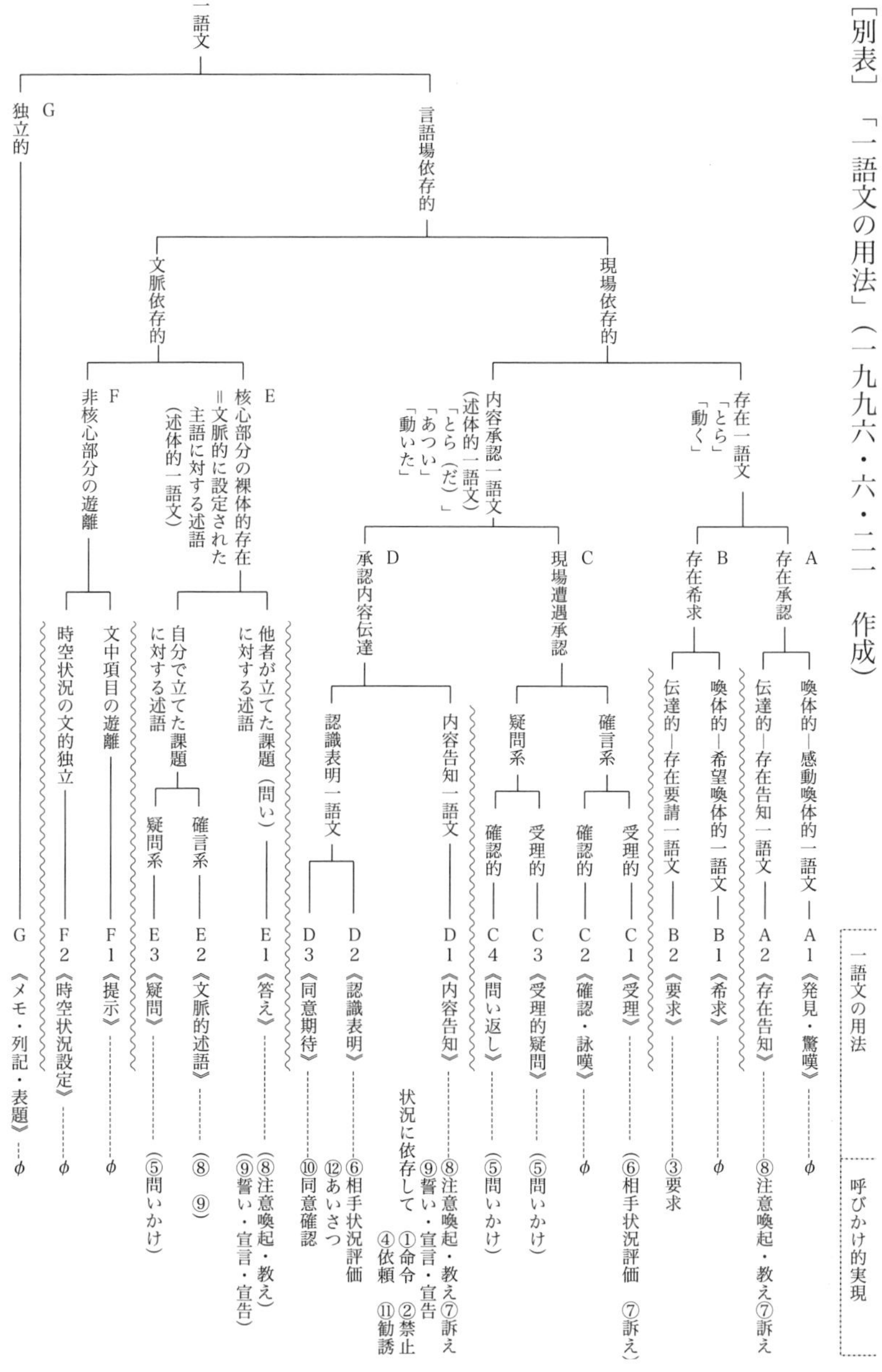
[別表]「一語文の用法」（一九九六・六・二一 作成）
一語文の用法
呼びかけ的実現
一語文
言語場依存的
G 独立的
現場依存的
文脈依存的
存在一語文
「とら」
「動く」
内容承認一語文
（述体的一語文）
「とら（だ）」
「あつい」
「動いた」
A 存在承認
B 存在希求
C 現場遭遇承認
D 承認内容伝達
E 核心部分の裸体的存在
＝文脈的に設定された
主語に対する述語
（述体的一語文）
F 非核心部分の遊離
喚体的―感動喚体的一語文 ― A1《発見・驚嘆》……φ
伝達的―存在告知一語文 ― A2《存在告知》……⑧注意喚起・教え⑦訴え
喚体的―希望喚体的一語文 ― B1《希求》……φ
伝達的―存在要請一語文 ― B2《要求》……③要求
確言系
受理的 ― C1《受理》……（⑥相手状況評価　⑦訴え）
確認的 ― C2《確認・詠嘆》……φ
疑問系
受理的 ― C3《受理的疑問》……（⑤問いかけ）
確認的 ― C4《問い返し》……（⑤問いかけ）
内容告知一語文 ― D1《内容告知》……⑧注意喚起・教え⑦訴え
⑨誓い・宣言・宣告
状況に依存して　①命令　②禁止
④依頼　⑪勧誘
認識表明一語文
D2《認識表明》……⑥相手状況評価
⑫あいさつ
D3《同意期待》……⑩同意確認
他者が立てた課題（問い）
に対する述語 ― E1《答え》……（⑧注意喚起・教え）
（⑨誓い・宣言・宣告）
自分で立てた課題
に対する述語
確言系 ― E2《文脈的述語》……（⑧　⑨）
疑問系 ― E3《疑問》……（⑤問いかけ）
文中項目の遊離 ― F1《提示》……φ
時空状況の文的独立 ― F2《時空状況設定》……φ
G《メモ・列記・表題》…φ

第三章第四節

叙法論としてのモダリティ論

第6回CLC言語学集中講義における講演
「叙法論としてのモダリティ論」1997年8月2日
第7回CLC言語学集中講義における講演
「文の構造と〝主観的〟意味」1998年7月25日
両講演の内容が一部重なるので、両講演で配布した発表資料を重ね合わせて、若干の補筆を施した。発表資料原文は横書き。

【0】問題

①文法要素の中には〝客観的〟な意味に対応するものと〝主観的〟な意味に対応するものとがあると言われることがある。文構造の中にあらかじめ〝客観的〟な意味を表す部分と〝主観的〟な意味を表す部分とが分かれて存在しているものなのか。

②終助詞と助動詞(のほとんど)はその〝主観的〟な意味を表現するものであると言われることがある。本当にそう言ってよいのだろうか。

③〝主観的〟な意味あるいは言表態度といったものが「モダリティ」と呼ばれる――そう思いこんでいる向きもある。言語学上の概念としてのモダリティとは、本当にそういう概念なのか。

【1】終助詞と〝主観性〟

○発話の対聞き手的(現場的)行為としての側面を、直接に担う。

〝主観的〟意味=「発話の対聞き手的(現場的)行為としての側面」という用語法に立つなら、現代語の終助詞は間違いなく〝主観的〟意味を表現する。(疑問の「カ」を除く。)

【2】助動詞と〝主観性〟

[2―1] モダリティの助動詞とは〝主観〟表現の形式か。

(2.1.1) 現代語ウ・ヨウと古代語ムの性格

(2.1.1.1) ウ・ヨウの用法

(1—1) 平叙文の終止法

・これをあげよう。(自分一人の意志)
・一緒に映画を見に行こう。(勧誘＝一人称複数の意志)　〈意志〉
・休み時間には運動場に出ましょう。(勧誘的擬態→命令)
・この中にはすでに事件を知っている人もあろう。　〈推量〉
・(やや古い大阪方言) さあさ、戸を閉めてはよ寝ましょ。　〈命令〉

(1—2) 非終止法 (限られた慣用的な言い方のみ)

・あろうはずもない奇跡を信じてしまった。　〈可能性〉
・あろうことか、あるまいことか、捕らえてみれば息子だった。　〈妥当性〉
・校長先生ともあろう人が、そんなことをするなんて。　〈一般化した事態〉
・家族に知らせよう手立てもない。　〈目的〉
・そんなやり方では成功しよう見込みはない。　〈予想内容〉
・ひとたび走り出そうものなら、もうどうやっても止まらない。　〈仮定〉
・一人で思い悩もうよりは、恥ずかしくても人に話してみた方が…　〈選択肢〉
・立とうにも立てない。　〈選択肢〉 or 〈仮定〉
・誰に頼まれようが、絶対に行かない。　〈(逆接) 仮定〉

・たとえこのまま死のうとも…　〈（逆接）仮定〉

（1―3）疑問文終止法

・これをあげようか。

（1案）〈妥当性〉＋疑問、（2案）〈意志〉に関する躊躇

・一緒に行こうか。

（1案）〈妥当性〉＋疑問、（2案）〈勧誘〉に関する躊躇

・そんな簡単なことができない人があろうか。

（1案）〈可能性〉＋疑問、あるいは〈事態一般化〉＋疑問

（2案は考えられない）

・中には、すでに知っている人もあろうか。

（1案）〈未確認〉＋疑問、（2案）〈推量〉に関する躊躇

○意志の疑問はありうるか

cf.　*Will I ～ ?

*Will we ～ ?

(*)Wollen wir ～ ?

○推量の疑問はあり得るか。

「推量」の定義次第

①「確言できないが私はこう思う」…推量の疑問はあり得ない。

（確言・推量・疑問は表現論的に同一次元で対立する三者）

②「未実現の事態について語る」……推量の疑問はあり得る。

常識的用語法は①であろう。

cf.「～ヨウカ」「～ラシイカ」「～ニチガイナイカ」は言いにくい。

ヨウダ・ラシイ・ニチガイナイは①の意味で「推量」の形式であり、②の意味では、

（特別な場合を除き）「推量」の形式とは言えないから。

○現代語の表現意識としては（1案）も（2案）もあり得る。いずれか判定は困難。本来は（1案）として成立したものの後裔であろう。

○終止法としての意味と非終止法としての意味が全く重ならない（cf. 金田一「不変化助動詞の本質、再論」）。これは他の助動詞では起こらない特別なこと。なぜそのようなことが起こるか。実は動詞終止形でもそれが起こっている。

（2．1．1．2）古代語ムの用法

（2—1）用法

〈推量〉

・雪降らむ。

・明日よりは我は恋ひむな　名欲山　岩踏み平し君が越え去なば（万葉1778）

〈意志〉

・散りぬとも香をだに残せ梅の花恋しきときの思ひ出にせむ（古今48）
〈命令〉
・なり高し。なりやまむ。（源、少女）
・などかくは急ぎたまふ。花を見てこそ帰りたまはめ。（宇津保、梅花笠）
〈要請・願望〉
・法師は人にうとくてありなむ。（徒然76段）
〈未実現〉
・御門、かぐや姫を止めて帰り給はむことを、あかず口惜しくおぼしけれど（竹取）
〈妥当性〉（妥当性次元での事態成立の疑問→反語）
・ますらをと思へる我や水茎の水城の上に涙拭はむ（万葉968）
〈一般論〉〈仮想〉
・年五十になるまでじやうずに至らざらむ芸をば捨つべきなり。（徒然151段）
・思はむ子を法師になしたらむこそ心苦しけれ。（枕 思はむ子を）
（2―2）未然形＋ム固有の述べ方（＝述語が未然形＋ムで述べられた文の事態認識のスキーマ）は、「非現実事態を仮構する」という述べ方（＝設想）である。

（2―3）用法分化の論理（〝主観的〟用法と非〝主観的〟用法との関係）

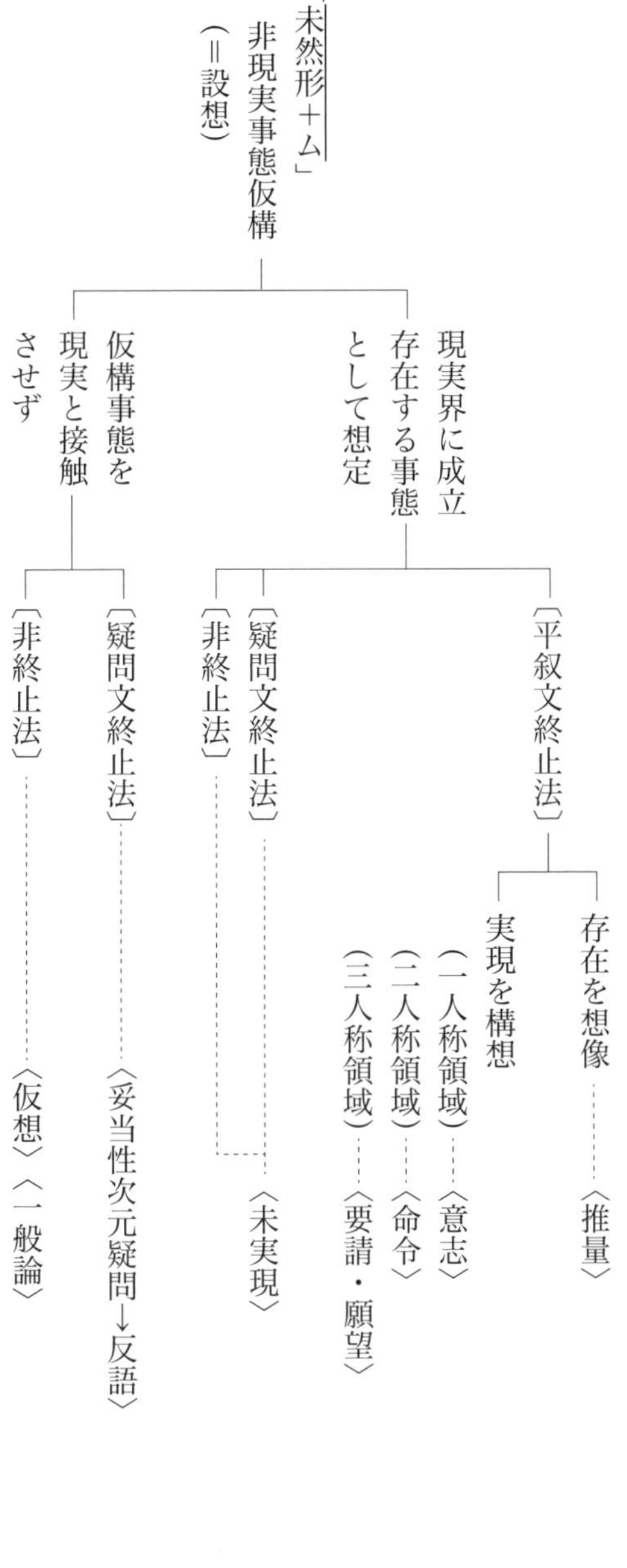

○(現)未然形+ウ・ヨウの用法は、上記の一部が欠けたものと見てよい。

(2.1.2)日本語ではモダリティを叙法の問題として論じなければならないことの必然性

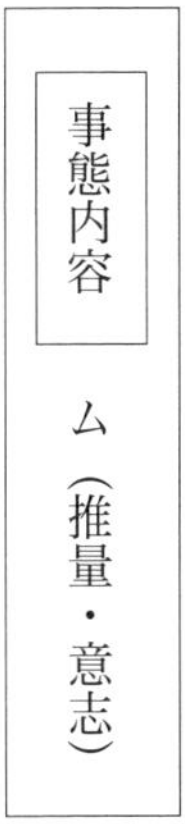

上図のような、事態内容を話者の主観が包むというイメージでモダリティを議論すると、どのような問題が生ずるか。

①「む」があらかじめ「推量」「意志」という意味を持っている形式だとしてしまうと、(平叙文終止法で)なぜ意味が「推量」と「意志」に広がり、なぜそれだけにしかならないのかを問題にできないことになる。

全く別個の表現性であったなら、別個の文法形式が用意されていてもよいはずだが、事実はそうはなっていない。その背後の論理を問うことが本当の問題であるはずだが、このような議論はその方向を閉ざしてしまう。

「意志」から「推量」へ(あるいはその逆)というような用法の拡張が考えられるのであれば、これは解決できるが、日本語のいわゆる助動詞(正確には動詞の複語尾)は本動詞が〝文法化〟したものとは違って、このような拡張の論理はありえず、そのような事実もない。

②平叙文終止法で現われる意味「推量」「意志」が、それ以外の構文環境では現われない。「む」が「推量」「意志」という意味をあらかじめ備えた形式だとすれば、これは矛盾である。

③この図のような多重包含的(玉ねぎの皮的)な把握に立てば、「む」(現代語で「う・よう」)を述部に持つ疑問文は「事態内容」+意志、「事態内容」+推量を疑問の対象とすることになるが、そのようなことは、事実としてありえない。

自分の意志を対象として自分で疑問することはありえないし、また、推量(不確かではあるがこう判断するという主張)でありつつ同時に疑問(判断の放棄)であるということはありえないからである。

○このような難点を克服して、問うべきことを正当に問うためには、本講義のように、述べ方（事態の描き方）のいくつかのタイプに対応してそれぞれの述定形式があり、その固有の述べ方が場合によって様々な意味を文にもたらすのだと考えることが必要になる。――動詞の複語尾分出形をいわばムード（叙法）として見る――

これはモダリティの〝助動詞〟だけでなく、全ての複語尾に関して要請される見方である。

cf. 山田孝雄『日本文法学概論』（宝文館　１９３６）
川端善明『活用の研究』（大修館書店　１９７８、清文堂　１９９７）
尾上圭介・坪井栄治郎「国語学と認知言語学の対話Ⅱ：モダリティをめぐって」（言語26巻13号、１９９７、12月）

○ただし、現代語の〝助動詞〟に限って言えば、一つの述べ方に対応する叙法形式という色合いは薄れ、むしろ（推量なり意志なり否定なり過去なりの）ある特定の表面的な意味を専門的に表示する形式に相当程度変化してしまっていると見るのが妥当である。

「む」と「う・よう」のあいだにも、そのような変質がある。（「う・よう」の非終止法の減少）

（2．1．3）ヨウダ・ソウダは〝主観的〟か。

●ヨウダ――「そのもの」でなく、「近い」と言えるのみ。［近似的承認］

ヨウダの全用法の中で述定形式と呼べるのは、いわゆる「不確かな断定」の用法のみ。この用法においては、（ぴったりそれではないという）対象面の不完全性と、（百パーセントそうだとは言えないという）判断作用面の不十分さとが相即している。

●ソウダ（様態）――「近い」と言うより、はっきりつかめていない。
［未掌握事態承認］あるいは［事態不完全承認］

○いずれも、現実事態をある仕方で承認しているのであるが、見方を転換して、現実承認のために動員された近似事態（ヨウダの場合）、そのうちにそうであることが判明すると思われる当の事態（ソウダの場合）そのものを問題にするなら、その事態は現実界には存在していないと言わなければならない。この転換した見方において、ヨウダ・ソウダは非現実事態を語る形式、即ちモダリティ形式だと言える。

○ありさまを意味する「様」「相」が、「そのもの」ではなく「そんな様子」というところから〔特殊な承認〕の述定形式になっていった点は、文法化、主観化と言える。

○ラシイは、現実と強い関係を持つ場合でも、現実事態を通して察知される非現実の内容を語るのみで、現実そのものの描写とはいえない。全面的に非現実事態を語る形式、即ちモダリティ形式である。現実によってその事態内容が知られるということと、それが現実界に位置する事態であるということとは、全くちがう。

〔2―2〕述定形式の全体像

<table>
<tr><th></th><th>現実事態</th><th>非現実事態</th></tr>
<tr><td rowspan="2">事態承認</td><td>〔確言的承認＝最広義完了〕
・時の“助動詞”（連用形＋α）
（古）ーつ、ぬ、たり、り、き、けり
（現）ーた、ている
・存在詞・形容詞終止形</td><td rowspan="2">（古）ーべし
ーらし
（現）ーはずだ
ーべきだ
ーにちがいない
ーねばならない
ーらしい
ーようだ
ーそうだ（様態）
ーそうだ（伝聞）
ーだろう
ーう・よう（終止法）</td></tr>
<tr><td>〔非確言的承認＝特殊な承認〕
（古）ーなり、めり（終止形＋α）
（現）ーようだ、そうだ（様態）
ーない</td></tr>
<tr><td rowspan="2">事態構成</td><td>〔現実事態構成〕
（古）動詞終止形</td><td>〔非現実事態仮構〕
（古）ーむ、ず、まし
（未然形＋α）
（現）ーう・よう（非終止法）</td></tr>
<tr><td colspan="2">（現）動詞終止形</td></tr>
</table>

〔2—3〕本講義の述定形式把握と認知文法との関係

①その述定形式に固有の述べ方（事態認識のあり方）があり、それが場合によって様々な意味を文にもたらすと考える。

②モダリティ形式とは非現実の領域に位置する事態を語るときに用いられる述定形式であるとする。

③モダリティとは、モダリティ形式を用いて話者の事態に対する捉え方をその事態に塗り込めて語るときにその事態の一角に生ずる意味（grounding predication）であると見る。

④モダリティを、文の中の話者の主観が表現された部分だとは見ない。

⑤モダリティと、（述定形式で表される）述語の時間性とを、同一のレベルで考える。重層的、階層的に考えない。

⑥ヨウダ、ソウダの述定形式としての成立過程に、文法化、主観化を認める。

以上の点で、本講義の述定形式把握と認知文法の把握とは重なるであろう。

ただし、日本語の助動詞らしい助動詞（形式名詞由来や名詞を含む連語由来ではなく、れっきとした複語尾であるもの）は、叙法形式（ムード）の活用語尾であり、もともと本動詞ではないので、文法化や主観化を考えない。

【3】二つの述語観――〝主観的〟意味が述語で表現されることについて――

○日本語の文法論で、述語をみる見方には大きくいって二つがある（本講もその片方を採ったことになる)。述語をみる見方とはすなわち、文全体に関わる意味(肯定／否定、時間性、モダリティなど)がどうして述語において表されるのかについての考え方のことである。

1. 文末形式が文全体を包み統一する、という見方。

概要

・時枝誠記に始まる見方である。
・文末形式(文末辞)の主体的把握が文全体を包むことで文が成立するのであるから、文全体に関わる意味は文末で表されて当然ということになる。
・この考えでは、終助詞も助動詞もしていることは同じだという事になる。
・この考え方では、「あめがふるぞ」と「あめがふらない」のそれぞれで「ぞ」と「ない」がしていることに差がないことになる。だが、表面的にもかなり異なるのであって、その間の関係を言わねばならない事になる。そのことの展開が陳述論と呼ばれる学史なのであるが、そのうち、終助詞と助動詞の働きの連続性を示そうとしたのが、渡辺実(「叙述と陳述―述語文節の構造―」1953)であった。
・時枝―渡辺の議論によって、文末に位置しているが文全体を覆って話し手の主体的働きかけ(=陳述)をかぶせるものとして終助詞と助動詞を考える議論が完成したわけである。
・また、この考えに依れば、主観が表されるのは述語で一旦完成されたコトガラ内容の外ということになり、結果的に助動詞は述語の(半ば)外にあると考えることになる。

問題点

・終助詞と助動詞を一括した点に問題が始まる。そもそも、終助詞と助動詞は品詞としては勿論、役割としてもまったく異質である。

　この考えでは、「雨が降っているぞ。」と「雨が降らない。」を上述の通り、全く同じ構造とみる。だが、前者ではコトガラ内容の全体を「ぞ」の気持ちが包んでいるのに対し、後者では文末辞「ない」まで含めてあるコトガラ内容が成立しているのであって、実はまったく異質なのである。

モダリティ論としての展開と問題点

・時枝の陳述論の段階では、「文末辞」が文を成立させるのであった。が、これはすぐに「話し手の主観が終助詞や助動詞という形で文全体を包み、そのことによって文が成り立つ」との考えを生ずる。この限りではまだ、「主観表現論」として許容できる議論である。

・が、「話し手の主観」を寺村秀夫が「ムード」と呼び、「ムード」が助動詞や終助詞で表されるとしたところから、奇妙な〝ムード〟論が始まった。

・さらに、仁田義雄がこの主観表現論としての〝ムード〟論をうけつぎ、（渡辺1953の「陳述」概念の精密化という形で主張された）芳賀綏1954の「述定（的陳述）」「伝達（的陳述）」とほぼ同じ内容を「判断のムード」「伝達のムード」（「現象描写文をめぐって」日本語学5巻2号、一九八六など）と呼んだ。それがいつの間にか「判断のモダリティ」「伝達・発話のモダリティ」と呼びかえられる（「拡大語彙論的統語論」久野暲・柴谷方良編『日本語学の新展開』くろしお出版　一九八九など）に至って、主観表現論としてのモダリティ論が成立するわけである。その結果、モダリティとは、

・話し手の発話時の主観を表す文法カテゴリーであり、

・文末に現れて文全体を包んで文を成立させる

ということになってしまった。

・だが、このようなモダリティ論には問題がある。

①ムードとモダリティは異なる。

英語ではモダリティとは法助動詞の表す意味であって、結果的に非現実事態の表現に関わる。ムードは、直説法、仮定法、命令法などの「法」であって、文の述べ方の種類に対応する形式である。もちろん非現実に関わるものだけではない。

②モダリティ＝主観などということは成り立たない。

Lyons は、objective modality ということもいう。モダリティは場合によって主観に関わる場合も客観的な内容を語る場合もある。主観性によって規定されるようなものではないのである。

・結局のところ、次の諸点において、この種のモダリティ論は渡辺の読み替えを出ていない。

・助動詞は文末にあっても文全体に関わる。

・助動詞は終助詞に連続的である。
・助動詞は述語の一部とはいえない。

2. 第二の立場―山田孝雄の述語観―

概要
・一方、助動詞は述語の一角であり、働きとしても述語の役割の一角を担うものだとする述語観がある。これは前者の立場より早く山田孝雄の述語論に始まる。
・主語や賓語等様々な観念を統一する働き（統覚作用）が述語に宿されるのであり、その複雑なあり方の表現に関わるのが助動詞（複語尾）であると考える。助動詞の意味の様々は、材料観念の結び付け方（事態の承認の仕方）の様々によって文にもたらされるのだと考えるわけである。

叙法論としての述語論
・山田は、活用形や複語尾を「述べ方」に対応するものとみたわけであり、これは結果的に本来の意味でのムードと捉えていることになる。ここに叙法論としての述語論の可能性が開かれることになる。
・本講での議論も、この立場をひきつごうとするものにほかならない。
・文全体に関わる意味がどうして述語で表されるかといえば、そうした意味は材料観念の結び付けにおいて現れる意味であり、結び付けを行うのが述語だからということになる。

・非現実事態を表す際には、そこで結果的に話し手の思いが表現されるということもありうる。↓主観性（推量）

・現実世界に既に事態が存在することを言えば、結果として過去の時間性を表現することにもなる。↓時間性（完了・過去）

・非現実事態を思い描く仕方の一つの現われとして否定という結果的意味も生じ得る。↓否定

・第二の立場に立ってはじめて述語の全体が理解できるのだということを示すべく、本講は議論をしてきた。「(よ)う」と「ようだ」「そうだ」の違いとか、広義推量形式の連体法における振る舞いの違いといったことへの説明は、「個々の助動詞が個々の主観に対応する」といった理解では不可能だろう。助動詞はある述べ方に対応するものであり、様々な意味はそこからもたらされる意味であると考えることが必要なのである。

・勿論、個々の複語尾の述べ方についての理解を示しただけでは不十分であり、それが如何なる全体像をなすかについての見通しがなければならない。そのために全体像を提示した上で、細かく見るという手順を踏んだのである。

〇〝階層的モダリティ論〟の肯定される側面と否定されるべき側面

肯定される側面	否定されるべき側面
①文の内容に、素材的部分と非素材的部分とがあると見る。	①非素材的内容を「言表態度」「モダリティ」としてしまう。 ——内容の側から言えば余りに矮小化。 「モダリティ」の語義から言えば誤用。
②ある種の階層性を考える。 ——本来あるべき見方は—— a)表現内容（意味）に階層性がある。 b)（述体の文に関して）大きく三層に分かれる。 ⅰ－事態内容 ⅱ－ヨウダ・ラシイ・ダロウ・ニチガイナイ・カモシレナイなどが結果として表す対内容判断 ⅲ－終助詞に代表されるような、発話の現場行為的側面	② a)文の文法的構造の階層性であると見る。 b)助動詞、終助詞一つごとに包含関係がある（その辞はそれより上の語までの内容を対象として働く）と見る。
③全ての文表現を一種類の構造においてみる。 —表現論的構造としては、確かにそう言える。 cf.時枝、渡辺	③全ての文を 文法的構造として一種類だと考える。 その結果、ことばの形と意味の関係のあり方をめぐって文の種類による異質性を見ない。 cf.時枝、渡辺
	・②a，③の見解は文法構造と表現される意味の構造とを区別しないことに由来するもので《時枝を踏襲》 ・それは結局、助動詞（の文法的性格）を叙方形式（ムード）として見ないで結果的表現内容においてのみ捉えるところに起因する。《時枝を踏襲》 ・助動詞を結果的表現内容においてのみ捉えるならば、述語の一面と見るのでなく、上接部分（文）全体に外接するものと見ることになり、《時枝を踏襲》 ・その結果②bの見解をもたらすことになる。

●「～しようか」の構造と意味が（表中右欄の）②bの見解によって説明に窮することは、〝階層的モダリティ論〟の上記のごとき問題点の集約的な表れである。

○いわゆる「陳述論」は終助詞と助動詞の関係をどう見るかを中心軸として展開した。

金田一春彦「不変化助動詞の本質――主観的表現と客観的表現の別について――（上・下）」（国語国文22巻2・3号、1953）

――「不変化助動詞の本質、再論――時枝博士・水谷氏、両家に答えて――」（国語国文22巻9号、1953）

渡辺　実「叙述と陳述――述語文節の構造――」（国語学13・14（合併）集、1953）

芳賀　綏「陳述とは何もの？」（国語国文23巻4号、1954）

○陳述論（の南氏的理解）や〝モダリティ論〟においてしばしば重ねられる次の四者は、正しく区別されなければならない。

（A）非素材的要素

（B）陳述要素（文成立のきめ手）

（C）主観要素（＝現場行為的要素、≒言表態度）

（D）モダリティ

【4】文の種類と〝主観性〟

○モノ名詞一語文の用法
- 存在承認
- 希求

○古代語未然形＋ム述語（終止法）文の用法
- 非現実事態の存在承認→推量
- 希求→意志、命令、願望

○文の種類の原理――（A）ことばが意味を担うことの二つのあり方と、（B）モノやコトをことばにして言うことの基本的な二つのあり方との二観点の積として――と、〝主観性〟発生の由来

希　求	“主観性”発生の由来
希求（命令）文 （≒希望喚体）	現場で叫ぶことの中にある“主観性”
広義希求文 ウ(ヨウ)終止法 ム終止法 終止形終止法	非現実事態を現場に投げ出すことの中にその事態をめぐる話者の立場が表現される
×	内容をめぐって相手への働きかけを帯びることがある （終助詞）（質問文）

B / A	存在承認
現場密着的（≒喚体） 現場でモノ・動き・コトの名前を叫ぶことが話者の感情を表現する発話となる	感嘆文 （≒感動喚体） （擬喚述法）
半現場密着的・半言語自立的 仮構された非現実事態を現場に投げ出すことによって話者の主体的行為に関わる発話となる	推量文 ウ(ヨウ)終止法 ム終止法 終止形終止法
言語自立的（≒述体） 事態成立承認の判断作用が、承認された事態の中に対象化されてある	承認　→平叙文 承認留保→疑問文

○命令文、感嘆文の〃主観性〃や、質問文（疑問文が相手への回答要求として用いられた場合）の行為的意味
＝〃主観性〃は、文の種類（すなわちものを言うことのあり方）から直接に出てくるものであり、文末辞（終助詞や助動詞、その同類としての活用形）によって文に付け加えられるものではない。

cf. 尾上圭介「感嘆文と希求・命令文——喚体・述体概念の有効性——」
（『松村明教授古稀記念・国語研究論集』明治書院、1986）

――「一語文の用法――〝イマ・ココ〟を離れない文の検討のために――」
（『東京大学国語研究室創設百周年記念・国語研究論集』汲古書院、1998）

第三章第五節

国語学と認知言語学の対話Ⅱ・モダリティをめぐって――

（坪井栄治郎氏との共著
原論文は、『言語』26巻13号　1997年12月　所収）

今年の八月二、三日（第一部、関西会場）と八月二三、二四日（第二部、東京会場）に第六回ＣＬＣ言語学集中講義が開催され、主語とモダリティをめぐって、認知言語学と国語学のある学派との方法や視点における共通性が検討された。このうち、主語に関する内容の一部と「総括ディスカッション」の中の主語に関する部分の要旨を本誌前号に掲載したが、本号ではモダリティに関する講義内容の要旨と「対話」を（当日の「総括ディスカッション」と後日の討議を基に新たに構成して）紹介する。

叙法論としてのモダリティ論（尾上圭介担当）

一　モダリティ論を叙法論として立てることの必要

一・一　モダリティ論の課題

モダリティ論の課題は、ほぼ三つに整理できる。第一は、個々のモダリティ形式が複数の（表層的）意味を表すその多義性の構造を説明することである。第二は、モダリティと呼ばれる意味領域の共通性格をどのように把握するかである。「モダリティとは話者の発話時の主観が文法形式によって表されたものである」と規定されることがあるが、モダリティ形式が表す意味の中には〝主観的〟とは言えないものもあり、特に一つのモダリティ形式が〝主観的〟、非〝主観的〟、両方の意味を（場合によって）表すこともある。おそらく「非現実の事態を述べる述定形式がモダリティ形式であり、これらの形式が表す意味のすべてがモダリティである」と規定せざるを得ないが、非現実の事態を語る形式の表層的、結果的な意味の多くが〝主観的〟に見えることの理由、その〝主観性〟が例えば終助詞などの表す〝主観性〟とどう違うか、〝主観的〟意味を表現するとも言える他の文法手段（終助詞や文の種類）とモダリティとは何が違うのか、というようなことの説明が、課題の第二点である。課題の第三は、〝テンス〟など（日本語にはテンスと呼ぶべき形態論的範疇は存在しないと私は考えるが）述語の他の側面とモダリティ（形式）との関係をどう考えるか、すなわち述定形式の全体像の中にいわゆるモダリティ形式をどう位置づけるかということである。

一・二　現代語ウ・ヨウの用法

「モダリティ形式とは話者の主観の文法的表現手段である」との見解は、個々のモダリティ形式がそれ自身の内在的性格として固有の一つの〝主観的〟意味をもっているという見方に立つものであり、少なくともその形式の表し得る複数の〝主観的〟意味はその中の一つを中心として他はその拡張として説明できるという立場に立たざるを得ない。モダリティ形式とは（他のことの結果として主観的意味を表現することもあるのではなく）話者の〝主観〟を表すためにある文法要素だと考えることの必然である。しかし、現代語のウ・ヨウの表す意味は〝主観的〟意味に限定されず、また（例えば「推量」など）表層的意味の一つを中心として他はその拡張として説明できるものでもない。

「動詞未然形＋ウ・ヨウ」が表す意味は、それが終止法に立つ場合と非終止法に立つ場合とで大きく異なる。平叙文終止法の場合の意味は、〈推量〉、〈意志〉、（やや古い大阪方言で）〈命令〉（「さあさ、戸を閉めてはよ寝ましょ」――これは、「休み時間には運動場に出ましょう」というような勧誘の擬態をとった結果的命令とは異質）である。（疑問文終止法の場合の意味については紙数の関係で割愛する。）

非終止法の場合の意味は、〈可能性〉（あろうはずもない奇跡を…）、〈妥当性〉（あろうことか、あるまいことか…）、〈事態一般化〉（校長先生ともあろう人が…）、〈目的内容〉（家族に知らせよう手立てもない）、〈予想内容〉（成功しよう見込みはない）、〈仮定内容〉（ひとたび走り出そうものなら…）、〈選択肢〉（一人で思い悩もうよりは…）、〈逆接仮定内容〉（誰に頼まれようとも…）などである。

一・三　現代語動詞終止形の用法

ある述定形式の意味が終止法の場合と非終止法の場合とで大きく異なる（終止法の場合に特別な表現性が出てくる）という現象は、実は現代語動詞終止形においても見られる。

動詞終止形が終止法に立つ場合の意味は、a〈確かな予測〉（あいつはきっとえらくなる）、b〈予定〉（この船はあさって神戸に着く）、c〈意志・意向〉（ぼくは一人で行く）、d〈命令〉（さっさと歩く）、e〈現在の描写〉（富士山が見える――状態動詞に限る）、f〈事態の存在告知〉（警官が来る！／ほら、鳥が飛ぶ。）、g〈真理・習慣・習性・傾向〉（アルコールは水にとける。／おぼれる者はわらをもつかむ。）などである。（疑問文終止法については割愛する。）

終止形（基本形）が非終止法に立つ場合とは、ガ・ケレド・シ・カラなど接続助詞を下接して広義条件句の述語となる場合、ヨウダ・ソウダ・ラシイ・ダロウを下接する場合、および（連体形という形をとって）通常の連体法に立つ場合であるが、これらの場合は終止形（連体形）という述定形式はその動詞を述語とする事態概念を素材的に表示するのみであり、それ以外の表現性は何ら付け加えない。

「未然形＋ウ・ヨウ」の表す意味と「終止形」の表す意味とは、このように、終止法の用法の半分においてきれいに対応する。すなわち、「未然形＋ウ・ヨウ」の〈推量〉は「終止形」のa、bと対応し、前者の〈意志〉は後者のcと、前者の〈命令〉は後者のdと対応する。つまり、「終止形（基本形）」が終止法に立つ場合の意味の半分、非現実の事態を語る側の意味は、「未然形＋ウ・ヨウ」が終止形に立つ場合の意味と本質的に一致する。これは、それらの意味が実は特定の形式自体に内在する意味ではなく、（あるタイプの述定形式において）終止法というあり方がもたらす意味であることを物語っている。

一・四　古代語ムの用法

現代語「未然形＋ウ・ヨウ」の表層的意味が、終止法の場合と非終止法の場合とでまったく異なるという点は、古代語の「未然形＋ム」においても同様である。

終止法に立つ場合の意味は、〈推量〉、〈意志〉、〈命令〉（なり高し。なりやまむ／花を見てこそ帰りたまはめ）、〈要請・願望〉（法師は人にうとくてありなむ）であり、非終止法に立つ場合の意味は、〈未実現〉（みかど、かぐや姫を止めて帰り給はむことを、あかず口惜しくおぼしけれど…）、〈仮想〉ないし〈一般論〉（思はむ子を法師になしたらむこそ心苦しけれ）などである。

このように結果的な意味が多様に広がることの論理は次のように考えられる。

「未然形＋ム」という述定形式に固有の述べ方（この述定形式固有の事態認識のスキーマ）は、「非現実の事態を（承認せずただ）仮構する」という述べ方（＝設想）である。この述定形式を用いた文の具体的な使われ方としては、仮構された事態が（A）「現実界に成立・存在する事態として想定」される場合と、（B）あくまで「現実と接触しないものとして」語られる場合とがあり、（A）は、平叙文終止法で、（A１）いつかどこかでその事態が「存在することを想像」する用法（〈推量〉）と（A２）事態の「実現を構想」する用法とに分かれ、（A２）はその事態の人称領域に応じて、一人称領域では〈意志〉、二人称領域では〈命令〉、三人称領域では〈要請・願望〉となる。このほかに非終止法の（A）の用法としては、〈未実現〉がある。（B）の用法は、平叙文終止法

	古代語	現代語
未然形+ム 未然形+ウ・ヨウ	非現実事態仮構の叙法	意志・推量の意味の表示形式 （非終止法の場合のみ 非現実事態仮構の叙法）
動詞終止形	現実事態構成の叙法	事態構成の叙法 ［非現実事態仮構 ＋現実事態構成］

ではあり得ず、非終止法として〈仮想〉ないし〈一般論〉がある。（終止法の用法としてなぜ（A1）と（A2）があり、かつなぜそれだけに限られるのかという論理については、拙稿「一語文の用法―イマ・ココを離れない文の検討のために―」（『東京大学国語研究室創設百周年記念・国語研究論集』汲古書院　一九九八）の中で述べた。）

現代語の「未然形＋ウ・ヨウ」の用法は、古代語の「未然形＋ム」の用法の一部が欠けたものと見てよい。

一・五　（古）未然形＋ム、（現）未然形＋ウ・ヨウ（古・現）終止形の、叙法としての性格

「未然形＋ム」「未然形＋ウ・ヨウ」の結果的、表層的な意味とは別に、この述定形式自体に固有の〝述べ方〟というものを認めようとする立場は、これらを言わばムード形式（直説法、仮定法、命令法などの「法」）、叙法形式として見ようとするものである。

動詞終止形（基本形）を含めてその叙法としての性格を整理すれば概略次のようになる。

動詞終止形も未然形＋ム（ウ・ヨウ）と同様に、事態構成の形式すなわち事態を積極的に承認せずただ言語的に組み立てるだけの形式であるに過ぎない。動詞終止形自身のこの叙法的性格は古代語から現代語まで変化していない。ただ、古代語で

は現実事態の構成に限られていたのが、現代語では現実事態にも非現実事態にも用いられるようになったのだと考えられる。

古代語においては、非現実事態叙述の叙法（「未然形＋ム」、「未然形＋ズ」—否定など—、「未然形＋バ」—仮定条件—、「未然形＋ナム・ナ・ネ」—願望・希求・希望など—）が積極的に生きていたために、それとの対立において終止形はそれ自身で現実事態構成の叙法であることが保証されていたが、近現代語では、「未然形＋α」の非現実叙法が枕を並べて消滅（あるいは変質）したために、それとの緊張関係の消滅によって終止形自身は積極的に現実事態叙法であることを維持できなくなって、単なる事態構成叙法へと変化したのだろうと了解される。

一・六　日本語のモダリティ論は叙法論として

英語の法助動詞は例えば「力をもつ」とか「意志する」というような意味の本動詞であったものが次第に文法化、主観化して許容、推量などを表すモダリティ形式に変化したものである。従ってそこにはルート用法からエピステミック用法へという多義の派生順序や論理をたどることができるが、日本語の「ウ・ヨウ」などは動詞の活用語尾の一部（山田孝雄氏の用語では複語尾）であって、そこに事態を生ぜしめる「力」の主観化というプロセスが認められない以上、英語の法助動詞の場合のような仕方で多義性の構造を説明することはできない。事態を述べる際のある一つの述べ方の形式（叙法形式）であるところから、その〝述べ方スキーマ〟の様々な適用のあり方の幅として（その述定形式が結果的に文にもたらす）意味の広がりを説明することが必要になる。一・二から一・四で見たとおり、「ウ・ヨウ」「ム」や動詞終止形の多義性はこのような視点によってのみ説明され得るものであった。いわゆる助動詞部分（複語尾）を含む動詞の各活用形式がそれぞれ固有の述べ方に対応しているという見方は、山田孝雄氏の文法論以来、川端善明氏らの活用論の根幹をなしているところである。

二　述定形式の全体像

日本語の述定形式は、その事態の成立、存在を積極的に承認するか、ただ単に事態表象を言語的に組み立てるだけ（事態構成）であるかという第一の観点と、それが話し手にとっての現実世界（過去のことで今はそこにないという場合も含めて）に属する事態を語るか、非現実界の事態を語るかという第二の観点と、この二つによって四つの象限に区分される。

	現実事態	非現実事態
事態承認	甲	乙
事態構成	丙	丁

甲に位置するのは、［確言的承認＝最広義完了］の述定形式（連用形接続のいわゆる「時の助動詞」すなわち古代語のツ・ヌ・タリ・キ・ケリ、現代語のタ・テイルと、存在詞・形容詞の終止形）と、［特殊な承認］の述定形式（古代語では終止形接続のナリ・メリ、現代語ではヨウダ・ソウダ・ナイ）とである。乙に位置するのは、古代語の終止形接続のベシ・ラシであるが、現代語で積極的にここに位置づけられるものはない。叙法的性格としてでなく、結果的に非現実事態をめぐってある主張をなしているというだけの意味でなら、現代語のウ（ヨウ）の終止法やハズダ・ベキダ・ラシイ・ダロウをここに数えることもできる。ヨウダ・ソウダも一面ではここに位置づけられることになる。丙に位置するのは古代語の動詞終止形、丁（非現実事態仮構＝設想）に位置するのは古代語の未然形接続のム・ズ・マシの全体と現代語のウ（ヨウ）の非終止法の場合とである。現代語の動詞終止形は丙と丁の両方にわたって位置する。

このようにいわゆる助動詞部分を含んだ活用形式の全体を叙法形式と把えることによって、〃テンス〃〃アスペクト〃などと呼ばれる時に関する形式とモダリティと了解される形式とを統一的に理解することが可能となる。時の助動詞が過去、完了など過ぎ去った側に片寄ることも、またいわゆるモダリティ形式が必ずしもすべて話者の主観を表現するわけではないということも、叙法のこの組織の中に位置づけることによって正当に理解される。

なお、この講義の一・二から一・五で（言わば単なる論の構想として）話した内容は、別稿「動詞終止形と不変化助動詞の叙法論的性格」で詳しく論ずる予定である。

認知文法におけるモダリティ（坪井栄治郎担当）

一　認知文法における「モダリティ」認識

一・一　文法形式の意味としてのモダリティ

既に先月号で紹介されたように、認知文法はその特徴の一つとして概念主義的意味観を採り、同一の表現対象に対する異なる言語表現に表現主体による様々な捉え方の異なり、つまり意味の違い、を認め、意味構造も言語普遍的なものとは考えない。また、形態素のレベルから構文のレベルまで、言語要素はすべて形式と意味とが不可分に結びついたものと考えるので、言語表現の形式的な面だけを意味から自立したものとして扱ったり、逆に所与のものとして立てられた意味カテゴリーに基づいて形式を分析することもしない。自然言語が本質的に省略的で補足的解釈を前提した記号体系であることを考えても、結果的に了解される意味は必ずしもそれに用いられる言語形式自体の固有の意味ではないので、表層的・結果的な意味に基づいて言語普遍的なものとしてモダリティを捉えた上でそれを表すのに用いられる形式を分類するよりは、個々の言語形式の固有の意味を探り、それがどのような論理でどのように適用されるのかを解明することが個別言語のモダリティ研究においては重要なものとなる。動詞の屈折形態によって規定されるような意味での叙法の区別のない英語などの言語に関していえば、法助動詞という文法形式の意味の本質を明らかにし、そこに見られる多義構造の成立の理由やメカニズムを人間の認知様式と関連づけて探ることが認知文法のモダリティ論においては課題となる。(以下で概観するラネカーのモダリティの扱いや関連概念の定義の詳細についてはLangacker (1991: Ch.6) を参照。)

一・二　時制とモダリティの統合的扱い

認知文法においては法助動詞は本動詞が表す事態を非現実の事態として述べるものと捉え、話者の主観を表すものとは考えない。モダリティ＝主観と自動的に同一視するわけにはいかないことは、Lyons(1977) も指摘するように、例えば *He may be unmarried.* が彼を含めて九〇人いる内の三〇人が未婚であることが分かっているような場合には、話者の主観に依存した判断を表しているというよりは客観的な可能性を述べているということからも知られるであろう。

このように認知文法においては法助動詞の有無は非現実／現実という対立に対応するが、通常時制の対立と見なされる過去形／非過去形（現在形）という対立も同じ認識領域の次元での遠 (distal) ／近 (proximal) という対立に関するものとして扱われる。(過去時／非過去時という対立では説明できない *Jeff will finish on time* ⇔ *Jeff would finish on time (if he had more help).* などを想起されたい。) つまり本来的には認識領域での遠近概念であるものが時間軸に投影されて時間概念として理解されると考えるのである。

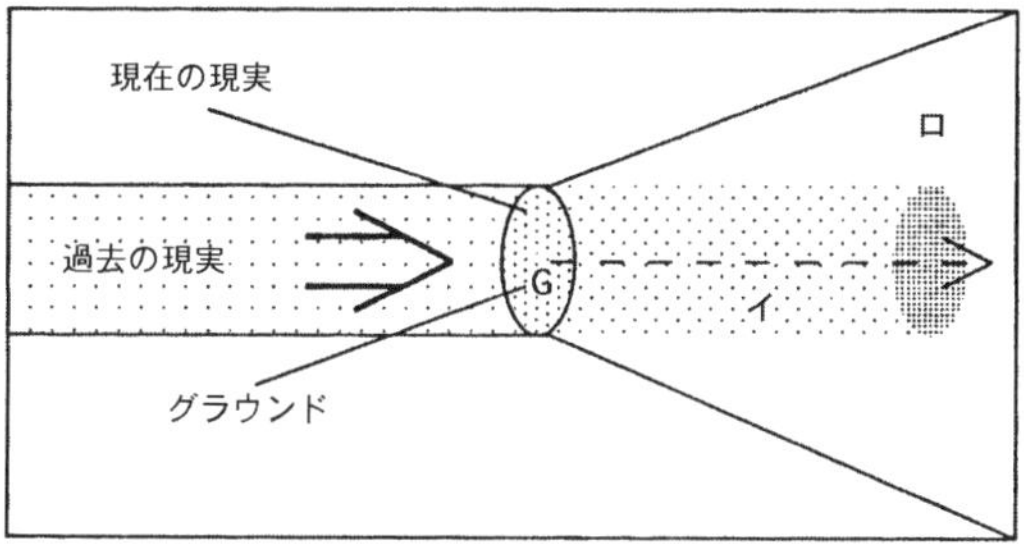

認知文法では、英語などの法助動詞や遠近標識［時制辞］が表す認識世界に関する事柄の把握の基盤にあるものとして、時間の経過と共につけ加わる現実の有り様の変化を取り込んで過去から現在へと伸び進んできている円筒のようなものとして現実を捉える、dynamic evolutionary model と呼ばれる認知モデルを想定する（図参照）。未来は未だ非現実領域であるゆえにこの伸び進んでいく円筒の先端面は表現主体の現在の現実に対応するが、法助動詞や遠近標識は語られている事態をこのモデルにおいて「近・現実［近の円筒内＝現在の現実］」、「近・非現実［近の円筒外＝現在の現実から見ての非現実］」、「遠・現実［遠の円筒内＝過去の現実］」、「遠・非現実［遠の円筒外＝現在の現実から離れた所に想定される状況から見ての非現実］」として位置づけるものである。上で挙げた *Jeff will finish on time* ⇔ *Jeff would finish on time (if he had more help).* の場合、*will* は現在までの現実の進展の仕方によって規定されている現在の現実のあり方から見て現実になる、つまり現実がその方向に進んでいく、と思われる非現実の領域**イ**を表す（*may* ならば現在の現実のあり方から見て現実になる可能性のある領域**ロ**を表す。）が、*would* の場合、現実から離れたところに仮定される（現実に if 節の事態がつけ加わった）仮想現実から見て現実になると予測される非現実の領域を表す。

一・三　主観性・客観性とグラウンディング形式

このモデルの進展していく現実を表す円筒の先端面は認識主体のいる現在の現実を表すわけだが、認知文法では認識主体と認識主体のいる場・時はグラウンド（ground）と呼ばれる（図参照）。グラウンドは認識の基盤であり原点なので、ちょうど写真を撮っている人自身やその場所が写真に写らないのと同じように、明示的な認識対象にならないのが普通である。この主体と対象の非対称性に関してラネカーが用いる用語に客観性（objectivity）と主観性（subjectivity）があり、客体として認識対象になっているものは客観的に捉えられていると言い、（ちょうど目鏡のように）客体に対する認識に重要な形で関わっていながらいわば認識の中にとけ込む形で存在してそれ自身は客体化されないものを主観的に捉えられていると言う。以下ではこの意味で主観性・客観性という言葉を使う。「主観的な話者の気持ち⇕客観的な内容［客観世界］」という対立ではない点に注意されたい。話者の感情も明示的な認識対象であれば客観的な捉えられ方をされている。

we / I / you / now などの直示的な表現は、通常主観的に捉えられるグラウンドを客観的に捉えて表すものだが、これに対して *this / that /the* 遠近標識、法助動詞などは、それぞれが取る名詞や節が表す物や事態をグラウンドの視点によって捉えられるものとして語る形式であり、その意味の規定においてはグラウンドは主観的に捉えられた形で関与しているのであって、グラウンド自体が意味の対象になっているわけではない。*the dog* の *the* を例にとると、これは *dog* が表す「犬」概念に話し手・聞き手から同定可能であるというグラウンドの視点を込めて語るものであるが、意味の対象になっているのはあくまで「犬」であってグラウンドではない。このような特徴を持つ文法形式をグラウンディング形式と呼ぶ。

二　英語の法助動詞

二・一　事態成立に向けて働く「力」の主観化

一・二において示唆し、二・二においてより詳しく見るように、法助動詞もグラウンディング形式であるが、法助動詞にはそれ以外にもその本質に関わる特徴が二つ認められる。一つは一・二において見たようにそれが非現実の事態として語るものだという点であるが、二つ目はそこに抽象的な意味での「力」が関与するという点である。ある種の事象認知や抽象概念の把握に「力」のせめぎ合いとしての認識が見られることは認知言語学において force-dynamics という名称で様々に研究されてきている。例えば、*keep the ball rolling* はボールが転がるのを止めようとする（向かい風や接地面との摩擦などの）力を転がり続けさせようとする力で抑え込むものとしてその事態を捉えるものであり、*refrain from smoking* はタバコを我慢することをタバコを吸おうとする欲求の力を自制力で抑えることとして把握するものであることなどが様々に論じられてきた。英語などの法助動詞も、歴史的には「〜する力を持っている」というような意味を持つ本動詞から発達したものであり、何もなければ生じずに終わる事態を成立させる比較的具体的な力を表すものであったが、この力が抽象化していって認識の客体としての性質を失って主観化した結果、現在では助動詞はそうした力自体を表すのではなく、グラウンドまたはグラウンドのいる現在の現実に起因する、事態成立に向けて働く抽象的な力を受けているものとして（法助動詞が取る本動詞が表す）事態を語るものになっているものと認知文法では分析する。

二・二　根源用法と認識用法における「力」

法助動詞には根源用法（root use）と認識用法（epistemic use）という多義が見られることはよく知られている。例えば *may* は「〜かもしれない」という認識用法に対して「〜してもよい」という根源用法を持っており、*You may see the movie.* などが根源用法の例となるだろうが、この場合「あなたがその映画を見る」という（許可されなければ実現の可能性のない）未実現の事態を、実現する可能性のあるものにする［図の口の領域に入るものにする］ようなグラウンドからの力が働いているものとして語ることで許可概念を表現している。

He may pass the test. などの認識用法は、根源用法とは異なって、何らかの事態を成立させる事に関するものではないが、ラネカーはここにも力の要素の存在を認める。既に見たように、認識領域の概念の枠組みとして想定されているものとして伸び進んでいく現実というモデルがあるが、認識用法の場合の事態成立に向けて働く力とは、現在までの現実の進展の様子に従って現実をそのまま押し進ませようとする慣性の力［図の円筒内の大きな矢印］にあるとされる。（このことは、一般に運動している物体がその運動に応じてそれを一定の方向に一定の強さで動かそうとする慣性の力を持つことに経験上の基盤を求められる。）つまり、「彼がテストにパスする」という事態を、進展する現実自体が持つ主観的に捉えられた慣性の力によって図のロの領域に入るように押されているものとして語ることで推量概念を表しているのである。

認識用法にはさらに現在の事態に対する *He may be home by now.* のような用法があるが、これは未実現の事態についてのものではないので、現実を特定の方向に伸び進ませようとする慣性の力自体が問題になっているとは言えない。しかしながら、未実現の事態に向かって現実を突き動かしていく慣性の力を認識することの中には、それが未実現のものであるがゆえに、その力によって現実がそのように動かされていくのを仮想して、それを心の中で追いながらなぞるようにする主観的な認識作用が本来的に内在しているものと考えられる。ラネカーはこのことを踏まえて、現在の事態に関する認識用法は、現実を突き動かす慣性の力の裏地として内在していた事態の事実性に関する認識者の主観的な認識判断を特定の方向に導く力を受けているものとして事態を語ることで事態の事実性が確立する蓋然性を表していると考える。現実の慣性の力という、相対的にはまだしも客観的に捉えられやすい現実の側の要素に起因する力ではなく、高度に主観的に捉えられやすい認識主体の知識・判断の進展に関わるものであるという意味で一層主観性が高くなった用法と考えるのである。*He can easily lift 300 pounds.*

の *easily* は主語がその行為を行う際の容易さを表す意味（「簡単に（持ち上げられる）」）の他に、「きっと〜だろう」という話し手の判断を表す意味とがあるが、ラネカーはこの後者の意味は彼が三〇〇ポンドの重さを持ち上げるという事態を心の中でなぞって現実と見なすことの容易さを表しているものと考えて、潜在的な force-dynamic な事態の認識には認識者の force-dynamic な心的ななぞりがあることを示唆する事例として挙げている。

対話（尾上圭介 ＋ 坪井栄治郎）

坪井　尾上先生の今回の講義とラネカー先生のモダリティ論とに共通しているものが二つあると思う。一つは、モダリティというものを「推量」「義務」「許可」などの表層的な意味の側から捉えてそれを表現する形式を分類するのでなく、個々の言語形式の固有の意味からそれがそのような表層的意味を表すことになる論理を問うという方法的態度である。尾上先生の講義の、「未然形＋ム」の「設想」という述べ方が「推量」「意志」「仮想」「一般論」などを表すことになる論理の説明は、きわめて認知文法的だと思う。

尾上　私が認知文法に一番親近感を感じるのもその点だ。その形式固有の意味が様々な内容の表現に適用されるという考え方は、国語学の、ことに古典語文法の研究者の間には色濃くあるものだと言えるだろう。

坪井　尾上先生とラネカー先生の共通点の第二は、モダリティ形式を非現実の事態を語るときの形式として捉える点である。

尾上　そこがポイントだ。話し手を含むグラウンドと当の語られる事態との関係が、その事態の中に塗り込められて表現される。助動詞部分を含む動詞の述定形式を、そういうグラウンディング形式として捉えるという考え方は、山田文法以来のわれわれの学派の文法論の基本にあるものだ。助動詞は語られた事態の外からそれに対する話し手の主観を付与するものではなく、助動詞こみで一つの事態を描き上げているのだと、われわれは考えている。

坪井　話者の主観を直接に表現するものではないという見方か。

尾上　そうだ。助動詞（複語尾）はあくまで述語の一部として、事態叙述の一部である。話者のグラウンドからの視点がそこに関与しているとしても、それはあくまでそういう見方で事態を描き上げているということだ（ラネカー氏の〝メガネ〟の比喩のとおり）。（現代語の）終助詞が話者の気持ちの直接的表現であるのとは全く異質である。

坪井　終助詞などはモダリティ形式と見ないということか。

尾上　そうだ。ラネカー先生も終助詞などはグラウンディング形式とは見ないはずだ。「文末で主観を表現する」というあいまいなことばで括ったために、終助詞と助動詞とが何か似たもの（〝陳述要素〟）として一括され、それを〝モダリティ要素〟と呼び換えた和製モダリティ論が広まってしまったが、元来、述定形式（グラウンディング形式）の一部である助動詞と終助詞とは根本的に異質である。モダリティとはグラウンディング・プレディケーションによって文にもたらされる意味のある側面である。文の意味のうちの主観的な部分がすべてモダリティなのではない。第一に、助動詞は（ウ・ヨウなどでさえ終助詞とは違って）主観を直接に表現するものではなく、第二に、主観的な意味がすべてモダリティなのでもない。また第三に、坪井さんの講義にもあったとおり、モダリティの中には客観的な意味のものもある。終助詞を典型として助動詞をそれに引き寄せて了解しなければならないという呪縛さえ捨てれば、主観表現要素論（それはそれで意味のある領域である）を「モダリティ論」

という名で呼ぶような、日本独特の〝モダリティ〟論を主張する動機はなくなると思う。

坪井 日本語の助動詞をそういう意味でグラウンディング形式だと見ることによって、たとえばモダリティとテンスを（階層的な関係でなく）同一次元で捉えることが可能となると思う。ラネカー先生は、モダリティとテンスとを同一次元で見ているが、尾上先生の議論もそうだと思う。

尾上 私の述定形式の組織表の中で現実事態承認の形式の代表的なものが時の助動詞（意味として過去、完了、現在など）だ。私は日本語にテンスという範疇は立てないが、いわゆる有標のテンス形式はその事態を現実界の事態として承認することの代表的な形式であり、モダリティ形式は非現実の事態として語る（承認・仮構）ことの形式である。このように同一次元でみることになる。

坪井 ラネカー先生の dynamic evolutionary model の円筒形の外側が非現実界だが、事態をここに位置づける言語形式としては、日本語では「ム（ウ・ヨウ）」以外にどんなものがあるか。

尾上 古代語で言えば、「ム」「ズ」「バ」「ナム」など未然形＋α の述定形式（の内の一部）がそれに相当する。意味としては、否定、仮定、希求・希望などである。現代語では「ウ・ヨウ」の非終止法以外は積極的に非現実事態の叙法形式だと言いにくい。

坪井 非現実事態叙述の形式をもって語られる内容の範囲は言語によって違いがあり得ると Mithun（1995）が述べている。「非現実性」ということをどのような場合に当てはめて考えるかが言語によって異なり得るのであって、「非現実性」という概念が述定形式の性質把握に重要であることは疑えない。

尾上 日本語の「ウ・ヨウ」などの（複語尾としての）モダリティ形式は、活用語尾の一角であって本動詞由来ではないから、「力の主観化」というような経緯はあり得ず、force-dynamic な視点で捉えることはできないと思うが、このあたりは言語によって差があり得ると考えてよいか。

坪井　「非現実の事態を語る」ということと「抽象的な意味での〝力〟の関与として捉えられる」ということとは別であって、たまたま英語では両者がつながっているということである。すべての言語のモダリティがforce-dynamicな視点から説明できるということではない。

尾上　現代日本語にはモダリティ形式と言えるものの中に、実は叙法形式と言いにくいものがある。ヨウダ、ソウダ、ラシイ、ダロウ、ハズダ、ベキダなどである。現代語のみにあって、文に外接するとも言うべきこれらの〝助動詞〟は動詞の複語尾ではないので叙法形式としては捉えにくい。個別意味の専門表示形式と言いたくなる。日本語のモダリティ形式のうち本来の複語尾であるものは、文法化、主観化を経て成立したものではないが、ヨウダ、ソウダなどそれ以外のものの中には、英語の法助動詞と同じく実質的な意味の語が文法化を経て〝助動詞〟になったものが多い。

坪井　それともう一つ、ラネカー先生の言う「主観化」と「話者の主観の表現」というときの「主観」というのとは全然違うということを、強調しておきたい。

尾上　モダリティというものを、言語の消費者の立場から「これこれの種類の意味」として捉えたら、その限りでは言語普遍的な概念になるのは当たり前だが、モダリティ形式を非現実の事態を語る文法形式であるという言語の側の論理で捉えたら、それは言語によって違う側面が当然あり得るということになる。モダリティ論を「推量・義務・許可・意志などある種の意味の表現の道具」の問題として語るか「非現実事態叙法」の問題として展開するか、言ってしまえばそれは、文法というものを消費者側の論理で描写するのか、言語の構造として問題にするのかという違いになると思う。「主観表現全般の道具」論にまで広げるのは、前者の立場としてさえ逸脱と言うべきであろう。

【文献】

Langacker, R. W. (1991) *Foundations of Cognitive Grammar*, Vol.2. Stanford: Stanford University Press.

Lyons, J. (1977) *Semantics*, Vol. 2. Cambridge: Cambridge University Press.

Mithun, M (1995) "On the relativity of irreality", in J. Bybee and S. Fleischman(eds.), *Modality in Grammar and Discourse*, Amsterdam: John Benjamins.

第三章第六節

文の構造と〝主観的〟意味——日本語の文の主観性をめぐって・その2

（原論文は、『言語』28巻1号　1999年1月　所収）

一　〝主観的〟意味をめぐる問題

日本語の表現には主観性が色濃く現れているということが様々な意味で言われ、また、日本語の文では主観を表す部分が明瞭に他と区別された形で現れると言われることがある。そしてこの二つのことがあたかも連関しているかに語られ、それが日本語の強主観性の証左であるように言われることとすらある。しかし、前者の意味で主張される「主観性」と後者の意味で言われる「主観性」とが同じことであるとは、どうも思われない。そこで、前者の意味で言われる主観性とはどのようなことか、それはどのような点において指摘できるかを池上嘉彦氏に述べていただき、後者の意味で日本語の文の構造と絡めて言われている主観的意味とはどのようなことか、それは本当に主観性という観点で括ってよいものかを尾上が検討することにした。(1) 後者の意味の「主観性」を前者の意味ないし本来言われるべき意味での主観性から区別するために、本稿では、〝主観（的）〟という記法を用いることにする。

日本語の文の構造と絡めて〝主観的〟意味ということが言われるとき、そこには理論的に問いつめるべきいくつかの問題が内在しているように思われる。それは次の四点に整理されよう。

第一。一つの文の文法構造の中には〝客観的〟意味に対応する部分と〝主観的〟意味に対応する部分とがあると言われることがあるが、文構造の中にあらかじめその二つの部分が分かれて存在しているものなのか。

第二。終助詞と助動詞（のほとんど）とは〝主観的〟な意味を表現するものであると言われることがある。本当に両者を〝主観的〟という観点で括ってよいのか。そもそもそれは文法的性格の問題なのか。

第三。〝客観的〟意味を表す部分を〝主観的〟意味の要素が重層的に包むという文構造が主張されることがあるが、その階層性は助動詞層と終助詞層の間でのみ言われるべきことなのか、助動詞相互の間で言われるべきことなのか、あるいは、両方を含んで連続的に了解されるべきことなのか。そもそもその包含関係とは一つの文表現を構成する意味の階層性の問題か、文の文法構造の問題か。

第四。〝主観的〟意味あるいは言表態度といったものが「モダリティ」と呼ばれる――そう思いこんでいる向きもある。言語学上の概念としてのモダリティとは、本当にそういう概念なのか。戦後の陳述論の学史の中で言われた「陳述要素」というタームを安易に「モダリティ要素」と呼びかえてしまった日本独特の和製〝モダリティ〟概念は、本来のモダリティ概念とかけ離れたものになっている（尾上圭介・坪井栄治郎［一九九七］を参照されたい）。本来の意味でのモダリティと〝主観的〟意味とはどのような関係にあるのか。

これらの問題を考えるために、〝主観的〟要素の典型とされている終助詞の性格を問うことから始めたい。古代語の終助詞とは違って、現代語の終助詞は（疑問の「カ」を除き）すべて、発話の対聞き手的行為（現場的行為と呼んでもよい）としての側面を直接に担う。説得、教え、同意要求、感嘆表明などである。

〝主観的〟意味＝発話の対聞き手的（現場的）行為としての側面

という用語法に立つなら、現代語の終助詞はまちがいなく〝主観的〟意味を表現する。現代語の終助詞はそのためにあるのであり、ほかの機能を持たない。それは感動詞が（広義）感動を表すためにあり、それだけのものであるということと同趣であって、そこに文法論的性格と表現論的機能との乖離はない。

表現的機能と別に文法的性格を考える余地はないのであって、このような特殊性を持つ文法要素の終助詞を文末辞の典型として文の文法構造を考え始めたところに戦後陳述論の（あるいはそれを単純に呼びかえた和製〝モダリティ〟論の）文法論としての限界が胚胎していると言ってよい。従って当然次に問うべきことは、助動詞も右のような意味で〝主観的〟な要素であるのかという点である。

二　助動詞と終助詞を一括してよいか

助動詞も終助詞と同様に〝主観的〟な意味を表す文法要素であると主張する論者の最大のそして唯一の論拠は、「(ヨ)ウ」「マイ」「ダロウ」という一群の助動詞の〝主観的〟性格である。これらの助動詞(「不変化助動詞」「第3類助動詞」などと呼ばれる)は、話し手の推量や意志という〝主観的〟意味を表すという点、必ず文末に位置する(連体法などの非終止用法を持たない)という点、過去形を持たないという点において、終助詞と同様であるとされ、このことをもって「終助詞に準ずる助動詞」「真性モダリティ要素」などと呼ばれた。このことから金田一春彦氏のようにこの一群の助動詞は他の助動詞と性格が異なると主張するなら別だが[2]、多くの論者が採っているように助動詞全体を何らかに一つのものと扱いたいという立場に立つならば、「助動詞は〝主観性〟の薄いものから濃いものへと連続し、第3類助動詞を介して終助詞へ連続する」とか、「肯定・否定もテンスも推量・意志なども、広義にはすべて〝主観的〟意味であって、それを助動詞が担う」というような主張になるわけである。

否定や過去が〝主観的〟意味なのか、動詞述語の拡張活用語尾である助動詞と文の外に言わば外接する終助詞とがどのように〝連続〟すると言えるのかというような素朴な(そして本質的な)疑問はしばらく置くとしても、事態に対する話者の捉え方(助動詞)と聞き手に対する話者の姿勢の表明(終助詞)とを〝主観〟表現(あるいは益岡隆志氏の「モダリティ」)ということばで一括してしまうことの妥当性については、根本的に検討しなおしてみる必要があろう。

対聞き手（対場面）要素と対内容要素（正確に言うなら、事態内容の一側面）とを一括して同一範疇とするというような、〝日本語学〟以外の他の言語学に類を見ない特異な文法論ができ上がったことの出発点は、言うまでもなく時枝誠記氏の構文観にある。(3)「終助詞も助動詞も文末辞であり、文末辞が上接の詞を包み統一する。辞の働きは詞の内容に対する主体の把握の直接的表明である」とする同氏の構文観に対して、当時の陳述論においては、金田一春彦氏や芳賀綏氏のように「（普通の）助動詞と終助詞の働きはやはり別だ」という常識的な感覚から冷静に時枝氏の主張に距離を取ってその上で（芳賀氏のように）助動詞、終助詞双方に文成立の機能を認めるという議論があった一方、時枝氏の論を極度に好意的にあるいは律義に継承しようとする立場に立てば助動詞と終助詞との間に何らかの同質性を主張せざるを得ず、この解決として「助動詞と終助詞は第3類助動詞を介して連続する」というテーゼを立てた渡辺実氏のような議論も現れたのであった。助動詞から終助詞まで連続的に一括する現在の階層的〝モダリティ〟論は、この渡辺氏のテーゼを出発点としている。渡辺氏の議論そのものは「話し手が何らかに顔を出してはじめて文表現は成立する」という表現成立論としてはきわめて正当な観点で貫かれているのであるが、そのこととは別に、和製〝モダリティ〟論、階層的〝モダリティ〟論の最大の拠り所ともなっているのである。

助動詞と終助詞を一括して〝主観的〟意味の要素とみなす見方は、終助詞を文末辞（〝主観〟要素）の典型とした上で助動詞をこれに引き寄せて了解しようとする見方であり、その妥当性はつまるところ、第3類助動詞が終助詞に近いものであると言えるか否かにかかっている。ここで「主観的要素」ということばを避けて「話者の態度表明」とか「モダリティ」という用語を使ったとしても、それは変わるものではない。では、第3類助動詞は何ゆえに〝主観的〟意味を表現するのか、その文法的性格において本当に終助詞に近いものなのかということが、次に問われなければならない。

三　現代語「(ヨ)ウ」古代語「ム」の叙法論的性格と〝主観的〟意味

「(ヨ)ウ」「マイ」「ダロウ」が表す意味は、確かに他の助動詞が表す意味とは異質である。渡辺氏がこれらの助動詞に指摘する①承諾強要、②勧誘、③決意表明というような対聞き手的な(〝言語者めあて〟[4]の)表現性は、正しくは、①聞き手領域に属する事柄についての話者の推量行為の語用論的効果、②一人称複数「われわれ」の意志表明が「われわれ」の中の聞き手に対して持つ表現効果、③〝意志〟の意味そのもの、として理解されるべきであり、決して第3類助動詞と(対聞き手の要素である)終助詞との同質性を示すものとは言えないが、それにしても推量や意志という意味は、否定や過去(完了)などという意味とは異質である。〝推量〟や〝意志〟は、話者のその発話の現場における行為であるという側面を絶対に捨象することができない。「ナイ」や「タ」の意味は〝打ち消し〟〝確認〟という判断作用面を捨象して、あるいは語られた事態内容に対象化して、「否定的事態」「過去(既発)の事態」という事態内容の中の一面として了解され得るのに対し、第3類助動詞の意味は〝推量〟〝意志〟という行為的側面を事態内容の中に対象化することはできない。このようなあり方を終助詞のそれにならって〝主観性〟と呼ぶならば、他の助動詞と異なって第3類助動詞を使った述語は明らかにこの〝主観性〟ないし〝現場行為性〟を強く帯びていると言える。このことはどう考えればよいのだろうか[5]。

「(ヨ)ウ」が文にもたらす意味は、終止法の場合と非終止法の場合とで大きく異なる。

○平叙文終止法における意味

〈推量〉・この中にはすでに事件を知っている人もあろう。

〈意志〉・これをあげよう。（自分一人の意志）
・一緒に映画を見に行こう。（一人称複数の意志→勧誘）
・休み時間には運動場に出ましょう。（勧誘的擬態→命令）
〈命令〉・《古い大阪方言。店の主人が丁稚に対して》さあさ、戸を閉めてはよ寝ましょ。
○疑問文終止法における意味(6)
〈未実現〉・先生はあす何時ごろ御到着になりましょうか。
〈可能性〉・ほめられてうれしくない人があろうか。
〈妥当性〉・一体だれに頼もうか。
○非終止法における意味
〈可能性〉・あろうはずもない奇跡を信じてしまった。
〈妥当性〉あるいは〈可能性〉
・あろうことかあるまいことか、捕らえてみればわが息子だった。
〈一般化した事態〉
・校長先生ともあろう人が、そんなことをするなんて……
〈目的内容〉・家族に知らせよう手立てもない。
〈予想内容〉・そんなやり方で成功しよう見込みはない。
〈仮定内容〉・ひとたび走り出そうものなら……
・立とうにも立てない。

・誰に頼まれようが、絶対に行かない。
・たとえこのまま死のうとも……
〈選択肢〉　・一人で思い悩もうよりは、恥ずかしくても人に話してみた方が……
終止法の意味と非終止法の意味とのこのような乖離は、実は古典語の「ム」においても認められる。というより、「ム」の場合のそれが「（ヨ）ウ」にも引き継がれているのである。
○平叙文終止法における意味
〈推量〉　・明日よりは我は恋ひむな　名欲山　岩踏み平し君が越え去なば（万葉一七七八）
〈意志〉　・散りぬとも香をだに残せ梅の花　恋しきときの思い出にせむ（古今四八）
〈命令〉　・なり高し、なりやまむ。（源氏、少女）
・などかくは急ぎたまふ。花を見てこそ帰りたまはめ。（宇津保、梅花笠）
〈要請・願望〉
・法師は人にうとくてありなむ……（徒然、七六段）
○疑問文終止法における意味
〈未実現〉　・まろがはべらざらむに、思し出でなんや。（源氏、御法）
〈妥当性〉　・ますらおと思へる我や水茎の水城の上に涙拭はむ（万葉九六八）
（妥当性次元での事態成立の疑問→反語）
○非終止法における意味
〈未実現〉　・御門、かぐや姫を止めて帰り給はむことを、あかず口惜しくおぼしけれど（竹取）

〈一般化した事態〉〈仮想〉

・年五十になるまでじゃうずに至らざらむ芸をば捨つべきなり。（徒然、一五一段）

・思はむ子を法師にしたらむこそ心苦しけれ。（枕、思はむ子を）

「（ヨ）ウ」や「ム」に見られる終止法の意味と非終止法の意味のこのような極端なへだたりは、「終止法に立つときは話者の主観が強く現れやすい」というような、どの助動詞でも言えること一般の中に解消できることではない。この助動詞においてのみそのようなことが起こる特別な事情があると考えざるを得ない。[7]

それは次のようなことだと考えられる。[8]

「未然形＋ム」という述定形式はその形式固有の述べ方を持っており、それは「話者の現実世界に存在していない事態（話者の立っている現実世界で話者が経験的に把握していない事態）を頭の中で一つの画面として思い描く」という述べ方である。このことを言い換えるなら、述語が「未然形＋ム」で述べられた文の事態認識のスキーマは「非現実事態仮構」ないし「設想」とでも呼ぶべきものである、ということになる。現実には存在しない事態をあえて仮構するという語り方が採用されるあり方としては原理的に二つの場合があり得て、一つは（A）その内容を（いつかどこかで）話者が存在しているこの世に成立、存在する事態として想定する場合であり、他の一つは（B）その内容をあくまで話者の立っているこの世と接触させず、観念上の内容たる位置にとどまるものとして思い描くという場合である。詳述は別稿にゆずらねばならないが、この二種の場合が下に掲げるような筋道によって結果的に多様な意味を文にもたらすことになるのだと考えられる。

【設想＝非現実事態仮構】

（A）この世に成立・存在する事態として想定

［平叙文終止法］

（A1）存在を想像…………〈推量〉

（A2）実現を構想——広義希求——

一人称領域……〈意志〉

二人称領域……〈命令〉

三人称領域……〈要請・願望〉

［疑問文終止法］［非終止法］

（A3）いずれこの世に存在するが今のところ存在していない事態として語るのみ……〈未実現〉

（B）仮構内容をこの世と接触させず、観念上の次元にとどめる

［疑問文終止法］

（B1）可能性、妥当性の次元で事態の成立を疑問

…………〈可能性〉〈妥当性〉〈反語←妥当性次元の疑問〉

［非終止法］

（B2）仮定世界に属する内容として想定……〈仮想〉

（B3）具体的に生起する事態としてでなく、あくまで一般論として想定……〈一般化した事態〉

右は古代語「未然形＋ム」の用法についてであるが、現代語の「未然形＋（ヨ）ウ」の用法も基本的にこれと同じで、ただその一部が欠けたものと見てよい。

「ム」や「（ヨ）ウ」において指摘される〝主観的〟意味とは、この助動詞が持ち得る様々な表現性のうち、平

叙文終止法においてのみ生ずる（Ａ１）と（Ａ２）だけなのである。ただ仮構されただけで、それが成立するともなんとも承認を与えられていない非現実の事態内容が平叙文終止法として提示されたとき、その意味が（Ａ１）推量と（Ａ２）広義希求との二つであるのは理由のあることであって、それは一つの内容が承認を与えられずにただポロッと放り出されたときにその内容が発話の場に存在し得る二種類のあり方にほかならないと考えられる。ある現場で「水」という名詞一語を発したとき、その一語が特別な文脈に頼ることなく意味を持った発話として現場に存在し得るあり方は、「水」がいまここにあるという存在承認か、いまここで「水」を求めるという希求か、その二つしかあり得ない。それとちょうど並行的に、非現実の一つの事態の絵が、承認を与えられることなく（それが仮構、設想ということの意味である）ただ裸で放り出されて発話の現場に意味を持って存在し得る二つの可能性は、その事態の存在の主張（非現実の事態ゆえ存在の想像となる）か、その事態の（広義）希求かしかあり得ないのである。

すなわち、〝主観的〟と言われる推量や意志という意味は「ム」や「(ヨ）ウ」がそれ自身の内にあらかじめ具有していた意味ではなく、設想（＝非現実事態仮構）という述定形式でまとめ上げられた文が、その文の発話の現場内でのあり方によって結果的に身に帯びる意味なのであった。

四　叙法論的把握の必要性
本来の「モダリティ」と〝主観性〟

「事態内容を下接の辞で代表される話者の言表態度が包む」という図式で文の構造を捉える論者は、一つの事態内容を『(ヨ）ウ』の表す言表態度（〝主観性〟）が包む。その言表態度とは推量または意志である」と主張することになる。このようなイメージで文の構造を議論していくと、次のようないくつかの深刻な問題が生じてくる。

第一。「(ヨ)ウ」があらかじめ「推量」「意志」という意味を持っている形式だとしてしまうと、一つの語形式の意味が(平叙文終止法で)なぜ「推量」と「意志」の二つあり、なぜそれだけしかないのかが問えないことになる。「意志」から「推量」へ(あるいはその逆)というような用法の拡張過程が考えられるのであればこの問題は解決できるが、この助動詞(正確には動詞の複語尾)は本動詞が文法化したものではなく、そのような拡張の論理も、そのような事実もない。

第二。平叙文終止法で現れる意味「推量」「意志」が、それ以外の構文環境では現れない。「(ヨ)ウ」が「推量」「意志」という意味をあらかじめ備えた形式だとすれば、これは矛盾である。また、非終止法においてあのような意味が出てくる理由が問えなくなる。

第三。上述のような、語順として下にある言表態度が上接内容を包むという「饅頭の皮」的な構文観を重層的に認める(タマネギの皮か)ならば、「〜(ヨ)ウカ」という疑問文は「事態内容+意志」「事態内容+推量」を疑問の態度が包んでいるということになる。しかし、自分の意志を対象として自分で疑問するということはあり得ないし、推量(不確かな判断)でありつつ疑問(判断の放棄)であるということはあり得ない。

このような難点を克服して、問うべきことを正当に問うためには、本稿のように、述べ方(事態の描き方)のいくつかのタイプに対応してそれぞれの述定形式があり、その形式固有の述べ方が場合によって様々な意味を文にもたらすのだと考えることが必要になる。これはすなわち「動詞+助動詞」(動詞の複語尾分出形)を動詞の叙法(ムード)形式として見ることにほかならない。(9)「未然形+ム」という叙法形式は、非現実の事態を専門に語る形式として、ヨーロッパ言語の「接続法」subjunctive moodに相当するものだと言うこともできようか。ちなみに、古代語の「未然形＋α」の形式は、いわゆる助動詞「ズ」「ム」、接続助詞「バ」、終助詞「ナム」「ナ」「ネ」など、多くのものが非現実の事態を語る形式である。

言語学上の本来の「モダリティ」という概念は言表態度や〝主観性〟一般のことではなく、専用の述定形式をもって非現実の事態を語るときにそこに生ずる意味ということである。現実に存在してしまっている事態を語る文においては、それを語ることにまつわる〝主観性〟を捨象して既然の文内容そのものとして扱うこともできるのに対し、非現実のことを語る文においては、ないことをあえて語る趣旨、動機、気持ちといったものを捨象することはできない。「モダリティ」において〝主観性〟が目立つ場合が多いということの理由はそこにある。しかし、「モダリティ」はすべて〝主観的〟なものだとは言えず[10]、また一方、〝主観的〟な意味がすべて非現実事態の表現にかかわって出てくるわけでも、もちろん、ない。「モダリティ＝言表態度の文法表現」という和製〝モダリティ〟概念は、言語学上の本来の「モダリティ」とはかけ離れてしまっていることにくれぐれも留意しておきたい。

五　池上氏の〈主観性〉把握と「(ヨ)ウ」

本稿の直前に掲載される論文で池上氏が日本語表現の〈主観的〉傾向を指摘された、その〈主観的〉という用語と、本稿が〝いわゆる〟付きで用いた〝主観的〟という用語の意味とは、もちろん別である。しかし、「(ヨ)ウ」が結果的に〝主観性〟を表現してしまう機構の中には池上氏の〈主観性〉の一つの特徴である〈話し手指標性〉が見られるという、おもしろい関連があることを指摘しておきたい。

「(ヨ)ウ」を文末に持つ文が推量や意志という〝主観的〟な意味を結果的に表すのは、話者が心に浮かべた非現実の事態を「それがいずれ生起する」とも「それを実現したい」とも言わずに、ただ心に浮かんだままに放り出すことによってであった。これは〈話す主体〉を場として何ごとかが立ち現れ、その立ち現れたことだけをことばにして〈話す主体〉の方は無化するという、池上氏の日本語の〈主観的〉表現傾向の機構そのものである。

「ラレル」を述語の中に持つ文は、その文の主語を出来の場として事態の出来を語るものであって(尾上圭介［一九九八b］に詳しく論じた)、出来の場は話者ではなく、この点で「(ヨ)ウ」の場合とは違うけれども、ただ事態の出来をしか語らない文形式が受身、可能、自発、尊敬のいずれかに理解されるという点は、非現実事態の放り出しが聞き手によって推量か意志かに理解されるということと軌を一にして、本質的な意味で〈聞き手／読み手責任〉に支えられている〈モノローグ的〉な言語表現だというべきであろう。

心に浮かんだ内容だけを、どういう趣旨で浮かべたかを言わずに放り出して聞き手にゆだねる。叫ぶ自己をさらけ出して、叫んだ気持ちは相手に想像してもらう。「(ヨ)ウ」に見られるとおり、日本語においては最も直接的な〝主観性〟はそのような仕方で表現されてしまうのであった。

【注】

(1) 一九九八年七月に開かれた第七回CLC言語学集中講義において、「日本語の文に見られる主観性」という統一テーマの下に池上先生と尾上がこの趣旨でそれぞれ五時間の公開講義を行なった。『言語』28巻1号の本稿の直前の池上先生の論文と本稿とは、この時の集中講義の梗概の一部である。

(2) 金田一氏の論に読みとるべき深い意味あいと、それを発展させるべき方向については、尾上圭介(一九九八a)で論じた。

(3) 時枝氏の構文観の様々な方向への継承のあり方と、それが現在の階層的〝モダリティ〟論、主観表現論的〝モダリティ〟論へどのように流れこんでいるかについては、尾上（一九九六）に詳しく述べた。

(4) 渡辺（一九五三）は、③決意表明の表現性をも終助詞（対聞き手要素）と同類に扱うために、聞き手と話し手の両方を「言語者」と呼び、①②③を「言語者めあて」と一括した。渡辺（一九七一）はその呼び方をやめたが、「終助詞に準ずる」としている。

(5) 「ダロウ」は「(ヨ) ウ」「マイ」と違って、動詞の叙法的語尾と言うより「ニチガイナイ」などと同じく文末外接形式とみなすべきだと考える。ここでの検討の外に置く。

(6) 疑問文終止法における「(ヨ) ウ」の意味は推量や意志と見るべきではないと考えるが、そう考えるべき理由については、紙数の都合により割愛せざるを得ない。

(7) 「(ウ) ヨウ」「ム」においてそのようなことが起こることの理由、平叙文終止法の意味が推量と意志（を含む希求グループ）とに分かれ、かつその二種以外にないことの原理は、尾上（一九九八ａ）の中で述べた。

(8) その概略は、尾上・坪井（一九九七）の中に述べたことがある。なお、この文献に重大な誤記がある。

（七五頁上段の図表中）

（誤）　　　（正）

事態構成──→事態承認

事態承認──→事態構成

なお、本書第三章第五節収録に際しては訂正してある。

(9) ただし現代語の助動詞に限って言えば、一つの述べ方に対応する叙法形式という色合いは薄れ、むしろ（推量なり意志なり否定なり過去なりの）ある特定の表面的な意味を専門的に表示する形式に相当程度変化してしまっていると見るのが妥当である。古代語「ム」と現代語の「(ヨ)ウ」のあいだにも、そのような変質がある。(「(ヨ)ウ」の非終止法の減少を見よ。)

(10) 尾上・坪井(一九九七)を参照していただきたい。

【文献】

尾上圭介(一九九六)「文をどう見たか—述語論の学史的展開」(『日本語学』一五巻九号)

尾上圭介・坪井栄治郎(一九九七)「国語学と認知言語学の対話Ⅱ—モダリティをめぐって」(『言語』二六巻一三号)

尾上圭介(一九九八a)「一語文の用法—〝イマ・ココ〟を離れない文の検討のために」(『東京大学国語研究室創設百周年記念・国語研究論集』汲古書院)

尾上圭介(一九九八b)「文法を考える5〜7—出来文(1)〜(3)」(『日本語学』一七巻七号、一〇号、一八巻一号)

金田一春彦(一九五三a)「不変化助動詞の本質—主観的表現と客観的表現の別について(上・下)」(『国語国文』二二巻二号・三号)

金田一春彦(一九五三b)「不変化助動詞の本質、再論—時枝博士・水谷氏・両家に答えて」(『国語国文』二二巻九号)

芳賀綏(一九五四)「〝陳述〟とは何もの?」(『国語国文』二三巻四号)

渡辺実(一九五三)「叙述と陳述—述語文節の構造」(『国語学』一三・一四集合併号)

渡辺実(一九七一)『国語構文論』(塙書房)

原論文出典一覧

第一章

第一節　「文核と結文の枠――「ハ」と「ガ」の用法をめぐって――」『言語研究』六三号　日本言語學會（一九七三）
第二節　「呼びかけ的実現――言表の対他的意志の分類――」『国語と国文学』五二巻一二号　至文堂（一九七五）
第三節　「語列の意味と文の意味」松村明教授還暦記念会編『松村明教授還暦記念　国語学と国語史』明治書院（一九七七）
第四節　「『そこにすわる！』――表現の構造と文法」『言語』八巻五号　大修館書店（一九七九）
第五節　「文の基本構成・史的展開」森岡健二（ほか）編『講座日本語学2　文法史』明治書院（一九八二）
第六節　「不定語の語性と用法」渡辺実編『副用語の研究』明治書院（一九八三）
第七節　「『ボチャーンねこ池落ちよってん』――表現の断続と文音調――」『音声言語』一巻　近畿音声言語研究会（一九八五）
第八節　「感嘆文と希求・命令文――喚体・述体概念の有効性――」松村明教授古稀記念会編『松村明教授古稀記念　国語研究論集』明治書院（一九八六）
第九節　「日本語の構文」山口明穂編『国文法講座第6巻　時代と文法　現代語』明治書院（一九八七）
第十節　「一語文の用法――〝イマ・ココ〟を離れない文の検討のために――」東京大学国語研究室創設百周年記念国語研究論集編集委員会編『東京大学国語研究室創設百周年記念　国語研究論集』汲古書院（一九九八）
第十一節　「文の形と意味」中村明編『別冊國文學No. 53　現代日本語必携』學燈社（二〇〇〇）

第二章

第一節　「山田文法とは」『言語』一〇巻一号　大修館書店（一九八一）
第二節　「文法論――陳述論の誕生と終焉――」『国語と国文学』六七巻五号　至文堂（一九九〇）
第三節　「文をどう見たか――述語論の学史的展開――」『日本語学』一五巻九号　明治書院（一九九六）
第四節　「落語の〈下げ〉の談話論的構造」『日本語学』一八巻一一号　明治書院（一九九九）

第五節　「南モデルの内部構造」『言語』二八巻一一号　大修館書店（一九九九）
第六節　「南モデルの学史的意義」『言語』二八巻一二号　大修館書店（一九九九）

第三章
第一節　「現代語のテンスとアスペクト」『日本語学』一巻二号　明治書院（一九八二）
第二節　「グラウンディング形式としてのシタ・シテイル」『第４回ＣＬＣ言語学集中講義』講演（一九九五）
「スル・シタ・シテイルの叙法論的把握」『二〇〇〇年度文法学研究会連続公開講義』講演（二〇〇〇）
第三節　「動詞終止形と不変化助動詞の叙法論的性格」文法懇話会発表（一九九七）
第四節　「叙法論としてのモダリティ論」『第６回ＣＬＣ言語学集中講義』講演（一九九七）
「文の構造と〝主観的〟意味」『第７回ＣＬＣ言語学集中講義』講演（一九九八）
第五節　「国語学と認知言語学の対話Ⅱ・モダリティをめぐって――」『言語』二六巻一三号　大修館書店（一九九七）
第六節　「文の構造と〝主観的〟意味――日本語の文の主観性をめぐって・その２」『言語』二八巻一号　大修館書店（一九九九）

著者　尾上　圭介（おのえ　けいすけ）

1947年、大阪市生まれ。
東京大学文学部卒業、
同大学院人文科学研究科国語国文学専門課程 修士課程修了。
東京大学文学部助手、神戸大学文学部助教授、
東京大学大学院人文社会系研究科助教授、同教授。
東京大学名誉教授。
博士（文学）。

文法と意味Ⅰ

二〇〇一年　六月一五日　第一版第一刷発行
二〇一六年　二月二八日　第一版第二刷発行

著者　尾上圭介

印刷所　モリモト印刷株式会社

発行所　株式会社くろしお出版
〒113-0033　東京都文京区本郷三-二一-一〇
電話〇三-五六八四-三三八九

ISBN 978-4-87424-221-6　C3081